21世纪法学系列教材

民商法系列

U0362563

物权法原理与案例研究

（第二版）

王连合　著

北京大学出版社

PEKING UNIVERSITY PRESS

图书在版编目(CIP)数据

物权法原理与案例研究/王连合著. —2 版. —北京:北京大学出版社,2015.9

(21 世纪法学系列教材·民商法系列)

ISBN 978 - 7 - 301 - 26235 - 1

Ⅰ. ①物… Ⅱ. ①王… Ⅲ. ①物权法—中国—高等学校—教材 Ⅳ. ①D923.2

中国版本图书馆 CIP 数据核字(2015)第 205069 号

书　　　名	物权法原理与案例研究(第二版)	
著作责任者	王连合　著	
责 任 编 辑	周　菲	
标 准 书 号	ISBN 978 - 7 - 301 - 26235 - 1	
出 版 发 行	北京大学出版社	
地　　　址	北京市海淀区成府路 205 号　　100871	
网　　　址	http://www.pup.cn	
电 子 信 箱	law@ pup. pku. edu. cn	
新 浪 微 博	@ 北京大学出版社　　@ 北大出版社法律图书	
电　　　话	邮购部 62752015　发行部 62750672　编辑部 62752027	
印 刷 者	北京宏伟双华印刷有限公司	
经 销 者	新华书店	
	730 毫米×980 毫米　16 开本　23.5 印张　451 千字	
	2011 年 9 月第 1 版	
	2015 年 9 月第 2 版　2015 年 9 月第 1 次印刷	
定　　　价	45.00 元	

未经许可,不得以任何方式复制或抄袭本书之部分或全部内容。

版权所有,侵权必究

举报电话:010 - 62752024　电子信箱:fd@ pup. pku. edu. cn

图书如有印装质量问题,请与出版部联系,电话:010 - 62756370

作 者 简 介

王连合,男,1967 年 7 月生,山东省沂源县人,民商法学硕士,临沂大学法学院副教授、副院长,临沂大学教学学术委员会学术专业委员会成员,临沂大学中青年学术骨干,山东大学硕士研究生合作导师,山东省民商法研究会理事,山东省农事法研究会常务理事,临沂市法学会理事。主要研究方向为民商法。

代表性成果主要有:著作《物权法原理与案例研究》(2011 年),入选"21 世纪法学系列教材",获山东省第二十七次社会科学优秀成果三等奖、第十九次山东省法学优秀成果三等奖、临沂市第十八次社会科学优秀成果一等奖。著作《民法(总论物权)》(2013 年),为"临沂大学优秀校本教材",获临沂市第二十次社会科学优秀成果一等奖。论文《法人制度理论与实践若干问题的思考》获临沂市第十二次社会科学优秀成果一等奖,《论盗赃的善意占有问题》获临沂市第十一次社会科学优秀成果二等奖。主持、参与的研究课题获山东省软科学优秀成果三等奖两次、临沂市社会科学优秀成果三等奖一次。

目　　录

第一编　总　　则

第一编 总 则

第一章 基本原则

一、物权法的含义

相关法条

第二条 因物的归属和利用而产生的民事关系,适用本法。

本法所称物,包括不动产和动产。法律规定权利作为物权客体的,依照其规定。

本法所称物权,是指权利人依法对特定的物享有直接支配和排他的权利,包括所有权、用益物权和担保物权。

（一）案例 1 简介

2005 年 9 月 5 日,一家名为"月球大使馆"的北京月球村航天科技有限公司在朝阳区工商部门注册后成立。该公司专门卖月球等星球的土地,并声称 298 元人民币就能在月球上购买 1 英亩(合 6 亩)土地,购买者还可以获得月球土地证书。

2005 年 10 月 19 日"月球大使馆"宣布正式开盘,有"月球疯子"之称的美国总公司总裁丹尼斯·霍普也特意赶到北京。三天后,"月球大使馆"被工商部门叫停。但在这三天里,已有 34 人买走了 49 英亩的月球土地。2005 年 11 月 14 日,北京月球村航天科技有限公司将一纸诉状递交到海淀区人民法院,将北京市工商管理局告上法庭,要求返还被扣留的营业执照、月球土地所有权证书等。

问题:"月球大使馆"出售月球土地的行为是否符合法律的规定?①

---

① 龙翼飞主编:《物权法原理与案例教程》,中国人民大学出版社 2008 年版,第 4—5 页。

（二）相关知识点

1. 民法上的物

通常我们所说的物指的是广义上的物,是指物理学意义上的一切物。包括日月星辰、房屋建筑、花鸟鱼虫等,当然也包括我们人本身。但是民法上所说的物指的则是狭义上的物,范围要比广义上的物小得多。

民法上的物是指存在于人体之外,占有一定空间,能够为人力所支配并且能满足人类某种需要,具有稀缺性的物质对象。[①] 它具有以下特征:

（1）物须存在于人体之外。物作为权利的客体,是被支配的对象,并且这种支配是一种排他性的、完全的支配。物的这一特性决定了在以个人尊严为基本理念的近现代法中,为人格所依附的人的身体绝不允许成为法律上的权利客体。人只能是权利的主体,而不能作为权利的客体,即法律上所说的物必须具有非人格性。但应注意,与人身体相分离的毛发、牙齿、冷冻精子等则可以成为物。[②]人死亡后的尸体也可以成为物。

但是随着科学技术的发展,活人的身体不属于物的观念受到挑战。现实社会中例如器官移植、器官捐赠等都是以人的器官为合同标的物。那么人的器官是否可以作为物,以人的身体的一部分为标的物的合同是否有效,这应该结合具体情况看其是否符合公序良俗而定。例如捐献眼角膜、肾脏和献血合同等,其目的在于医疗,应该被认为与公序良俗不相违背,这些人体器官就应被看做是物。但为了维护人的价值与尊严,对于这类合同,债权人无权请求强制执行。[③]

（2）物主要限于有体物。有体物是相对于无体物而言的。所谓有体物是指占据一定的空间,依人的感官可以感觉到的物质,包括固体、液体、气体。电、热、声、光等自然力或"能",因为符合法律上物的定义和本质,也被视为物。尽管"仍有人认为,可以承认对电等物的支配权,但不能承认其物权的成立"[④]。然而在现代物权法中,一般认为电、热、声、光等是有体财产的延伸,仍属于有体物的范畴。所谓无体物是指对除有体物的权利以外其他权利和利益的权利。在英美法中,由于对物和财产的概念未作严格区分,财产既可以是有体物,也可以是无体物,因此,无形财产也可以成为所有权的客体。在大陆法系国家,德、日等国民法采用了狭义的物概念,仅仅把有体物作为法律上的物。我国物权法基本上承受了狭义的物的含义,因此无体物例如专利、商标、著作、营业秘密、信息都不是

---

① 王利明主编:《民法》(第四版),中国人民大学出版社 2008 年版,第 113 页。

② 我国有学者认为,冷冻精子具备民法上的特征,应属于物的一种,但它的使用和转让要受到一定的限制。其详细内容见何勤华、戴永盛主编:《民商法新论》,复旦大学出版社 1999 年版,第 92 页。笔者赞同该观点。

③ 梁慧星、陈华彬编著:《物权法》(第三版),法律出版社 2005 年版,第 23 页。

④ 〔日〕田山辉明:《物权法》(增订本),陆庆胜译,法律出版社 2001 年版,第 10 页。

民法上所说的物。它们只能依据所涉及的问题类推适用民法上的一些规定。但随着市场经济的发展,物权的客体范围在不断扩大,权利也开始被作为物权客体。但在物权法中,权利本身只是在例外的情形下可以成为物权的客体,例如权利质权。因此,我国《物权法》规定"法律规定作为物权客体的,依照其规定"。①

（3）物必须能为人所支配。民法规定物的制度,就是为了民事主体以物为客体或者为物质条件,进行民事活动。② 只有能为人所控制或支配的物,人们才能以此为客体设定各种权利、义务关系。不能为人所支配的东西,即使它有巨大的价值,也不能成为民法上所说的物,例如日月星辰。

但是,随着人类活动范围日益扩张,许多过去无法被占有和支配的东西,现在也逐渐变成了可以为人所占有和支配的物。所以说能为人所支配的物也是一个不断发展变化的历史概念。

（4）物能满足人的需要。物必须能够满足人们社会生活某一方面的需要,即作为物必须对人有用,否则人们就不会针对它发生相对应的权利义务关系。也就是说物必须对人有价值,这种价值既包括物质利益,也包括精神利益。

不过,随着科技的发展,物的使用价值也在不断的发生变化,所以说物的有用性也是一个历史的概念。

（5）物必须具有稀缺性。并不是所有能满足人们需要的物都能成为民法上的物,只有那些具有稀缺性(有限性)特点的物,才有可能成为民法上的物。阳光和空气能满足人的需要,但由于它们是无限供给的,不具有稀缺性,所以它们都不是民法上的物。

依据不同的标准,物可以有不同的分类,主要有:第一,动产和不动产。这是根据物能否移动及移动是否会损害其价值为标准进行的分类,是法律上对物进行的最重要的一种分类。所谓动产,是指可以任意移动,而且不会因为移动而损害其价值的物;所谓不动产,是指不能移动或者虽然能移动,但是由于移动会损害其价值的物。第二,主物和从物。这是以物与物之间是否有从属关系为标准进行的分类。当两个单独存在的物必须合并使用才能发挥经济效益,且该两个物之间有从属关系时,起主要作用、由从物所辅助的物称为主物;从属于主物,非主物的构成部分却对主物起辅助、配合作用的物称为从物。第三,原物和孳息。这是以物与物之间是否存在产生关系为标准进行的分类。所谓原物是指依其自然属性或法律规定产生新物的物;所谓孳息是指原物产生的物。孳息又分为天然孳息与法定孳息。第四,流通物、限制流通物和禁止流通物。这是以物在市场上能否自由流通为标准进行的分类。所谓流通物是指法律允许民事主体之间以

---

① 郭明瑞主编:《中华人民共和国物权法释义》,中国法制出版社2007年版,第7页。
② 张俊浩主编:《民法学原理》(第三版),中国政法大学出版社2000年版,第368页。

法定程序自由流转的物;所谓限制流通物是指基于法律和社会公共利益,在流转过程中受到法律和行政法规一定程度限制的物;所谓禁止流通物是指法律和行政法规禁止自由流转的物。第五,特定物和种类物。这是以物是否具备独立特征或者是否因权利人的指定而特定化为标准进行的划分。所谓特定物又称不可替代物,是指自身具有独立的特征,或者被权利人指定而特定化,不能以其他物代替的物;所谓种类物又称可替代物,是指具有共同特征,能以度、量、衡等标准加以确定,并可以用同种类物替代的物。

2. 物权的含义

对于物权的概念,世界近现代各国的民法,除《奥地利民法典》外,都未作定义性规定。这主要是因为世界民法发达国家基本上世世代代实行私有制,在这些国家私权观念深入人心,私权界限非常明确,所以根本没有必要对物权作法律上的界定。但这种情况却导致了理论界人们对于物权概念形成了仁者见仁、智者见智的多种观点并存的局面,出现了侧重点不同的多种物权定义。[①] 在我国,由于私法意识、物权观念淡薄,人们对物权的含义还非常模糊,所以法律明确界定物权概念显得很有必要。但由于缺少现成的法律蓝本可供借鉴,因此学者关于物权定义存在分歧就在所难免。在我国《物权法》通过之前,有关物权概念的争论也成为热点问题之一。但最终我国《物权法》还是吸纳了大多数人的意见,明确将物权概念定义为:权利人依法对特定物所享有的直接支配和排他的权利。包括所有权、用益物权和担保物权。这一概念对物权的主体、客体、内容、效力及种类作出了明确的规定,尤其是对物权的支配性、效力排他性的规定更是抓住了物权最基本的特点或者说是“质的规定性”,由此衍生出物权的对世性、绝对性、物权法定、公示原则等。以此为基础,物权成为了与债权、知识产权、人格权等民事权利相异的一种独立权利类别。[②] 依通说,物权具有以下特征:

(1) 物权为支配特定物的权利,物权的客体为特定的物。物权的客体原则上只能是物,而不是行为或非物质的精神财富。但是,并非所有的物都能成为物权的客体,只有具备上文所述民法上物的特征的物才能够成为物权的客体。例外的情况是,法律特别规定作为物权客体的权利也可以成为物权的客体。同时,作为物权客体的物还必须是特定的。因为物权是一种直接支配权,如果物不特定,其归属就无法明确,就不可能对其进行“直接支配”。另外,物权作为一种民

---

① 有学者将这些定义归并为四大类,分别是:第一类,着重于对物的直接支配性的定义;第二类,着重于直接支配与享受利益的定义;第三类,着重于直接支配与排他性的定义;第四类,着重于直接支配、享受利益和排他性的定义。具体内容详见梁慧星、陈华彬编著:《物权法》(第三版),法律出版社2005年版,第12—13页。

也有学者将其总结为三种观点:(1) 对物关系说;(2) 对人关系说;(3) 折中说。具体内容见王利明:《物权法研究》(第三版)(上卷),中国人民大学出版社2013年版,第95页。

② 刘保玉:《物权概念二要旨:对物支配与效力排他》,载《政治与法律》2005年第5期。

事法律关系,其"权利义务是以特定的物作为媒介而产生的,离开特定的物也就无所谓物权人的权利,也就无所谓他人的义务。因此,物权是通过特定的物而体现出来的人与人之间的一种法律关系"①。由此,作为物权客体的物必须是特定的,否则物权将无从谈起。

(2) 物权为直接支配物的权利。这是指权利人依据自己的意思和行为而无须借助他人的主观意志或客观行为就能对物自由地进行管领和处分的权利。这种管领和处分,"可以是事实上的管领处分,也可以是法律上的管领处分,可以是有形的客体支配,也可以是无形的价值支配,举凡对物所得实施的任何行为均属之。不过物权的种类不同,物权人对物进行支配的内容和范围是有一定差别的"②。

(3) 物权为排他性权利。这是指物权是排除他人干涉的权利以及同一物上不能同时成立内容不相容的物权。这是物权在效力方面的特征。排除他人干涉,是指物权具有不容他人侵犯的性质。如果侵犯了具有排他性的物权,轻者要承担侵权责任,重者会构成侵犯财产罪。排他性的另一含义是同一物上不能同时成立内容不相容的物权,例如在同一物上不能同时存在两个以上的所有权。但是,如果在同一物上设立两个内容相容即内容不冲突的物权,则为法律所允许,例如同一房屋上设立多个抵押权。

(4) 物权为对世权。物权的权利主体总是特定的,但其义务主体则是不特定的。权利主体是特定的权利人,而义务主体则是不特定的其他任何人。也就是说,某人对某物享有物权时,其他一切人都是义务人,其他一切人都负有对物权人行使物权不得侵害或妨碍的消极义务或容忍义务,这就是物权的对世性。即物权的权利人能够对其他任何人主张权利,能够排斥其他任何人的干涉,其他任何人均应当尊重物权人行使其权利的意志,对物权人权利的行使负有不作为的义务。

(5) 物权为绝对权。这是指物权的实现不需要义务人的积极行为给予协助,除遵守法律外,物权人完全基于自己的意思和行为就能够无条件地、绝对地实现其权利。义务人承担的只是消极的不作为义务即容忍或不为妨碍侵害的义务。

在以上物权的特征中,对于直接支配和排他性的关系、对世权和绝对权的关系有必要作如下阐释:

对于直接支配和排他性是什么关系的问题,理论界观点有分歧。例如有学者认为:"物权系以直接支配特定物为其内容。即言直接支配,当然得排除他人的干涉","在物权的定义中,标明对物为直接支配,即为足矣,无须另外标明其

---

① 江平主编:《中国物权法教程》,知识产权出版社2007年版,第162页。
② 刘保玉:《物权法学》,中国法制出版社2007年版,第5页。

具有排他性。"①但笔者认为,二者固然有重合的地方,但"直接支配"侧重的是权利人在具体支配物时,是"直接",是无须他人意思或行为的介入,就可以实现对物的利用或处分,体现的是权利人与物的关系。而"排他性"侧重的是权利人在直接支配物的过程中,遇到了他人的干涉或者在同一物上又设定了内容不相容的物权时,能够排除他人的干涉,体现的是权利人与他人的关系。例如房屋的所有人甲无须他人的行为介入,就可以占有自己的房屋,用它来满足自己的居住需要,这体现的主要就是对物的"直接支配"。如果某一天突然有个人乙要强行进入该房屋居住,则甲就可以凭借自己对房屋的所有权来排除乙对自己的侵害,这体现的主要就是物权的"排他性"。从这个意义上讲,"直接支配"是"排他性"的前提或基础;而"排他性"则是"直接支配"的产物和保障。既然如此,法条中明确规定直接支配和排他性并不冲突,相反是抓住了物权性质的规定性,是很有必要的。因为这样规定不仅有利于准确界定物权的性质和效力,使物权和债权明确区别开来,而且对于严重缺乏物权意识的许多人尤其是许多国家行政执法人员来说,能起到很好的警示和教育作用。例如现实生活中行政执法部门随意砸毁摆摊设点者的财物、随意没收甚至销毁黑出租摩的、随意侵入公民住宅等。还有老百姓反映较大的乱收费、乱罚款和乱摊派等问题,很大程度上就也是我们的行政执法人员分不清公权私权的界限或者是"公权大于私权"传统观念作祟进而乱作为造成的。这些现象说到底就是缺乏物权观念、缺乏物权意识的结果。因此,物权概念中对"直接支配"和"排他性"的明确规定,从深层次上讲,也关系到我们的依法行政是否能够真正实现。② 因为正如约翰·洛克所说"没有个人物权的地方,就没有公正"。

　　关于对世权和绝对权,理论界许多学者都是把二者作为同一特性来阐述,但有学者认为此两者所强调的重点是不同的:对世性强调的是权利得对一切人主张的效力范围,对应的是义务主体的广泛性和不特定性;而绝对性所侧重揭示的则是权利中的利益仅凭权利人本人的意志和行为即可满足的实现方式,对应的是义务人的消极的不作为义务。③ 笔者赞同此观点。

　　物权的法定种类包括所有权、用益物权和担保物权。所谓所有权是指对自己的不动产或者动产,依法享有占有、使用、收益和处分的权利。用益物权是指对他人之物在一定范围内依法享有占有、使用和收益的权利。担保物权是指在债务人不履行到期债务或者发生当事人约定的实现担保物权的情形,依法享有

---

　　① 尽管梁慧星老师在许多场合极力主张物权定义中必须有"排他性",但在他主编的物权法教材中却持不同观点,具体详见梁慧星、陈华彬编著:《物权法》(第三版),法律出版社2005年版,第12—14页。
　　② 2014年10月召开的党的十八届四中全会,通过了《中共中央关于全面推进依法治国若干重大问题的决定》,明确提出:"深入推进依法行政,加快建设法治政府。"
　　③ 参见刘保玉:《物权法学》,中国法制出版社2007年版,第5页。

就担保财产优先受偿的权利。另外,物权还有学理上的分类,主要有:自物权和他物权;不动产物权、动产物权和权利物权;主物权和从物权;意定物权和法定物权;登记物权和非登记物权。[①]

3. 物权法的定义及调整对象

我国《物权法》第 2 条第 1 款规定:因物的归属和利用而产生的民事关系,适用本法。本款规定不仅指出了物权法的调整对象,同时也指明了物权法的定义,即所谓物权法是指调整因物的归属和利用而产生的民事关系的法律规范的总称。"学说上对物权法进行界定,一般都分为广义的物权法和狭义的物权法。这种划分有助于掌握民法典关于物权的规定和特别法以及相关法律中关于物权关系的规定的关系,能够更准确地理解和适用物权法。"[②]广义的物权法是指所有调整财产支配关系的法律规范,包括物权法典或民法典中的物权编,也包括其他一些法律中的相关规范;狭义的物权法指物权法典或民法典中的物权编。有学者将狭义的物权法又称为形式意义上的物权法,将广义的物权法称为实质意义上的物权法。[③]

物权法是民法的重要组成部分,所以它调整的法律关系必然是民事关系(或叫民事法律关系),但并不是所有的民事关系都由物权法调整。民事关系包括财产关系和人身关系,而财产关系又包括财产的归属关系、财产的流转关系和财产的利用关系。物权法作为民法对平等主体之间的财产关系进行调整的一部重要的法律规范,主要是对财产的归属和利用关系进行调整。在这里"归属"主要是指所有权,而"利用"主要是指用益物权和担保物权。我国《物权法》法条中把"归属"和"利用"并列,体现了一种重要思想,这就是物权法不仅仅是以保护物的归属秩序为目的的法律,而且它也是一部以鼓励物尽其用为己任的法律。需要特别说明的是这里所说的"利用"主要是指对他人所有物的使用,而不包括对自己所有物的使用,因为对自己所有物的使用已包含在所有权的权能里面。同时那种通过债权方式利用他人物的情形也不包括在此范围。[④]"这样,物权法

---

① 王连合主编:《民法(总论 物权)》,山东人民出版社 2013 年版,第 195 页。

② 杨立新:《物权法》(第三版),中国人民大学出版社 2009 年版,第 4 页。

③ 王利明:《物权法研究》(第三版)(上卷),中国人民大学出版社 2013 年版,第 94 页。

④ 例如通过租赁方式取得使用他人房屋的权利就不在此范围。尽管我国有学者认为租赁权也是一种物权(此种观点见孟勤国:《如实评估用益物权》,张世海:《对"买卖不破租赁"及租赁权性质之思考》均载孟勤国、黄莹主编:《中国物权法的理论探索》,武汉大学出版社 2004 年版;董学立:《物权法研究》,中国人民大学出版社 2007 年版,第 70 页;张迪等编著:《100 个怎么办:物权法案例讲堂》,中国法制出版社 2007 年版,第 4 页有关内容),但依现今理论界通说,租赁权是一种债权,至多是一种物权化了的债权。尽管租赁权具备了作为物权的实质内容条件,但由于没有被法定定化,所以它仍不能算作是一种物权。所以有学者慨叹:"本与地上权、永租权血脉相连、同家同祖,但在社会经济生活的法律秩序塑造中,却被逐出门外。""其实,给租赁权以物权名分又有何不可?"见董学立:《物权法研究——以静态与动态的视角》,中国人民大学出版社 2007 年版,第 71 页的有关内容。

通过对物的归属和利用关系的调整产生了所有权制度和他物权制度，二者共同构成了物权法的主体。"[1]

（三）案例1分析

物权是指权利人依法对特定物所享有的直接支配和排他的权利。其客体原则上只能是物。但是，并非所有的物都能成为物权的客体，只有民法上的物才能成为物权的客体。民法上的物是指存在于人体之外，占有一定空间，能够为人力所支配并且能满足人类某种需要，具有稀缺性的物质对象。物必须能为人所支配，只有能为人所控制或支配的物，人们才能以此为客体设定各种权利、义务关系。不能为人所支配的东西，即使它有巨大的价值，也不能成为民法上所说的物。

本案中，月球的土地或许有很大的价值，但是依现有的科技水平，人们根本无法对其加以控制或支配，更无法对其进行直接支配，所以人们不可能以其为客体设定权利义务。因此月球的土地并不是民法上所说的物，不能在其上设定物权。"月球大使馆"对其不享有所有权，也无权对其进行买卖。所以，"月球大使馆"出售月球土地的行为是不符合法律规定的。

二、平等保护原则

相关法条

第三条第三款 国家实行社会主义市场经济，保障一切市场主体的平等法律地位和发展权利。

第四条 国家、集体、私人的物权和其他权利人的物权受法律保护，任何单位和个人不得侵犯。

（一）案例2简介

某地方为建立大型水库对水库所在位置的居民、工厂和企业进行征收，在征收过程中，某地方政府制订了相应的具体补充规定，其中某些规定针对公司或企业的不同性质作出了不同的规定，国有企业和集体企业的补偿标准比较高，而对私营企业的补偿标准相对较低。

问题：从物权法的角度应当如何评价该规定？[2]

（二）相关知识点

民法上平等原则的基本含义是主体资格平等、主体地位平等、享受权利承担

---

[1] 申卫星：《物权法原理》，中国人民大学出版社2008年版，第17页。

[2] 马新彦主编：《中华人民共和国物权法法条精义与案例解析》，中国法制出版社2007年版，第17页。

义务平等、主体权利受法律保护平等。物权法上的平等保护原则实际上是民法平等原则的自然延伸。由于"商品是天生的平等派",因而要确保商品交换的顺利进行,其前提必然是平等主体的存在,所以民事主体平等原则就成为民法上的一项最基本原则。无论是传统民法上著名的四项法律原则的确立,还是现代民法对民法原则的修正,虽历经风雨,但主体平等原则的地位却屹然牢固。① 它已成为人们对私法的一般理解或无须明文规定的公理性原则。按理说物权法作为民法的重要组成部分,有关物权主体平等问题完全适用民法的平等原则,因而在我国《物权法》中就没有必要再作规定。但是由于我国长期以来,单一的公有制和计划经济体制所造就的"国家财产神圣不可侵犯""公大于私"的观念根深蒂固。国家所有权历来被置于优先保护的地位,而个人所有权却受到极大的限制甚至歧视。这一状况直接影响到广大人民群众创造财富的积极性,阻碍了社会经济的发展。甚至在我国《物权法》通过前发生的争论中,关于是否贯彻平等保护原则也成为了焦点之一。这也看出,民法中的平等原则尤其是主体权利受法律保护的平等,要想真正在《物权法》中得到体现,阻力有多么大。但是,平等保护原则是社会主义市场经济体制本质和要求的体现,没有平等保护原则就不可能有社会主义市场经济,这也是民法之所以成为市场经济基本法的原因所在。因此,正如梁慧星教授所说:"《物权法》上的其他条文和制度都可以让步,唯独平等保护原则这一条绝对不能让步。"有鉴于此,我国《物权法》毅然将平等保护原则写进了法条。

平等保护原则至少有两层含义:一是保障一切市场主体(国家、集体、私人和其他权利人)平等的法律地位和发展权利;二是对不同市场主体(国家、集体、私人和其他权利人)物权的保护是平等的,禁止任何单位和个人对各类市场主体(国家、集体、私人和其他权利人)物权的侵犯。这就正式宣告了"在我国,尽管现在实行的是多种所有制经济形式并存。但多种所有制形式并无贵贱之分,物权法应当一视同仁对各类物权给予平等对待,一体保护"。② "尽管主体的性质不同,但他们的财产权利所受到的民法保护是一样的,并没有因主体的不同而有差别对待。"③在社会主义市场经济条件下,无论是国有企业、集体企业还是私营企业都享有平等的法律地位和发展权利。由于各种所有制经济形成的市场主体都是在统一的市场上运作并发生关系,都要遵守统一的市场"游戏规则",所以只有地位平等、权利平等了,才有公平竞争,才能形成良好的市场秩序④,才能

---

① 王连合:《法人制度理论与实践若干问题的思考》,载《昆仑法学论丛》(第二卷),北京大学出版社 2005 年版。

② 郭明瑞主编:《中华人民共和国物权法释义》,中国法制出版社 2007 年版,第 12 页。

③ 董学立:《民法基本原则研究》,法律出版社 2011 年版,第 205 页。

④ 席志国、方立维:《物权法法条详解与原理阐释》,中国人民公安大学出版社 2007 年版,第 27 页。

形成良性的竞争环境,社会主义市场经济才有可能健康运转。对各类市场主体如果不能进行平等保护,对国有企业、集体企业的物权保护力度大,对私营企业、个体经营者的物权保护力度偏小,就必然会严重挫伤私营企业、个体经营者的生产积极性,"无恒产者无恒心",谁还愿意去搞经营搞创造?另外,我国《物权法》相关法条中用了"一切""任何"的立法用语,表明了物权法的基本态度,凡是法律所认可的民事主体均应当得到保护,任何下位法律和地方性政策都不得与之冲突和矛盾,凡是与之冲突和矛盾的法律和地方性政策均没有法律效力。也就是说地方立法和行政机关不得以任何理由减损本条的适用。①

需特别说明的是:我国目前的法人制度中存在大量的人为制造不平等的现象,例如立法上根据企业不同的身份规定了不同的权利、义务,形成了大量的特权法律,导致了特权法人的存在。在企业的划分上我们仍习惯于按所有制来划分企业。正如江平教授所讲的:"依所有制来划分企业本身就是不平等的",而且这种划分也造成了企业产权不明等一系列问题。还有在对待国家机关法人的问题上,国家机关法人本身具有双重的身份,即国家公权力的代表者和民事权利主体。民法上所指的机关法人显然主要是其作为民事权利主体的情形。作为民事权利主体时的国家机关在从事民事活动的时候,与社会其他各类组织和公民,同是平等的主体,同处于平等的地位。明确这一点有很重要的现实意义,由于国家机关的主要事务是从事"管理",是公权力的代表者,因而人们往往会忽视了它的另一重身份:民事权利主体。这种忽视来自两方面:一方面是国家机关本身,他们在从事民事行为时摆不正自己的位置,拿自己国家公权力代表者的身份,凌驾于一般民事权利主体之上,以权压人、以权谋私、搞特殊化;另一方面是国家机关以外的其他人(包括各种法人和公民个人),他们在同国家机关进行民事活动时,往往"心甘情愿"地把自己放在被管理者的地位,对此时国家机关身份的变化熟视无睹,这在客观上也助长了某些国家机关腐败行为的发生。② 所有这一切也从另一个角度说明了我国《物权法》明文规定平等保护原则有多么强的现实意义!

其实平等保护原则也体现了一种法律甚至是治国理念的转变,是"国富民强"还是"民富国强",是"大河有水,小河才不会干"还是"小河有水,大河就会满"。对这些问题不同的认识会导致不同的结果,而物权法平等保护原则的确立,则为我们的治国理念作了最好的一笔注脚。尤其是在党的十八届四中全会作出《中共中央关于全面推进依法治国若干重大问题的决定》背景下,平等保护

---

① 马新彦主编:《中华人民共和国物权法法条精义与案例解析》,中国法制出版社 2007 年版,第 16 页。

② 王连合:《法人制度理论与实践若干问题的思考》,载《昆仑法学论丛》(第二卷),北京大学出版社 2005 年版。

原则更有着重大的现实意义。当然平等保护并不是说不同的所有制经济成分在国民经济中的地位和作用是相同的。公有制经济仍然是主体,国有经济仍然是国民经济中的主导力量,这与物权法上的平等保护是两码事。

（三）案例 2 分析

我国《物权法》上的平等保护原则至少有两层含义:一是保障一切市场主体（国家、集体、私人和其他权利人）的平等法律地位和发展权利;二是对不同市场主体（国家、集体、私人和其他权利人）物权的保护是平等的,禁止任何单位和个人对各类市场主体（国家、集体、私人和其他权利人）物权的侵犯。

本案中,某地方政府的做法,是对国有企业、集体企业和私营企业的物权保护进行了区别对待,违背了我国《物权法》一体保护即平等保护原则,打击了作为我国社会主义市场经济重要组成部分的非公有制经济,这与以公有制为主体、多种所有制经济共同发展的基本经济制度是格格不入的。在看似是特别保护国家财产的背后,却导致经济发展遭到破坏,最终会使国家财产也得不到发展。另外,我国《物权法》相关法条中用了"一切""任何"的立法用语,表明了《物权法》的基本态度,凡是法律所认可的民事主体均应当得到保护,任何下位法律和地方性政策不得与之冲突和矛盾,凡是与之冲突和矛盾的法律和地方性政策均没有法律效力。很显然本案中某地方政府的补充规定,与我国《物权法》发生了冲突和矛盾,是没有法律效力的。

三、物权法定原则

相关法条

第五条 物权的种类和内容,由法律规定。

（一）案例 3 简介

张涛系某事业单位职工,所住楼房是单位的房改房。当初在房改房出售时,单位曾规定,如果买房职工将来调走,要出卖房子,原单位享有优先购买权。若干年后,张涛因调往外地工作,想出售该套房子,正巧张涛的好友李波打算买房子结婚。因李波与张涛不在同一个单位,所以为了防止本单位知晓,张涛就悄悄将房子卖给了李波,并办理了房产过户手续。原单位知道后,向法院起诉,请求保护该单位的"优先购买权",要求法院认定张涛与李波买卖房屋的合同无效,并把房屋收回重新卖给该单位,单位愿意支付同样的价款。

问题:法院应该不应该支持该单位的诉讼请求?为什么?

（二）相关知识点

1. 物权法定原则的内容

物权法定原则又叫物权法定主义,是指物权的种类与内容均由法律明确规定,当事人不得任意创设新物权或变更物权法定内容的原则。近现代以来大陆法系各国立法都实行物权法定原则,他们有的在民法中进行明确规定,有的即使没有明文规定,但在解释上也都承认此原则。

物权法定原则的内容究竟有哪些？由于学者们对此问题的理解不同,遂产生了多种观点。① 依我国《物权法》的规定,物权法定原则包括两方面的内容,一是物权种类法定,二是物权内容法定。笔者赞同此种规定。有学者说因为物权的类型决定内容,所以物权法定只包括种类法定即可这种观点是片面的,因为并不能排除在同一种类型的物权中约定不同内容的可能。还有一些其他观点例如认为物权法定除种类和内容法定外,还应包括像物权效力、物权公示方法等的法定。笔者认为后面这些内容要么已包括在“种类”或“内容”里面,要么就是其法定性质与物权法定原则无关,所以都不如《物权法》法条里面的规定更科学。所谓物权种类法定是指当事人不能创设法律没有明文规定的新物权类型。人们在日常交往过程中,只能按照法律明文规定的物权种类进行交易,不能通过协议创设新的物权;所谓内容法定是指当事人不能创设与法律规定的物权内容相悖的新的物权内容。例如人们在交易过程中,不能协议减少所有权的内容。

需特别注意的问题是物权法定原则中的“法”应如何界定？这一问题我国《物权法》上没有明确规定,理论界对此有分歧。我们知道,法律的概念有广义和狭义之分。所谓广义的法律是指法的整体,包括法律、有法律效力的解释及其行政机关为执行法律而制定的规范性文件。所谓狭义的法律专指拥有立法权的国家机关依照立法程序制定的规范性文件。拥有立法权的国家机关在我国是指全国人大及其常委会。笔者赞同多数学者的意见,即物权法定中的“法”应作狭义理解,它仅包括全国人大及其常委会制定的诸如《民法通则》《物权法》《合同法》及有关物权的特别法诸如《土地管理法》《矿产资源法》《森林法》《水利法》《渔业法》等民事特别法。至于国务院制定的行政法规和决定命令、地方人大及其常委会制定的地方法规、地方政府颁布的地方规章、司法解释、习惯法等都不

---

① 有学者将这些观点总结归纳为五种类型:第一,仅指对物权类型的限制;第二,包括类型强制和类型固定（内容强制）;第三,包括三方面的内容:一是法律直接规定物权的种类,二是法律直接规定物权的内容,三是法律直接规定物权设立及变动的方式;第四,包括四方面的内容:一是物权类型由法律设定,二是物权的内容由法律规定,三是物权的效力由法律规定,四是物权的公示方法由法律规定;第五,包括五方面的内容:一是物权种类法定,二是物权内容法定,三是物权效力法定,四是物权公示方法法定,五是物权取得方式法定。参见高圣平:《物权法 原理·规则·案例》,清华大学出版社2007年版,第5—6页。

包括在内。①

2. 物权法定原则的依据

物权法实行物权法定原则,是由物权本质属性所决定的。物权具有排他性、对世性,是一项具有很强法律效力的权利,而它的义务主体又是不特定的任何人,这就要求物权必须是为社会所公开知晓的。只有大家都知道某项物权的存在,才能谈得上大家都不去侵害它;才能有效地防止当事人任意创设物权,损害他人利益,为自己谋取不法利益;才能够建立透明的财产秩序,使交易真正实现意思自治,最终满足交易安全与便捷的需要。要想让社会都知道某项具有很强法律效力权利的存在,通过法律明文规定的方式告知社会就是一项比较好的选择,于是物权法定原则自然而然就产生了。这与完全靠当事人的意思决定形成权利义务关系的债权法(合同法)有着本质区别。因为债权是请求权,具有相对性,其权利主体和义务主体都是特定的人,其合同效力仅作用于当事人双方,不会产生损害第三人利益的情形。所以当事人双方只要在不违背公序良俗和法律强制性规定的前提下,完全可以依据自己的意思创设权利义务,即可以充分享受契约自由的私法自治原则。

物权法定原则是物权法的基本原则之一。这一原则是物权法之所以成为强行法的根本原因和显著标志,也是物权法与作为任意法的债权法相区别的首要特征。但是这往往会给人造成一种错觉:民法上的私法自治原则(契约自由)仅仅适用于债权法,而物权法则没有适用的余地。我们知道,私法自治原则是民法的灵魂,是支配整个民法的最高原则,作为民法重要组成部分的物权法如果不适用私法自治原则,那其如何能成为民法的一部分? 所以在这里针对这个问题有必要特别说明一下:尽管物权法定原则展现的是国家意志对当事人个人意志的一种强制,但这种强制并没有背离私法自治原则。因为物权法定原则对物权种类和内容进行限制,目的在于权利的保护而不是权利的限制,是自由创设物权的限制而不是对权利人选择物权自由的限制,是物权权限的限制而不是对权利人行为自由的限制,所以物权法的强制与行政法的强制意义截然不同,这种限制并不妨碍物权法仍然符合私法自治的原则。②

(三)案例 3 分析

物权法定原则又叫物权法定主义,是指物权的种类与内容均有法律明确规

---

① 理论界对此有不同观点,有学者认为"行政法规也是设定物权的重要根据"。参见王利明:《物权法教程》,中国政法大学出版社 2003 年版,第 35 页。有学者认为物权法定的"法"应包括最高人民法院的有关司法解释。参见关涛主编:《物权法案例教程》,北京大学出版社 2004 年版,第 9 页。甚至有学者主张行政法规和司法解释都在适用范围。见申卫星:《物权法焦点问题解读》,"民商法前沿"系列讲座实录第 292 期,载中国民商法律网,www.civillaw.com.cn,2008 年 6 月 10 日访问。

② 尹田:《物权法定原则批判之思考——兼论物权法上的私法自治》,载北大法律网:http:www.chinalawinfo.com,2008 年 6 月 10 日访问。

定,当事人不得任意创设新物权或变更物权的法定内容的原则。依我国《物权法》的规定,物权法定原则包括两方面的内容,一是物权种类法定,二是物权内容法定。

本案中,张涛与单位签订协议规定原单位对房屋享有优先购买权,是没有法律依据的,我国《物权法》上没有规定这样的物权种类,这是当事人双方协议创设的新物权,违反了物权法定原则,所以这种所谓的"优先购买权"是无效的。既然如此,该单位自然就不能够优先购买该房屋。而张涛与李波已办理了房产过户手续,且双方的房屋买卖合同合法有效,所以该房屋的所有权已经合法地转让给了李波,法院不能将该房屋收回再卖给原单位。因此,本案中法院不应该支持该单位的诉讼请求。

需说明的是,在该案中虽然单位的"优先购买权"不成立,单位也得不到此房屋的所有权。但是该单位与张涛间的合同却是合法有效的,是当时双方真实的意思表示。因此,单位可以以张涛违约为由,要求法院追究张涛的违约责任。

四、物权公示公信原则

相关法条

第六条 不动产物权的设立、变更、转让和消灭,应当依照法律规定登记。动产物权的设立和转让,应当依照法律规定交付。

(一)案例4简介

某甲与某乙银行订立一房产抵押合同,约定抵押物为某甲的两幢房屋,但在登记时却只登记了其中的一幢。不久某甲又与某丙银行订立一汽车质押合同,约定以某甲的三辆汽车质押,但后来因其中一辆汽车一直在使用,甲就只交付给丙银行两辆汽车,丙银行接受。

问题:某乙银行抵押权的标的物是几幢房屋?某丙银行质押权的标的物是几辆汽车?

(二)相关知识点

1. 物权公示与公信原则的含义

物权公示原则包括物权公示的方法和物权公示的效力两部分内容。我国《物权法》第6条规定的就是物权公示的方法。

物权公示,是指以一定的、公开的、外在的、易于查知的形式展示物权存在和变动的情况。物权公示原则,就是法律上要求当事人必须以法定的公开的方式展现物权变动的事实,否则不能发生物权变动的效力。① 物权公示原则是物权法的重要原则。由于物权具有排他性和优先性,所以当一项物权设立或变动时,外界就必须知道该物权存在或变动的情况,否则就很难让社会上其他成员做到不侵害此项物权,物权所有者的权利就无法得到保障。而将该物权存在或变动的情况,以一定的方式向外界进行公示,就非常有必要。同时,如果法律不硬性规定物权的存在或变动必须向社会进行公示,那么也很容易使当事人通过随意创设或变动物权的方式来侵害第三人的权益,为自己谋取不法利益。因此,物权的本质特性决定了"物权与公示是不可分离的,正是因为这一原因,所以公示是物权的基础,只有建立完备的公示制度,才能使当事人明确哪一些物权已经设立"。② 从而才能使这些物权得到社会的认可,才能够使这些物权产生相应的法律效力。所以,日本学者田山辉明教授说:"要使某种物权得到社会的认可,必须经过相应的公示。"③

物权的公示方法(方式)因不动产和动产而不同。不动产物权的公示方法(方式)是登记。动产物权的公示方法(方式)是占有。世界各国的立法普遍采取将登记与占有作为物权变动的公示方法,这种公示方法已成为世界范围内的法定公示方法。

一般情况下,通过法定方式进行公示的物权与真实的权利归属是一致的,但在有些情况下,也不排除存在公示的权利与真实权利不相符的情况。在这种情况下,如何维护相关当事人的有关权益,这就涉及物权公示的公信力问题即物权的公信原则问题。所谓公信原则是指公示方法所表现的物权即使不存在或存在权利瑕疵,但对于信赖此项公示物权的存在并进行物权交易的人,法律仍承认其具有与真实物权存在相同的法律效果并加以保护的原则。④ 例如本该属于甲所有的房屋,由于种种原因却错误地登记为乙的名字。而第三人丙对此毫不知晓,凭对登记的信赖丙与乙订立房屋买卖合同,在交付了房款后办理了登记变更手续。这种情况下,即使乙不是房屋的真正所有者即登记所表现的物权不存在,但对于信赖登记并进行物权交易的丙来说,法律仍然承认该项交易所产生的结果是合法有效的,并以此对丙的合法权益进行保护。即便事后甲有足够的证据证明原登记的错误,他也不能从丙处得到房子。这就是公信原则。很显然当真正的物权人的利益保护与信赖公示的第三人的利益保护发生冲突时,法律偏向了对信赖公示的第三人的保护。这是法律权衡利弊得失进行价值选择的结果。因为交易安全是市场经济得以存在和发展的基础,保护交易安全是市场经济条件

①　王轶主编:《物权法解读与应用》,人民出版社 2007 年版,第 24 页。
②　王利明:《物权法教程》,中国政法大学出版社 2003 年版,第 42 页。
③　〔日〕田山辉明:《物权法》(增订本),陆庆胜译,法律出版社 2001 年版,第 30 页。
④　于海涌、丁南主编:《民法物权》,中山大学出版社 2002 年版,第 15 页。

下法律首先要考虑的第一要务。在市场经济社会里,要想让人们拥有一种交易的安全感,让人们毫无顾虑地从事交易活动,就必须赋予物权公示以强有力的法律效力即公信力。只有公示具有了公信力,人们对公示的信赖才能得到有效保护,人们才有可能放心大胆地去进行交易活动,才有可能提高交易的效率。否则,一旦这种信赖得不到法律保护,人们就必然不再去相信所谓的公示,对物权的情况便会无从知晓。此时要想进行交易活动,当事人就必须事先查明物权的真实归属,这无疑极大地增加了交易的成本,而且在大多数情况下,人们根本就无法查清物权的真实情况。这样参与交易的人们必然会人人自危,恐遭不测损害,哪里还有进行交易的积极性,这会从根本上动摇市场经济的根基,于是公信原则应运而生。

2. 关于物权公示原则问题的思考

物权公示原则是世界各国物权法普遍确认的基本原则,但是正如有学者所说的:公示原则虽然因其展现物权法保护交易关系的功能而受到理论和实务特别的青睐,但是与表面现象相反,物权公示原则的有关理论并非十分清晰周到,一些最为基本的问题尚存模糊。[①] 笔者对物权公示制度的若干问题进行了一些思考,试图对这些问题进行初步探究。

思考问题一:物权公示的对象是物权的变动还是变动的物权(物权归属)?

关于物权公示的对象问题,理论界观点有分歧,产生了诸如:享有说(权利说)、变动说、享有及变动说和享有变动及消灭说等。[②] 但是,查学者著作或文章不难发现,这些分歧仅限于在具体讨论这一问题时才存在,当离开了"公示的对象是什么"这一话题时,无论原来持何种观点的人,往往都会用"物权变动的公示……""当物权发生变动时……"的字样。甚至许多学者在解释物权公示的含义时,常常也是说"物权的各种变动必须……予以展示"等等。这很容易给人造成一种印象:尽管理论界观点不一,但关于物权公示的对象问题,公认的说法就是物权的变动。事实上情况怎样呢? 这要在具体分析之后方能得出相对可靠的结论,因为虽然物权的变动确实需要让外界知晓,但是,谈及公示的具体对象则是另外一回事。

物权本身具有直接支配性和排他性,并由此衍生出对世性、绝对性,进而派生出其他一系列制度,例如物权法定、公示公信原则等。物权自身所具有的这些特性决定了物权是以不特定的任何人为义务主体的一种民事权利,"法律保障物权人在合法范围内能够无条件地、绝对地实现其权利。因此,物权属于可要求

---

① 参见尹田:《物权法理论评析与思考》(第二版),中国人民大学出版社2008年版,第241页。

② 具体分类参见同上。但我国也有学者认为,物权消灭乃物权变动之一种,因此,第四种观点可被第三种观点涵盖,不必单列。参见董学立:《物权法研究——以静态与动态的视角》,中国人民大学出版社2007年版,第218页注释②。

世间一切人对其标的物的支配状态予以尊重的权利,一切人均负有不得侵害该直接支配状态的义务,物权人可以对任何人主张其权利,其义务人是不特定的人"。① 物权的这种特点客观上产生了两方面的要求:

第一,物权必须具有可识别性。首先,物权与债权的显著区别之一是债权为相对权,其权属状况仅对当事人双方有意义,因此其权属状况无须让其他人知晓,而物权的权属状况则必须让社会上不特定的任何人都知晓。因为只有具备为社会上一切不特定人所知晓的权利外观,才能够要求世间一切不特定的人对其标的物的支配状态予以充分尊重,从而负担不作为的义务、不侵犯物权的义务,物权为对世权、绝对权。其次,物权的享有(包括变动后新的享有)往往与市场交易息息相关,这要求物权必须具有一定的外在表现形式,即具有可识别性,从而透明其法律关系,这对于保护物权人和第三人的利益、稳定财产关系、促进交易安全,都具有重要的意义。因此,法律必然会要求物权应当具有可以使社会上一切不特定的人从外部就能辨认出其权属状况的外在表现形式,即物权必须具有明确的权利识别方式。物权的公示正是承担了权利识别任务而使物权的对世性、绝对性成为可能。"权利识别"是物权公示最本质的功能,物权其他功能例如第三人利益的保护、交易安全的保护等都是这一功能的自然延伸,并且是在这一功能基础之上发挥作用的。明确这一点很重要,因为此后的许多问题例如公示的对象问题、公示的价值问题、物权变动必须公示等都是以此为根本来讨论的。离开了这个根本,其他问题都是无源之水、无本之木。所以,有学者断言:"公示是物权对抗世人效力的来源""物权的公示就是通过法律预设的方式和规则最简化地证明物权"②,这话很有道理。只有通过法定的方式向外界展示了物权的享有情况,透明了物的权属关系,法律才能根据"不特定的世人已经知道或应当知道该权利的状态"这一前提来设计相关的其他制度,例如所有权人的利益保护、第三人利益的保护等等。

第二,人们在从事有关物权的民事法律活动时,必须知悉该物权的权属状况。物权的特性客观上对人们施加了一种外在的强迫力,这就是在从事有关物权的民事法律行为时,相关当事人必须明确该物权的权利归属状况,并依据当前的权利归属状况进行相关的民事活动,否则将有可能承担不利的法律后果。同时,物权的这种特性,也使人们在进行有关物权的民事活动时主观上会产生渴望知道物权归属情况的内在冲动。因为当公示对物权权属状况进行了明确指示以后,社会上不特定的任何人都应当知道该物权的情况而承担自己应负的义务,即使事实上不特定的第三人不知道该物权的权属状况,法律也会推定他应当知道。

① 姚新华主编:《民法学》,中国政法大学出版社 1999 年版,第 101 页。
② 高富平:《物权法专论》,北京大学出版社 2007 年版,第 137 页。

所以,在从事有关物权民事法律行为时,物权权利归属的状况是当事人最为关注的,因为这种权利归属状况直接决定了他接下来要从事的一切与该物有关的活动是否符合法律的规定,是否会受到法律的保护,是否能够达到他的行为目的。

从以上这两方面的客观要求来讲,物权公示就是对物上权利的公示,即对物权的权利主体和权利客体(物权的归属、种类、对象)的公示,是对物权现状本身的公示。既然如此,将物权公示定义为"物权的享有要以一定的、公开的、外在的、易于查知的外观表现形式展示给社会公众"并无不妥。但对于物权公示的这种定义,理论界却有两种不同观点,一种观点认为这种定义只是静态意义上的物权公示,除此以外还存在一种动态意义上的公示,即物权变动的公示①,由此认为以上这种定义方法存在重大遗漏。另一种观点则干脆认为物权的公示就是指物权变动的公示,而不是物权享有的公示。② 在这里,问题的关键实际上是涉及如何认识物权的变动和物权的享有在物权法律关系中所处的地位以及二者与法律主体的利益关系紧密程度的问题。

围绕物权的两个要求,人们在从事有关物权的民事行为时,其一切活动的出发点都必然会是物权的权属问题。首先,购买方作为当事人一方首先必须知道该物是谁的、谁有权处分该物,然后才有可能与出卖人进行交易活动。并且,购买方只需知道物是谁的、谁有权处分该物,就完全可以与有处分权的人进行交易活动。至于出卖人是如何获得的该物,即这之前的物权曾经有过什么样的具体变动,只要其不影响当前物的权属状况,就不会影响当前交易的合法进行,因而购买方并无必要去关心之前物权曾有过的具体变动过程。即使出卖人并非真正的权利人,但只要该物具备了法定的权属外观表征(不动产为登记,动产为占有),该购买人的购买利益仍然会受到法律的保护。这种情况就更加强化了买受人在从事物的交易行为时,只需要关注物权的当前权属关系即可的状况。事实上,即使之前物权发生了变动,但人们关注的仍然会是物的当前权属状况,而非之前物权的变化过程。因为无论是不动产还是动产,其物权的具体变化过程,是很难通过现有的法定公示方式向外界进行展示的,除非像有的学者所说,其变动过程是当众进行并由新闻媒体曝光,否则物权变动的具体过程无论是登记的变更还是交付(占有的转移),往往只是在当事人之间进行,其他人很难知晓。且物权的公示是物权享有状态的一种常态表征,而绝对不是物权变动时的短期显示,即使在物权没有发生变化的时候,物权的公示(不动产为登记、动产为占有)也会持续存在,并不会因物权没有变动而消失。也就是说,无论是交付(占

---

① 高富平:《物权法专论》,北京大学出版社 2007 年版,第 138 页。

② 我国有学者认为:"所谓物权公示原则,指物权的各种变动必须采取法律许可的方式向社会予以展示、以获得社会的承认和法律保护的原则。""物权公示,最根本的作用是给物权的各种变动提供有公信力的法律基础。"孙宪忠:《中国物权法原理》,法律出版社 2004 年版,第 172 页。

有的转移)还是登记的变更,这种只在相关当事人之间进行的、短期就能完成的具体行为,根本就不足以承担需要持久对外展示物权归属状况的公示大任,根本就无法承担公示的使命。尽管我国有学者认为:"从本质上讲,交付的公示方式实际上就是占有的公示方式。"①但笔者认为,交付根本就不是一种公示方式,把占有的转移即交付和登记的变更说成是表征物权存在常态的公示方式,纯粹是一种误解。由于物权变化的具体过程不仅仅是人们无法关心的,而且也是没有必要关心的,所以说物权变动过程的公示是没有必要存在的,事实上物权变动过程的公示也是根本不存在的,人们通常说的所谓物权变动的公示其实指的是物权变动结果的公示,即物权变动后的权利归属状态的公示,这其实仍然还是物权享有的公示。即使是在物权发生变动的情形,物权公示的对象也是变动后的物权,而绝不是物权的变动!因为"物权公示是对物权权属状态的公示,是关于静态物权的状态的描述,其对物权变动的表彰,则是透过对前后两个不同物权存在之状态而获知的认知"。②其次,由于物权通过法定的公示方式,具备了可被识别的外观,且通过法定的公示方式获知物的权利归属是相对容易的事情,所以人们也愿意通过此种方法去查知物的权属状态。同时由于物的权属关系是通过法定公示方式向社会展示的,所以,购买方只要是根据公示的权利归属状态进行的交易活动,自然都会受到法律的保护。这样人们自然就会对法定公示方式产生极大的信赖,而这种信赖对于交易的安全、对于社会的经济秩序都是极为重要的。因此,法律就不遗余力地对其进行大力保护以坚定人们的这种信赖,于是,就有了公示的公信力制度(善意取得制度)。

思考问题二:物权公示的价值是保护"动的安全"还是保护"静的安全"?

对于物权公示的价值问题,理论界存在保护"动的安全"和保护"静的安全"两种观点。然而,通过前文论述我们知道,物权的公示是物权享有状态的一种常态表征,通常情况下,物权的产生是由公示所宣示的(通过非法律行为获得的物权除外③),所以,物权从展示给人们的那一刻起,就与公示相伴存在,直至物权灭失。这期间物权的一切变动状况因涉及物权归属的变化自然也包括在展示物权归属情况的公示范围内。物权公示的"常态"特征决定了其保护的对象也是一种具有常态特性的东西。当一项物权一旦产生,伴随其公示的持续存在,物权就得到了一种持续的保护。这种保护表现在:第一,通过权利归属的明确,使义务人都负有了不得侵犯物权的义务;第二,当物权发生了变化,随着公示对新的权利归属的明确,不特定的第三人对新物权所承担的义务也必然接踵而至,对这

---

① 屈茂辉:《物权公示方式研究》,载《中国法学》2004年第5期。

② 董学立:《物权法研究——以静态与动态的视角》,中国人民大学出版社2007年版,第187页。

③ 关于此问题,在下文第二章第三节中还会详述,此处不再赘述。

些义务的履行就会使新物权得到有效保护。第三,当善意第三人因信赖公示所展示的权利表征而与相关当事人进行有关物权的交易时,由于公示所展示的权利表征有可能与事实上的权利归属不相一致,从而导致原真正的物权人对物权的享有与善意第三人对新物权的享有发生冲突。此时,对这两种权属安全的保护就会无法兼顾,于是,法律遂对两者进行孰轻孰重的利益衡量并做最终的价值选择。其选择的结果就是:为了稳定社会的正常秩序,法律将公示赋予公信力,来侧重保护善意第三人所获得的对物权新的享有。① 虽然这会牺牲原物权人的利益,侵害原物权人对物权的享有,但这正是法律在进行利益衡量和价值选择上的智慧所在,这种结果保护了交易的安全,有利于社会正常秩序的建立,法律的价值得以充分体现。

物权的公示能够保护交易安全,但我们不能因此就说,物权公示的目的就是保护"动的安全",即使是在侧重保护善意第三人利益而牺牲原物权人利益的情形,交易安全这种所谓"动的安全"的保护,也还是通过公示对物权享有(归属)的确认保护而实现的,只不过这里的保护是通过牺牲原所有人的物权享有而保护善意第三人新的物权享有来实现的。所以可以这样进行描述:物权公示在对物权权属状况(享有)的持续保护过程中,如若发生了物权变动这种导致出现新物权权属状况(享有)的事件,出于展示新物权权属(享有)状况的本能,客观上公示自然会对其进行展示从而有效地进行保护。因此可以说物权的公示在履行保护"静的安全"职责时,自然而然地也会保护所谓的"动的安全"。对这两者的保护客观上是一体的,是无法将其分开的,只不过所谓"动的安全"保护,实际上是从属于"静的安全"保护、是"静的安全"保护的一部分。所以说物权公示的价值就是保护物权的享有,对原物权人物权享有的保护亦或对善意第三人基于对公示信赖而取得的新的物权享有的保护都是其价值的反映。

当善意第三人与物权公示所展示的权利归属人之间进行交易时,尽管几乎所有的材料上都把保护这种交易即保护所谓的"动的安全",说成是公示公信制度的目的或功能。但仔细分析一下可以知道,法律赋予公示以公信力,其核心目的是保护善意第三人因对公示所展示的权利表征的信赖而产生的一种利益,这种利益并不仅仅表现在善意第三人能够与相对人进行交易的动态过程上,更重要的是体现在交易完成之后善意第三人所获得的既得利益上,即善意第三人享有了一种新的物权。对这种新物权享有的保护,才是法律赋予公示以公信力的根本意图所在。并且由于在该新物权灭失以前,该新物权的享有是一种常态的

---

① 这就是传统民法理论上的善意取得制度,我国《物权法》第106条也明确规定了这一制度。但笔者一直认为善意取得制度属于公示公信原则的天然组成部分,在公示公信原则完全能够解决动产和不动产善意取得物权的情况下,善意取得制度实无独立存在的必要。该问题在本书下文第九章还要进行详细阐述,此处不再赘述。

东西,所以,对该物权享有的保护也是一种伴随新物权的享有和公示的存在而存在的、持续的常态保护,而绝不仅仅是保护一个具体的、动态的、短期内就能完成的交易过程。当然,要真正实现对新物权享有的切实保护,法律自然也会对取得这一成果的过程即交易的合法化进行确认。同时,在交易的过程中,由于物权公示制度将物权享有的信息进行了展示,受让人就无须花费时间和精力去考察让与人是否为所有人、是否有处分权等这些交易成本巨大的事情。同时,由于公示所展示的信息具有公信力,所以对于善意的受让人(第三人)来说,只要按公示的信息去从事交易就完全可以了。因为即使公示所展示的物权归属与真实物权享有不一致,即让与人无处分权,法律也照样保护善意受让人的受让利益。如此一来,人们就完全可以放心大胆地在市场或商店等公共交易场所进行交易,避免了"购物者人人自危,恐遭不测损害,交易势必难以进行"①的状况。也就是说,法律在保护善意第三人对新物权的享有这一所谓"静的安全"时,自然而然地就会保护所谓的"动的安全"。由此,保护"动的安全"断不会是物权公示主要的或最终的目的,而只能是物权"静的安全"保护过程中的一个部分或一个片断。

思考问题三:物权公示制度是否含有"定分止争"的功能?

对于有学者提出的"物权公示制度并不含有'定分止争'的功能"的说法②,笔者不敢苟同。诚然,物权的享有确实不一定以物权的公示为条件,这突出地表现在以下两种情形:一种是在采公示对抗主义立法模式的情形,公示并不是物权变动的要件,只要当事人达成了物权变动的合意,就会发生物权变动的效果,只不过该物权不能对抗第三人;另一种是在通过非法律行为获得物权的情形,如果一项物权变动不是依据法律行为发生的,而是依据公权力、事实行为、自然事件等发生的,则这些物权变动在公权力生效,或者在事实行为、自然事件发生和成就的时候生效,例如法律文书、征收、继承、受遗赠、建房或拆除房屋、遗失物拾得等原因导致物权变动的都不以公示为物权变动的生效要件。但是,在采公示要件主义的立法模式下,当事人之间仅仅具有物权变动的意思表示,而没有通过法定的公示方式进行公示,则物权变动就不发生效力。其不仅不能产生对抗第三人的效力,就是在当事人之间也不发生物权变动的效果,即未经公示,受让人的权利就无法得到法律的承认,就无法获得法律的保护。也就是说,没有进行法定的公示,受让人就无法取得对物权的享有。此时,虽然物权的公示与物权的享有

---

① 梁慧星、陈华彬编著:《物权法》(第三版),法律出版社 2005 年版,第 214 页。

② 有学者指出,物权的公示与物权的享有完全是两个不同的概念,物权的享有不一定以物权的公示为条件。当事人以物权让与以外的其他方式取得物权时,是否采用公示方法,通常并不能决定其是否享有物权本身。由此可见,物权公示制度并不含有"定分止争"的功能,物权之义务人的不作为义务,亦非基于物权公示而发生。参见尹田:《物权法理论评析与思考》(第二版),中国人民大学出版社 2008 年版,第 256 页。

是完全不同的两个概念①,但物权的享有却真真切切地是以物权的公示为条件的。虽然长期以来,对于公示对抗主义和公示要件主义两种立法模式孰优孰劣存在争论,但我国《物权法》还是明确采纳了"以公示要件主义为原则,以公示对抗主义为例外"的立法模式。在此背景下,我们谈到的物权享有与物权公示的关系,尤其是谈我国的物权法时,就不能再以公示对抗主义的立法模式为根据予以否认。其次,我们谈到的物权获得,通常情况下指的是通过法律行为获得物权的情形,至于通过非法律行为获得物权的情况,我们往往是作为特殊情况专门进行说明。事实上,公示要件主义和公示对抗主义都只是适用于依据法律行为发生物权变动的情形。如此,用特殊情况来否认通常情况,也似不妥。

在排除了物权的享有不以物权的公示为条件的两种情形后,我们再来看物权公示制度的功能,由前文所述我们知道,物权公示的基本功能是对物权的归属状况进行宣示,这一权利归属的宣示功能,既保护了财产的享有即所谓静的安全,又保护了财产的交易即所谓财产动的安全。而后者实际上是前者的一个有机的组成部分。正是由于物权权属状况(享有)经公示使他人能够进行明确识别,才使善意第三人的合法利益的保护成为可能,交易安全才得以保障。如果没有公示制度对物权关系进行透明,物的权利归属就是模糊的,这很容易造成欺诈或诈骗的发生,极易导致物的权属发生争议。一个连权利归属都存在争议的物,如何能够保证交易的安全呢?这难道不是定分止争的表现?这正如学者所说的:"要使物权具有排他性,防止人对物的争夺、对他人财产的侵害,必须规定物权的公示制度和公示方法。基此公示制度和公示方法,当事人和第三人可以由外部辨识物权的存在,使物权关系因此得以透明,得以为第三人所知悉。反之,若无物权的公示制度,则在现代物权交易频繁的情况下,不仅物权交易的安全会受到损害,而且也势将损害第三人的利益,并引起物权交易秩序的紊乱。因此,物权的公示制度对于维护物权的归属秩序、占有秩序(物权的享有秩序)以及物权交易的安全,皆具有重要的意义。"②

思考问题四:物权公示的效力究竟是什么?

关于物权公示的效力问题本不应成为一个问题,但在许多资料上,关于物权公示效力的表述却存在很大差异。例如,有学者将物权公示的效力总结为:决定物权变动的效力、物权权利正确性推定的效力、善意保护的效力、交易风险警示

---

① 我国有学者认为,物权公示是将"已经"取得的物权公之于世;而物权的享有,则是指权的取得或者对物权所载利益的获取。物权公示以物权的享有为前提,但物权的享有不一定以物权的公示为条件,所以物权的公示与物权的享有完全是两个不同的概念。参见尹田:《物权法理论评析与思考》(第二版),中国人民大学出版社 2008 年版,第 256 页。

② 陈华彬:《物权法》,法律出版社 2004 年版,第 142—143 页。

的效力。① 有学者则说,在采取公示要件主义的国家,公示的效力有三项:其一,物权转让效力。其二,占有的权利推定效力。其三,登记的推定效力。② 有学者说,静态意义上的物权公示产生三条重要的法律效力:第一,完善的效力。第二,权利的正确性推定效力。第三,善意取得的效力。③ 有学者将公示的效力归纳为:其一,决定物权变动是否发生的效力。其二,权利正确性推定的效力。其三,善意保护的效力。④ 有学者将物权公示的效力分为狭义和广义两种理解,狭义即物权公示的效力是指物权公示对于物权得失变更所生之影响力。广义即此种效力包括物权公示所生之一切法律效果,包括决定物权之得失变更是否发生、公示本身可否成为权利推定之依据、信赖物权公示的第三人可否获得保护等等。而一般言及物权公示的效力,多采其狭义的含义。⑤ 更有学者干脆将物权公示的效力归结为三种不同的立法主义,即公示要件主义、公示对抗主义和公示折中主义。⑥ 还有其他多种观点,这里不再一一列举。通过以上所列足以看出,关于物权公示的效力问题,在理论界存在很大分歧。

所谓物权公示的效力,是指物权公示所产生的法律效果或者说是指物权公示所发挥的具有法律效力的作用。笔者认为这种作用集中表现在以下几个方面:第一,确认物权权属(享有)状况的效力。这是物权公示的最基本效力,其他一切效力都是在这个基础上产生的。物权公示是对物权权属状况即物权享有的公示,而非是对物权变动过程的公示,这在前文已进行了阐释,此不赘述。第二,权利正确性推定效力和善意第三人保护效力。所谓权利正确性推定效力,是指推定通过物权公示方式所表现出来的权利内容是正确的,即使该内容与真实的权利不相一致,也仍推定为正确。所谓善意第三人保护效力,是指信赖物权公示方式的第三人,通过法定方式取得的物权,即使原权利不真实,但该第三人仍然会受到法律的保护。由于善意第三人代表着社会的公共群体,是一种公共利益,并且该群体的利益保护直接涉及到公共秩序(例如交易秩序)的稳定,涉及社会是否正常运转,因此法律就把对善意第三人的保护置于一种核心的地位,可以说法律制度在设计上都会刻意保护善意第三人的利益。物权公示公信原则的善意第三人保护表现为法律对第三人合理信赖利益进行保护,以维护交易安全。从

---

① 梁慧星主编:《中国物权法草案建议稿》,社会科学文献出版社 2000 年版,第 110 页;刘保玉:《物权法学》,中国法制出版社 2007 年版,第 103 页。

② 王利明、杨立新、王轶、程啸:《民法学》(第二版),法律出版社 2008 年版,第 251 页。

③ 王全弟主编:《物权法》,浙江大学出版社 2007 年版,第 38 页。

④ 孙宪忠:《中国物权法原理》,法律出版社 2004 年版,第 178—184 页;王轶主编:《物权法解读与应用》,人民出版社 2007 年版,第 25 页。

⑤ 尹田:《物权法理论评析与思考》(第二版),中国人民大学出版社 2008 年版,第 260 页。

⑥ 梁慧星、陈华彬编著:《物权法》(第三版),法律出版社 2005 年版,第 82 页;陈华彬著:《物权法》,法律出版社 2004 年版,第 144 页。

这个意义上讲,物权公示公信原则的权利正确性推定效力是为善意第三人保护效力服务的,是法律为保护善意第三人的需要而设置的一种强制性规定,即"公示的公信力重在保护第三人,真正的权利人即使能够举出确凿的证据证明公示瑕疵确实存在,而且自己对于公示的瑕疵并无过错,对公示的公信力仍不产生影响,第三人仍可凭借公示的正确性推定和自己对于公示的瑕疵不知情而获得保护"①。

需讨论的是:在物权公示的效力与物权公示的公信力之间存在一种怎样的关系?从理论界的有关论述来看,我们可以归纳出三种不同的主要观点。第一种观点是把二者作为两种不同的内容分别加以论述,即物权公示的效力不包括物权公示的公信力。例如有的著作是把物权公示的效力作为一个问题进行叙述,同时又把物权公示的公信力作为另一个问题专门进行叙述。② 第二种观点认为二者内容有交叉的地方。例如有学者认为,物权公示有三大效力,即物权转让效力、权利正确性推定效力和善意保护效力。其中物权公示的转让效力非为物权公示的公信力,但权利正确性推定效力及善意保护效力则构成物权公示之公信力的具体内容。③ 第三种观点认为物权公示的效力就是使公示产生公信力,即二者在内容上是重合的。这种观点认为:"公示的目的就是产生公信力,没有公信力的公示在民法上是无意义的。"④"在物权法中,物权公示原则的法律效力是物权的公信力,而物权公信力又集中体现在物权公示的各个效力中。"⑤笔者赞同第三种观点。我们之所以将物权的公示方式法定化,主要目的之一就是要赋予公示方式以尽可能强的公信力,无论是使人们"知"还是使人们"信"⑥,其实都是在向社会不特定的任何人宣示:只要你是善意的,你就可以放心大胆地从事一切有关物权的交易行为,就可以放心大胆地受让财产,因为你的依据即法定的物权公示方式是具有公信力的,你由此而得到的利益是受法律保护的!

(三)案例 4 分析

物权的本质特性决定了物权与公示是不可分离的,当一项物权设立或变动

---

① 于海涌、丁南主编:《民法物权》,中山大学出版社 2002 年版,第 36 页。

② 此种情况见史尚宽:《物权法论》,中国政法大学出版社 2000 年版,第 42 页;梁慧星、陈华彬编:《物权法》(第三版),法律出版社 2005 年版,第 82 页和第 93 页;王利明:《物权法教程》,中国政法大学出版社 2003 年版,第 76—77 页。

③ 尹田:《物权法理论评析与思考》(第二版),中国人民大学出版社 2008 年版,第 298—299 页。同样的观点见王轶主编:《物权法解读与应用》,人民出版社 2007 年版,第 25 页。

④ 梅夏英、高圣平主编:《物权法教程》,中国人民大学出版社 2007 年版,第 14 页。

⑤ 马新彦主编:《中华人民共和国物权法法条精义与案例解析》,中国法制出版社 2007 年版,第 24 页。

⑥ 一般认为:公示原则的目的在于使人"知",公信原则的目的在于使人"信"。

时,必须通过公示的方式让外界知道物权存在或变动的情况,不经公示,不发生物权设立或变动的效果。物权的公示方法(方式)因不动产和动产而不同。不动产物权存在或变动的公示方法(方式)是登记。动产物权存在或变动的公示方法(方式)是占有,即只有登记的不动产或占有的动产才能成为法律所认可的相关物权的标的物。

本案中,虽然某甲与某乙银行订立合同中约定的抵押物是某甲的两幢房屋,且该合同也是双方真实意思的表示,是合法有效的。但合同仅是起证明双方当事人存在债权债务关系的作用,无法起到向全社会进行物权公示的作用。因此物权变动标的物的确定不能依据合同,而只能依据登记而定。由于双方在抵押登记时只登记了一幢房屋,所以乙银行抵押权的标的物就只能是登记的这一幢房屋。同理,由于动产物权存在与变动的公示方式是占有,所以只有占有转移了的动产才能成为法律所认可的相关物权变动的标的物,而对双方当初的约定在所不问。所以某丙银行质押权的标的物就是甲交付的两辆汽车。

[案例思考]

1. 胡某与陈某系母子关系,2006 年 9 月 10 日,陈某与胡某签订协议,约定胡某将房屋以 3 万元的价格转让给陈某,同时约定由胡某使用房屋至去世。2007 年 11 月 20 日,陈某又与张某签订了该房屋的买卖合同,约定以 10 万元的价格将房屋转让给张某,并约定于同年 12 月 5 日交付房屋。其后张某先后办理了房屋所有权证和国有土地使用权证,取得了上述房屋的所有权,但陈某由于胡某不愿搬出而无法向张某交付房屋,为此,张某以胡某、陈某为被告向法院提起诉讼,要求两被告搬出房屋。[①]

问题:胡某是否应搬出房屋?

2. 张甲与李乙为夫妻,共有一处房产,但房产证上只记载了张甲一人的名字。后来,由于感情不和,二人闹离婚。这期间,张甲背着李乙谎称自己是单身一人,而将该房屋卖给了王丙,并签订了一份房屋买卖合同。在王丙将房款交与张甲后,张甲与王丙又一起办理了房产过户登记手续。后李乙得知此事,诉至法院,要求确认张甲与王丙买卖房屋的行为无效,王丙不得取得房屋的产权。

问题:王丙是否应取得房屋的产权?

---

① 《中华人民共和国物权法(案例应用版)》,中国法制出版社 2009 年版,第 7 页。

第二章 物权的设立、变更、转让和消灭

第一节 不动产登记

一、不动产登记的效力

相关法条

第九条 不动产物权的设立、变更、转让和消灭，经依法登记，发生效力；未经登记，不发生效力，但法律另有规定的除外。

依法属于国家所有的自然资源，所有权可以不登记。

（一）案例 5 简介

李广在市区某街道看中了一间正对外出售的沿街房，打算买下来做点小生意，在与卖方邓成几次讨价还价后，最终以 35 万元成交，并预付定金 10 万元，待房产证办下来之后，再把剩余的钱交齐。双方签订了房屋买卖协议，李广交上定金后便到外地进货去了。等他过了一段时间回来之后，却发现这家店面正在装修，李广赶紧和卖主邓成联系询问此事，邓成在电话里很抱歉地跟李广说，他老婆嫌他卖的价太低，所以他老婆自作主张以 40 万元的价格卖给了一个外地客商，并且所有的房产过户手续已基本办妥，邓成称他会尽快返还李广的定金。对于邓成的擅自毁约，李广起诉到法院请求法院确认邓成与外地客商关于沿街房的买卖行为无效。

问题：李广的请求是否应该得到法院的支持？为什么？

（二）相关知识点

"所谓登记的效力，是指在登记之后产生何种法律上的效果。"[1]作为不动产物权的公示方式，有关登记效力问题在大陆法系国家的立法中主要有两种模式：登记要件主义和登记对抗主义。采用不同的立法模式，登记的效力就会不同。所谓登记要件主义或叫登记生效主义，简单说就是必须登记、非登记不可，未经登记，不发生不动产物权变动的效力。登记要件主义的理由是：当事人之间意思表示的后果，即物权的变动是要发生排他效力的，既然要发生排他的效力，它就应当进行登记，利用登记的公开性，告诫其他人物权变动的情况，从而使其他人

---

[1] 王利明：《物权法研究》（第三版）（上卷），中国人民大学出版社 2013 年版，第 312 页。

通过登记这种公示方法知道该物权的存在,即知道该物权的排他性,以此来消除交易中的风险。所谓登记对抗主义,相对而言,要宽松得多,虽然也要求以"登记"作为公示方法,但并不是必须登记,当事人可以按照自己的意愿进行登记或不进行登记,如果不登记的话,也可以取得物权,只不过这个物权的效力较低,不能对抗善意第三人。

对于以上两种模式,我们国家应采用哪一种呢?在物权法制定的过程中,意见有分歧。但是,两种模式相比较,不论是在法理上,还是在实践效果上,登记要件主义都优于登记对抗主义。"在法理上,因物权的本质特征就是排他性,如果物权取得人获得的物权不能排他,就不能认为其是物权,因此发生的物权变动自然应该无效。故不登记就能够生效的不动产物权变动,实在不合法理。从实践效果论,不经登记的不动产物权变动对物权取得人和相对人均具有极大的风险,对交易的安全造成极大的妨碍。"①并且正如梁慧星教授所言:我国登记要件主义已实行了好多年,没什么不好,没有必要废除。也就是说登记要件主义比较适合我国的国情。但是,在某些特殊情况下,登记对抗主义也有它一定的合理性,因此处理好这两种模式的关系就显得很有必要。通过我国《物权法》第 9 条及其他相关法律的规定②可以看出,我国民事立法采取的是登记要件主义为一般原则,而以登记对抗主义作为特别例外的立法体例。所谓"例外"就是法律的一些特殊规定,例如我国《物权法》第 129 条关于土地承包经营权互换、转让的规定,我国《物权法》第 158 条关于地役权效力的规定等。

在登记要件主义为一般原则的情况下,不动产登记的效力主要有三个方面:确认不动产所有权享有的效力、权利正确性推定效力和善意第三人保护效力。确认不动产所有权享有的效力,是不动产登记的最基本效力。通过登记这种方式对不动产所有权进行公示,就使得该不动产所有权得到了法律的认可,成为了合法性的、能够受法律保护的权利。当不动产所有权发生变动时,登记必然会体现这种变动,必然会对新的所有权状况进行展示,从而使不动产新的所有权享有成为合法的、能够为法律认可和保护的权利。没有进行登记的所谓不动产所有权的"享有"是无效的,是得不到法律保护的,哪怕当事人之间已经达成了不动产所有权转移的合意,这种转移也是没有法律效果的。因为没有进行登记,就意味着不动产新的所有权享有没有经过法律的确认,法律自然不会认同其存在。权利正确性推定效力,是指推定登记所表现出来的所有权内容是正确的,即使该内容与真实的所有权享有状况不一致,也仍推定其为正确。这种效力实际上是在鼓励人们尽管放心大胆地去信赖登记所展现的权属外观,这种鼓励对于促进

---

① 梁慧星主编:《中国物权法草案建议稿》,社会科学文献出版社 2000 年版,第 138 页。
② 例如《中华人民共和国城市房地产管理法》《中华人民共和国担保法》等法律的相关规定。

交易的进行、市场经济的繁荣至关重要。由此效力自然产生的另一效力便是善意第三人保护效力。所谓善意第三人保护效力,是指信赖不动产登记的第三人,通过交易方式从原登记的不动产所有人处取得该不动产的所有权,即使原登记的所有权不真实,但该第三人的受让利益仍然会得到法律的保护,这便是公示公信原则的内容。

值得一提的是:登记要件主义只是适用于基于法律行为发生物权变动的情形,主要是指交易情形下的物权变动,也就是根据交易行为设定物权、移转物权、消灭物权等。对于非基于法律行为发生的物权变动例如通过继承、拾得遗失物、先占、没收、征收、法院判决、强制执行等原因取得物权的都不以登记为物权变动的生效要件。

(三)案例5分析

我国《物权法》对于不动产登记的效力问题,实行的是登记要件主义或者说以登记生效主义为一般原则,登记对抗主义作为特别例外的立法体例。简单说就是不动产的设立必须登记,未经登记,不发生不动产物权变动的效力,法律规定的一些特例除外。

本案中,李广与邓成达成了买卖房屋的协议即形成了一个关于房屋的买卖合同,但由于没有办理房产证手续即没有到登记机构办理房屋的产权过户登记,依照我国《物权法》的规定,这个物权的变动即房屋所有权的转移是不发生效力的,也就是说该房屋的所有权在邓成和李广之间并没有发生转移,邓成仍然是该房屋的所有权人,李广对该房屋不拥有所有权。既然如此,邓成当然有权处分自己的财产。他把房屋卖给了外地客商,这是邓成在正常行使自己对房屋的所有权,并不违背法律的强制性规定。由于邓成与外地客商已办理了产权过户手续,所以该房屋所有权发生的变动,即外地客商对该房屋拥有的所有权就是合法有效的。因此,对李广的诉讼请求法院是不能支持的。

但是,此前二人之间的买卖合同是合法有效的。李广可以行使自己的债权请求权,要求邓成承担违约责任。本案中由于李广支付了定金,所以他可以按照有关规定要求邓成双倍返还定金,以维护自己的合法权益。

二、不动产统一登记制度

　　相关法条

第十条　不动产登记,由不动产所在地的登记机构办理。

国家对不动产实行统一登记制度。统一登记的范围、登记机构和登记办法,由法律、行政法规规定。

（一）案例 6 简介

张三向李四借款 600 万元，张三以其办公楼、厂房作为抵押，评估为 800 万元，双方在房管登记部门办理了登记。张三又向王五借款 500 万元，以该办公楼、厂房的占地作抵押，评估为 700 万元，双方在土地管理登记部门办理了登记。后来因张三不能清偿到期债务，李四和王五都要实现抵押权，但如何实现抵押权，在执行中发生纠纷。

问题：试分析纠纷发生的根本原因。

（二）相关知识点

1. 不动产统一登记的必要性

所谓不动产的统一登记，是指由一个登记机构统一负责有关不动产的登记事务，并在登记范围和登记规则、程序等方面实现统一。[①] 不动产登记的统一性是不动产物权统一的法律基础。通过不动产登记，国家为不动产物权提供了一个在整个法律实施范围内均有效的法律基础，有了这个基础，在整个法律实施范围内发生的一切不动产物权交易（实际上是整个不动产市场）才有了统一的法律基础和规则。如果没有这个统一基础，公正有序的不动产物权流转制度的建立就完全是一句空话。[②] 具体来讲，不动产统一登记的必要性主要体现在以下方面：

（1）不动产的特性所决定。不动产包括土地及土地定着物、土地生成物。土地定着物主要是指建筑物，土地生成物则包括各种矿藏、植物（树木和草地）等。从不动产的内容我们可以看出，所有的不动产都是围绕着土地而言的，土地与其他的不动产是紧密相连、密不可分的，离开了土地的所谓不动产是不存在的。土地在不动产中的这种核心和基础地位决定了所有不动产物权的核心和基础就是土地的物权，土地的物权和其他不动产物权是紧密相连不可分割的，这在客观上决定了不动产物权的登记必须是统一的而不能是分散的。

（2）维护不动产交易秩序和安全的需要。在不动产登记不统一的情况下，很容易产生信息因为不能相互沟通而造成信息不能得到全面披露的情况，使登记的公示作用无法得以发挥。这很容易导致一些诸如房地分别抵押、分别转让、重复抵押、重复转让情况的发生，不但无端增加一些纠纷，使一些相关权利人的权益蒙受损失，而且也为一些不法分子的欺诈行为提供了可乘之机。而不动产统一登记制度的建立，就可以有效地降低交易风险，克服分散登记带来的一系列弊端。

（3）提高效率的需要。统一登记制度建立后，对于登记机关来说，可以减少

---

①　王利明主编：《民法》（第四版），中国人民大学出版社 2008 年版，第 201 页。

②　孙宪忠编著：《物权法》，社会科学文献出版社 2005 年版，第 109 页。

人力、物力资源,降低登记成本。由于避免了重复登记,不仅减少了纠纷,而且压缩了大量无效劳动,工作效率必将大大提高。对于当事人来说,由于得到了"一站式"服务,不仅能够在同一时间、地点内获取自己想获得的信息,而且能够简化办事程序,即时办结相关业务,交易成本大为降低,效率大大提高。同时,统一登记制度对于实现物尽其用、提高物的利用效率也是非常重要的。例如随着现代担保制度的发展,各国比较流行的结合物担保就必须是在统一登记的制度下才能顺利进行。

(4) 方便当事人申请登记、查询登记资料的需要。统一登记的最大特点就是各登记环节、登记资料都能"一站式"提供,这对于方便当事人申请登记,方便利害关系人查询登记资料,全面了解不动产之上的权属状态至关重要。

2. 我国原有不动产登记制度的弊端

长期以来,我国在不动产物权登记方面实行的是多头管理、分别登记的管理制度,这在有关法律法规中规定得很明确。① 按照这些规定负责办理各种不动产物权登记的机构有十几个部门,例如有关建设用地使用权的登记在土地管理部门进行;有关房屋产权的登记在房管部门进行;有关林木所有权的登记在林业管理部门进行;有关土地承包经营权的登记在农业管理部门进行;有关采矿权的登记在地矿管理部门进行等等。我国这种登记模式是根据政府各行政部门不同的管理职能而相应设置了不同物权的登记,也就是我国把登记完全作为一种行政管理部门的职权来进行配置,从而造成了登记机关与行政机关的设置与职能合一的问题。我国有关登记的这种模式有利于行政管理职能的充分发挥,尤其是在计划经济条件下,作用会更明显。然而在市场经济条件下,这种模式的弊端就日益凸显出来:

(1) 分散登记完全不符合法理的要求。不动产物权是以土地物权为中心的,所有不动产都离不开土地,不动产的这种关联性就决定了各种不动产物权的登记都不能脱离开土地而单独进行。也就是说,不动产的特性决定了各种不动产物权的登记必须统一进行。但是正如学者所说,我国的登记"只是作为不动产行政管理部门进行管理的一种手段,或者是行政管理部门对土地物权变动进行监督管理的手段。法律明确我国的不动产登记不是不动产物权变动的公示手段,因此这种登记和民法上的不动产物权变动没有法律上的联系"②。

(2) 分散登记模式造成了登记规则的混乱。在分散登记的情况下,由于各

---

① 例如《中华人民共和国土地管理法》《中华人民共和国城市房地产管理法》《中华人民共和国森林法》《中华人民共和国草原法》《中华人民共和国农村土地承包法》等相关法律法规对登记机构相关问题的规定都不统一。仅《中华人民共和国担保法》第42条规定的办理抵押物登记的部门就有五大类。

② 孙宪忠编著:《物权法》,社会科学文献出版社2005年版,第113页。

登记机关具有不同的管理职责,所以这些机关必然会根据自己的工作需要和自己的特点制定不同的登记规则。更有甚者因为登记上的各自为政,就为一些机关滥用权力、利用设置登记权限和程序获取不当利益而制定一些登记规则提供了方便。这势必造成同为不动产登记,但规则却各不相同的情况出现,且这些规则的法律效力又严重不足。这不仅导致科学有效的不动产登记制度难以形成,而且也动摇了不动产物权交易的法律基础,损害了不动产交易的安全。

(3)分散登记造成了当事人登记活动、信息查询等的严重不便,导致诸如"房产证难办"等问题的出现。现行模式下当事人要进行某项物权登记,往往要跑多个部门,手续繁琐,而且由于这些部门登记规则不一致,又使这种手续的繁琐性进一步加大,并且办理中途往往还要补充各种资料,耗时耗精力,当事人负担较重。所以,现在许多购房者都面对"房产证难办"问题也就是自然而然的事了。同时因为分散登记,各部门之间不能相互沟通而造成信息不能得到全面披露的情况,又对当事人全面查阅真实信息造成巨大困难。如此情况造成重复登记、当事人负担进一步加重、资源浪费、甚至欺诈行为出现就在所难免。交易成本过高,交易风险加大,交易安全很难保障,交易秩序的完善也就无从谈起。

3. 我国不动产统一登记制度的建立

世界一些主要国家和地区在不动产登记方面有较大差异,但是这些差异主要集中在是实行登记要件主义还是实行登记对抗主义,或者说是实行实质主义登记还是实行形式主义登记。在统一登记制度方面,几乎所有的国家和地区都毫无例外地实行不动产统一登记制度。

实行不动产统一登记制度,已成为国际上一种通常的做法,这是世界人类文明成果在不动产物权登记制度上的一种表现,很值得我们国家吸取和借鉴。由前文叙述可知,我们国家原有的不动产登记模式已到了非改不可的地步。所以我国《物权法》第 10 条明确规定了我国对不动产实行统一登记制度,这是我国登记制度的重大变革,是不动产立法的一件大事,对推进我国依法行政具有重大的历史意义。由于统一登记制度涉及我国行政管理体制的改革,需要一个过程,所以我国《物权法》第 10 条规定,对统一登记的范围、登记机构和登记办法由法律和行政法规再专门作出规定。2014 年 11 月 24 日,在经过广泛征求意见的基础上,国务院总理李克强签署第 656 号国务院令,公布《不动产登记暂行条例》,自 2015 年 3 月 1 日起施行。《条例》规范登记行为、明确登记程序、界定查询权限、整合登记职责,实现了不动产登记机构、登记簿册、登记依据和信息平台"四统一"。至此我国不动产统一登记迈出了决定性的一步,不动产统一登记制度初步建立。

(三)案例 6 分析

所谓不动产的统一登记,是指由一个登记机构统一负责有关不动产的登记事务,并在登记范围、登记规则和登记程序等方面实现统一。长期以来,我国在不动产物权登记方面实行的是多头管理、分别登记的管理制度,产生了很多弊端。

本案中,张三就房、地分别进行了抵押,造成最终抵押权实现的纠纷和争议。这种现象的出现,主要是由于分散登记制度存在的漏洞所致。由于登记机关不统一,各部门之间不能相互沟通而造成信息不能得到全面披露,此时当抵押人张三不将抵押的情况告知后一个权利人王五的时候,纠纷就在所难免。不仅如此,本案也不排除张三利用分散登记制度上的弊端实施欺诈行为的可能,其后果是直接损害相关当事人李四和王五的合法利益。这种分散登记模式造成的房屋登记与土地登记引起物权变动所依赖的法律基础发生冲突,导致了因"立法而造成司法不能",所以在市场经济条件下,废除分散登记建立统一的不动产物权登记制度,是大势所趋,势在必行。

三、不动产物权变动与原因行为区分原则

相关法条

第十四条　不动产物权的设立、变更、转让和消灭,依照法律规定应当登记的,自记载于不动产登记簿时发生效力。

第十五条　当事人之间订立有关设立、变更、转让和消灭不动产物权的合同,除法律另有规定或者合同另有约定外,自合同成立时生效;未办理物权登记的,不影响合同效力。

(一)案例 7 简介

2008 年 1 月,甲企业与乙银行订立抵押贷款合同,约定乙银行向甲企业贷款 800 万,甲企业以办公楼、厂房作为抵押。合同签订后,甲企业因急需资金,向乙银行提出,请先把钱划到甲企业账户上,甲企业随后就去办理抵押登记。乙银行工作人员考虑到甲企业是老客户,经办人又是老熟人,就先把资金划到了甲企业的账户上。但此后甲企业借故一直未办理抵押登记。后来甲企业因效益不好,就将办公楼、厂房转让给了另一家企业。由于甲企业不能归还到期贷款,乙银行遂诉至法院,请求法院追究甲企业的违约责任。但法院经审理后认为,由于没有进行登记,所以双方签订的抵押合同无效,对于银行的诉讼请求,法院不予支持。

问题:法院的理由是否成立? 为什么?

（二）相关知识点

1. 不动产物权变动与原因行为区分原则的含义

在基于法律行为的不动产变动中，与不动产物权变动有关的合同法律关系（主要是买卖合同、抵押合同）是不动产物权变动的原因行为；而物权法律关系（主要是不动产的产权登记、抵押权设立登记）的成就即物权发生了变动则是合同法律关系的结果。但是，作为物权变动的基础关系即原因行为的成立，应该是按照该行为成立的自身要件予以判断，而不能以物权的变动是否成就作为判断标准。同样不动产物权的变动，必须以不动产的登记为必要条件，而不能认为基础关系即原因行为的成立生效就必然发生物权变动的效果。① 所以所谓"区分"指的是将与不动产物权变动有关的合同法律关系即原因行为与不动产物权变动加以区分。以房屋买卖为例，我们先签订房屋买卖合同（合同法律关系建立），然后根据买卖合同再去办理房屋产权过户登记（物权法律关系成立），房屋的所有权就发生了转移。这里房屋买卖合同是房屋所有权发生转移的原因行为，而房屋所有权变动就是房屋买卖合同的一种结果。但是需强调的是，房屋买卖合同之所以成立，是因为该合同具备了买卖合同成立的条件，而与后来的登记与否没有直接关系。同时，房屋所有权发生了转移，也并不是因合同的生效而必然发生的唯一结果。因为在合同生效后，也可能发生由于一些其他素例如人的主观故意或自然界的意外事件的发生，而造成没有登记使房屋所有权未发生转移的情况。也就是说，房屋所有权之所以发生了转移，是因为它具备了房屋变动的必要条件"登记"而已，并不是因为买卖合同的成立。

2. 不动产物权变动与原因行为区分原则的目的

物权法为什么要专门对"原因行为"与"物权变动"进行区分呢？或者说为什么物权法要专门设立区分原则呢？长期以来，我们对于登记要件一直存在一种误解，认为未办理登记，不仅物权不能转移而且合同也是无效的。这就把合同成立的时间和条件与物权变动的时间和条件弄混淆了。这种混淆在有关法律法条里面的直接体现，就是我国《担保法》第 41 条的内容。该条规定，当事人设定抵押的，"应当办理抵押物登记，抵押合同自登记之日起生效"。这种混淆无论在理论上还是在实践中都有很大的危害性：

（1）这种混淆是不符合法理和法律逻辑的。第一，按说合同只要符合生效的形式要件和实质要件就能够生效。但当我们根据生效的合同这个原因行为去办理相关登记时，可能会由于种种原因而没有办成登记。这时却说因为没有办理登记，原来的合同是无效的。这不符合常理。第二，如果把合同生效时间硬定在登记之日起，就必然造成我们是根据一个没有效力的合同去办理物权登记的

_____

① 孙宪忠：《论物权变动的原因与结果的区分原则》，载《法学研究》1999 年第 5 期。

情况。第三,登记完成即物权发生变动,合同才生效的话,登记就成了合同生效的原因,合同生效成了登记的结果,完全颠倒了原因和结果,不符合法律逻辑。

(2)这种混淆在实践当中保护了不当利益,损害了正当利益。以房屋买卖为例,在当事人双方签订了房屋买卖合同后,如果出现了其他情况诸如市场变化,房屋价格上涨或有人要出更高价格购买该房等。此时如果出卖人(有时是开发商)置诚信于不顾,意欲反悔的话,他只需故意拖延不办产权过户手续就可达到目的。因为发生了纠纷,我们的法院就会以没有办理产权过户为由判决买卖合同无效。既然合同无效,买房人就得退房,即使是买房人已住进了新房甚至进行了装修,也不得不退房。这样的结果不正是不诚信的出卖人所希望的吗?设定抵押的情景也是如此,当抵押合同订立后,抵押人在登记前一旦拿到了所需资金,他要想赖账,也只需故意拖延不办理抵押登记即可达到目的。因为一旦发生了纠纷,我们的法院会以未登记为由,判定抵押合同无效。抵押合同无效,则抵押权就不存在,抵押权人就会遭到巨大损失,而那些背信弃义、不讲诚信的抵押人的不当利益反而能得到保护。

3. 不动产物权变动与原因行为区分原则的意义

尽管对不动产物权变动与原因行为区分原则的独立设置,学者有不同的看法①,但该原则独立设置的意义还是很明显的。它至少从法律上明确宣布了物权变动与原因行为不加以区分是错误的;明确修订了担保法上的一个错误,堵上了让一些不法分子有可能钻空子的一个漏洞。对澄清人们的一些模糊认识,伸张正义具有重大意义。同时,这一原则对物权发生效力的时间进行了明确界定,突出了不动产登记簿在登记制度中的特殊地位,即登记簿是证明不动产物权的根据。提出登记申请或者登记机构同意了登记或者发了证书都不是判断是否发生物权效力的节点,关键看是否有效登记在了不动产登记簿上。② 具体讲该原则彰显了以下意义和价值:"其一,在合同生效而物权变动尚未成就的情况下,发挥保护合同当事人的债权请求权的作用;其二,在原因行为生效与物权的公示异时完成的情况下,发挥确定物权变动的准确时间界定和保护第三人的正当利益的作用;其三,有利于建立严密、和谐的物权法理论体系,澄清物权变动的原因与结果的关系上的模糊认识,匡正现行有关规定与实践中的错误做法。"③

(三)案例7分析

动产物权变动与原因行为区分原则,指的是将与不动产物权变动有关的合

---

① 例如有学者认为:"所谓区分原则完全可以为物权公示原则所包容,不宜设置为一项独立的原则。"刘保玉:《试论物权法基本原则的体系》,载孟勤国、黄莹主编:《中国物权法的理论探索》,武汉大学出版社2004年版。

② 郭明瑞主编:《中华人民共和国物权法释义》,中国法制出版社2007年版,第37页。

③ 刘保玉:《试论物权法基本原则的体系》,载孟勤国、黄莹主编:《中国物权法的理论探索》,武汉大学出版社2004年版。

同法律关系即原因行为与不动产物权变动加以区分。作为物权变动的基础关系即原因行为的成立,应该是按照该行为成立的自身要件予以判断,而不能以物权的变动是否成就作为判断标准。同样不动产物权的变动,必须以不动产的登记为必要条件,而不能认为基础关系即原因行为的成立生效就必然发生物权变动的效果。长期以来,我们对于登记要件一直存在一种误解,认为未办理登记,不仅物权不能转移而且合同也是无效的。这就把合同成立的时间和条件与物权变动的时间和条件弄混淆了。这种混淆无论从理论上还是实践中都有很大的危害性。

　　该案中,法院将物权变动即抵押权设立的生效时间和条件与原因行为即抵押合同的生效时间和条件弄混淆了。由于没有登记,乙银行的抵押权的确不能成立,但这并不妨碍抵押合同的成立。由于抵押合同是甲企业与乙银行双方的真实意思表示,所以是合法有效的,与后来没有登记无关。此时,如果甲企业原来的办公楼、厂房仍归甲企业所有,即这期间没有转让,法院就可判决甲企业继续履行合同,补办抵押登记手续,使抵押权发生。如果办公楼、厂房的所有权已经发生了转移,这个时候因为抵押合同还有效,就可以追究甲企业的违约责任,以保护乙银行的合法利益。所以,本案中法院以没有进行登记为由,判定抵押合同无效是错误的。如果说法院判决根据的是我国《担保法》第 41 条的规定,则更说不过去。因为我国《物权法》就是针对《担保法》第 41 条的错误而专门规定了原因行为与物权变动相区分的原则,根据新法优于旧法的原则,我国《担保法》第 41 条的内容已经作废,在此情况下法院仍沿用旧法条的规定,令人匪夷所思。

　　在房屋买卖的情形也是如此,前文案例 3、5 都涉及了原因行为与物权变动相区分的原则,在此不再赘述。

四、更正登记和异议登记

相关法条

　　第十九条　权利人、利害关系人认为不动产登记簿记载的事项错误的,可以申请更正登记。不动产登记簿记载的权利人书面同意更正或者有证据证明登记确有错误的,登记机构应当予以更正。

　　不动产登记簿记载的权利人不同意更正的,利害关系人可以申请异议登记。登记机构予以异议登记的,申请人在异议登记之日起 15 日内不起诉,异议登记失效。异议登记不当,造成权利人损害的,权利人可以向申请人请求损害赔偿。

（一）案例 8 简介

万某在某市拥有一处住房，并在某市房管局办理了房屋所有权证书，该证书一直由其母亲负责保管。后其朋友刘某从万某母亲处取走该房产证，随即以该房产证为抵押与某银行订立了一份最高额抵押担保借款合同。后银行与刘某到某市房管局进行了房产价值评估，又将房产评估报告连同借款合同及以万某名义书写的委托书等递交某市房管局，办理了房产抵押登记手续。万某得知上述情况后，认为不动产登记簿记载的事实错误，主张撤销房产抵押合同，同时申请房管机构更正登记。但刘某不同意更正，于是，万某申请异议登记。而房管机构认为登记并无错误，拒绝了万某的请求。于是万某以房屋管理机构为被告向法院提起诉讼，并要求其对造成的损失给予赔偿。[①]

问题：分析万某的做法是否妥当？

（二）相关知识点

1. 更正登记

所谓更正登记是指不动产登记簿上记载的事项与真实情况不一致时，将不动产登记簿记载的内容进行更正，使其与真实情况一致的登记。例如登记的权利人错误、登记的房屋面积错误、登记的房屋界址错误等。尽管法律赋予登记以公信力，但对于错误的登记却并不是不能更正。事实上，只要是登记就有可能出现差错，所以法律必须设计一定的程序对错误的登记进行改正。世界上凡是有不动产登记制度的国家均有更正登记制度。更正登记包括以下两种情形：

（1）当事人申请。当权利人、利害关系人认为不动产登记簿记载的事项有错误时，可以提出更正申请。不动产登记簿记载的权利人书面同意更正的，登记机构应当予以更正。即使不动产登记簿记载的权利人不同意更正，但是只要有证据证明登记确有错误的，登记机构也应当予以更正。需讨论的是：在当事人提出更正申请后，如果不动产登记簿记载的权利人书面同意更正，登记机构是否需要进行审查呢？对于这个问题学者有不同观点，例如有学者认为："不动产的公示和公信的要求是为了市场交易服务，而不动产登记簿记载的是当事人有关不动产这一私权的内容，因此，只要不动产登记簿记载的权利人以书面形式同意进行更改，那么登记机关可以无须审查登记簿是否真的错误，直接进行更正。"[②]但另外一些学者却认为："发现登记簿中存在的错误以后，当事人可以向登记机关提出申请，请求登记机关更正登记的内容。登记机关接受申请以后，应当认真审

---

① 马新彦主编：《中华人民共和国物权法法条精义与案例解析》，中国法制出版社 2007 年版，第 59—60 页。

② 郭明瑞主编：《中华人民共和国物权法释义》，中国法制出版社 2007 年版，第 47 页。

查,发现登记有明显错误的或有欺诈行为的,应当及时更正。"①也就是说这些学者认为只要是更正,都应当进行审查,而不管登记簿记载的权利人是什么态度。笔者认为,"无须审查"仅适用于登记簿记载的权利人主动放弃权利的情形,在其他情形,仍需要经过登记机关的审查才能确定是否进行更正。

（2）登记机构依职权进行。"对于登记机关自为的更正登记,日本及中国旧登记法未认可,而德国法律则予以认可。"②我国学者也有不同意见,例如有学者认为:登记"虽然由行政机关作出,但其本质上还是当事人之间不动产物权变动的公示手段,所以应当按照私法自治的原则,由当事人提出申请。登记机关不宜主动的依职权进行更改"。即使是"登记机关确实发现自己的行为存在错误,例如存在笔误,将登记面积记载错误","此时登记机关仍然应当通知登记申请人,由其提出更改。所以,申请人的申请,是更正登记的基本条件。不告不理是更正登记的基本原则"③。对此观点,笔者有不同看法。诚然,登记本质上的确是当事人之间不动产物权变动的公示手段,应当以私法自治的原则处理他们之间的纠纷。但是这恐怕更多的还是体现在不动产登记簿记载的权利人放弃权利的情形,在其他情形例如由于登记机构笔误,将登记面积记载错误,此时如果该错误对登记申请人不利的话,在接到登记机构的通知时,他可能很快就提出更正申请。但如果此错误对登记申请人有利,那么他就很可能不会理睬登记机构的通知,也就不会提出更正的申请。这时如果登记机构还坚持所谓的"不告不理",就会使登记的错误无法得到改正,当该物权将来发生变动时,就可能损害其他相关利害关系人的合法利益。所以,笔者赞同梁慧星教授的主张:"有错误就应当改正,在登记机关自己发生登记错误时,当然应当许可登记机关自己改正。另外,考虑到因为自然原因发生的不动产变故可能有权利人不愿申请更正的情形,或者权利人及利害关系人怠于提起更正登记的申请而妨害交易的情形,或者不动产物权因继承和事实行为等已经发生移转而取得人怠于进行变更登记的情形,以及登记机关自己发现有错误的登记（如书写错误）的情形,登记机关依职权更正,实属必要。"④

需强调的是:更正登记纯粹只是登记程序法上的制度,只是对纯粹由于登记记载的疏忽且有原始登记原因证明文件可查时的错误进行更正,即更正登记并不是登记机关对当事人之间实体权利纠纷的裁决。

---

①　马新彦主编:《中华人民共和国物权法法条精义与案例解析》,中国法制出版社 2007 年版,第 58 页。

②　梁慧星主编:《中国物权法草案建议稿》,社会科学文献出版社 2000 年版,第 161 页。

③　王轶主编:《物权法解读与应用》,人民出版社 2007 年版,第 41 页。

④　梁慧星主编:《中国物权法草案建议稿》,社会科学文献出版社 2000 年版,第 161—162 页。

2. 异议登记

所谓异议登记是指利害关系人对不动产登记簿上登记内容的正确性有异议,在不动产登记簿记载的权利人又不同意更正的情况下,利害关系人提出的对不动产登记簿上登记内容有异议情况的登记。异议登记是对不动产登记公信力的一种暂时中断,是对不动产登记簿上记载的权利人的权利加以限制,从而加强对真实权利人利益保护的一种措施,对维护交易安全具有重要的作用。

异议登记最主要的功能是保护真正权利人的权利。这种保护是通过暂时中断登记公信力的方式来实现的。对于错误的登记,法律设计了更正登记制度。但在有些情况下,当利害关系人提出更正申请时,登记簿记载的权利人很可能会拒绝进行更正,并有可能在不动产权属发生争议时,登记簿记载的权利人会抢先下手对有争议的不动产进行处分,从而损害真正权利人的合法利益。针对这种情况,物权法创设了异议登记制度。只要是利害关系人在登记部门对特定不动产进行了异议登记,这就起到了向社会发出警示的作用,即向不特定的第三人明示此不动产权利上存在争议。这个时候该不动产登记的公信力就被中止了,任何第三人再与登记簿上记载的权利人进行的任何交易活动就不再受善意取得制度的保护了。这种交易风险的增加必然会督促第三人在进行交易活动时,作出更为全面和审慎的意思表示,而不会去贸然与登记簿记载的权利人进行交易。通常情况下,第三人在看到该不动产存在"争议"后,一般不会再冒险进行交易,至少他会等待"争议"解决后再说。这样就可以有更充分的时间让真正的权利人去收集证据,去办理更正登记或者在胜诉后办理相关的变更登记,从而切实保护真正权利人的利益。不仅如此,由于异议登记"提示"了第三人交易存在的风险,也保护了第三人的利益,从而保护了交易的安全。

需强调几个问题:第一,当利害关系人发现登记存在错误时,应首先进行更正登记。只有在不动产登记簿上记载的权利人不同意更正时,利害关系人才能进行异议登记。第二,利害关系人在异议登记后,应尽快提起诉讼,否则超过一定的期限(15 天),异议登记就自动失效。这是因为异议登记制度除了以上的积极作用外,还存在会导致不动产物权处于不稳定状态的消极作用。因此,为克服这一消极作用,物权法专门为异议登记的效力设置了一定的期间限制(15 天)。在这个期间内,如果异议登记申请人没有提起民事诉讼,就表明异议登记申请人行使其权利不积极,为保护登记权利人的利益和交易秩序稳定的需要,当然应使该异议登记丧失效力。[①] 第三,如果因异议登记不当,导致不动产登记簿记载的权利人的利益受到损害的,异议登记申请人要承担赔偿责任。异议登记事关事实权利人和登记簿记载的权利人的切身利益,所以异议登记申请人必须以认真

---

① 梁慧星主编:《中国物权法草案建议稿》,社会科学文献出版社 2000 年版,第 160 页。

负责的态度,恪守诚实信用的原则,去决定是否提起异议登记申请。为此,物权法规定了异议登记应承担的风险,即异议登记不当,造成权利人损害的,权利人可以向申请人请求损害赔偿。从公平的角度说,异议登记申请人也理应承担这种风险。

（三）案例 8 分析

所谓更正登记是指不动产登记簿上记载的事项与真实情况不一致时,将不动产登记簿记载的内容进行更正,使其与真实情况一致的登记。更正登记的情形之一是当事人申请。当权利人、利害关系人认为不动产登记簿记载的事项有错误时,可以提出更正申请。不动产登记簿记载的权利人书面同意更正的,登记机构应当予以更正。即使不动产登记簿记载的权利人不同意更正,但是只要有证据证明登记确有错误的,登记机构也应当予以更正。所谓异议登记是指利害关系人对不动产登记簿上登记内容的正确性有异议,在不动产登记簿记载的权利人又不同意更正的情况下,利害关系人提出的对不动产登记簿上登记内容有异议情况的登记。异议登记是通过暂时中断登记公信力的方式来实现的对真正权利人权利的保护。但是利害关系人在异议登记后,应尽快提起诉讼,否则超过一定的期限(15 天),异议登记就自动失效。

本案中,万某认为不动产登记簿记载的事项错误,申请更正登记,这符合法律规定的程序。万某提起申请后,刘某不同意更正,此时只要万某有证据证明登记确有错误,登记机关也应当予以更正。同时万某也可以申请异议登记,以便有充足的时间收集证据或提起民事诉讼。只要万某在不超过规定的期限(15 天)内收集到有力的证据,或者提起民事诉讼,其异议登记都是合法有效的,并无不妥。房管机构以登记无过错为由拒绝万某的异议登记请求,是不作为的表现。万某将其起诉至法院,是在运用法律手段维护自己的合法权益,是正确行使自己的权利,也没有任何的不妥当。

五、预告登记

📖📖 **相关法条**

第二十条　当事人签订买卖房屋或者其他不动产物权的协议,为保障将来实现物权,按照约定可以向登记机构申请预告登记。预告登记后,未经预告登记的权利人同意,处分该不动产的,不发生物权效力。

预告登记后,债权消灭或者自能够进行不动产登记之日起三个月内未申请登记的,预告登记失效。

（一）案例 9 简介

某市房地产开发公司,在取得商品房预售资格后,于 1 月 20 日将在建的一套商品房预售给张三。双方签订了商品房预售合同,约定商品房价款为 40 万,张三先交 10 万元预付款,到年底开发公司交付商品房时,张三再交清其余款项。开发公司则在房款交清 3 个月内,将商品房产权证办妥。这以后,商品房价格不断上涨,5 月份李四找到该房地产开发公司,愿出 50 万元购买同一套商品房,并当场付清所有全部价款。开发商随即与李四签订商品房预售合同,约定年底交付商品房,并在交房 3 个月内由开发公司办妥房产证。合同签订后,李四又与开发商一起到房管部门进行了预告登记。到了 6 月份,王五又愿出 60 万元购买这套商品房,并也是当场付清全部价款。开发商就又与王五签订了商品房预售合同,也约定年底交付房屋,并在交房 3 个月内由开发公司办妥房产证。张三李四闻知此事找到开发商,于是围绕此商品房将来的权属问题发生纠纷。

问题:有关当事人之间的纠纷应如何解决?

(二) 相关知识点

所谓预告登记是指当事人约定买卖期房或者转让其他不动产物权时,为了限制债务人处分该不动产,保障债权人将来取得物权而作的登记。[1] 预告登记的目的在于保全将来发生不动产物权变动的请求权。"预告登记的实益在于:权利人所期待的未来发生的物权变动对自己有极为重要的意义,非要发生这种变动不可,而法律也认可这种变动对权利人的意义,并以法律予以保障。"[2]于是法律赋予被登记的请求权以物权的效力,使其具有了排他性,以保证将来发生该请求权所期待的法律效果。预告登记有多方面的作用,但在我国现阶段其作用主要表现在商品房预售过程中,通过预告登记来保护买受人的合法权益。

所谓商品房预售,是指房地产开发商在房屋尚未建成时,将商品房预先出售给买受人的行为。在现实生活中,商品房的预售往往会出现"一房多卖"的情况,严重地损害了买受人的利益,如此法律规定商品房预售进行预告登记就很有必要。预告登记在商品房预售中的作用主要表现在以下几方面:

第一,预告登记一经作出,就使出卖人和买受人之间的债权具有了一定的对世效力,从而起到一定的保全债权请求权的作用。在未办理产权过户手续之前,虽然买受人与出卖人订有商品房预售合同,但这只是一个纯粹的债权,不具有对抗第三人的效力。合同最终能否真正履行,存在很大的变数。比如随着房价的不断上涨,出卖人为了谋求更大的物质利益,很可能会出尔反尔,进行一房二卖甚至一房多卖,而身处弱势地位的买受人往往无可奈何。而法律赋予了预告登记物权化的效力,则使出卖人和买受人之间的债权具有了对世效力,这种将物权的公示方式运用于债权保护的做法,使该项债权请求权能够对抗第三人,如果出

---

① 郭明瑞主编:《中华人民共和国物权法释义》,中国法制出版社 2007 年版,第 48—49 页。

② 梁慧星主编:《中国物权法草案建议稿》,社会科学文献出版社 2000 年版,第 169 页。

卖人再与第三人进行一物数卖,则不会发生任何物权效力。

第二,预告登记一经作出,出卖人对不动产的处分权就受到了限制。在没有进行预告登记之前,出卖人对不动产享有完全的处分权,在更大的利益面前,出卖人往往会滥用自己的处分权,所谓的一房二卖甚至一房数卖就是出卖人这种处分权滥用的表现。在这种情况下,出卖人最多对前一个买受人只承担一定的违约责任,而承担这一责任所带来的损失往往是小于滥用处分权所带来的利益,所以最终真正遭受损失的还是买受人。但在法律赋予了预告登记排他的效力后,就使出卖人不能再随意处分其不动产。因为预告登记后,未经预告登记的权利人同意,处分该不动产的,不发生物权效力。

第三,预告登记一经作出,买受人就获得了优先于其他人购买特定商品房的权利。普通债权具有平等性,而不具有"优先"的特性。但在法律赋予了预告登记物权化的公示作用后,就使买受人具有了优先于其他人或其他物权的效力。在一房数卖的情况下,进行了预告登记的买受人不但优先于其后的买受人,也同样优先于在其前面与出卖人签订了房屋预售合同而没有进行预告登记的买受人。即使是出卖人为在预告登记之后的其他买受人办理了房屋产权过户登记手续,预告登记的买受人也有权请求进行更正登记或者请求法院确认自己的权利。

需强调的问题是:预告登记的目的在于保护债权请求权,而不是保护现实的不动产物权,预告登记本身并不能替代正式的物权变动登记。所以为了避免权利人以"预告登记"替代正式的物权登记,法律就必须规定预告登记存在的期限,而决不能让预告登记无期限存在。因而我国《物权法》第 20 条第 2 款明确规定:预告登记后,债权消灭或者自能够进行不动产登记之日起 3 个月内未申请登记的,预告登记失效。

（三）案例 9 分析

所谓预告登记是指当事人约定买卖期房或者转让其他不动产物权时,为了限制债务人处分该不动产,保障债权人将来取得物权而作的登记。在我国现阶段,预告登记的作用主要表现在商品房预售过程中,通过预告登记来保护买受人的合法权益。预告登记后,未经预告登记的权利人同意,处分该不动产的,不发生物权效力。同时预告登记能够对抗第三人,如果出卖人再与第三人进行一物数卖,则不会发生任何物权效力。并且预告登记一经作出,买受人就获得了优先于其他人购买特定商品房的权利。预告登记后,债权消灭或者自能够进行不动产登记之日起 3 个月内未申请登记的,预告登记失效。

本案中的房地产开发公司在对商品房进行预售的过程中,受利益驱动,进行了"一房三卖"。虽然张三最先与开发商签订商品房预售合同,但在我国,房屋等不动产所有权的移转实行的是登记要件主义,没有进行产权的过户登记,张三就没有取得此商品房的所有权。签订一个商品房预售合同,只是张三与开发商之间确立了一个债权,但债权是没有对抗第三人效力的。所以张三就无法主张该商品房将来的所有权一定要属于自己。李四则不同,由于在签订了商品房预售合同之后,李四又进行了预告登记,所以李四与开发商之间的债权就具有了一定的对世效力。李四所享有的债权请求权就具有了对抗第三人的效力,他就享有优先购买此商品房的优先权。没有经过李四的同意,任何处分该商品房的行为,都不发生物权效力。所以李四享有此商品房将来的所有权。同理,王五对此商品房将来的所有权主张也没有法律依据。

尽管张三和王五无法得到该商品房将来的所有权,但是他们与开发商之间签订的商品房预售合同却仍然是有效的,他们可依据合同法的有关规定追究开发商的违约责任,维护自己的合法权益。

六、登记错误的责任

📖 相关法条

第二十一条　当事人提供虚假材料申请登记,给他人造成损害的,应当承担赔偿责任。

因登记错误,给他人造成损害的,登记机构应当承担赔偿责任。登记机构赔偿后,可以向造成登记错误的人追偿。

（一）案例 10 简介

李成和王虎是好朋友,李成因事外出不在家。王虎到李成家谎称李成与自己合伙做了一笔房产生意,有关部门要审查二人的房产证。李成妻子信以为真,就将房产证交给了王虎。王虎随后通过科技手段伪造了李成的身份证和一份李成的授权委托书,并伪造了李成的签字,然后到银行用李成的房屋作抵押办理了抵押贷款,签订了抵押贷款合同,并将有关资料提交到登记机构进行抵押登记。登记机构在查验了有关证明和材料后,为其办理了抵押登记。后来王虎不能清偿到期债务,银行向李成提出实现抵押权,将其房屋拍卖。李成不同意,于是产生纠纷。

问题:在这场纠纷中,登记机构有无责任?

（二）相关知识点

1. 我国的登记审查制度

对不动产登记内容进行审查,主要有两种模式:一种是形式审查主义,一种是实质审查主义。所谓形式审查主义是指只要登记申请人提供的资料满足法律所规定的程序性条件,登记机构就为其登记,而对申请人与相对人关于实体的权利则不予审查。所谓实质审查是指登记机构不仅应当对当事人提交的申请材料进行形式要件的审查,还应当对权利变动的原因进行详细审查,以确保权利变动的真实性和合法性。这两种审查模式各有利弊:形式审查主义简化了操作程序,提高了交易的效率,并且减少了实质干预,从而更好地贯彻了意思自治原则,同时也为登记机构减少了一些不必要的纠纷。但是形式审查主义最大的弊端就是容易出现登记错误,从而影响登记的公示公信功能;实质审查主义减少了登记错误,强化了登记的公示公信功能,有利于保护当事人的合法权益,并且能够强化登记机构的责任感和使命感。但是实质审查主义操作程序复杂,影响交易效率,并且在许多情况下,要求登记机构对所有材料都查验无误是无法做到的事情。对登记机构过高的要求还会导致一些过重的责任无法落实。而且实质审查主义也容易导致登记机构充当人民法院和仲裁机构角色现象的出现,这与"司法独立"格格不入。

我国应当采用哪种审查制度,理论界有分歧。① 从我国《物权法》的相关规定(第 12 条)②来看,我国实际上采取的既不是完全的形式审查主义,也不是完全的实质审查主义,而是以形式审查主义为主,实质审查主义为辅的模式。例如对申请人提交的登记申请材料的检查验收,只要登记机构尽了必要的审查义务即可,而不能苛求登记机构的查验必须准确无误。但这种审查也并不是完全的形式审查,例如对房产证真伪的审查,由于房产证是登记机构发出的,因而鉴别房产证的真伪对登记机构而言,不应是困难的事情,所以登记机构也就负有一定的实质审查义务。

2. 登记错误的责任

正如前文所言,只要是登记就有可能出现错误,当这种错误给他人造成了损害时,就得有人承担相应的责任。为此,我国《物权法》第 21 条专门规定了登记错误责任的承担,即造成登记错误要承担责任的两种情形:申请人提供虚假材料造成损害要承担的责任和登记机构登记错误造成损害要承担的责任,这两种责任的产生是由我们的审查制度所决定的。

由于我们实行的不是完全的实质审查主义,所以"登记机构原则上只对当事人提交的材料承担有限的审查责任,不可能像诉讼中那样全面细致地进行审查。因此申请人隐瞒有关情况或者提供虚假材料申请登记造成登记错误的,责

---

① 例如有学者主张我国应建立实质审查制度,详细论述见王利明:《物权法论》(修订版),中国政法大学出版社 2003 年版,第 183—185 页。但另有学者则主张我国应采纳形式审查主义原则,详细论述见孙宪忠:《中国物权法原理》,法律出版社 2004 年版,第 220 页。

② 我国《物权法》第 12 条规定:"登记机构应当履行下列职责:(一)查验申请人提供的权属证明和其他必要材料;(二)就有关登记事项询问申请人;(三)如实、及时登记有关事项;(四)法律、行政法规规定的其他职责。申请登记的不动产的有关情况需要进一步证明的,登记机构可以要求申请人补充材料,必要时可以实地查看。"

任由弄虚作假的申请人而不是登记机关承担"①。也就是说,在登记的结果出现了错误的情况下,登记机构承担的是过错责任,只要没有过错,登记机构就不承担责任,而不是只要登记结果出现了错误,登记机构都要承担责任。在申请人提供了虚假材料的情况下,判定登记机构有无过错的关键是看登记机构是否尽了必要的审查义务。怎样做才算尽到了必要的审查义务呢?这要根据具体情况而定,例如对身份证的审核,公民的个人身份证是由公安部门发出的,如果说伪造的身份证经过非公安部门或非专业的人员通过一般检验程序就能鉴别出真伪,但登记机构却没有鉴别出来时,登记机构就是没有尽到必要的审查义务。但是如果说伪造的身份证采用了高科技手段,不通过专业人员或特殊检验手段,是无法辨别真伪的话,登记机构在进行了通常的审查后,即使没有鉴别出身份证是伪造的,登记机构也算尽到了必要的审查义务。这与对登记机构审查房产证的要求是不一样的,因为房产证是登记机构发出的,登记机构应该具有鉴别房产证真伪的能力。而对于身份证,在目前的条件下,如果要求登记机构也像房产证那样负鉴定真伪的责任则未免要求过于苛刻。所以登记机构对身份证并不实行实质审查,对于其他材料也是如此。

　　需特别指出的是:我国《物权法》第21条第2款所说的"登记错误"是狭义的登记错误,并非是指所有登记结果出现的错误。它是指除了登记申请人弄虚作假和登记机构尽了必要的审查职责之外的情况,例如工作人员严重失职,或者与一方利害关系人勾结等。这种情形下,登记机构是有过错的,如果造成了他人的损害,就由登记机构进行赔偿。至于登记机构的赔偿是行政赔偿还是民事赔偿,理论界争议颇大。由于这两种性质的赔偿数额相差较大,所以很有必要进行明确,但我国《物权法》却并没有进行界定,"这主要是考虑到目前的登记机构虽然是事业单位,但是人员基本上还是公务员编制,依靠财政拨款,如果实行完全的民事赔偿责任的话,其无法承担。而如果实行完全的国家赔偿的话,受害人的补救是十分有限的。因此只能采取模糊的做法,由以后相应的规定再对此予以明确"②。

　　登记机构在承担相应的赔偿后,还可以向造成登记错误的人追偿。这里"造成登记错误的人"是谁?理论界有不同看法。③ 要回答这个问题,就必须明确:我国《物权法》第21条第1款和第2款是一个有机的整体,必须把这两款紧

---

　　① 郭明瑞主编:《中华人民共和国物权法释义》,中国法制出版社2007年版,第51页。

　　② 同上书,第52页。

　　③ 例如有学者认为这里的"造成登记错误的人"应该理解为登记机构的工作人员,而不是登记申请人。其有关论述详见王轶主编:《物权法解读与应用》,人民出版社2007年版,第51页。但也有学者认为"造成登记错误的人"也可以是登记申请人或其他人(如行骗人)。这种看法详见申卫星主编:《物权法以案说法》,人民出版社2007年版,第31页的案例分析和张迪圣编著:《100个怎么办:物权法案例讲堂》,中国法制出版社2007年版,第28页案例分析的有关内容。

密结合起来进行分析,而决不能孤立地看其中任何一款。分析狭义"登记错误"
是这样,回答"造成登记错误的人是谁"也应如此。在申请人弄虚作假,而登记
机构尽了必要审查义务的情形,申请人承担赔偿责任,而登记机构因为没有过
错,是不承担赔偿责任的,也就谈不上追偿问题;在申请人弄虚作假,而登记机构
也未能尽到必要审查义务的情形,因为登记机构也存在过错,所以由申请人和登
记机构一起承担相应的赔偿责任,这时登记机构也无权向登记机构以外的人追
偿,而只能向登记机构内部造成此错误的工作人员进行追偿。因为,此时登记机
构的过错终究是因为工作人员的原因造成的。也就是说,在登记机构内部而言,
工作人员存在过错,所以他们就要承担相应的责任,就应该受到"追偿"。在第
21 条第 2 款规定登记错误的情形:无论是工作人员严重失职,还是工作人员与
一方利害关系人勾结等等,对外都是登记机构的过错,所以登记机关要承担赔偿
责任。同样在登记机构承担赔偿责任后,再向相关工作人员追偿。综合以上分
析,笔者赞成一些学者的看法,即"造成登记错误的人"应该是指登记机构的工
作人员,而不是登记申请人或其他人(例如行骗人)。

（三）案例 10 分析

对不动产登记内容进行审查,主要有两种模式:一种是形式审查主义,一种
是实质审查主义。我国采取的是以形式审查主义为主,实质审查主义为辅的模
式。登记错误要承担责任的两种情形:申请人提供虚假材料造成损害要承担的
责任和登记机构登记错误造成损害要承担的责任。在申请人提供了虚假材料的
情况下,判定登记机构有无过错的关键是看登记机构是否尽了必要的审查义务,
而不能苛求登记机构的查验必须准确无误。如果在通常情况下,只要认真查验
就能辨别出真伪,而登记机构在审查这些材料时却没有辨认出来,则登记机构就
是没有尽到必要的审查义务。但如果一些材料伪造得非常逼真,需要用特殊的
方法或手段,才能鉴别出真伪的话,则很难要求登记机构必须作出恰如其分的
鉴别。

本案中,王虎提供虚假材料申请登记,使李成受到损害,很显然王虎应当承
担赔偿责任。那么登记机构是否尽了必要的审查义务呢? 在用房产作抵押的情
形,由于是在房产所有权上附加重大限制,所以登记机构必须做的事情就是要求
房产所有人须亲自到现场,如果实在无法亲自到现场而只能提供授权委托书的,
登记机构应当慎重查验,例如可通过联系本人的方式求证有关材料的真伪,"尤
其是现代社会,通讯普遍比较发达,联系当事人一般来说并非是一件困难的
事"①。但是,本案中的登记机构恰恰少了这一必要的环节,因而登记机构就没
有尽到必要的严格审查义务。所以,在这场纠纷中,登记机构也是有过错的,它

① 王轶主编:《物权法解读与应用》,人民出版社 2007 年版,第 49 页。

应当与王虎一起承担对李成的赔偿责任。当然,登记机构在赔偿以后,可向造成登记错误的登记机构工作人员进行追偿。

[案例思考]

1. 甲从乙处购买了一套住房,双方约定甲先支付部分价金,3 个月内办妥房产证后,甲再交付其余价金。甲在按约定支付了部分价金后,一直担心在房产证办妥之前,乙会将该房屋另出售给其他出价更高的人。为此,甲整天坐立不安。

问题:请你帮助甲想一个对策。

2. 王涛一家四口:父亲、继母、继母带来的弟弟和自己。全家住一套房子。房产证虽是父亲的名义,但王涛出资 80%,余款为父亲所出。现在,父亲病重在床,一天不如一天,王涛很担心房产权起纠纷。把房产证改到自己名下吧,一下子拿不出那 20% 的购房款;不改吧,父亲要是突然病逝呢?

问题:请你给他出个好主意。①

第二节　动产交付

一、动产交付的效力

📖📖 **相关法条**

　　第二十三条　动产物权的设立和转让,自交付时发生效力,但法律另有规定的除外。

（一）案例 11 简介

刘某与张某系邻村农民,因刘某急需饲草,经人介绍俩人相识。当天,俩人商定,王某以每斤 2 角的价格卖给刘某 1000 斤草料,共计价款 200 元。刘某当即交付 100 元,并言明,待第二天将余款 100 元交齐并将草料拉走。不料,从当天晚上起一连下了几天大雨,将放在王某家院内准备卖给刘某的草料全部淋透,并有大部分霉烂。几天后,刘某到王家,准备交款运草料,见此情况便要求王某将已付的 100 元钱还给他。王某则说,这些草料卖价 200 元,几天前你就已给付了一半的价款,买卖已成交,草料归你了。王某不同意将钱还给刘某,为此,刘某诉至乡人民法庭,要求王某返还人民币 100 元。②

---

① 张迪圣编著:《100 个怎么办:物权法案例讲堂》,中国法制出版社 2007 年版,第 18 页。
② 王利明主编:《中国民法案例与学理研究》(物权篇),法律出版社 1998 年版,第 7 页。

问题:法庭是否应当支持刘某的诉讼请求?

(二) 相关知识点

如前所述,不动产物权的公示方式是登记,而动产物权的公示方式则是占有。当动产物权发生变动时,动产的占有也必然发生变动,这其中的一个重要环节就是发生动产的交付。所谓交付是指占有的移转,即将标的物的占有移转给他人的行为。交付意味着原占有的结束和新占有的产生,也意味着原所有权(或使用权)的结束和新所有权(使用权)的产生。如果没有占有的转移即交付,动产的原占有就一直对外宣示着动产原有的权属状态,新的物权就不可能设立,所以动产物权的设立和转让是从占有开始即交付的时刻发生效力的。交付包括现实交付和观念交付(拟制交付)。所谓现实交付,是指将对标的物的直接管领力现实地移转给他人,由该他人直接占有该动产;所谓观念交付,是指占有的观念上的移转,而不是现实的移转。这是法律考虑交易的便捷,充分尊重当事人的意志而采取的变通办法。有关观念交付的内容,下文还要详讲,此不赘述。需说明的是:通常我们所说的交付,如果没有特别说明,主要是指现实交付。

尽管交付在动产物权变动中是一个非常重要的环节,但正如前文所言,作为瞬间就能完成的短期行为,交付并不是动产物权的公示方式,动产物权的公示方式为占有。那么,占有具有怎样的效力呢? 现代各国立法中主要有两种模式:占有要件主义和占有对抗主义。所谓占有要件主义,简单地说就是必须占有,没有占有当事人就不能拥有该动产的所有权;而占有对抗主义虽然也要求以“占有”作为公示方式,但并不是必须占有,当事人可以按照自己的意愿进行占有或不进行占有。如果不占有的话,也可以取得物权。只不过这个物权的效力较低,不能对抗第三人。我们国家采取的是哪种模式呢? 作为物权,其本质是排他性和对世性。物权的这些特性客观上要求一旦物权发生了变动,就必须以一定的方式向公众进行公示。而在动产物权发生变动的情形,最充分、最便捷、最利于交易的公示方式就是对动产进行占有。占有是动产物权公示原则的必然要求,是实现物权排他性的必需手段。从这个意义上讲,占有要件主义从理论上更符合法理,从实践效果上也更优于占有对抗主义,所以中国民法历来承认并坚持占有要件主义。动产占有是动产物权享有的法定公示方法,但并非一切对动产的占有均构成动产物权的公示。动产占有构成对动产物权享有的公示须具备下列条件:一是有动产占有的事实,二是占有人须有物权享有的意思。[1]

动产交付的规定属于任意性规范。也就是说占有要件主义是一般原则,如果法律另有规定或当事人另有约定的,就应当依照法律规定或当事人的约定。这里的“法律另有规定”主要包括我国《物权法》和其他民事法律的一些相关规

---

[1]　尹田:《物权法》,北京大学出版社 2013 年版,第 160 页。

定,例如我国《物权法》第23条的规定,以及我国《物权法》对观念交付所作的一些特殊规定、对非依法律行为而发生的物权变动问题所作的规定、对动产抵押和留置权的相关规定等。其他民事法律主要指我国《民法通则》(例如《民法通则》第72条)、《合同法》(例如《合同法》第133条)等法律的相关规定。从这些规定我们可以得出:如果当事人约定动产物权自合同成立起转移,该约定也是有效的。① 但是,因为动产的占有本身具有公示效力,如果当事人约定在交付前就转移所有权的,从法理上说,这种约定只能在当事人之间发生效力,而不能对抗善意第三人。②

需说明的是:与不动产登记要件主义一样,动产占有要件主义也只是适用于基于法律行为发生物权变动的情形,对于非基于法律行为发生的物权变动都不以占有为物权变动的生效要件。

(三) 案例11分析

动产物权的公示方式为占有,在我国实行的是以占有要件主义为一般原则而以法律另有规定或当事人另有约定为例外的立法例。所谓占有要件主义,简单的说就是必须占有,没有占有当事人就不能拥有该动产的所有权。当动产物权发生变动时,动产的占有也必须发生变动,否则物权的变动无效,即动产物权的设立和转让是自占有的转移(交付)时发生效力,只有发生了占有的转移(交付),才会有原占有的结束和新占有的产生,才会有原物权的结束和新物权的产生,没有占有的转移(交付),只有合意并不会导致动产物权的移转。

本案中,王某和刘某约定了草料的买卖价款及交付的时间,并且刘某也支付了部分货款,但这都不表示草料所有权已经发生了转移,因为草料并没有发生占有的转移(交付)。对于没有按合同约定的时间交付草料,当事人是否存在过错? 这要看本案没有按期交付的性质是履行迟延还是履行不能。③ 本案双方约定第二天交付草料,但当天晚上起就下起了大雨,刘某根本就无法按照约定将草料拉走。这是由于客观原因造成的刘某履行不能,刘某是没有过错的,因而对草料的损失,刘某是不负任何责任的。对于王某来说,由于草料没有交付,自己仍然占有着草料,所以草料的所有权就没有发生转移,其风险也就没有发生转移,所以草料霉烂的损失只能由王某自己承担。在本案的履行不能中,由于双方都无过错,因而也都不负违约责任。又由于大部草料已霉烂,双方已无履行合同的可能,所以双方应解除合同,王某收取的100元钱自然也应返还刘某。所以,

---

① 王轶主编:《物权法解读与应用》,人民出版社2007年版,第52页。

② 王利明主编:《中国民法案例与学理研究》(物权篇),法律出版社1998年版,第10页。

③ 所谓履行迟延是指在债务履行期限届满后,债务人能履行债务而未履行债务;所谓履行不能是指债务人不能履行其义务。见王利明主编:《民法》(第四版),中国人民大学出版社2008年版,第380页、第382页。

本案法庭应当支持刘某的诉讼请求。

二、特殊动产的登记对抗主义

相关法条

第二十四条　船舶、航空器和机动车等物权的设立、变更、转让和消灭，未经登记，不得对抗善意第三人。

（一）案例12简介

王强把一辆东风车及气泵等修车工具转让给刘大力，双方签订了买卖合同。在支付了所有价款后，双方约定刘大力先把货提走，过段时间再一并办理车辆过户登记手续。于是，刘大力当即把修车工具放到东风车上，将东风车开走了。然而几天之后，不知道车及修车工具已经转让的赵峰找到王强，想买车及修车工具。由于赵峰出价较高，王强就满口答应，并谎称车和修车工具被人借走，等归还后再交给赵峰。赵峰深信不疑，当即签订买卖合同、支付价款。双方又到车辆登记部门办理了东风车的过户登记手续。事后王强找到刘大力告知事情的全部，并将刘大力的货款退还，同时要求刘大力退还东风车及修车工具。刘大力断然拒绝，并找到赵峰以自己与王强的合同在先，东风车及修车工具已归自己所有为由，要求将东风车变更登记在自己的名下。可赵峰不但不同意，而且还称自己有车的所有权证，修车工具也已交付了价款，所以东风车和修车工具都应归自己所有。双方争执不下，起诉到法院，要求确认各自的所有权。

问题：他们之间的纠纷应如何解决？

（二）相关知识点

正如前文所述，不动产物权的公示方式是登记，动产物权的公示方式是占有。但是，对于船舶、航空器和机动车等动产来说则有其特殊性，这种特殊性主要表现在：其一，这类动产一般价值都比较大，因为其价值比较大，其物权的变动如果不依登记为其公示方式，则很容易产生纠纷，并且这种纠纷因标的物的价值较大，影响也会比较大。所以我国民法无论理论界还是司法实务中一般都将这类动产，按照不动产的模式进行管理，即将这类动产视为一种准不动产，其物权是以登记作为公示方式的；其二，这类动产物权的设立、变更、转让和消灭有不同于其他动产的特点。例如船舶和航空器，其登记部门是船籍港和中国民航总局，但这两种动产会经常在世界各地进行交易，其物权的变动在世界各地随时随地都有可能发生。如果每次只能到登记部门进行登记，物权的变动才能生效的话，这不但严重影响交易的效率，而且很多时候也是无法实现的。基于此，我国《物权法》就沿用了海商法和民用航空法的规定，对船舶、航空器物权的变动采"登记对抗主义"。至于机动车,我国以前的做法是采用"登记要件主义",结果造成了一系列问题。例如连环购车未办理过户登记手续的情形,如果仍由原车主对机动车发生交通事故致人损害承担赔偿责任,则于情于理都说不通,以往我们的法院也因此出现了一些不公正的判决。而且在我国现实社会中,机动车转手频繁,当事人之间在转让机动车交易完成后,往往基于多种原因而不会马上办理登记手续。故而规定机动车"登记要件主义"与现实生活也严重脱节。更何况价值远远大于机动车的船舶和航空器都实行较宽松的"登记对抗主义",机动车又有什么理由非得实行"登记要件主义"呢?所以,综合以上理由我国《物权法》规定了机动车物权变动的登记采取"登记对抗主义",即未经登记,这类特殊动产物权的变动在法律上也可有效成立,但只能在当事人之间产生效力,不能对抗善意第三人。所谓善意第三人,就是指不知道或不应当知道物权发生了变动的物权关系相对人。

(三)案例 12 分析

动产物权的公示方式是占有。但是,船舶、航空器和机动车等动产则是较特殊的动产,其物权采"登记对抗主义",即未经登记,这类特殊动产物权在法律上也可有效成立,但只能在当事人之间产生效力,不能对抗善意第三人。

本案中,王强与刘大力就修车工具的转让达成了合意,且又对修车工具进行了交付,使修车工具的占有发生了转移,所以修车工具所有权的变动是合法有效的,即已经占有了修车工具的刘大力取得修车工具的所有权是有合法根据的。尽管赵峰也与王强达成了合意且支付了价款,但是因为没有交付,赵峰没有占有修车工具,所以赵峰就不能取得该修车工具的所有权,即赵峰无权请求刘大力返还修车工具。赵峰由此造成的损失可通过债权的方式,追究王强的违约责任。对于机动车来说,由于是特殊动产,所以实行的是登记对抗主义。由于王强隐瞒了与刘大力的交易,赵峰并不知道刘大力买车这件事,因此赵峰就是善意第三人。所以尽管刘大力与王强达成了合意,并交付了东风车,但是由于没有进行登记,所以这个买卖行为并不能对抗赵峰,即刘大力无权主张东风车的所有权,更不能要求赵峰将东风车变更在自己的名下。相反,赵峰对于东风车的物权已经经过登记,发生了能对抗任何人的效力。所以他可基于对东风车的所有权要求刘大力返还东风车。同样道理,刘大力可通过债权途径,按照合同的约定或法律规定,追究王强的违约责任。

三、简易交付

相关法条

> **第二十五条**　动产物权设立和转让前,权利人已经依法占有该动产的,物权自法律行为生效时发生效力。

（一）案例 13 简介

马明租赁某电器厂的一套机器设备加工配电箱,租期为两个月。在使用了一个月后,马明向电器厂提出要购买该套机器设备,因电器厂效益不好,该套设备本来就闲置不用,所以电器厂立刻同意了。经协商电器厂将该套机器设备以 2 万元的价格卖给马明,双方签订了买卖协议,协议当日生效,并约定三天之内,马明支付全部价款。但是第二天,机器设备出现了故障,需修理。马明认为机器设备的价款还未支付,这套设备仍属电器厂所有,所以电器厂应支付维修费用。双方因此发生纠纷。

问题:双方的纠纷应如何解决?

（二）相关知识点

所谓简易交付,是指出让人在转让动产物权之前,受让人已经依法实际上占有了该动产,这种情况下,从让与合同生效之时起,就直接发生物权变动的效力。简易交付又称"无形交付"或"先行占有"。

我们知道,基于法律行为产生的物权变动,必须通过"合意 + 公示"才能完成。合意是物权变动的基础,公示是完成物权变动的要件。公示是以合意为前提的,没有合意的公示是错误的公示;同样仅有合意没有公示也不能产生物权变动的效果,公示直接决定着物权变动的发生。[①] 在简易交付前受让人先行占有标的物的情形,由于受让人不是以所有的意思进行占有,所以该占有仅仅只是一种他主占有。而出让人尽管没有实际占有标的物,但仍然构成自主占有,即以所有人意思进行占有。由于双方并不存在移转标的物物权的合意,所以受让人的先行占有并不能发生标的物物权变动的效果。而在简易交付的情形,当双方达成买卖标的物的合意,即买卖合同成立生效后,由于受让人已经占有了标的物,实际上此时决定物权变动的合意和公示都已具备,因此就没有必要让受让人先把标的物归还给出让人,再由出让人按照一般动产物权变动的通常规则,重新来一次现实交付。所以我国《物权法》规定简易交付,不是对动产物权变动必须遵守交付原则的破坏,相反是该原则在特殊情况下的灵活运用。"简易交付有效

---

① 有关此问题的详细阐述参见王利明:《物权法论》(修订版),中国政法大学出版社 2003 年版,第 146—147 页。

地减少了因现实交付所带来的手续上的麻烦，从而达到简化交易程序，节省交易费用的目的。"[1]"机械认为只有交付才能发生动产所有权的移转，会使得交易形式极为僵化，从而阻滞了交易的发展。因此，扩展交付的形式，以占有协议的方式来缓解这种矛盾的观念为大陆法系所接受。"[2]

简易交付的构成要件：第一，受让人在动产物权设立和转让前已经依法占有该动产。"在其他国家和地区的立法例中，一般不强调权利人的先行占有是否'依法'，也就是说，即使权利人占有动产系没有任何合法原因的无权占有，也不影响物权设立和转让的效力。"[3]我国许多学者认为："关于受让人占有的原因可以不予考虑，但一般要求合法。"[4]我国《物权法》中则明文规定了受让人的先行占有必须"依法"。第二，物权自法律行为生效时发生效力。法律行为又称民事法律行为，是指民事主体设立、变更和终止民事权利和民事义务的合法行为，是最重要的一种以发生私法上效果的意思表示为要素的法律事实。这里说的法律行为，主要是指动产的出让人与受让人订立动产转让合同的行为。并且仅有当事人的合意还不够，还特别强调物权合意必须生效，这与许多国家相关规定只要当事人之间存在物权设定转让的合意即可发生物权变动的效力，而不强调物权合意必须生效不同，需特别注意。

（三）案例 13 分析

所谓简易交付，是指出让人在转让动产物权之前，受让人已经依法实际上占有了该动产，那么从让与合同生效之时起，就直接发生物权变动的效力。

本案中，机器设备的所有权在发生变动前，马明已通过租赁形式先行合法占有了该套设备，后双方签订买卖协议并生效，这完全具备了简易交付的构成要件。根据法律的规定，从双方签订买卖协议行为生效时，该套机器设备的所有权就转移给了马明，即使价款还没有支付，该套机器设备也已归马明所有。也就是说，只要具备了简易交付的构成要件，物权变动就生效，与是否支付价款没有关系。因此，随后出现的机器设备故障维修应由其所有人马明负责，即马明应支付机器设备维修费用，并应按照约定支付电器厂机器设备价款 2 万元。

---

[1] 高圣平：《物权法 原理·规则·案例》，清华大学出版社 2007 年版，第 35 页。
[2] 郭明瑞主编：《中华人民共和国物权法释义》，中国法制出版社 2007 年版，第 59 页。
[3] 高圣平：《物权法 原理·规则·案例》，清华大学出版社 2007 年版，第 35 页。
[4] 有关论述见王利明：《物权法论》（修订版），中国政法大学出版社 2003 年版，第 151 页；郭明瑞主编：《中华人民共和国物权法释义》，中国法制出版社 2007 年版，第 58 页。

四、指示交付

相关法条

第二十六条 动产物权设立和转让前,第三人依法占有该动产的,负有交付义务的人可以通过转让请求第三人返还原物的权利代替交付。

（一）案例 14 简介

李振将自己的轿车出租给吴凡使用,租期两个月。过了半个月,张伟与李振谈起自己要买一辆二手轿车的想法,李振当即表示要把自己的轿车卖给张伟,并告知张伟:轿车现在吴凡处,张伟可随时找吴凡取回,他自己负责退还吴凡剩余的租金,张伟表示同意。双方协商 10 万元成交,当即签订汽车买卖协议,并一次性付清车款。然后,张伟拿着协议找到吴凡,说明情况后要求吴凡马上交车。吴凡认为自己的租期未到,拒不交车,双方发生争议。

问题:他们的争议应如何解决?

（二）相关知识点

所谓指示交付,是指让与人在设立和转让动产物权时,该动产已由第三人依法占有,那么让与人可以将其对第三人的返还请求权转让给受让人,以代替物的实际交付。指示交付又叫让与返还请求权或返还请求权的代位。

指示交付的情形在现实生活中经常发生,当动产物权设定或转让时,该动产尚由第三人实际占有,而第三人的合法占有还不能解除,此时物权的出让人就不能够实际交付标的物。于是,在此情况下,为了保障交易的正常进行,法律规定让与人可以通过转让返还请求权来代替实际交付,这样对于物权的让与人、受让人和第三人而言,其利益都可以获得保障。法律这样作平衡当事人各方利益的规定,既能保持第三人对标的物的继续占有,从而进一步发挥物的利用价值,稳定原有的法律关系,又能够不延误新的物权变动,可谓一举两得。正是因为指示交付符合社会经济生活的客观需要,所以许多国家和地区的民法都对指示交付作了专门规定。[①] 在指示交付中,让与人转让的返还请求权是针对特定第三人的返还请求权。如果让与人不知道其动产是被何人占有,那么他就不可能对特定的占有者提出返还请求权,也就谈不上将这种返还请求权转让给受让人的问题。

有学者认为,指示交付所针对的是"运输中的动产"和"委托保管中的动产"

---

① 例如《德国民法典》第 93 条规定:"物由第三人占有时,所有权人可以将针对第三人的物权请求权转移给第三人,以代替交付。"我国台湾地区"民法"第 761 条规定:"让与动产物权,如其动产由第三人占有时,让与人得以对于第三人之返还请求权,让与受让人,以代交付。"

的买卖、质押。① 因为运输中的动产在买卖时,出卖人是将提单交给买受人以代替物的"交付"。保管中的动产也是如此,出卖人只需将仓单交付给受让人即可发生动产物权变动的效果,交付仓单就能代替货物的实际交付。我国《合同法》第135条规定:"出卖人应当履行向买受人交付标的物或者交付提取标的物的单证,并移转标的物所有权的义务。"不难看出,"运输中的动产"和"委托保管中的动产"的买卖、质押,还有我国《合同法》的有关规定所涉及的情况确实是指示交付,但能否说指示交付针对的就是以上情况呢? 笔者认为不然。因为从我国《物权法》相关规定来看,指示交付并不仅仅限于货物有单证的情况。事实上,在一般的商品交换中,大多数不使用仓单、提单等单证。在货物没有单证的情况根本不使用我国《合同法》第135条的规定,但却仍然会符合指示交付的构成要件。由于我国《物权法》中关于指示交付作为返还请求权让与的规定,并不是只考虑是否有单证存在,所以其适用范围要比我国《合同法》相关规定大得多。也就是说,我国《物权法》的指示交付所针对的并不仅仅是货物有单证的情况,故而其针对的并不仅仅是"运输中的动产"和"委托保管中的动产"的买卖、质押。

关于指示交付应强调两点:第一,指示交付不能作为物权变动的公示方法,即返还请求权的转让并不是在任何情况下都当然产生物权变动的效果。与简易交付不同,在指示交付的情况下,让与人与受让人只是转让了一种请求权,而没有进行标的物的现实交付,标的物仍由第三人实际占有。因而,这种转让请求权的行为并不具有占有的公示性。在转让请求权发生后,只有当第三人实际地向受让人交付标的物,才能满足公示的条件。至于第三人应何时向受让人交付标的物,即第三人何时具有交付的义务,则要根据第三人与让与人之间关于占有该动产协议约定的占有原因是否终结而定,而不是根据让与人与受让人之间达成的转让请求权协议来定。只有第三人与让与人之间关于占有该动产协议约定的占有原因终结后,第三人才具有向受让人交付标的物的义务。在此之前,除非第三人愿意提前交付,否则其可拒绝交付。因为根据合同的相对性,转让请求权的协议只是在让与人和受让人之间发生效力,对第三人是没有任何约束力的。因此,在第三人占有标的物的原因没有终结或第三人不愿提前交付的情况下,强行要求第三人根据当事人的协议负交付的义务,是没有任何道理的。并且,由于第三人占有让与人的动产,大多数情况下是基于第三人与让与人之间的协议,所以在该法律关系中,如果"转让人本身就构成违法,或者因其他合法的原因使第三人可享有一种对抗转让人的返还动产的请求权的抗辩,则这种抗辩不仅可以对抗转让人,也可以用来对抗受让人"。"除抗辩权之外,如果第三人对出让人享

---

① 有关此观点的详细论述参见郭明瑞主编:《中华人民共和国物权法释义》,中国法制出版社2007年版,第60页。

有法定或约定的抵消权,或者因为出让人欠第三人的债务而使第三人享有留置权,第三人也可通过行使这些权利而拒绝向买受人作出交付。"①第二,让与人应将转让返还请求权的事实通知第三人。由于转让返还请求权是让与人和受让人之间达成的协议,所以根据合同相对性原则,该让与只在合同当事人之间发生效力,而对第三人没有任何约束力。因此,当让与人和受让人就转让返还请求权达成协议后,让与人应将转让的情况通知第三人,以便第三人在合法占有标的物的原因解除后,履行向受让人交付的义务。如果第三人没有接到让与人的通知,则第三人不负向受让人交付的义务。但应该注意:"通知第三人并非动产物权变动的生效要件,让与人即使没有通知第三人,也不影响动产物权变动的效力。如果第三人因未接到通知而将该动产返还让与人的,让与人应当将该动产及时交付受让人。"②

另外,在第三人无权占有的情形下(例如第三人从让与人处盗取标的物),是否适用指示交付?笔者认为不能适用,原因有三:第一,我国《物权法》第26条明文规定第三人须"依法占有该动产",如果不是"依法",则明显不符合指示交付的构成要件。第二,指示交付的主要目的是保护第三人对标的物占有的继续,而无权占有的第三人对物的占有是"无权"的,这自然不应是法律要保护的内容。第三,如果适用指示交付,则让与人就把被无权占有导致的损害轻易转让给了受让人,使受让人无端增加交易的风险,对保护交易安全不利。

(三)案例 14 分析

所谓指示交付,是指让与人在设立和转让动产物权时,该动产已由第三人依法占有,那么让与人可以将其对第三人的返还请求权转让给受让人,以代替物的实际交付。第三人应何时向受让人交付标的物,则要根据第三人与让与人之间关于占有该动产协议约定的占有原因是否终结而定,除非第三人愿意提前交付,否则其可拒绝交付。同时,让与人应将转让返还请求权的事实通知第三人,否则第三人也不负向受让人交付的义务。

本案中,李振将自己所有的轿车转让给张伟之前,吴凡已通过租赁的方式实际占有了该轿车。这种情况下,李振可以将自己享有的向吴凡主张返还轿车的请求权转让给张伟,以代替向张伟实际交付轿车。至于吴凡应什么时候将轿车交付给张伟,则要根据吴凡与李振之间轿车租赁合同约定的租赁期限来定。只有当约定的租赁期届满,吴凡才有向张伟实际交付轿车的义务。而李振和张伟之间约定的"张伟可随时找吴凡取回",对吴凡不具有约束力,因此在租期内吴凡有权拒绝交车。另外,在李振和张伟达成轿车买卖协议后,李振应将转让的情

况通知吴凡,以便在轿车租赁期满后,吴凡向张伟履行交付轿车的义务。吴凡在未接到李振通知的情况下,有权拒绝向张伟交付轿车。

五、占有改定

📖 **相关法条**

　　第二十七条　动产物权转让时,双方又约定由出让人继续占有该动产的,物权自该约定生效时发生效力。

　　(一) 案例 15 简介

　　王亮与李辉签订了电脑买卖协议,协议规定王亮将自己所有的电脑以 3000元的价格卖给李辉。协议签订后,李辉便将 3000 元价款支付给了王亮。由于电脑里还有一些个人的资料,王亮提出过一周后再将电脑交给李辉,以便他利用这段时间清理电脑里的个人材料,李辉同意。三天后,并不知道电脑已经转让的崔凯找到王亮,提出以 4000 元的价格购买该电脑。看到崔凯出价高,王亮就隐瞒了与李辉的交易,表示同意。于是双方当即一手交钱一手交货,崔凯拿走了电脑。在约定的时间期满后,李辉来取电脑时得知此事,与王亮发生争议。

　　问题:他们之间的争议如何解决?

　　(二) 相关知识点

　　所谓占有改定,是指转让人和受让人在转让动产时,如果转让人希望继续占有该动产,当事人双方可以订立合同,特别约定转让人可以继续占有该动产,而受让人因此取得对标的物的间接占有以代替标的物的实际交付。所谓间接占有是指自己不直接占有标的物,而是基于一定的法律关系对直接占有标的物的人享有返还请求权,因而间接对标的物有事实上的管领力。

　　占有改定的情形在现实生活中也是经常发生的,例如融资租赁中的回租等。在物权转让时,转让人自己却因为一些客观情况需要继续占有转让的动产,这就让人很难判断该动产所有权是否发生转移,也就是说受让人的权利无法得到证明,这很容易产生纠纷。因而,为了保护这种情况下的交易,法律创设了占有改定制度。通过赋予受让人获得间接占有人的身份,来达到证明其权利存在的目的,以此解决物权公示与权利的实际享有不相符的问题。通过占有改定制度,受让人获得了物的所有权,转让人不但获得了价金,还可以继续占有原来的物,继续发挥物的效用。这一制度起源于罗马法,它的建立"是为了解决混合交易情况下如何保护物权受让人利益的问题,也是为了解决在混合交易中如何贯彻物权公示原则的问题"。"更为重要的是占有改定制度为目前盛行的让与担保制度提供了切实的法律依据。"①正因为这样,世界许多国家和地区都规定了这一制度,例如德国民法、瑞士民法、奥地利民法、日本民法和我国台湾地区"民法"等。尽管我国有学者认为没有必要承认占有改定②,但"考虑到该制度建立所针对的混合型交易在中国的普遍存在以及中国市场经济的发展对让与担保制度的需求"③,我国《物权法》承认了这一制度。

需强调的是:占有改定不具有占有的公示作用,不能对抗第三人。即占有改定不能在任何情况下都产生所有权移转并对抗第三人的效果。占有改定的协议是当事人双方签订的,只对当事人双方有约束力。并且协议约定的所有权转移,从动产物权外部的表现(即实际占有)根本就无法显现出来,至于谁才是真正的所有人,第三人是无从知晓的。因为从第三人的角度来看,标的物一直都是由转让人占有,而"占有"恰恰是动产物权存在的公示方式,第三人对这种公示方式的信赖又正是占有公信力的体现,所以第三人有足够的理由能够认定标的物的所有权应归转让人。至于受让人通过协议实际上取得了标的物的所有权这一法律事实,由于缺乏一种外部的表象,第三人是不可能明察的。所以正如王利明教授所说:"除非社会一般人都了解当事人之间已经因为占有改定转化为租赁关系,否则很难认定转让人的实际占有构成所有权转移的公示。"所以对于占有改定的情形,当事人之间达成的协议,只在当事人之间产生效力。在双方就所有权转移发生纠纷的情况下,只要该占有改定的协议是合法有效的,法院就应当确认所有权转移的效果。但是由于其不具有公示性,当第三人就标的物的所有权归属与转让人和受让人发生争执时,转让人和受让人不能仅仅根据占有改定的协议对抗第三人。④ 也正是由于这两方面的原因,所以在占有改定的情况下,也能发生善意取得的效果。转让人应何时归还标的物,则要看转让人与受让人特别约定事由的期限。所谓善意取得是指无处分权人将其占有的动产或登记在其名下的不动产转让给第三人后,如果受让人在取得该财产时是出于善意的,则该受让人就取得该财产的所有权,原财产所有人不得要求受让人返还财产的制度。此处所谓"善意"是指受让人不知道或不应当知道转让人无权转让该财产。关于善意取得制度在下文还要详细讲述,此处不多言。在占有改定的情况下,转让人虽然取得了标的物的实际占有,但此时由于标的物的所有权已经发生了转移,所以转让人是没有权利再对该标的物进行处分的。但由于第三人不知道该标的物所有权已经发生了转移,基于对转让人占有标的物的信赖,第三人与转让人就

---

① 梁慧星主编:《中国物权法草案建议稿》,社会科学文献出版社 2000 年版,第 187 页。

② 有关此主张的详细论述见王利明:《物权法论》(修订版),中国政法大学出版社 2003 年版,第155—156 页。

③ 梁慧星主编:《中国物权法草案建议稿》,社会科学文献出版社 2000 年版,第 187 页。

④ 王利明:《物权法论》(修订版),中国政法大学出版社 2003 年版,第 154 页。

该标的物进行了交易,这完全符合善意取得的构成要件。因此,第三人就应当基于善意取得制度取得该标的物的所有权。

（三）案例 15 分析

所谓占有改定,是指转让人和受让人在转让动产时,如果转让人希望继续占有该动产,当事人双方可以订立合同,特别约定转让人继续占有该动产,而受让人因此取得对标的物的间接占有以代替标的物的实际交付。占有改定不具有占有的公示作用,不能对抗善意第三人。所以在占有改定的情况下,也能发生善意取得的效果。

本案中,王亮在将电脑转让给李辉时,由于特殊原因,王亮希望一段时间内继续占有该电脑,双方特别约定王亮可以继续占有该电脑。这是一个典型的占有改定情形,李辉由此取得了对电脑的间接占有。也就是该电脑的所有权已归李辉,李辉有权根据与王亮特别约定的期限请求王亮进行交付。但是,占有改定的特性决定了在占有改定的情形下也可以发生善意取得的效果。崔凯不知道王亮电脑的所有权已发生了转移,更不知道王亮根本就无权处分该电脑,他只是凭对王亮占有该电脑的信赖,与王亮进行了交易,是善意第三人。崔凯取得该电脑的情况完全符合善意取得的构成要件,所以他就取得了该电脑的所有权,原所有权人李辉不能要求崔凯返还该电脑。至于李辉的损失,其可根据有关法律规定或合同约定追究王亮的违约责任。

[案例思考]

1. 李某购买二手轿车一辆,买卖双方没有办理过户手续。车到手后,李某更换了车牌。一天,李某驾驶该车到某汽车空调配件经销部购买了汽车空调配件。该部经理带李某到某汽车维修安装部进行安装。当日下午,李某到安装部支付费用后提取了安装好空调的汽车。当日晚,李某在驾车途中因空调泵线圈短路引起电源线起火造成火灾,该车被全部烧毁。经有关部门认定经销部作为汽车空调提供者对火灾负有间接责任。李某要求经销部、安装部赔偿损失,两部门不同意赔偿,李某将两部门起诉到法院。法院审理认为,安装部不承担责任,经销部应承担赔偿责任,判决经销部赔偿李某全部损失。经销部不服判决,以李某不是车辆的合法所有人,且现车牌号的车辆发动机号与李某车辆不符,李某主张的权利系非法权益为由提起上诉。

问题:你认为一审法院的判决是否正确? 为什么?

2. 某宾馆为了 8 月 8 日的开业庆典,于 8 月 7 日向电视台租借一台摄像机。庆典之日,工作人员不慎摔坏摄像机,宾馆决定按原价买下,以抵偿电视台的损失,遂于 8 月 9 日通过电话向电视台负责人表明此意,对方表示同意。8 月 15 日,宾馆依约定向电视台支付了价款。

问题:摄像机所有权何时转移?①

第三节　其他规定——非基于法律行为的物权变动

一、非基于法律行为引起物权变动的主要原因类型

相关法条

第二十八条　因人民法院、仲裁委员会的法律文书或者人民政府的征收决定等,导致物权设立、变更、转让或者消灭的,自法律文书或者人民政府的征收决定等生效时发生效力。

第二十九条　因继承或者受遗赠取得物权的,自继承或者受遗赠开始时发生效力。

第三十条　因合法建造、拆除房屋等事实行为设立或者消灭物权的,自事实行为成就时发生效力。

（一）案例 16 简介

林某是某村的村民,其原来的房屋因村里搞多种经营而被占用,村里于是又分配给林某一块宅基地,供其建房。林某打算在新分配的宅基地上建一栋二层小楼,并开始筹备建楼的事宜。当楼房建到一半时,包括该宅基地所在土地在内的部分土地被征收,以建立粮库储备基地。当地政府以土地面积为计算依据给予林某一定的补偿。林某认为其房屋也应当在受补偿的范围,政府的补偿款因未将房屋计算在内而偏少。当地政府认为该补偿款项符合国家对征收规定的补偿标准,并表示将不会增加林某补偿款。林某于是起诉到法院。②

问题:法院是否应当支持林某的诉讼请求？为什么？

（二）相关知识点

我国《物权法》关于不动产和动产物权变动的效力,没有区分物权变动的原因,而只是笼统规定不动产物权变动经依法登记,发生效力,未经登记,不发生效力。动产物权的设立和转让,自交付时发生效力。事实上,登记要件主义和占有要件主义只是适用于依据法律行为发生物权变动的情形。如果一项物权变动不是依据法律行为发生的,而是依据公权力、事实行为、自然事件等发生的,则此种物权变动并不依赖于当事人的意思表示,其生效或者成就不实行登记要件主义

---

①　该案例题为 2004 年国家司法考试试题。

②　马新彦主编:《中华人民共和国物权法法条精义与案例解析》,中国法制出版社 2007 年版,第 87 页。

或占有要件主义,而是依据法律的直接规定完成的。这些物权变动在上述公权力生效时生效,或者在事实行为、自然事件发生和成就的时候生效,例如法律文书、征收、继承、受遗赠、建造或拆除房屋、遗失物拾得等原因导致物权变动的,都不以登记或占有为物权变动的生效要件。非基于法律行为引起物权变动的原因很多,在此只就我国《物权法》上列举的几种原因进行阐述。

1. 法律文书、征收导致的物权变动

法律文书、征收决定都属于公权力的行使行为。这里的法律文书是指人民法院和仲裁委员会两部门的司法行为。人民法院引起物权变动的法律文书主要是指法院的判决。由于法律文书的"效力要强于不动产登记或者动产物权交付等公示行为,当事人依此而取得的物权,具有的效力比依公示行为取得的物权还要优先,因此这种物权变动不必进行不动产的登记或者动产物权的交付便可以直接生效"①。其生效时间为法律文书生效的时间。所谓征收是指国家为了公共利益的需要,在依法作出补偿的前提下,利用公权力强制性地将集体或私人所有的财产征归国有的行为。② 由于征收是强制性的移转所有权的方法,所以就不可能依赖于当事人的意思表示,加上征收行为本身要受到严格的程序限制,一般要提前发出征收公告,这些完全能够起到公示的作用。所以,在征收的情况下,也不依登记或交付作为物权变动的前提条件,其物权变动生效时间为征收决定生效的时间,即一旦法律文书、征收决定生效,物权就自动产生变动的效力。"原权利人不能以其为登记记载的权利人而处分财产,也不能继续对财产进行不正当的利用,从而造成对财产的损害。"③也就是说在法律文书、征收决定生效后,尽管登记记载的仍是原权利人,但此时的原权利人已丧失了对财产的所有权,他再对财产进行的任何处分都是无权处分。而新权利人则可凭生效的公权力文书,直接去登记机构办理变更登记,而无须征得原权利人的同意。

2. 因继承或受遗赠取得物权

现代民法上的继承特指财产继承,是指将自然人死亡后遗留的个人合法财产依照死者所立遗嘱的指定或根据法律的规定转归有权取得该财产的人所有的法律制度。所谓遗赠是指自然人以遗嘱的方式将其个人合法财产赠与国家、集体或者法定继承人以外的人,并于其死亡后发生法律效力的法律行为。④ 被继承人或遗赠人死亡后,其作为民事主体的资格被消灭,故其不再具备民事权利能力,其生前所有的财产权也随之被消灭。但此时,由于种种原因,往往不可能马

---

① 马新彦主编:《中华人民共和国物权法法条精义与案例解析》,中国法制出版社2007年版,第82页。

② 王利明主编:《民法》(第四版),中国人民大学出版社2008年版,第200页。

③ 王轶主编:《物权法解读与应用》,人民出版社2007年版,第60页。

④ 郭明瑞主编:《民法》,高等教育出版社2003年版,第571页、第608页。

上就办理遗产或遗赠物的登记过户手续,如此一来,遗产或遗赠物就会处于无主状态,而这种财产权利归属不确定的状态很容易破坏财产的归属关系。因此,为了防止财产无主状态的出现,在这种情况下的物权变动效力,就不再适用物权变动必须公示的一般规定,而是由法律直接规定:自继承或受遗赠开始时,遗产或遗赠物的物权变动发生效力。根据我国现行《继承法》第2条的规定:"继承从被继承人死亡时开始"。也就是说自被继承人死亡之时,被继承人的财产就成为了遗产,其所有权就转移到继承人名下。受遗赠也是如此,自遗赠人死亡之时,遗赠人的财产就成为遗赠物,其所有权就转移到受遗赠人的名下。

3. 事实行为导致的物权变动

所谓事实行为,是指当事人并无建立、变更和消灭某一民事法律关系的意图,但依据法律规定同样能引起一定民事法律后果的行为。[1] 它是与民事行为相对应的一个概念。民事行为是指民事主体实施的以发生民事法律后果为目的的以意思表示为要素的行为。它包括民事法律行为、可撤销可变更及效力待定行为和无效民事行为。其中民事法律行为是合法的行为,基于民事法律行为的物权变动实行登记或占有要件主义,而基于事实行为的物权变动则不需进行公示,其物权变动的效力由法律直接规定完成。因事实行为发生物权变动的情形有多种,我国《物权法》只列举了因合法建造、拆除房屋等事实行为。合法建造房屋属于所有权原始取得的情形。建房人为建造房屋办理了合法的审批手续,进行了投资,又通过自己的劳动生产建成了房屋。从房屋建造开始至房屋建造完毕,房屋自始至终处于建房人的占有之下,因而建房人对该房屋享有所有权就是理所当然的事情。[2] 这种情况下,社会上其他人也容易判断新建房屋所有权的权属情况,不致发生因房屋权属问题损害相对人的事情。如果不承认通过事实行为可以产生物权,就会导致在登记之前形成无主财产,这既不利于对权利人的保护,也不符合一般的生活习惯。[3] 因而,对于事实行为发生的物权变动的效力,法律不要求必须以公示为要件。合法拆除房屋的情形,属物权绝对消灭的情况,这种情况下,该房屋已不复存在,任何民事主体都不能拥有对该房屋的物权了,所以即便不公示,人们也都了解该房屋物权已被消灭的事实。因此,法律也同样不要求该类物权变动必须以公示为要件。

(三) 案例16分析

如果一项物权变动不是依据法律行为发生的,而是依据公权力、事实行为、

---

[1]　李显冬:《民法概要》,山西人民出版社2001年版,第111页。

[2]　有学者认为,基于合法建房而事实上取得的物权,在没有登记之前,还不具有完全的所有权效力。正因为此,我国《物权法》第31条才规定了非基于法律行为获得不动产的处分要受到一定限制,即未经登记,不发生物权效力。见王利明:《物权法研究》(第三版),中国人民大学出版社2013年版,第293—294页。此观点有一定道理。

[3]　王轶主编:《物权法解读与应用》,人民出版社2007年版,第61—62页。

自然事件等发生的，则此种物权变动并不依赖于当事人的意思表示，其生效或者成就不实行登记要件主义或占有要件主义，而是依据法律的直接规定完成的，这些物权变动在上述公权力生效时生效，或者在事实行为、自然事件发生和成就的时候生效。所谓事实行为，是指当事人并无建立、变更和消灭某一民事法律关系的意图，但依据法律规定同样能引起一定民事法律后果的行为。合法建造房屋属于所有权原始取得的情形，对于其发生的物权变动效力，法律不要求必须以公示为要件。

本案中，林某建楼房的行为属于事实行为，而事实行为引起的物权变动是不需要公示的。如果林某把楼房建成的话，不需要登记就能够取得该楼房的所有权。此后，如果发生征收补偿的问题，该楼房的面积自然就应在补偿的范围。但是，本案在发生征收问题时，林某的楼房只建了一半。也就是说林某建楼房的事实行为并没有成就，林某也就还没有取得该楼房的所有权。所以，当地政府在给林某补偿时，只以土地面积为计算的依据，而不包括楼房面积在内的做法是正确的。当然，由于林某在建造楼房的过程中也支付了一定的费用，政府在征收时也应考虑这一因素，给予林某适当的补偿。

二、非基于法律行为获得不动产的处分

相关法条

第三十一条　依照本法第二十八条至第三十条规定享有不动产物权的，处分该物权时，依照法律规定需要办理登记的，未经登记，不发生物权效力。

（一）案例 17 简介

甲乙之间就某栋房屋的产权归属发生了争议，登记记载在甲的名下，但乙向法院提起产权确认之诉。法院经过审理认为，该房产应当属于乙。法院判决生效之后，乙与丙就该栋房屋的转让达成了协议。

问题：乙丙之间的协议何时生效？①

（二）相关知识点

我国《物权法》对因公权力的行使、继承或受遗赠和事实行为导致的物权变动不要求进行公示，但对上述情况下取得不动产物权的则有一个限制，这就是：在完成登记之前，所有权人不能随意处分该不动产。这是因为在上述情况下发生的物权变动，法律关系相对单纯一些，不公示不至于损害其他人的利益。但是，要对这其中拥有了所有权的不动产进行处分的话，由于其物权缺少公示，社

---

① 王轶主编：《物权法解读与应用》，人民出版社 2007 年版，第 59 页。

会上的其他人根本不知晓该不动产上物权的真实状况。这种情况下进行交易活动，相对人的利益就很有可能受到侵害。由于此时不动产登记的是原权利人，而要进行处分不动产的却是新权利人。这种权利人不一致的情况对交易相对人来说，存在很大风险，这很容易导致欺诈的产生。所以，为了保障交易安全，法律对权利人的处分权进行了限制，即规定在上述非基于法律行为的三种情形下获得不动产物权的，处分该物权时，依照法律规定需要办理登记的，未经登记，不发生物权效力。

（三）案例 17 分析

我国《物权法》对因公权力的行使、继承或受遗赠和事实行为导致的物权变动不要求进行公示，但对上述情况下取得不动产物权的则有一个限制，这就是在上述非基于法律行为的三种情形下获得不动产物权的，处分该物权时，依照法律规定需要办理登记的，未经登记，不发生物权效力，即在完成登记之前，所有人不能随意处分该不动产。

本案由法院的判决引起了房屋所有权的变动，这种物权变动不必进行不动产的登记就可以直接生效，其生效时间为判决生效的时间。也就是自法院的判决生效之时起，乙就取得了该栋房屋的所有权。但是，如果乙要转让该套楼房的话，则会受到限制。这个限制就是乙要转让该套楼房，必须提前持法院的判决到有关部门办理该套楼房的变更登记手续，否则其转让不发生物权效力。因此，尽管根据法院的判决，乙拥有了该套楼房的所有权，但乙只有先到有关部门办理了该套楼房的变更登记后，他与丙之间的转让协议才能生效。

[案例思考]

1. 张建因生意需要欲向市商业银行贷款，打算用自己企业厂区所在的土地使用权进行抵押。就在此时，张建被市政府告知，为了修建公路市里发出征收土地的公告，征收决定自公告 1 个月后生效，张建厂区所在的土地在计划征收的范围。但是为了贷款，张建向市商业银行隐瞒了其土地被征收的事情，在公告发布后两个月与银行签订了贷款合同，并用该土地使用权设定了贷款抵押担保。

问题：本案中的抵押是否有效？

2. 张某是家里的独生子。父母都已经去世，留下了一套房子，张某想转让这套房子，但是如果先把房产从父亲名下过户到自己名下，于转让时协助别人从自己名下再过户，觉得太费事，于是，张某想以其父亲的名义进行转让。①

问题：张某能否直接以其父亲的名义转让房屋？

---

① 《中华人民共和国物权法（案例应用版）》，中国法制出版社 2009 年版，第 39 页。

第三章　物权的保护

一、确认物权请求权

📖 相关法条

　　第三十三条　因物权的归属、内容发生争议的，利害关系人可以请求确认权利。

（一）案例18简介

　　某单位购买一台轿车，登记在公司经理张某的名下。张某擅自将该车转让给他人，该单位向法院提起诉讼，请求张某和受让人返还该车。法院认为该车既然已登记在张某名下，在法律上应当推定张某为所有人，因此，转让是合法有效的，从而驳回了该单位的请求。[①]

　　问题：法院的做法是否正确？为什么？

（二）相关知识点

1. 物权保护的含义

　　所谓物权的保护，是指在物权受到损害时，依照法律规定的方式恢复物权的圆满状态，它是对物权予以保护的各种机制的总和，又分为物权的公法保护和物权的私法保护。物权的公法保护是指依据行政法、刑法甚至宪法来追究侵害者的责任，以达到保护物权的目的。公法对物权保护的宪法制度，成为公法和私法保护物权的最高效力的法律基础。[②] 物权的私法保护即物权的民法保护，是指依据民法追究侵害者的民事责任，以达到保护物权的目的。物权的私法保护方法可分为物权方法和债权方法。物权方法包括确认物权请求权和物权请求权。债权方法是指损害赔偿。我们这里讲的物权保护特指物权的私法保护即民法保护。

2. 确认物权请求权

　　所谓确认物权请求权，是指当事人在物权归属发生争议或者权利状态不明时，请求国家专门机关确认物权归属、明确权利状态的权利。它包括对所有权归属的确认和对他物权的确认两方面内容。

---

① 王利明：《物权法论》（修订版），中国政法大学出版社2003年版，第105页。
② 崔建远：《物权法》（第二版），中国人民大学出版社2011年版，第103页。

确认物权请求权是对物权进行保护的前提,是对物权采取其他保护方法的最初步骤。如果一项物权不能确定其归属,物权人就不能行使其物权请求权,其他一切保护方法也都无从适用,该项物权就无法得到有效保护,当事人就不能对物进行有效的占有、使用、收益、处分活动,该物也就不能有效发挥其功能。更重要的是,物权处于不确定状态,会严重损害相关当事人的利益乃至交易安全,容易引发社会不稳定因素的产生。因此,确认物权请求权不但是一项基础性很强的权利,而且也是一项具有很强影响力的权利。

关于确认物权请求权需注意以下问题:

第一,尽管确认物权请求权属于物权保护的重要权利,但它不属于物权请求权的范畴。关于这一问题,学术界有不同看法。有学者认为确认物权请求权不仅仅是一种所有权请求权,而且应当作为一项具有普遍意义的物权请求权。更有学者明确指出物权请求权包括确认物权请求权。[①] 但是,民法上的物权请求权是指权利人为恢复物权的圆满状态或者防止侵害的发生,请求义务人为一定行为或者不为一定行为的权利,是依附于物权的独立请求权,只能在物权受到侵害或者有遭受侵害可能等物权圆满状态受到破坏时行使。[②] 也就是说,只有在当事人享有物权的情况下,物权受到了侵害或有受侵害的可能时,当事人才能行使物权请求权。如果物权本身的归属存在争议,谁是物权的享有者无法确定,自然也就谈不上行使物权请求权的问题。因此,确认物权请求权与物权请求权不是包括与被包括的关系,而是并列的两种物权保护措施。

第二,确认物权请求权只能向国家专门机关提出,不能实行自力救济。民法对物权的保护可分为自力救济和公力救济两种。所谓自力救济,是指权利人在自己的权利遭受侵害时,依靠自己的力量排除侵害,以维护自己的权利。所谓公力救济,是指权利人在自己的权利遭受侵害时,通过请求国家专门机关以公权力排除侵害,以维护自己的权利。现代社会,各国法律都是在坚持以公力救济为原则的同时,也在某种限度内设立自力救济制度。物权保护同样如此,例如权利人向妨害行为人提出请求排除妨害、消除危险、返还原物等物权请求权就属自力救济。但是,当事人提出的确认物权请求权却不能实行自力救济。因为物权归属发生争议后,如果允许自力救济,则有可能发生强取豪夺的现象,这是法治社会绝对不允许的事情。对于物权归属的争议,只能通过国家专门机关进行裁判,依靠国家公信力最终决定物权的归属,并依靠国家强制力来维持或推翻已经形成的财产关系,从而解决争议,平息纠纷,以维护社会经济生活的稳定。

---

① 这些观点分别见梁慧星主编:《中国物权法草案建议稿》,社会科学文献出版社 2000 年版,第 207 页;孙宪忠编著:《物权法》,社会科学文献出版社 2005 年版,第 167 页。

② 王利明:《物权法论》(修订版),中国政法大学出版社 2003 年版,第 96 页。

第三,确认物权请求权不适用诉讼时效。所谓诉讼时效,是指权利人在法定期间内不行使权利即丧失请求法院依诉讼程序强制义务人履行义务的权利。诉讼时效是以权利人不行使其权利的事实状态为条件的,其目的是敦促权利人尽快行使权利,以免一些财产关系长期处于拖延和不稳定状态,影响社会正常的经济生活和经济秩序。但是,在物权归属不清的情况下,真正的权利人是谁尚不清楚,如何对权利人进行保护还无从知晓。在"情况不明"的情况下,法律不能动用诉讼时效来消灭权利。并且,假如确认物权请求权因诉讼时效期间届满而消灭,那么原来物权归属不清的状态势必会继续下去,这不仅会严重损害真正权利人的利益,而且也会导致对物权争夺的加剧,严重影响社会的稳定。因此,"只要物权争议存在,确认物权请求权就存在,不受诉讼时效的限制"①。

（三）案例 18 分析

所谓确认物权请求权,是指当事人在物权归属发生争议或者权利状态不明时,请求国家专门机关确认物权归属、明确权利状态的权利。它包括对所有权归属的确认和对他物权的确认两方面内容。如果物权本身的归属存在争议,谁是物权的享有者无法确定,自然也就谈不上行使物权请求权的问题。

本案中,该单位认为该轿车应属于自己,但轿车却登记在张某的名下,因而轿车的所有权究竟属于谁有待于进一步确认。在轿车所有权权属不明的情况下,只能根据登记这一具有很强公信力的外表来判断。该轿车既然登记在张某的名下,在法律上就应当推定张某为所有人,张某与受让人之间的转让合同就是合法有效的,所以法院的做法是正确的。同时在轿车所有权权属不明确的情况下,该单位却提出了物权请求权,而没有提出确认物权请求权,其诉讼请求没有得到法院的支持也就在所难免了。当然,该单位可通过修改自己的诉讼请求,即将返还原物的请求改为确认物权的诉讼请求,请求法院维护自己的权利。

二、物权请求权

📄 **相关法条**

第三十四条　无权占有不动产或者动产的,权利人可以请求返还原物。

第三十五条　妨害物权或者可能妨害物权的,权利人可以请求排除妨害或者消除危险。

第三十六条　造成不动产或者动产毁损的,权利人可以请求修理、重作、更换或者恢复原状。

---

① 　郭明瑞主编:《中华人民共和国物权法释义》,中国法制出版社 2007 年版,第 69 页。

（一）案例 19 简介

张三房后有一棵大柿子树,该树归李四所有。由于该树树龄较长,树的主干多处裂开,并有部分中空现象。张三担心遇到大风,该树倒塌会使自己新盖的房屋被砸坏,就向李四提出将这棵柿子树砍伐掉。李四认为该树每年都结很多柿子,为自己带来一定的经济效益,何况柿子树是自家的,自己说了算,所以一直不同意砍伐。为此,两家多次发生争执。

问题:依据法律的规定两家的争执应如何处理?

（二）相关知识点

所谓物权请求权又称物上请求权①,是基于物权而产生的请求权。它是指物权被侵害或有可能遭受侵害时,物权人有权请求恢复物权的圆满状态或防止侵害。它主要包括以下几种:

1. 返还原物请求权

所谓返还原物请求权,是指物权人对无权占有或侵夺标的物的人,基于物权请求其返还占有的权利。返还原物请求权是物权请求权中很重要的一项权利。在中国民法物权体系中,只有抵押权不以占有作为其首要权能,而大部分物权均以占有为首要权能。如果失去占有,这些物权的目的就无法实现。因此,在物权保护制度中规定返还原物请求权,对物权保护意义重大。② 返还原物请求权的适用必须满足以下条件:

（1）必须是基于物权产生的返还请求权。作为物权请求权的一种,返还原物请求权是为保护物权而专门设立的制度,它必须是基于物权而产生的一种返还请求权。其他情形产生的返还请求权则仅能适用于占有保护中的占有物返还请求权。返还原物请求权最典型的形式就是基于所有权产生的所有物返还请求权,这一权利是所有权追及效力的直接体现。除此以外,基于他物权例如宅基地使用权、质权等产生的宅基地返还请求权、质押物返还请求权等也都属于返还原物请求权,当然此种情形下,权利人也可选择行使占有保护中的占有物返还请求权来保护自己的权利。

（2）必须是针对相对人无权占有的物才能请求返还。所谓无权占有是指占有人没有法律上或合同上的依据而占有标的物。反之,则为有权占有。物权人只能要求无权占有人返还原物,而不能要求有权占有人返还原物,即有权占有人

---

① 我国有学者不赞成这种说法,例如有学者认为物权请求权与物上请求权两个概念是有区别的。有关此说法的详细论述见王利明:《物权法论》(修订版),中国政法大学出版社 2003 年版,第 96 页。另有学者认为应该用物权请求权而不能用物上请求权,因为物上请求权概念有许多缺点。其详细论述见梁慧星主编:《中国物权法草案建议稿》,社会科学文献出版社 2000 年版,第 197 页。但依通说二者是一致的,本文仍沿用这一说法。

② 梁慧星主编:《中国物权法草案建议稿》,社会科学文献出版社 2000 年版,第 199 页。

可以根据自己的有效占有来拒绝物权人的请求,例如承租人在租期内就有权拒绝出租人返还租赁物的要求。对于无权占有还是有权占有的判断,要以物权人提出请求时的客观情况来确定。

(3)被要求返还的财产必须是客观存在的。如果原物已经灭失,特别是对于特定物来说已经灭失,物权人就不能再要求相对人返还原物,而只能根据债权请求权要求相对人进行损害赔偿。当然,如果是种类物,则物权人既可以请求损害赔偿,也可以请求返还同类、同质及同量的物。

对于返还原物请求权是否适用诉讼时效的问题,学术界争议颇大。笔者赞同一些学者的主张:对于物权人已经办理了登记的动产、不动产的返还请求权,不应当使用诉讼时效。因为诉讼时效期满而允许无权占有人拒绝返还,就势必与登记制度的效力发生冲突。而登记的效力是不应该因时间的经过而消灭的,否则就将否定登记制度本身。如果被无权占有的标的物没有登记,无论是不动产还是动产,其返还请求权应当适用诉讼时效。①

2. 排除妨害请求权

所谓排除妨害请求权,是指当物权的圆满状态受到占有以外的方式妨害时,物权人对妨害人享有请求其排除妨害的权利。排除妨害指的是排除物权人实际面临的现实的妨害,其目的是排除已存在的妨害。排除妨害请求权的行使必须符合以下条件:

(1)被妨害的标的物必须是仍然存在并由物权人继续占有的物。如果被妨害的标的物已经毁损灭失,则物权人就只能请求侵权人进行损害赔偿,而没有必要再要求妨害人排除妨害。同时,物权人在行使排除妨害请求权时,其必须仍占有该标的物,如果物权人的占有已经丧失,则其就只能行使返还原物请求权。

(2)物权人请求排除的妨害行为必须是不正当的行为。所谓不正当的行为,是指没有法律上或合同上依据的行为。反之,则为正当的行为。正当的行为即使对物权人的标的物构成了妨害,物权人也不得请求行为人排除妨害,而是应负容忍义务。例如行为人为紧急避险而给所有人造成妨害、邻居依据相邻关系的法律规定在物权人的土地上所为的行为等。

(3)妨害是持续进行的,而不是短暂即逝的或者已经消失的。

关于排除妨害请求权需强调几点:第一,排除妨害请求权仅仅限于除去妨害,而不包括恢复原状。"妨害排除后,物权人所占有的物是否已恢复其原有状态并非排除妨害请求权所能解决的问题。如果妨害行为对权利人的物造成了损

---

① 郭明瑞主编:《中华人民共和国物权法释义》,中国法制出版社2007年版,第70—71页。

害,则物权人有权请求妨害人赔偿损失或要求其恢复原状。"①第二,排除妨害请求权并不以相对人有过错为要件。只要妨害客观上存在,物权人都可以行使此权利,而不必要求相对人必须具有主观上的故意或过失。即排除妨害请求权不适用过错责任原则,这不同于侵权损害赔偿责任。第三,排除妨害请求权不适用诉讼时效。② 只要妨害行为客观存在,物权人就可以行使此项权利。第四,排除妨害的费用承担问题。原则上,谁造成的妨害,就应由谁承担该妨害排除的费用。但在一些具体情况下,还应结合妨害人对妨害形成是否有过错来确定费用的分担更为合理。

3. 消除危险请求权

所谓消除危险请求权,是指物权人在他人的行为或者所有物对自己行使物权可能造成一定的危险时,享有请求该他人消除危险的权利。消除危险指的是消除尚未发生的但将来有可能出现的妨害,其目的在于预防可能的损害。消除危险请求权的行使必须符合以下条件:

(1)物权有被妨害的可能。尽管他人的行为或者所有物对物权人的物权没有现实的妨害,但是却存在将来发生妨害的危险性。并且这种危险应当是能够被合理预见到的,而不是凭空想象出来的。所谓"合理预见到的",是指就具体情况依据社会一般观念进行正常推断就能够判断出可能发生的结果。合理预见到的危险虽然尚未发生,但确实有发生的可能,这是消除危险请求权行使的重要条件。

(2)消除危险请求权的相对人是可能对他人物权造成妨害的人。包括通过自己的行为或因自己的所有物造成妨害物权人物权的人。

关于消除危险请求权需强调几点:第一,消除危险请求权不以相对人有过错为要件。也就是说只要危险存在,物权人就可以行使此项权利,而不必考虑相对人主观上是否具有故意或者过失。第二,消除危险请求权不适用诉讼时效。只要危险客观上存在,物权人都可以有权要求行为人承担消除危险的责任。第三,消除危险的费用承担问题。一般情况下是由妨害危险形成人承担。无论妨害危险是基于妨害人的行为产生,还是因妨害人的所有物产生,妨害人都应当自担费用。③

---

① 马新彦主编:《中华人民共和国物权法法条精义与案例解析》,中国法制出版社 2007 年版,第 99 页。

② 尽管有学者对此提出异议,例如董学立教授认为:"非是消灭时效在所有物妨害排除请求权不适用,而是消灭时效在所有物妨害排除请求权的适用永远无法成就。"其详细论述见董学立:《物权法研究》,中国人民大学出版社 2007 年版,第 111—112 页。但依通说,排除妨害请求权不适用诉讼时效。

③ 马新彦主编:《中华人民共和国物权法法条精义与案例解析》,中国法制出版社 2007 年版,第 101 页。

4. 恢复原状请求权

所谓恢复原状请求权,是指由于行为人的原因致使他人的财产受到损害后,物权人享有要求行为人采取各种措施,使财产恢复原有状态的权利。恢复原状的措施主要包括修理、重作、更换等。当标的物受到毁损时,物权的客体就不完整了,物权的正常行使必然会受到影响。如果想恢复物权的圆满状态,最理想的结果就是能使标的物恢复原有状态,因此赋予物权人恢复原状请求权显得至关重要。恢复原状请求权的行使必须满足以下条件:

(1)被损害的财产有恢复的可能。只有被损害的标的物存在经过修理、重作或更换等措施后,能够恢复原有状态的可能时,权利人才能要求加害人恢复原状。如果被损害的标的物没有恢复的可能,则权利人只能要求加害人进行损害赔偿。当然,在被损害的标的物有恢复的可能时,权利人也可以根据自身的利益。在恢复原状和损害赔偿之间作出选择,以利于更好地兼顾各方利益。

(2)被损害的财产有恢复的必要。特别是被损害的标的物是特定物的时候,由于特定物对权利人有特殊的价值,不能简单地用金钱替代,因此加害人应负责恢复原状。如果没有恢复的可能,则只能进行损害赔偿。被损害的标的物是可替代物时,则可根据经济效率的原则既可进行恢复原状,也可进行损害赔偿。

(三) 案例 19 分析

消除危险请求权属于物权请求权的一种,是指物权人在他人的行为或者所有物对自己行使物权可能造成一定的危险时,享有请求该他人消除危险的权利。消除危险指的是消除尚未发生的但将来有可能出现的妨害,其目的在于预防可能的损害,即使他人的行为或者所有物对物权人的物权没有现实的妨害,物权人仍可行使消除危险请求权。当然这种可能的危险应当是可以合理预见并确实存在的,而不是主观臆断的。消除危险请求权不以相对人有过错为要件,并且无论妨害危险是基于妨害人的行为产生,还是因妨害人的所有物产生,妨害人都应当承担费用。

本案中,李四所有的柿子树,树干多处裂开,并有部分中空现象。按照社会一般观念可以推断出:遇到大风该树很有可能折断,从而对张三的新房造成潜在的危险,这种危险的发生将直接妨害到张三正常行使对自己房屋的所有权。因此,张三可以行使消除危险请求权,要求柿子树的所有人李四采取措施消除危险。当然,李四所采取的措施不一定是将树木砍伐掉,只要李四采取了相应的措施,这些措施按照社会一般观念足以防范危险的发生,就算消除了危险。但是,如果李四采取的措施,按一般观念不足以防范危险的发生,张三仍然有权利继续要求李四采取其他措施消除危险,其措施不排除将树木砍伐掉,直到危险彻底消除。如果像本案中李四拒不采取措施消除危险,那么张三可向当地人民法院提起诉讼,请求人民法院强令李四采取措施(或直接要求李四及时砍伐柿子树),以消除危险,相关费用由李四自己承担。

三、损害赔偿请求权

📑 **相关法条**

第三十七条　侵害物权,造成权利人损害的,权利人可以请求损害赔偿,也可以请求承担其他民事责任。

（一）案例 20 简介

甲企业与乙企业订立了一份机器设备买卖合同,约定由买方乙企业自行委托丙运输公司将设备由甲企业运至乙企业处。在运输过程中,丙公司的运输车与违章的丁车相撞,造成部分机器设备毁坏。当设备运至乙企业时,乙企业认为自己的利益受到了损害,有关方面应负赔偿责任,从而拒绝接受该设备。而丙运输公司则认为并非是自己的过错造成了设备的损害,所以自己不负任何责任。双方发生纠纷。

问题:他们的纠纷应如何解决?

（二）相关知识点

前文谈到本书所说的物权保护是特指物权的私法保护即民法保护,物权的私法保护方法分为物权方法和债权方法。确认物权请求权和物权请求权是物权方法,债权方法指的是损害赔偿请求权。[①] 所谓损害赔偿请求权,是指物权人因他人的侵害造成损失时,享有请求侵害人对损失进行赔偿的权利。物权人的损害赔偿请求权可以单独提出,也可以在行使物上请求权的同时提出。具体而言,当侵权人的行为致物权的标的物毁损灭失,使物权人不能行使物上请求权时,物权人可以单独提出损害赔偿的请求;当物权人采用排除妨害、恢复原状、返还原物等方法仍不能换回其所受的损失时,其可以在行使物上请求权的同时,请求侵害人赔偿其余的损失。[②] 损害赔偿请求权主要是以金钱补偿作为手段,其目的主要是使受到侵权的物权人的利益能够获得公正的补偿。

需特别说明的是:对物权进行保护,用物权方法恢复物权人对物权的圆满支配状态,其保护更充分,效果更明显。因此,在具体运用保护方法时,往往优先使用物权方法,只有在使用物权方法不能使物权得到完整保护时,才适用债权保护

---

① 有学者认为:"当代世界各个法律中所规定具体的物权请求权,是根据对物权构成妨害的事实的类型来划分的,即法律认定存在着哪一种妨害物权的事实,便规定一种相应的物权请求权。"并由此得出损害赔偿请求权属于物权请求权的一种。此种观点详见孙宪忠编著:《物权法》,社会科学文献出版社 2005 年版,第 167—172 页。但理论界大多数人仍然认为损害赔偿请求权属于债权保护的方法。

② 江平主编:《中国物权法教程》,知识产权出版社 2007 年版,第 163—164 页。

方法。

（三）案例 20 分析

物权的私法保护方法分为物权方法和债权方法。债权方法指的是损害赔偿请求权。所谓损害赔偿请求权，是指物权人因他人的侵害造成损失时，享有请求侵害人对损失进行赔偿的权利。物权人的损害赔偿请求权可以单独提出，也可以在行使物上请求权的同时提出。

本案中，甲企业将机器设备交给丙运输公司时，该机器设备的所有权就转给了乙企业，乙企业就成为了该套机器设备的所有权人。当机器设备受到侵害后，由于乙企业通过物权保护的方式无法弥补自己所受的损失，所以它有权请求侵害人(本案中就是违章的丁车车主)进行损害赔偿。当然，乙企业也可基于承运合同要求丙运输公司承担违约责任，丙运输公司也可要求违章的丁车车主对车辆等的损毁及由此造成的其他损失进行损害赔偿。

[案例思考]

1. 甲、乙之间订立一份木材买卖合同，约定交货方式为代办托运。合同订立后，甲委托运输公司丙运至乙处。在运输过程中，丙故意损坏承运木材。

问题：针对丙的行为，谁可以提出物权请求权？[①]

2. 甲的房屋后墙紧靠大路，乙未经甲同意就在甲房屋后墙上粉刷自己企业的广告。甲发现后，要求乙将广告抹掉或支付占用费，乙未予理睬。后来，甲自行购置涂料将广告抹去，并找到乙，要求其支付涂料费和劳务费，乙当即回绝。于是甲向法院起诉。

问题：法院是否应该支持甲的诉讼请求？为什么？

---

① 王全弟主编：《物权法》，浙江大学出版社 2007 年版，第 85 页。

第二编 所 有 权

第四章 一般规定

一、所有权的含义

> **相关法条**
>
> **第三十九条** 所有权人对自己的不动产或者动产,依法享有占有、使用、收益和处分的权利。

(一)案例 21 简介

甲在本市购买了一套三室一厅的住房,办理完房产登记手续后,又对房屋进行了装修。装修好以后,全家人搬进了新房。一年后,甲的儿子上学的学校搬迁,学校离甲家较远。为了不影响儿子上学,甲全家搬进了在儿子读书学校附近租的简易住房,而将自己的三室一厅住房出租给了乙。后来,甲因急需用钱,将自己三室一厅的住房抵押给了银行,贷款 30 万元。次年 2 月,邻居家安装网线,必须从甲三室一厅的住房经过,甲不同意,双方发生纠纷。

问题:试分析甲对自己住房所有权的行使是否妥当?

(二)相关知识点

1. 所有权的定义

"财产归属的确定是建立财产秩序的前提和基础,因此'所有权'是最为古老的法律概念之一。"①如何给所有权下定义,理论界有不同观点。总体来看主要有两种方式:一种是采用抽象概括主义方式,一种是采用具体列举主义方式。所谓抽象概括主义方式"是通过规定所有权的抽象权能或作用而确立所有权的

---

① 尹田:《物权法》,北京大学出版社 2013 年版,第 279 页。

概念"。其优点是"逻辑严密,反映出所有权为支配权的根本法律属性"。[①] 此种定义方法也为一些学者所赞同。[②] 但其过于抽象,不利于人们理解和把握。所谓具体列举主义方式是指通过具体列举所有权的具体权能或效用来明确所有权的概念。这种方式便于人们理解和掌握,其不足是混淆了所有权本身与所有权的权能或作用。我国《物权法》上采用具体列举主义方式对所有权进行定义,根据我国《物权法》相关规定,我们可以这样给所有权下定义:所有权"是指所有人依法对自己的财产享有的占有、使用、收益和处分的权利"。[③] 所有权是一种最完全、最典型的物权,"为现行私法的秩序之基本"。[④] 其他物权都是在所有权基础上产生的,所以,所有权制度是物权制度的核心。

2. 所有权的特征

作为物权的一种,所有权具备物权的一般特征。除此以外,它还具有一些特有特征,主要有:

(1) 全面性。又称完全性,指所有权是最完全的物权,是所有人对于所有物享有的最完整、最充分的权利。在法律范围内,所有人对于所有物可为全面地占有、使用、收益和处分。而其他的物权例如用益物权、担保物权仅限于某一方面或某几方面对于标的物进行支配。所以,所有权又称为全面的物权,其他物权被称为定限物权或某一方面的物权。也就是说,所有权是所有人对标的物使用价值与交换价值的全部予以全面性支配的权利。而用益物权支配的仅是标的物的使用价值,担保物权支配的仅是标的物的交换价值。同时,所有权又是其他物权的基础,其他物权都为所有权所派生,没有所有权也就没有其他物权。

(2) 整体性。又称单一性、浑一性,是指所有权是具有浑然一体内容的物权,是所有人对标的物具有同一支配力的物权,而不能将所有权简单理解为占有、使用、收益和处分权能的相加或总和。"至于他物权的设定,不是将构成所有权内容的某种权能进行分割,而是将所有权整体性内容中的某一部分具体化后,由所有权人加以出让所形成的,是一个新的、独立的物权。"[⑤]所有权权能的分离,恰恰正是所有人行使其权利的具体表现,而绝不是对所有权的分割,所有权人的所有权性质并不因一些权能的分离而受影响。所有权的整体性特征决定了所有权本身不得在内容或时间上加以分割。"最明显的莫过于在所有权保留买卖中,标的物的所有权并不随每期价金的支付而发生转移。买受人即使支付

① 郭明瑞主编:《民法》,高等教育出版社 2003 年版,第 241 页。

② 有关应当采纳抽象的概括主义方式对所有权进行定义的理由阐述可参见梁慧星主编:《中国物权法草案建议稿》,社会科学文献出版社 2000 年版,第 215—216 页;梁慧星、陈华彬编著:《物权法》(第三版),法律出版社 2005 年版,第 102 页。

③ 王利明主编:《民法》(第四版),中国人民大学出版社 2008 年版,第 206 页。

④ 史尚宽:《物权法论》,中国政法大学出版社 2000 年版,第 59 页。

⑤ 王全弟主编:《物权法》,浙江大学出版社 2007 年版,第 108 页。

了99%的价金,其所获得的只是所有权的期待权,标的物的所有权仍保留在出卖人手中。"①

（3）弹力性。又称归一性或归一力。虽然所有权具有整体性,但是当所有权人在所有物上设定了他物权以后,所有权的行使就会受到限制,例如所有权人在自己房屋上设定抵押权、在自己动产上设定质权等。此时,所有人对该房屋或该动产行使所有权时,就会受到该抵押权或质权的束缚,而不能随意处分相关的标的物。但是,当所有人设定的他物权一旦消灭,即所有权的负担被解除时,则所有权就随即恢复其原有的圆满状态,分离出去的各项权能仍复归所有权人,这就是所有权的弹力性。即所有权的整体性决定了所有权的内容可以自由伸缩,"所谓皮球压之则陷,脱之则圆,正是所有权弹力性的形象说明"②。

（4）恒久性。又称永久性,是指所有权的存在没有存续期间,也不因时效而消灭。"所有权以永久存续为其本质"③,所以,任何人都不得通过协议约定所有权的存续期间,否则其约定皆为无效,这与他物权都具有一定的存续期间是不同的。需强调的是,所有权的恒久性并不是说所有权永远不会归于消灭,而是仅指所有权不能像他物权那样约定存续期间。事实上,因标的物灭失、转让、抛弃等事由,所有权也会随之消灭。

3. 所有权的权能

所有权的权能也称作所有权的内容或所有权的作用,是指所有人为利用所有物以实现其利益而在法律规定的限度内采取的各种措施和手段。所有权的不同权能表现了所有权的不同作用形式,构成所有权内容的有机组成部分。我国《物权法》上列举了所有权的四项权能:占有、使用、收益和处分,这是所有权的积极权能。此外,所有权还有消极权能,即排除他人干涉的权能。

需说明的是:这些权能仅是所有权的主要权能,而不是全部权能。凡是有利于实现所有人利益,在不违反法律强制性规定和公序良俗的情况下,所有权人都可以对所有物进行充分的使用、收益,以实现所有权利益的最大化。

（1）积极权能。是指权利人主动地、积极地追求的,而不是因为他人的原因被动实施的权能。所有权具有以下四项积极权能:

第一,占有权能。是指所有权人对所有物进行实际控制和管领的权能。占有权能是所有权人行使物的支配权的前提和基础。通常情况下,所有权与占有权能是重合的,"所有权只有从占有开始,才能由客观权利变为主观权利,而且只有当占有权恢复到所有权人手中,所有权才最终恢复其圆满状态"④。当所有

---

① 柳经纬主编:《物权法》（二版）,厦门大学出版社2005年版,第57页。
② 梁慧星、陈华彬编著:《物权法》（第三版）,法律出版社2005年版,第103页。
③ 史尚宽:《物权法论》,中国政法大学出版社2000年版,第61页。
④ 王利明:《物权法教程》,中国政法大学出版社2003年版,第125页。

权人对所有物的占有被侵夺时,所有权人可基于物权请求权要求侵夺人返还原物。但是,随着社会经济的发展,由于种种原因使得所有人不可能自己完全占有使用所有物以获取最大化利益。于是,在不违反法律规定或合同约定的前提下,所有权的占有权能可与所有权相分离。并且,在市场经济背景下,"权能分离"往往是所有权更充分发挥其功能的重要条件。所有权人出于自身利益的需要,会在一定范围、一定时期内出让所有权的占有权能,以获取更大利益,例如租赁、承揽、保管等情况就是占有权能转让的典型形式。当占有权能与所有权分离而属于非所有权人时,同样会受到法律的保护。非所有权人的占有权能不仅能排斥第三人的干涉,而且也可以对抗所有权人。在非所有权人有权占有的情况下,所有权人不能要求非所有权人返还原物。当非所有权人的合法占有被侵夺时,非所有权人可基于占有保护中的占有物返还请求权要求侵夺人返还占有物。需特别注意:作为所有权权能的占有与占有制度中所说的占有是不同的。

第二,使用权能。是指依所有物的性能或用途,在不毁损所有物本体或变更其性质的情形下对物加以利用,从而满足生产和生活需要的权能。[①] 在社会经济生活中,人们占有物的最终目的是为了对物进行有效的利用或从中获得最大化利益。而物的使用价值决定了对物进行使用的可能性和必要性。人们行使使用权的过程就是实现物的使用价值、满足人们需要的过程。行使使用权能是以对物的占有为前提条件的,也就是说享有使用权权能必须同时享有对物的占有权能,否则使用权能就是一句空话。反过来,享有占有权能的则未必就享有使用权能,例如质权人、保管人对标的物就只能进行占有,而不能进行使用。与占有权能一样,使用权能也可以同所有权分离,转移给非所有权人。非所有权人取得使用权必须是依照法律的规定或是与所有权人的合同约定为依据,否则就是非法使用。所有权人有权要求非法使用人返还因对物的使用而获得的不当得利,并有权要求其承担相应的民事责任。即使是合法使用,如果使用人使用不当而致使用物毁损灭失的,所有权人有权要求使用人负损害赔偿责任。需特别注意:作为所有权权能的使用与现实生活中说的使用和作为他物权的使用权能都是不同的。现实生活中的使用包括无权使用,而作为他物权权能的使用不仅包括使用的权能,还包括占有权能和收益权能。

第三,收益权能。是指收取由原物产生出来的新增经济价值的权能。新增经济价值主要表现为收取物的孳息(包括天然孳息和法定孳息,前者例如树木的果实、奶牛所产的牛奶等,后者例如利息、租金等)和利用原物进行生产经营活动而产生的利润等。"人们拥有某物,都是为了在物之上获取某种经济利益以满足自己的需要,只有当这种经济利益得到实现后,所有权才是现实的。如果

---

① 梁慧星、陈华彬编著:《物权法》(第三版),法律出版社 2005 年版,第 121 页。

享有所有权对所有人毫无利益,所有人等于一无所有。"①正因为如此,在近代,收益权能成为所有权各类权能中最重要、最基本的权能。到了现代,收益权能在所有权中的地位日益重要,因为市场经济中只要能使财产增值或实现其价值的最大化,市场主体便往往心甘情愿地让与自己财产的占有权、使用权乃至处分权,而自己把握收益权。② 当然,尽管收益权能是所有权中的一项重要权能,但并不意味着收益权能不能与所有权分离。事实上,所有权人通过一定的方式让渡部分收益权能的情形在现实生活中是比较常见的,甚至让渡全部收益权能的情形也是存在的。但是,永久性地全部让与收益权的情形则比较少见。

第四,处分权能。是指依法对物进行处置的权能。"由于处分权最终影响到物的命运,因而在所有权的各项权能中,处分权居于核心地位,是带有根本性意义的一项权能。"③处分包括事实上的处分和法律上的处分两种。事实上的处分是指对标的物进行实际的变形、改造或毁损等物理上的事实行为,例如拆除房屋、砸毁电视等。法律上的处分是指通过法律行为将标的物的所有权进行移转、限制或消灭,从而使所有权发生变动的权能,例如所有权的转让、设定他物权等。无论是事实上的处分还是法律上的处分,"都会导致所有权的绝对或相对消灭。所以,处分权决定了财产的归属,它是所有权区别于他物权的一个重要特征"。④处分权能在所有权中的特殊地位,决定了该项权能通常应由所有权人行使。未经所有权人同意,非所有权人不能随意处分他人所有的物,否则要承担相应的责任。但是,作为一项独立的权能,处分权也可以基于法律的规定和所有权人的意思而与所有权分离。这种分离既可以是部分分离,也可以是全部分离。当处分权能与所有权能全部分离时,只要所有权人享有收益权,就仍然标志着所有权的存在,例如股东与公司财产的关系。

(2)消极权能。是指所有权的行使能排除他人干涉的权能。他人的干涉包括对所有物的不法侵夺、干扰或妨害等。所有权的各项积极权能要顺利实施,必须有排斥并除去他人一切妨害的权能作保障,否则其各项积极权能的顺利实现就很难得到保证。我们之所以称之为消极权能,是相对于积极权能而言的。前面所讲的占有、使用、收益和处分权能是权利人主动地、积极地追求的,而不是因为他人的原因被动实施的。但排除他人干涉的权能,则是因为他人干涉、妨害所有权行为的存在,迫使权利人实施的。如果没有非法干涉行为,此项权能就隐而不显。所有权的消极权能主要是通过行使物上请求权来实现的。

---

① 王利明:《物权法教程》,中国政法大学出版社 2003 年版,第 126 页。

② 梁慧星、陈华彬编著:《物权法》(第三版),法律出版社 2005 年版,第 123 页。

③ 柳经纬主编:《物权法》(二版),厦门大学出版社 2005 年版,第 61 页。

④ 王利明:《物权法教程》,中国政法大学出版社 2003 年版,第 127 页。

4. 所有权的限制

所有权的限制,是"指禁止或限制作为所有权积极权能或消极权能的一面或数面,从而使所有人因此受一定的拘束,并负一定的义务"①。所有权必须受到限制是罗马法以来的一项原则。罗马法时代,虽然基于个人主义确定了所有权绝对的观念,但罗马法对所有权的限制却始终存在。到了近代,基于反封建专制和发展资本主义自由竞争的需要,形成了所有权绝对的原则。所有权地位至高无上,所有权内容宽泛无边,成为万能的权利。但这种对所有权的过度保护,却产生了许多社会问题,危及了国家、社会的存续与发展。于是,在现代社会,主张限制所有权的所有权社会化理论应运而生。"受这种理论的影响,各国在保障个人得以自由行使所有权的同时,又对所有权加以必要的限制,以个人社会调和的所有权思想主导所有权立法。"②总起来讲,所有权的限制主要表现在以下两个方面:

(1) 私法限制。第一,所有权滥用的禁止。"按照现代民法思想,一切私权皆有社会性,其行使须依诚实和信用的方法为之,而不得违反公共利益或以损害他人为主要目的,否则将构成权利滥用而被禁止,所有权为现代社会最重要的一种私权,所有人滥用其所有权而被禁止,实属天经地义。"③但究竟什么情形可认定为权利的滥用,法律没有明确规定,各国认定的标准也不一致。从有关规定来看,对于所有权滥用的禁止主要表现为:所有权的行使不得损害他人利益和社会公共利益,否则就是所有权的滥用,就是被禁止的。第二,相邻关系。所谓相邻关系是指相邻各方的不动产所有人或使用人之间,在各自行使所有权或使用权时,因相互间依法应当给予对方方便或接受限制而发生的权利义务关系。当不动产相邻时,如果不动产的所有权人都绝对自由地行使所有权,则相邻双方必然会发生纠纷与冲突。这不仅会妨碍不动产本身效益的发挥,而且也会直接影响社会的稳定。于是法律设置了相邻关系制度,对相邻各方的所有权进行限制,以平衡相邻各方的利益。基于相邻关系对所有权的限制主要通过两种方式:其一是不动产权利人须容忍他人的某种行为,例如为相邻人提供铺设管线等便利的义务。其二是不动产权利人的不作为④,例如不得违反有关规定妨碍相邻人的通风、采光、日照的权利等。第三,自卫行为。是指行为人为实现自力救济的目的,而采取的诸如正当防卫、紧急避险等自卫行为和自助行为。这些行为具有限制所有权人所有权的功能。第四,他物权。在所有权人的所有物上设定他物权,也对所有权的行使形成限制。

---

① 梁慧星、陈华彬编著:《物权法》(第三版),法律出版社 2005 年版,第 125 页。
② 柳经纬主编:《物权法》(二版),厦门大学出版社 2005 年版,第 62 页。
③ 梁慧星、陈华彬编著:《物权法》(第三版),法律出版社 2005 年版,第 126 页。
④ 江平主编:《中国物权法教程》,知识产权出版社 2007 年版,第 189 页。

（2）公法限制。公法上对所有权的限制,主要是以保护公共利益或社会共同生活为目标,例如基于环境保护、自然资源保护、城市规划、生态平衡等进行的相关所有权限制。另外,还有例如国家对不动产或其他财产进行征收、征用等也是对相关标的物所有权进行的限制。

（三）案例 21 分析

所有权是指所有人依法对自己的财产享有占有、使用、收益和处分的权利。所有权的不同权能表现了所有权的不同作用形式,构成所有权内容的有机组成部分。我国《物权法》上列举了所有权的四项权能:占有、使用、收益和处分,这是所有权的积极权能。此外,所有权还有消极权能,即排除他人干涉的权能。但是世界各国在保障个人得以自由行使所有权的同时,又对所有权加以必要的限制,从而使所有权人因此受到一定的拘束,并负一定的义务。所有权的限制包括私法限制,也包括公法限制。

本案中,甲作为所有权人,对于属于自己所有的三室一厅住房享有占有、使用、收益和处分的权利。甲全家搬入三室一厅的新房居住,是行使自己对房屋占有和使用的权能。甲将房屋出租给乙以及后来将房屋为银行的债权设定抵押权,是甲对自己的财产行使收益和处分权能。作为所有权人,甲的这些行为没有任何不妥。但是,甲的邻居安装网线要经过甲三室一厅住房,这属于相邻关系的范畴。相邻关系是对所有权行使的一种限制,所有权人负有给予邻居方便而接受限制的义务,也就是甲对邻居安装网线从自己住房经过负有容忍义务,他应当允许。甲不同意邻居安装网线从自家经过是错误的。当然,如果邻居因安装网线给甲造成损害的,邻居负损害赔偿责任。

二、征收和征用

相关法条

第四十二条　为了公共利益的需要,依照法律规定的权限和程序可以征收集体所有的土地和单位、个人的房屋及其他不动产。

征收集体所有的土地,应当依法足额支付土地补偿费、安置补助费、地上附着物和青苗的补偿费等费用,安排被征地农民的社会保障费用,保障被征地农民的生活,维护被征地农民的合法权益。

征收单位、个人的房屋及其他不动产,应当依法给予拆迁补偿,维护被征收人的合法权益;征收个人住宅的,还应当保障被征收人的居住条件。

任何单位和个人不得贪污、挪用、私分、截留、拖欠征收补偿费等费用。

第四十三条　国家对耕地实行特殊保护,严格限制农用地转为建设用地,控制建设用地总量。不得违反法律规定的权限和程序征收集体所有的土地。

> **第四十四条**　因抢险、救灾等紧急需要,依照法律规定的权限和程序可以征用单位、个人的不动产或者动产。被征用的不动产或者动产使用后,应当返还被征用人。单位、个人的不动产或者动产被征用或者征用后毁损、灭失的,应当给予补偿。

(一)案例 22 简介

李梅出嫁到了邻村,但户口一直未迁出本村,所以其口粮田一直在本村保留着,由其父母代为耕种。每到年终,李梅父母就将女儿口粮田收获的粮食送到李梅处,邻村也没有再分给李梅口粮田。后来因修建公路,本村部分土地被征收,李梅的口粮田也在征收范围内。本村村委会在发放土地补偿费时,以李梅已嫁到外村为由,仅发给李梅青苗费,而拒绝发给李梅土地补偿费和安置补助费。由于口粮田是李梅基本生活的来源,所以李梅多次找村委会,要求给付相关费用,但均被拒绝。

问题:试分析本村村委会的做法是否正确?

(二)相关知识点

1. 征收

(1)征收的含义。所谓征收是指国家为了公共利益的需要,依法强制取得原属于集体或者私人所有财产上的所有权或者其他权利的行为。法律严格保护公民的财产权利不受侵犯,但是基于公共利益的需要,国家可以依法对公民或集体的财产进行征收。征收本属于行政关系,不属于民事关系。但由于征收是所有权人丧失所有权的一种方式,同时又是国家取得所有权的一种方式,所以我国《物权法》对征收作了规定。在我国,公共建设任务比较繁重,征收比较多。而征收涉及公民的切身利益,事关国家稳定大局,所以建立和完善征收制度很有必要。从征收的定义我们可以看出,征收具有以下法律特征:

第一,征收是一种强制性的行为。征收是国家强制性获得被征收人财产的行为,只要是基于维护公共利益的需要,并且是依照法律规定的权限和程序办事,就可以实施征收行为,而不需要经过被征收人的同意,不必考虑被征收人的意志。

第二,征收的主体是国家。征收的目的是为了公共利益,而事关公共利益的建设理应属于国家职权范畴。而且,也只有国家依靠国家权力作为手段,才能有效地行使征收行为。所以"征收之主体,则限于国家,亦即必须属于国家所兴办者,始得依法征收"。[①] 主体的特定性,是征收很重要的特征。

---

① 席志国、方立维:《物权法法条详解与原理阐释》,中国人民公安大学出版社 2007 年版,第 110 页。

第三,征收具有补偿性。征收是将集体或公民个人的合法财产收归国家所有的行为,集体或公民个人为了社会整体利益,已经作出了牺牲自己财产所有权的代价,有些还造成了很大损失。在这种情况下,无论是从平等保护所有权的立法精神考虑,还是出于公平、正义法律原则要求的考虑,补偿都是天经地义的事情,所以征收是一种具有补偿性的行为。

第四,征收是一种变更财产所有权的行为。征收就是国家依法强制取得集体或公民个人财产所有权的行为,一旦征收完成,就意味着被征收财产的所有权由被征收人变更为国家。

(2)征收的条件。由于征收是对所有权的强制性改变,所以进行征收必须符合以下条件:

第一,必须是为了公共利益的需要。"征收的目的只能是基于公共利益的考虑,而不能以私人利益为目的。是否以公共利益为目的也决定着征收的合理性和必要性。"①但是,在现实生活中"公共利益与商业利益不分,国家权力沦落为商家牟利的工具,比如政府兴办经济开发区,甚至一些工商企业办公用地和商品房开发,都被某些地方政府作为公共利益目的用地而进行征地拆迁。这样政府就变成一个牟利的市场主体而不是监督主体,与其建立、维护市场公平竞争的职能相违背"。② 如何才能尽可能地避免这种事情的发生? 这里的关键是如何界定"公共利益",但是我国《物权法》对此没有作出明确规定。对于《物权法》是否应该明确规定公共利益的含义问题,理论界存在争议。至于"公共利益"具体的内容应该是什么,也是众说纷纭、莫衷一是。总起来讲,法律上如果能够将公共利益明确界定清楚,当然是最好不过的事了。能够有一个明确的标准分辨公共利益与其他利益尤其是与商业利益的区别,这对于防止某些地方政府滥用征收权力,维护被征收人的合法权利无疑是至关重要的。但是,这恐怕只能是美好的愿望而已。因为在不同领域内,在不同情形下,公共利益是不同的,情况相当复杂,"从所有的情况中抽象概括出一个公共利益的具体界限,在技术上是很难达到的,而且这也不是物权法的主要任务。因此在物权法上界定公共利益的概念是十分困难的,仅仅寄望于通过物权法对公共利益概念的界定,来解决征收中存在的问题,是物权法所不能承受之重"。③ 对于公共利益的具体界定分别由一些单行法律来规定或者直接交由司法根据具体情况进行判断,也许更切合实际。正是由于以上原因,我国《物权法》只对公共利益作了原则性规定。

第二,必须是依据法律规定的权限和程序进行。由于征收是对集体和公民

---

① 郭明瑞主编:《中华人民共和国物权法释义》,中国法制出版社 2007 年版,第 86 页。

② 席志国、方立维:《物权法法条详解与原理阐释》,中国人民公安大学出版社 2007 年版,第 112 页。

③ 转引自郭明瑞主编:《中华人民共和国物权法释义》,中国法制出版社 2007 年版,第 86 页。

个人合法财产权的限制,所以其行使必须严格按照法律规定的原则、条件和程序进行。根据我国《立法法》的有关规定,对非国有财产的征收只能制定法律,而法律是指全国人民代表大会及其常务委员会制定的规范性法律文件。因此,征收的依据就排除了行政法规、地方法规、部门规章及地方规章。

第三,征收必须给予补偿。征收是在社会利益与集体利益、公民个人利益发生冲突时,集体利益和公民个人利益要服从社会公共利益,从而导致集体利益和公民个人利益的牺牲。但是,由于集体和公民个人财产的所有权是受法律保护的,所以其利益的牺牲必然要有一定的代价,这就是国家必须对因征收给集体和公民个人造成的损失予以补偿。需特别注意:这种补偿绝对不是因侵权行为而发生的法律后果。

2. 征用

(1)征用的含义。所谓征用是指国家在紧急情况下,为了公共利益的需要而依法强制取得原属于集体或个人的财产使用权的行为。国家处于紧急状态例如发生重大自然灾害等使社会整体利益遭遇危机的情况,国家需要动用一切人力、物力进行紧急救助,以消除紧急状态、消除社会整体利益所遇到的危机。所以国家的征用虽然会对集体和公民个人财产权利的行使造成一定的妨害,但法律上仍然允许。

(2)征用与征收的相同点。第一,主体都是国家。其他任何组织和个人都无权进行征收或征用。第二,都是国家为了社会公共利益的需要而实施的行为。任何非公共利益的需要都不能适用征收或征用。第三,都是一种强制性行为。当国家发出征收或征用的指令时,被征收人或被征用人只能服从。第四,都必须依据法律规定的权限和程序进行。任何违背法律规定所进行的征收或征用都是非法的,都是应当被禁止的。第五,征收或征用的标的物都是集体或个人的合法财产。

(3)征用与征收的不同点。第一,前提条件不同。征用是在国家处于紧急状态的情况下适用;而征收则不一定是在紧急状态才适用,只要是为了公共利益的需要,依法定权限和程序进行即可。第二,法律效果不同。征收是财产所有权的改变。征收完成,集体或个人就丧失了其财产所有权。而征用则是财产使用权的改变,集体或公民个人的财产所有权并没有发生变化。征用完成,被征用的财产应如数返还原权利人,若造成毁损灭失,则应当给予补偿。第三,补偿不同。征用的标的物如果没有毁损灭失,则返还原物即可,如果有毁损灭失的情况,则应当予以补偿;但在征收的情形,由于不存在返还原物的问题,所以必须依法定标准对征收人进行补偿。第四,针对对象的范围不同。征用的对象包括动产和不动产,而征收的对象只限于不动产。

（三）案例 22 分析

所谓征收是指国家为了公共利益的需要,依法强制取得原属于集体或者私人所有财产上的所有权或者其他权利的行为。征收需要满足一定的条件,必须给予被征收人以补偿。征收集体所有的土地,应当依法足额支付土地补偿费、安置补助费、地上附着物和青苗的补偿费等费用,安排被征地农民的社会保障费用,保障被征地农民的生活,维护被征地农民的合法权益。任何单位和个人不得贪污、挪用、私分、截留、拖欠征收补偿费等费用。口粮田是有些农村为保证农民基本生活而分给农民耕种的土地。

本案中,李梅虽然嫁到了邻村,但户口未迁出本村,其口粮田一直在本村,邻村也没有再分给李梅新的口粮田,所以本村的口粮田仍然是李梅基本的生活保障,其口粮田被依法征收,按照法律规定,李梅应当得到作为其生活补助的土地补偿费和安置补助费,并且由于口粮田被征收,李梅的生活会受到影响,所以村委会还应当安排李梅的社会保障费用,以保障李梅的生活。但本案中,村委会的做法显然是侵犯了被征收人李梅的合法权益,违反了法律的规定,是极为错误的。所以,村委会应纠正自己的错误做法,按照有关法律规定,如数支付李梅的各项费用,否则李梅可通过法律途径向人民法院提起诉讼,维护自己的合法权益。

[案例思考]

1. 某住宅楼靠近马路,张甲将自己在 1 楼的住宅改装成一个小吃部,对外进行营业。由于其安装的抽油烟机排烟口正对着 2 楼住户李乙家的窗户,李乙深受其害,多次要求张甲拆除抽油烟机的烟筒。但张甲认为,自己是在自己的家里炒菜做饭,抽油烟机的烟筒也是安装在自家房上,至于油烟向哪里冒,自己管不了,于是对李乙的要求置之不理,双方发生纠纷。

问题:张甲在行使房屋所有权过程中有何不当之处? 为什么?

2. 几十年不遇的连日暴雨,致使山洪暴发。如果小水库崩塌,洪水汹涌出山,河道又中穿县城,后果严重。县抗洪指挥部作出紧急决定:(1) 立即组织响石村、大塘村村民转移;(2) 组织爆破队火速运炸药进山,选址预埋。两个村的村民心情沉重地登上了几十辆带篷卡车。能带的虽然尽量带了,但房子不能带,庄稼不能带呀! 这以后的生活怎么办? 14 个小时后,水库果然崩塌,定向爆破启动,山石堵塞河道,洪水改向,淹没了响石村、大塘村,县城安然无恙。

问题:村民的损失怎么办?①

---

① 张迪圣编著:《100 个怎么办:物权法案例讲堂》,中国法制出版社 2007 年版,第 56 页。

第五章　国家所有权和集体所有权、私人所有权

一、国家所有权

相关法条

第四十五条　法律规定属于国家所有的财产，属于国家所有即全民所有。

国有财产由国务院代表国家行使所有权；法律另有规定的，依照其规定。

（一）案例 23 简介

2005 年 4 月，甲村委会与本村村民乙签订承包协议，将本村范围内的沙场采沙权转让给乙。同年 5 月国土资源局工作人员了解到情况后，立即赶到该村，对其采沙行为进行了制止，并对村委会进行处罚。同年 11 月，乙向国土资源局申请采沙权，被告知采沙权已经被村民丙获得。乙于是向人民法院起诉，要求根据土地承包合同将采沙权转给自己。①

问题：法院是否应支持乙的诉讼请求？

（二）相关知识点

1. 我国所有权的类型划分

所有权按照不同的标准有不同的分类方法，在我国《物权法》立法过程中，对于所有权的类型划分，一直存在较大争议。有学者主张应以物的形态为依据，将所有权划分为动产所有权和不动产所有权；但有学者主张应从我国的实际需要出发，以主体的不同为依据，将所有权划分为国家所有权、集体所有权和私人所有权，即"三分法"。前一种分类方法为世界绝大多数国家所确认，但我国《物权法》采纳的则是后一种分类方法。这种分类方法"在世界民事立法上，当属最具中国特色之处"②。

2. 国家所有权的含义

所谓国家所有权，是指国家对国有财产的占有、使用、收益和处分的权利。其本质是全民所有制在法律上的表现。作为政权的主体，国家是公权力的代表。

---

① 马新彦主编：《中华人民共和国物权法法条精义与案例解析》，中国法制出版社 2007 年版，第 131 页。

② 江平主编：《中国物权法教程》，知识产权出版社 2007 年版，第 198 页。

但是,在一些场合国家则成为民事法律关系的特殊主体。作为民事权利主体时,国家与社会其他民事主体(包括公民、法人和其他组织)同为平等的主体,同处于平等的地位。在此情形下,国家所有权与集体所有权和个人所有权都是平等的,"因而国家行使其所有权不得侵犯公民个人的财产权,即不得随意使公民负担义务或任意限制公民的财产权利,而公民个人行使其权利也不得侵占、损害国有财产以及妨碍国有财产权行使。只有在这种相互排他的状态中,国家所有权和个人所有权才能获得稳定的、完整的法权形态"。① 国家所有权除具备所有权的一般特征外,还具有一些独有的法律特征,主要有:

(1)主体的唯一性和统一性。在我国,国家所有权的主体是中华人民共和国,只有代表全体人民意志和利益的中华人民共和国,才依法享有国家财产的所有权。其他任何单位、组织和个人都不是国家所有权的主体,其他单位、组织和个人最多仅能以使用人或管理人的身份来行使财产权利。因此,国家所有权统一的和唯一的主体,就是中华人民共和国,这是国家所有权最基本的特征。

需注意:第一,国家所有权与政府所有权是不同的,但是国家离不开政府,离开了政府,国家就成为了不可捉摸的抽象所在,因此国家所有又需要政府代表国家行使所有权。② 我国《物权法》第45条第2款明确规定,由国务院代表国家行使所有权。第二,国家所有权主体的唯一性和统一性并不意味着国家财产即全民财产只能由国家占有。作为全民的代表,为了实现对全民财产的共同占有,充分发挥全民财产的经济效益,最大限度为全体人民谋福利,国家必须在全社会范围内对全民财产进行合理的分配,将全民所有的财产,按其性质、用途分别交给国家机关、企事业单位、其他组织或个人占有和使用。"因此,在国家所有权的结构中,所有权主体的唯一性和占有主体的多元性是紧密结合在一起的。这正是社会主义市场经济对国家财产所有权的最基本要求"③,而决不会影响到国家所有权主体的唯一性和统一性。

(2)客体的无限广泛性。这是指国家所有权的客体没有范围限制,任何财产都可以成为国家所有权的客体。根据我国《物权法》的规定,国家所有权的客体包括:矿藏、水流、海域;国有土地;国有森林、山岭、草原、荒地、滩涂等自然资源;国有野生动植物;无线电频谱资源;国有文物;国防资产及基础设施等。

需注意:第一,国家所有权客体具有广泛性,是说任何财产都可以成为国家所有权的客体,并不是说任何财产都是国家所有权的客体。究竟哪些财产属于国家所有,是由法律规定的。即使是国家征收征用集体和个人的财产,也不能随

① 王利明:《物权法论》(修订版),中国政法大学出版社2003年版,第272—273页。
② 于海涌、丁南主编:《民法物权》,中山大学出版社2002年版,第68页。
③ 同上。

心所欲,而应当有充足的理由并给予合理补偿。第二,有些财产只能是国家所有权的客体,即由国家专有,而不能成为集体或公民个人所有权客体,例如矿藏、水流、军用物资等。

(3) 取得方法的特殊性。国家所有权的取得,除了与集体或个人财产所有权的取得有相同的方法外,还有自己特殊的取得方法,例如没收、税收、征收、罚款、罚金等。这些特殊方法,只能是国家所有权的取得方法,而其他所有权的取得,则不能采取这种方法。[①]

3. 国家所有权的行使方式

(1) 国家直接行使所有权。这是指国家对于其所有的财产直接占有、使用、收益和处分。以国家的名义进行民事活动,即以国家财产直接承担民事责任的活动,比较典型的有发行国债(国库券)和对外签订贸易协议等。

(2) 授权国家机关、企事业单位经营管理。对于国家所有权,国家可以直接行使。但由于国家所有权的特殊性,决定了国家不可能也没有必要凡事都由自己直接行使所有权。按照所有权与经营管理权相分离的理论,国家可以依法授权国家机关、企事业单位经营管理国家的一些特定财产,以更好地发挥国家财产的效用。这种方式能够充分调动国家机关、企事业单位的积极性和责任感,有助于获得最佳的经济效益和社会效益。所以经营权与所有权分离,并不影响国家所有权,相反它是国家所有权行使的主要方式。[②]

(3) 准许集体组织或公民个人使用或经营某些国有财产。例如通过法律的形式规定一些自然资源,可以依法确定给集体所有制单位使用,国有矿藏也可以依法由集体或公民个人采挖,公民对一定范围内自然资源的使用具有承包经营权等等。被准许使用或经营国家财产的集体或公民个人,要在法律或协议规定的范围内,依法使用和经营,要尽善良管理人的注意义务,管好用好国家财产,从而实现国家所有权的使命。

(三) 案例 23 分析

根据法律的有关规定,矿藏属于国有财产,并且是国家专有的财产。除国家以外,任何单位和个人所有权的客体均不包含矿藏资源。沙子属于矿藏,毫无疑问是国家的专有财产。

本案中,甲村委会擅自将沙场的采沙权转让给乙,属于无权处分,其转让协议是无效的,乙自然也就无权经营沙场的采沙业务。即使乙取得了该土地的承包合同,他也无权在该土地上进行采沙的经营。国土资源局是国家授权专门管理属于国家的矿产资源的国家机关,代表国家行使对矿产资源的所有权。国土

① 马俊驹、余延满:《民法原论》(上),法律出版社 1998 年版,第 398 页。
② 杨立新、程啸、梅夏英、朱呈义:《物权法》,中国人民大学出版社 2004 年版,第 76 页。

资源局对乙采沙行为的制止和将采沙权赋予丙,都是符合有关法律规定的。至于采沙权和土地承包经营权在利用土地时产生的冲突应如何解决,则是另外一个问题了。所以本案中,法院不应支持乙的诉讼请求。

二、集体所有权

> **相关法条**
>
> **第五十九条第一款**　农民集体所有的不动产和动产,属于本集体成员集体所有。
>
> **第六十一条**　城镇集体所有的不动产和动产,依照法律、行政法规的规定由本集体享有占有、使用、收益和处分的权利。

(一)案例24简介

张某是某镇办集体企业的主要负责人。某日,张某的亲戚找到张某,称自己做生意需要向信用社贷款,想请张某提供贷款担保。张某答应并叮嘱其亲戚要对此事保密。于是,张某以本企业的机器设备为抵押对其亲戚的贷款进行担保,并进行了相应的登记。其亲戚用该笔贷款购置了做生意用的设备和原料,并开始了生产。后来,此事被传扬出去。该厂职工纷纷要求取消对该笔贷款进行的担保,张某断然拒绝。于是,该企业职工遂集体向法院提起诉讼,要求撤销张某设立的抵押担保。

问题:法院是否应支持该企业职工的诉讼请求?

(二)相关知识点

1. 集体所有权的概念

所谓集体所有权是劳动群众集体所有权的简称,是指劳动群众集体组织对其所有的财产依法占有、使用、收益和处分的权利。这是劳动群众集体所有制在法律上的表现。劳动群众集体所有制与全民所有制共同构成了我国公有制的内容,是我国社会主义经济制度的基础。为了体现集体所有制,我国《物权法》规定了集体所有权。关于集体所有权的性质,理论界有不同观点,较有代表性的观点认为集体所有权是一种比较特殊的共同共有。①

---

①　有学者将这些观点总结为四种:抽象的集体所有形态、总有论、法人和个人共同所有说、共有论。详见席志国、方立维:《物权法法条详解与原理阐释》,中国人民公安大学出版社2007年版,第121—125页。但王利明教授认为:“集体与成员是不可分割的,集体所有不是全民所有,而应当是小范围的公有,即由成员共同享有所有权,但财产又不可实际分割为每一个成员所有,也不得将财产由成员个人予以转让,这就是说集体所有是一种特殊的共有,即应当为集体的成员所共同享有所有权。……从性质上说,集体所有权为成员共同所有,又不同于一般的共有,可以说是一种特殊的共同共有。”见王利明:《物权法教程》,中国政法大学出版社2003年版,第143页。

2. 集体所有权的法律特征

（1）权利主体的广泛性和多元性。与国家所有权主体的唯一性和统一性不同，集体所有权的主体具有广泛性和多元性。劳动群众集体包括农民劳动群众集体和城镇劳动群众集体，并且这两种集体中，又各包含一些不同的组织形式。这些不同的集体组织形式普遍存在于城乡中的工、农、商等各个领域，各种形式的集体组织相互独立，对其财产分别享有所有权。因此，集体所有权的主体具有广泛性和多元性的特点。但是，成员集体是由个体组成的合体，集体组织的某个成员或某些成员都不能成为集体所有权的主体。[①]

（2）客体的广泛性和受限性相统一。集体所有权客体的范围也是非常广泛的，根据我国《物权法》的规定，集体所有权的客体包括：法律规定属于集体所有的土地和森林、山岭、草原、荒地、滩涂；集体所有的建筑物、生产设施、农田水利设施；集体所有的教育、科学、文化、卫生、体育等设施；集体所有的其他不动产和动产。集体所有权客体范围虽然比较广泛，但是与国家所有权客体的无限广泛性相比，还是受到了一些限制，例如从事农业生产经营的集体组织可以拥有土地所有权，但城乡其他部门的集体组织因其性质、任务不同而不能拥有土地所有权。另外，凡属于国家所有权专有的客体，例如矿藏、水流、军用物资等，集体组织不能拥有所有权等等。

（3）所有权行使的集体性。集体所有权属于各个集体组织，只有集体组织才能作为该组织全体成员的代表独立地享有和行使所有权，任何成员个人都不能对集体财产进行处分。农村集体所有就是集体财产集体所有、集体事务集体管理、集体利益集体分享。同样，由于集体所有、集体管理、集体经营是集体所有制的应有之义，行使城镇集体财产权的，也就只能是该集体，而不能由个别集体成员独断专行。所以集体所有的特征要求民主管理集体事务，涉及集体成员重大利益的事项必须依照法定程序经本集体成员决定。[②]

（三）案例 24 分析

所谓集体所有权是劳动群众集体所有权的简称，是指劳动群众集体组织对其所有的财产依法占有、使用、收益和处分的权利。集体所有权属于各个集体组织，只有集体组织才能作为该组织全体成员的代表，独立地享有和行使所有权，任何成员个人都不能对集体财产进行处分。

本案中，某镇办集体企业属于城镇集体所有的企业，张某虽然是该集体企业的主要负责人，但是他无权对集体所有的财产擅自进行处分，尤其是涉及以本企

---

① 王连合主编：《民法（总论 物权）》，山东人民出版社 2013 年版，第 238 页。

② 全国人大常委会法制工作委员会民法室编：《中华人民共和国物权法条文说明、立法理由及相关规定》，北京大学出版社 2007 年版，第 92 页、第 95 页。

业的财产为其他组织或个人的债务进行担保这样的重大事情,张某更不应单独决定,而应是按照法定程序由本集体全体成员决定,只有该企业的全体成员同意,该项担保才能有效,否则担保就是无效的。另外,本案中张某的亲戚在知晓张某无权用企业财产提供担保的情况下,仍然接受这种担保,据此,也可认定该抵押担保无效。所以,本案中法院应该支持企业职工的诉讼请求。

三、私人所有权

> **相关法条**
>
> **第六十四条** 私人对其合法的收入、房屋、生活用品、生产工具、原材料等不动产和动产享有所有权。
>
> **第六十五条** 私人合法的储蓄、投资及其收益受法律保护。
>
> 国家依照法律规定保护私人的继承权及其他合法权益。
>
> **第六十六条** 私人的合法财产受法律保护,禁止任何单位和个人侵占、哄抢、破坏。

(一)案例 25 简介

张三购买了一辆人力三轮车在城里从事出租拉人业务。某天中午张三拉着一位客人向目的地行驶,因为有急事,客人一直催张三快点走,并提醒他可走市中心大道。张三知道,如果从市中心大道走,路程会缩短一些,时间也会节省不少,但是,根据本市有关部门的规定,市中心大道是不允许人力三轮车行走的。然而,张三又想:现在是中午吃饭时间,执法人员或许已下班了。于是,张三就抱着侥幸心理,蹬着三轮车上了市中心大道。结果走了没多远,就被几名执法人员抓了个正着。执法人员当即将三轮车前轮车胎用刀扎破,使三轮车无法正常行驶。然后找来拖车,将三轮车抬上拖车,强行拉走了。

问题:执法人员的做法是否合法?

(二)相关知识点

1. 私人所有权的含义

私人所有权,是指自然人个人对其所有的财产享有占有、使用、收益和处分的权利,是私人所有制在法律上的表现。"社会主义国家之所以要承认公民个人所有制,保护个人财产所有权,不仅在于人的生存和繁衍后代需要以占有和消费一定的物质资料为条件,而且在于个人所有权是完善个人主体资格的基本前提,是个性尊严和主体自由的物质保障,是发挥主体主观能动性、创造性的原动力,而且还是建立社会主义市场经济秩序,使市场经济走向法制化、规范化道路所必需的。"①长期以来,由于受传统思想意识形态的影响,私人所有权受到了极大的限制甚至歧视,这种状况影响了广大人民群众创造财富的积极性。随着我国法律制度的不断完善、随着我们对社会发展规律认识的不断深入,今后在相当长的一段时期内,私人所有权将会得到前所未有的尊重。与其他所有权相比,私人所有权具有以下法律特征:

(1)主体的单一性。私人所有权有广义和狭义之分。广义的私人所有权包括自然人、法人和其他社会团体的所有权。相对于国家所有权、集体所有权,自然人所有权、法人所有权和其他社会团体所有权属于私人所有权。② 狭义的私人所有权仅指自然人所有权。根据相关内容可以看出,我国《物权法》所说的私人所有权指的是狭义的私人所有权,其主体仅限于自然人。这里的自然人包括普通的自然人以及个体经济、私营经济等非公有制经济的主体。不仅包括我国的公民,也包括在我国合法取得财产的外国人和无国籍人。

(2)客体的广泛性和受限性相统一。我国《物权法》通过列举的形式确定了私人所有权的客体范围,主要有:合法的收入、房屋、生活用品、生产工具、原材料等不动产和动产。需强调的是:列举的这些财产仅是最常见、最重要的几类私有财产。未列举的一些财产,只要自然人对其享有所有权,都可以列入私人所有权的客体中。也就是说,凡是法律未禁止私人所有的财产,都可以成为私人所有权的客体。所以,私人所有权的客体范围也是非常广泛的。但需注意的是:法律在确定私人所有权以上客体的时候,其前面都有一个定语"合法"。就是说,私人所有权的客体仅限于合法财产。对于任何非法获取的财产,私人不但不能获得所有权,而且还要依法进行追缴,相关人员还要依法承担法律责任。

2. 私人所有权的保护

2004年,我国宪法修正案对私有财产的保护作了明确规定,使得本次修宪成为我国宪政进程中的里程碑。在此基础上,我国《物权法》也进行了一个重大突破,这就是将私人财产权的保护放到了一个重要位置。

(1)保护的范围。我国《物权法》第66条明确规定,私人的合法财产受法律保护。私人合法财产包括私人合法的收入、房屋、生活用品、生产工具、原材料等不动产和动产。同时,我国《物权法》第65条还明确规定,私人合法的储蓄、投资及其收益受法律保护,私人的财产继承权及其他合法权益受法律保护。并且,由于私人所有权客体的广泛性,决定了私人所有权法律保护也具有广泛性,即凡是法律未禁止的私人所有财产,都在法律保护的范围内。

(2)保护的措施。法律除明确规定私人财产权受法律保护外,还从私人合

---

① 柳经纬主编:《物权法》(二版),厦门大学出版社2005年版,第70页。
② 江平主编:《中国物权法教程》,知识产权出版社2007年版,第215页。

法财产不受侵犯的角度,规定了对私人财产提供保护的一些措施,例如禁止任何单位和个人侵占、哄抢、破坏私人合法的财产。非经法定权限和程序,不得征收个人的房屋和其他不动产。不得非法查封、扣押、冻结、没收私人合法的财产。当私人所有权受到侵犯时,可通过两种途径来保护自己的权利:其一,有限的自力救济,即直接向侵权人提出具体要求;其二,公力救济,即通过人民法院请求恢复被侵害的合法权益。可以通过确认所有权、恢复原状、返还原物、排除妨碍、赔偿损失等方式保护所有权人的利益。①

（三）案例 25 分析

私人所有权是指自然人个人对其所有财产享有占有、使用、收益和处分的权利。我国《物权法》确定了对国家、集体和私人所有权进行平等保护的基本原则,并且明确规定了对私人合法财产进行保护,禁止任何单位和个人侵占、哄抢和破坏。并且,由于私人所有权客体的广泛性,决定了私人所有权法律保护也具有广泛性,即凡是法律未禁止的私人所有财产,都在法律保护的范围内。

本案中,作为人力三轮车的车主,张三擅自骑车闯入禁止人力三轮车通行的路段,其行为违反了本市交通管理的有关规定,应当受到相关处罚。但是,人力三轮车却是张三的合法财产,对张三的行为无论进行何种处罚,张三的人力三轮车,都应当受到法律的保护。执法人员无权没收张三的三轮车,其没收三轮车的行为,尤其是对三轮车的破坏行为(用刀刺破车胎),是一种无视私人财产所有权的违法行为,这种公然侵害私人财产的行为,是一些国家机关工作人员头脑中"无所不管"和"公权大于私权"思想观念根深蒂固的表现,更是某些执法人员法治观念淡薄、物权意识欠缺的集中体现。

[案例思考]

1. 某市国土资源局通过招标方式,将位于城区西北角的 6000 平方米土地的国有土地使用权,以 6000 万元的价格出让给甲公司,由甲公司用于商业建设,并与甲公司签订了《国有土地使用权出让合同》。后甲公司拖延未交付全部出让金,市国土资源局解除合同,收回该宗土地。随后市国土资源局又重新进行招标,对该块土地进行出让。

问题:试分析本案例国有土地所有权的行使方式。

2. 王某承包了村里山坡上的杏树林,7 月杏子成熟,但是连日的暴雨使得王某赶不及收摘,在大雨的冲淋下,大批的杏子从树上落了下来,并顺着雨水滚

---

① 马新彦主编:《中华人民共和国物权法法条精义与案例解析》,中国法制出版社 2007 年版,第 167 页。

落到坡脚的河滩上了。天晴后,村民们纷纷拿着扫帚和筐到坡脚扫杏子,扫起来就据为己有。尽管王某大声主张,即使杏子被冲到坡脚,仍然是自己的,村民们还是不听。无奈,王某将扫杏的村民起诉到法院,要求返还杏子。①

　　问题:村民们的行为是否违法?

---

①　《中华人民共和国物权法(案例应用版)》,中国法制出版社 2009 年版,第 83 页。

第六章　业主的建筑物区分所有权

一、建筑物区分所有权的含义

相关法条

第七十条　业主对建筑物内的住宅、经营性用房等专有部分享有所有权,对专有部分以外的共有部分享有共有和共同管理的权利。

（一）案例 26 简介

尚某与陶某系同一单位职工,共同居住于单位家属楼房同一层相邻,两户住宅之间,有一块共同使用的楼道,并有一个临街窗子。尚某先入住,就将这块楼道打上隔断,自己装杂物用。陶某入住此房时发现此事,曾向尚某提出拆除隔断的意见,尚某没有接受。住房制度改革以后,双方都交款购买了住房的所有权,住房成为私房,陶某又向尚某提出拆除隔断,该处楼道应共同使用的要求,尚某仍不同意。经找单位领导调解不成,陶某向法院起诉。[①]

问题:法院是否应支持陶某的诉讼请求?

（二）相关知识点

1. 建筑物区分所有权的概念

第二次世界大战以后,为了解决广大市民的居住问题,各国政府纷纷兴建高层或者多层建筑物,由此产生了一栋建筑物存在多个所有权的情形。但是按照传统民法上"一物一权"原则,这种高层或者多层建筑物作为一个特定物只能成为一个所有权的客体,如此一来传统的法理就与社会生活发生了矛盾。然而众所周知,高层或者多层建筑物在有效利用城市土地资源,促进城市发展方面,有着独特的作用。尤其是进入现代社会,由于城市人口急剧增长,地价不断高涨,高层或多层建筑物在解决人类自身居住、生活和营业等问题方面发挥了举足轻重的作用,人们由原来的个人拥有平房逐步向购买高层或多层建筑单元套房转化。这种单元套房已经成为城市居民私人财产中主要的不动产形式,其所有权也成为私人不动产物权中的重要权利。因此,"为了更加有效地利用城市土地资源,以及满足城市居民能够拥有一套属于自己的住房的迫切梦想,传统的建筑

---

①　王利明主编:《中国民法案例与学理研究》(物权篇),法律出版社 1998 年版,第 142 页。

物所有权制度亟待改良,建筑物区分所有权制度正是在这种背景之下诞生的"①。

世界各国和地区虽然都确立了建筑物区分所有权制度,但其具体名称各个立法例则不尽相同,可谓五花八门、异彩纷呈,例如"住宅分层所有权""住宅所有权""公寓所有权""楼层所有权"等。在所有的这些名称中,日本和我国台湾地区所称的"建筑物区分所有权"一词,为我国大陆学者普遍接受。

至于建筑物区分所有权的概念,世界各国没有形成一种通说,而是出现了多种学说。我国学者对这些学说的总结表述不尽一致,例如有学者将这些学说总结为一元论、二元论、新一元说(享益部分说)和三元论说,也有学者将这些学说总结为狭义、广义和最广义三种不同观点。② 我国学者基本上接受的是三元论(或叫最广义的概念),即所谓建筑物区分所有权,是指由区分所有建筑物的专有部分所有权、共有部分所有权以及因共同关系所产生的成员权共同构成的特别所有权。专有部分所有权,是指每一独立单元的业主(区分所有权人)就该独立单元享有单独的所有权;共有部分所有权,是指业主(区分所有权人)对该建筑物专有部分之外的共有部分所享有的共有所有权;成员权,是指业主(区分所有权人)基于所有权而形成的作为建筑物管理团体中的一员而享有的权利。这种学说实际上是在维护一物一权主义前提下,针对高层或者多层建筑物,创新了判断"一物"的标准,认为一栋大楼因横切或纵切而形成的空间为"一物",并通过登记簿予以明确和公示,每个这样的空间上存在着一个新型的所有权——建筑物区分所有权。③ 由于其"全面说明了建筑物区分所有权的有机构成部分,反映了建筑物区分所有权的本质特征,包容了因区分所有建筑物而产生的所有法律关系"④。因此,此种学说被我国绝大多数学者所接受,并成为我国学界的通说。我国《物权法》也采纳了该学说。

所谓业主,是指一定物业的主人,即建筑物区分所有的所有权人。业主不是一个明确的法律概念,而是一个行业习惯用语。在房地产行业中的业主,通常指购买房屋并已取得房屋所有权的人。在物业管理中,业主是物业管理企业所提供的物业管理服务的对象。⑤ 最高人民法院公布施行的司法解释,又进一步明确了业主身份界定的标准,根据该司法解释,基于与建设单位之间的商品房买卖民事法律行为,已经合法占有建筑物专有部分,但尚未依法办理所有权登记的

① 王轶主编:《物权法解读与应用》,人民出版社 2007 年版,第 129 页。
② 有关这些学说内容的详细论述分别见梁慧星、陈华彬著:《物权法》(第三版),法律出版社 2005 年版,第 168—170 页;王利明:《物权法教程》,中国政法大学出版社 2003 年版,第 193—194 页。
③ 崔建远:《物权法》(第二版),中国人民大学出版社 2011 年版,第 28 页。
④ 王全弟主编:《物权法》,浙江大学出版社 2007 年版,第 162 页。
⑤ 郭明瑞主编:《中华人民共和国物权法释义》,中国法制出版社 2007 年版,第 121 页。

人,可以认定为我国《物权法》第六章所称的业主。这一规定符合现实生活的实际,保障了相关当事人的合法权益。在建筑物区分所有权前面之所以加上"业主"一词,一方面是使该概念变得通俗易懂,因为现实生活中人们对"业主"这个概念已经很熟悉;另一方面,这一概念的中心内容是建筑物区分所有,即强调的是专有部分的所有权,"业主"这一定语使得建筑物区分所有权更为具体。同时,将业主与建筑物区分所有权联系起来理解,意味着业主已不仅仅是所购置房产的主人,也是建筑物区分所有权人。①

2. 建筑物区分所有权的法律特征

作为一种所有权,建筑物区分所有权首先具备所有权的一切特征,除此以外,它还具有自己一些特有的特征,主要有:

(1)权利主体身份的多重性。建筑物区分所有权人对建筑物的专有部分享有专有权,是专有权人,而对建筑物的共有部分又享有共有所有权,是共有权人,同时对建筑物的管理而言,区分所有权人又是成员权人。因此,建筑物区分所有权人的身份具有多重性的特征。这与一般所有权人身份的单一性有很大不同。当然,不同的身份会有不同的权利义务,区分所有权人身份的多重性决定了其权利义务内容的复杂性,这与一般所有权也有很大差别。

(2)权利内容的复合性和一体性。建筑物区分所有权是由专有所有权、共有所有权和成员权组成的具有复合性的特别权利。而一般所有权的构成则是单一的,仅仅是权利主体对自己的财产享有占有、使用、收益和处分的权利。需强调的是,建筑物区分所有权虽然是多项所有权的集合,但是,这些权利的地位却是不相同的,其中专有所有权处于主导地位,具有主导性。专有所有权的取得与丧失决定了其他权利的取得与丧失,专有所有权的大小决定了其他权利的大小。另外,在区分所有权登记上,只需登记区分所有权人的专有权利即可,其他权利无须单独登记。所以,专有所有权是其他权利产生、存在和行使的前提和基础。同时,建筑物区分所有权所包含的这些权利,又是一个紧密结合在一起的、不可分离的整体,即具有一体性。在处分区分所有权时,应三者一体处分。所以,业主在转让建筑物内的住宅、经营性用房等的时候,其对共有部分所享有的共有所有权和共同管理的成员权也一并转让。他人在受让区分所有权时,也同时取得这三项权利。

(3)权利客体的多样性。与权利主体身份的多重性相对应,建筑物区分所有权的权利客体具有多样性,这些权利客体主要有:建筑物的专有部分、共有部分以及对建筑物进行的管理。对这些不同的客体,区分所有人分别享有不同的权益,例如对专有部分,所有权人可以行使处分权能,但对共有部分则不能擅自

---

① 王全弟主编:《物权法》,浙江大学出版社 2007 年版,第 161 页。

进行处分。

（三）案例 26 分析

所谓建筑物区分所有权，是指由区分所有建筑物的专有部分所有权、共有部分所有权以及因共同关系所产生的成员权共同构成的特别所有权。其中共有部分所有权，是指业主(区分所有人)对该建筑物专有部分之外的共有部分所享有的共有所有权。

本案中，尚某与陶某共同居住在家属楼房内，在房改后，双方都交款购买了住房的所有权，住房成为了个人所有的私房，该栋家属楼房成为了区分所有建筑物。尚某与陶某都成为了建筑物区分所有权人，从而形成了建筑物区分所有法律关系。按照建筑物区分所有理论，尚某与陶某的区分所有权不仅包括专有部分所有权，也包括共有部分所有权。楼道属于尚某与陶某的共用部分，理应由两家共同使用。尚某在楼道上打上隔断，侵害了陶某对楼道的共有权，应当承担相应的民事责任。所以，法院应当支持陶某的诉讼请求，判决尚某承担恢复原状的民事责任，拆除隔断以维护陶某的合法权益。

二、专有所有权

相关法条

第七十一条　业主对其建筑物专有部分享有占有、使用、收益和处分的权利。业主行使权利不得危及建筑物的安全，不得损害其他业主的合法权益。

第七十七条　业主不得违反法律、法规以及管理规约，将住宅改变为经营性用房。业主将住宅改变为经营性用房的，除遵守法律、法规以及管理规约外，应当经有利害关系的业主同意。

（一）案例 27 简介

原被告系上下楼邻居，2006 年 9 月起被告开始装修住房。同年 11 月，原告发现自己卫生间上方有漏水现象，经交涉被告多次检修未成。被告装修房屋时将卫生间内的卫生洁具移到该卫生间的左侧卧室内，并在该房内安装了台盆、便盆、浴缸等物品。2007 年 2 月，原告以被告装修改变房屋性质，将卫生间置于楼下卧室之上不道德及存在漏水问题为由；诉至法院要求被告恢复原状。被告辩称其购买的是全产权商品房，有自由支配、使用的权利，房屋性质为居住，将其中一间房改为卫生间，其性质仍是居住，没有改变房屋性质。①

----

① 马新彦主编：《中华人民共和国物权法法条精义与案例解析》，中国法制出版社 2007 年版，第178—179 页。

问题：本案中法院应如何判决？

（二）相关知识点

1. 专有部分的含义

专有部分，是指在构造上能够明确区分且可独立使用的建筑物部分。专有部分必须满足以下条件：

（1）构造上的独立性。指各区分所有部分在构造上可以与建筑物的其他部分隔离开来，从而形成一个独立的、能够被客观区分其范围的空间。需注意：是否在构造上具有独立性，应以一般的社会观念来判断。

（2）利用上的独立性。指各区分所有部分须与一般独立的建筑物相同，具有能够满足一般生活目的的独立技能。其判断标准为：一是单独使用，即区分所有部分无须其他部分的辅助，便可独立使用，这通常是以该区分部分有无独立的出入门户作为判断标准。二是独立的经济效用，即区分所有部分需具有与一般建筑物同样的独立的经济效用，才可以成为专有部分。

（3）必须能够通过登记进行公示并且能够表现出法律上的独立性。因为构造上和利用上的独立性，乃是经济上的独立性，只有通过登记才能表现为法律上的独立，即通过登记能够使被分割的各个部分在法律上形成为各个所有权的客体。如果被分割的的各个部分登记为各个主体所有，则建筑物作为整体在法律上将不能再作为一个独立物存在。①

2. 专有部分的范围

专有部分是由房屋单元的墙壁、地板及天花板的范围之下加以区隔所形成的独立立体空间。但墙壁、地板及天花板是属于专有部分还是属于共有部分？且其都有一定的厚度，应如何划定专有部分范围的界限？这一些问题在我国《物权法》中都没有明确规定，在学术界则有不同的观点，归纳起来主要有四种学说：

（1）空间说。认为专有部分的范围仅限于由墙壁、地板、天花板所围成的空间部分，而界线点上的部分例如墙壁、地板、天花板本身都属于共有部分。

（2）壁心说。认为专有部分的范围达到墙壁、地板、天花板等境界部分厚度的中心线。

（3）最后粉刷表层说。认为专有部分的范围包含墙壁、地板、天花板等境界部分表层最后所粉刷的部分。

（4）壁心与最后粉刷表层说。这种学说实际上是对前几种学说的折中。认为专有部分的范围应当按照内部关系和外部关系确定：在区分所有人相互间对建筑物维持、管理关系上，专有部分仅包括墙壁、地板、天花板等境界部分表层所

① 郭明瑞主编：《中华人民共和国物权法释义》，中国法制出版社 2007 年版，第 122 页。

粉刷部分;在对外关系上(例如买卖、保险或税金等),专有部分的范围则达到墙壁、地板、天花板等境界部分厚度的中心线。

以上几种学说均有利有弊,相比较而言,第四种学说更为合理,因此第四种学说也成为通说。但也有学者提出共用墙壁具有双重性的观点,认为墙壁既具有共有财产性质,又具有专有财产性质。[①] 笔者认为,这种观点与第四种学说其实并无本质区别,应仍属第四种学说的内容。

另外,有学者认为除了建筑物的结构部分外,专有部分的范围,视具体情况还可能包括建筑物的某些附属物(例如专用设备)或附属建筑物(例如车库、仓库等)。但也有学者认为在区分所有的建筑物中个人专有使用的车库和地下储藏室不是专有部分,而是共有部分。[②] 笔者认为,对于区分所有建筑物中个人专有使用的车库、车位和地下储藏室等,不能笼统说属于专有部分还是属于共有部分,而应视不同情况而定,只有那些经当事人约定为业主(区分所有人)专有的车库、车位和地下储藏室等才属于专有部分的范围。

3. 专有所有权的含义

专有所有权又叫"专有权",是指业主(区分所有权人)对专有部分享有占有、使用、收益和处分的权利。专有所有权是建筑物区分所有权中最核心的要素,在建筑物区分所有权的构成要素中居于主导性地位。作为所有权的一种,专有所有权与传统物权法中其他所有权并无本质区别,只是由于区分所有建筑物的特殊性,使专有所有权负担了更多的限制而已。

4. 专有所有权的内容

正如上文所述,专有所有权的内容与一般所有权的内容并无本质区别,专有部分的所有权人对其专有部分享有完全的占有、使用、收益和处分的权利,并排除他人的干涉。但是,由于区分所有建筑物各专有部分在构造上相互关联、相互连接,在使用上彼此形成一个立体的相邻关系,各个专有所有权人形成了一定的共同利益。所以,较之一般所有权,专有部分所有权的行使存在较强的相互制约性,所受的限制更为复杂。这些限制主要有:

(1)区分所有权人行使权利不得危及建筑物的安全,不得损害其他区分所有权人的合法权益。专有权人只能在建筑物设计允许的限度内合理使用其专有部分,不得对建筑物进行随意改建,例如对承重墙或梁柱等不得进行拆除,也不得在房间内安置超过楼板承重能力的重物等。同时,专有权人在装修、维护、修缮专有部分或者行使其他专有权利时,不得妨碍其他区分所有权人的生活安宁、

---

① 其详细论述分别见王利明:《物权法教程》,中国政法大学出版社 2003 年版,第 201 页;杨立新、程啸、梅夏英、朱呈义:《物权法》,中国人民大学出版社 2004 年版,第 117 页。

② 有关这两种观点的详细论述分别见王利明:《物权法教程》,中国政法大学出版社 2003 年版,第 202 页;杨立新、程啸、梅夏英、朱呈义:《物权法》,中国人民大学出版社 2004 年版,第 118 页的有关内容。

安全、卫生等,不得对其他区分所有权人的正常生活造成妨碍,损害其合法权益。

(2)区分所有权人对专有部分的使用不得违反区分所有建筑物的使用目的。区分所有权人对专有部分的使用必须与区分所有建筑物的使用目的相一致,否则会产生许多问题。擅自将住宅改变为经营性住房的,例如将用于居住的住宅用于开设卡拉 OK 厅、录像厅、餐馆甚至厂房等就是对建筑物用途的根本改变,这不仅可能影响建筑物主体结构并损害建筑物使用寿命,而且还会带来居住小区治安的混乱、车位的紧张、交通的拥挤、环境的破坏等一系列问题,使小区居住环境恶化。同时,这些经营性的活动会利用住宅小区的便利及优势,例如廉价的租金、便宜的水电费等,间接损害小区居民的利益。因此,我国《物权法》第 77 条明确规定,业主不得违反法律、法规以及管理规约,将住宅改变为经营性用房。对于有些业主想将住宅改为经营性用房的,法律规定除要遵守法律、法规以及管理规约外,还应当经有利害关系的业主同意。所谓有利害关系的业主,是指凡是因住宅改变用途,其权利和合法利益都将受到侵害的其他业主。根据最高人民法院公布施行的司法解释,业主将住宅改变为经营性用房,本栋建筑物内的其他业主,应当认定为我国《物权法》第 77 条所称的"有利害关系的业主"。至于如果出现建筑区划内本栋建筑物之外的业主也与民宅商用行为存在利害关系的情况,为防止利害关系业主范围的无限制泛化,法律规定其应证明利害关系的存在。这里所说的"同意",必须是有利害关系的全体业主一致同意,而不能仅仅是少数服从多数的多数人同意。

(3)相邻关系的限制。由于建筑物区分所有的特殊性,决定了区分所有权人之间相邻关系的重要性。在区分所有权人行使专有权时,必须明确处理相邻关系的规则,使自己的专有权得以适当延伸,或者加以适当限制。除了具备普通相邻关系的一切权利义务外,区分所有权人相邻关系还有一些新的内容,例如区分所有权人为了保证自己专有房屋的正常用途,在必须使用其他区分所有权人专有的独立单元时,他有权请求使用其他区分所有权人的专有部分,其他区分所有权人不得拒绝。例如,当下一层的天花板漏水,必须从上一层的地板入手才能进行维修时,居住在上一层的业主有容忍居住在下一层的业主利用自己专有部分进行建筑物维修的义务。当然,权利人因上述行为造成其他区分所有权人损失的,应当给予相应的补偿。①

(三)案例 27 分析

专有所有权又叫"专有权",是指业主(区分所有权人)对专有部分享有占有、使用、收益和处分的权利。但是,基于建筑物区分所有的特殊性,法律对专有所有权较之一般所有权附加了更多的限制。任何专有所有权人在行使专有权利

---

① 于海涌、丁南主编:《民法物权》,中山大学出版社 2002 年版,第 78 页。

时,都不得滥用其专有权,危及建筑物的安全,损害其他所有权人的利益,对专有部分的使用也不得违反区分所有建筑物的使用目的。

本案中,被告对房屋的装修与改造是在自己所有的房屋中进行的,是对自己建筑物专有部分的使用。作为专有所有权人,被告完全有权对自己的专有部分进行自由支配、使用,这是毫无疑问的。被告对房屋格局进行了调整,这种调整并没有改变房屋居住的性质,没有违反区分所有建筑物的使用目的,也没有危及建筑物的安全。然而,被告装修行为造成的漏水却损害了其他建筑物区分所有权人即本案原告的合法利益,超出了专有权的行使范围,属于专有权的滥用。因此,法院应判被告承担修复渗漏,并赔偿原告因此所受损失的责任。

三、共有所有权

> **相关法条**
>
> **第七十二条**　业主对建筑物专有部分以外的共有部分,享有权利,承担义务;不得以放弃权利不履行义务。
>
> 业主转让建筑物内的住宅、经营性用房,其对共有部分享有的共有和共同管理的权利一并转让。
>
> **第七十三条**　建筑区划内的道路,属于业主共有,但属于城镇公共道路的除外。建筑区划内的绿地,属于业主共有,但属于城镇公共绿地或者明示属于个人的除外。建筑区划内的其他公共场所、公用设施和物业服务用房,属于业主共有。

(一) 案例 28 简介

W 公寓大厦层高共计 25 层。开发商在销售时对顶层房屋不予出售,其原因是,由于地处市区繁华路段,开发商预计如果把楼顶空间出租给广告商用于悬挂广告牌的话,每年将会获得可观的租金收入,所以希望能够通过将楼顶房屋保留给自己,从而单独取得该部分收益。

问题:开发商的计划能够顺利实现吗?[①]

(二) 相关知识点

1. 共有部分的含义

共有部分也叫共用部分,是指专有部分和开发商所有部分(主要指当事人通过出租等方式约定由业主享有专有使用权,但所有权归开发商的车库、车位及地下储藏室等)之外的其他部分。包括建筑物专有部分以外的其他部分(例如

---

①　王轶主编:《物权法解读与应用》,人民出版社 2007 年版,第 140 页。

楼梯、电梯、楼道、屋顶等)、建筑物的某些附属物(例如供排水管线、燃气管线、消防设备等专用设备)和既不属于专有部分也不属于开发商所有部分而用以共同使用的附属建筑物(例如小区内的物业用房、配电室、车库、车位、地下储藏室等)。在住宅小区等多栋建筑物区分所有的情形,建筑规划内的道路(属于城镇公共道路的除外)、绿地(属于城镇公共绿地或明示属个人的除外)和其他公共场所、公用设施等,也属于共有部分范围。

共有部分具有从属性和不可分割性的特性。所谓从属性,是指共有部分在法律上为附随于专有部分而存在的附属物。由于建筑物区分所有权具有一体性特征,所以区分所有权人取得专有部分所有权,必须附带地取得共有部分所有权。所谓不可分割性,是指区分所有建筑物的共有部分是不可分割的。

共有部分可作如下分类:一是按照设定方式的不同,共有部分可分为法定共有部分和约定共有部分。所谓法定共有部分,是指法律明确规定的共有部分,例如建筑区划内的道路,除属于城镇公路道路的外,属于业主共有等。所谓约定共有部分,是指按照规约或区分所有权人会议的决议将建筑物的专有部分供共同使用,例如将应属于专有部分的建筑物部分作为传达室、会议室等。二是按照共有人范围的大小,将共有部分分为全体共有部分和一部共有部分。所谓全体共有部分,是指全体区分所有权人共有的部分,例如小区内共用的物业用房等。所谓一部共有部分,是指由部分区分所有人共有的部分,例如同一栋建筑物的屋顶应归本栋建筑物的区分所有权人共有等。至于究竟是全体共有还是一部共有以及哪些业主共有,应当根据具体情况加以判断,如有疑义,应认定为全体共有。两者区分的实益在于修缮费和其他费用的负担。[①] 三是按照是否需要确定,可将共有部分分为确定的共有部分和不确定的共有部分。所谓确定的共有部分,是指非常明确地属于共有部分,不需要进行确定的部分,例如建筑区划内的道路(属于城镇公共道路的除外)、绿地(属于城镇公共绿地或者明示属于个人的除外)。所谓不确定的共有部分,是指对是否属于共有部分不很明确,需要进行确定的部分,例如经当事人约定为共有的车库、车位及地下储藏室等。

关于共有部分的性质,理论界观点分歧较大,代表性的学说有以下几种:一是按份共有说;二是共同共有说;三是应区分建筑物形态及其分割方式而决定共有的性质说;四是应根据具体的使用情况确定说;五是特殊的按份共有说等。[②] 笔者赞同"应根据具体的使用情况确定说",也就是对区分所有共有部分的性质不应一概而论,应根据具体的使用情况来确定。如果共有财产是各区分所有权

---

① 王泽鉴:《民法物权》(通则·所有权),中国政法大学出版社2001年版,第254—255页。

② 这几种观点的详细论述分别参见王利明:《物权法教程》,中国政法大学出版社2003年版,第205页;郭明瑞主编:《中华人民共和国物权法释义》,中国法制出版社2007年版,第126页;柳经纬主编:《物权法》(二版),厦门大学出版社2005年版,第97页。

人共同使用的财产,不能具体将哪一部分财产确定为他人使用,也不能按照一定份额确定使用范围,则只能认为该财产为共同共有的财产。[①] 事实上,在共有部分中业主的份额主要表现为对某些财产的收益可根据一定份额进行分配,以及对共有财产修缮义务的确定也采取按一定份额确定的办法。其他方面则很少是按份额来确定的,尤其是对共有部分的使用上,是不可能按照份额来确定使用范围的。

2. 共有所有权的含义

共有所有权又叫共有权或互有权,也称共有部分持分权或持分共有所有权,是指业主(区分所有权人)对建筑物专有部分之外的共有部分所享有的占有、使用和收益的权利。共有所有权"是区分所有权的物权要素,它与另一物权要素——专有所有权,共同构成区分所有权的'两个灵魂'——共同性灵魂与单独性灵魂"[②]。共有所有权具有以下法律特征:

(1)共有权主体的人数多。在建筑物区分所有中,共有权的主体人数众多。既包括一部共有部分所有人,也包括全体共有部分所有人。也正是因为共有权主体的人数众多,才有了成立业主委员会代表全体业主行使管理权的必要。

(2)共有权客体的范围广。在建筑物区分所有中,共有权客体的范围非常广泛,既包括法定共有部分,也包括约定共有部分;既包括建筑物专有部分以外的其他部分,也包括建筑物的某些附属物和某些附属建筑物。此外,住宅小区的绿地、道路、公共设施、公益性活动场所、共用大门、物业管理用房以及建筑物所占有的地基使用权等也都属于共有权客体的范围。

(3)从属性。与共有部分具有从属性相对应,共有权也具有从属性。共有权是以专有权为前提的,并且依附于专有权,没有专有权就没有共有权,任何人购买房产,一旦取得专有部分的所有权,自然也就取得了共有部分所有权。并且,专有权的大小也决定着共有权的大小。同时,共有部分也不能与专有部分相分离而单独转让。共有权从发生上、转移上和消灭上都具有对专有权的从属性,因而,从属性就成为共有权的一个重要特征。

3. 共有所有权的内容

共有所有权的内容,是指业主(区分所有权人)作为共有所有权人对区分所有建筑物的共有部分所享有的具体权利,主要包括使用权、收益权、对共有部分单纯的修缮改良权以及排除他人干涉的权利。

[①]　王利明:《物权法教程》,中国政法大学出版社 2003 年版,第 205 页。
[②]　梁慧星、陈华彬编著:《物权法》(第三版),法律出版社 2005 年版,第 177 页。

（1）使用权。区分所有权人有权按照共有部分的用途对共有部分加以使用，并且这种使用不受其专有部分占整个建筑物比例的限制，其他业主（区分所有权人）对其使用无权限制和干涉。

（2）收益权。业主（区分所有权人）有权获得共有部分所产生的收益，即如果共有部分产生了收益，例如将共有部分出租收取租金等，其收益应由本共有部分的共有人按照份额分享。

（3）单纯的修缮改良权。单纯的修缮改良权，是指不影响或损害建筑物共有部分固有性质的修缮改良行为。至于对共有部分进行变更的修缮改良，则一般不得允许。^① 各业主（区分所有权人）基于居住或其他原因的需要，有权对共有部分进行单纯的修缮改良。

需强调的是：由于共有所有权具有特殊的"共有"限定，所以业主（区分所有权人）在行使这一权利时，必须接受相应的限制，即必须履行相应的义务。这些义务主要有：按照共有部分的本来用途使用共有部分；分担共同费用和负担；不得妨碍其他区分所有权人正常使用共有部分以及各共有人对共有部分负有修缮、维护、保护、管理、改良等义务。

（三）案例 28 分析

区分所有建筑物的共有部分也叫共用部分，是指专有部分和开发商所有部分之外的其他部分。包括建筑物专有部分以外的其他部分、建筑物的某些附属物和既不属于专有部分也不属于开发商所有部分而用以共同使用的附属建筑物。共有部分具有从属性，这是指共有部分在法律上为附随于专有部分而存在的附属物。建筑物区分所有权具有一体性特征，所以区分所有权人取得专有部分所有权，必须附带地取得共有部分所有权。任何人购买房产，一旦取得专有部分的所有权，自然也就取得了共有部分所有权，能够对共有部分行使占有、使用和收益的权利，并且能够排除他人干涉。

本案中，区分所有建筑物的楼顶属于共有部分，只要开发商将公寓大厦的专有部分出售，那么公寓大厦的楼顶也就自然而然地被随着出售。由于楼房的屋顶并不是仅仅属于顶层业主共有，所以开发商所负担的向全体购房者交付楼房的义务和转移楼房所有权的义务，不仅指向房屋单元这样的专有部分，还同时指向了包括楼顶在内的共有部分。也就是说，随着专有部分的交付，业主（区分所有权人）已经同时取得了对楼顶部分的共同所有权，开发商也随之丧失了对楼顶部分的处分、收益权限。即使是开发商已经取得了收益的情况下，业主们（区分所有权人）也可以根据物权保护的相关规定，要求开发商将其取得的租金收

---

① 梁慧星、陈华彬编著：《物权法》（第三版），法律出版社 2005 年版，第 179 页。

益向全体业主(区分所有权人)进行返还。所以,本案中开发商的计划是不会实现的。

四、成员权

相关法条

第七十五条　业主可以设立业主大会,选举业主委员会。

地方人民政府有关部门应当对设立业主大会和选举业主委员会给予指导和协助。

第七十六条　下列事项由业主共同决定:

(一) 制定和修改业主大会议事规则;

(二) 制定和修改建筑物及其附属设施的管理规约;

(三) 选举业主委员会或者更换业主委员会成员;

(四) 选聘和解聘物业服务企业或者其他管理人;

(五) 筹集和使用建筑物及其附属设施的维修资金;

(六) 改建、重建建筑物及其附属设施;

(七) 有关共有和共同管理权利的其他重大事项。

决定前款第五项和第六项规定的事项,应当经专有部分占建筑物总面积三分之二以上的业主且占总人数三分之二以上的业主同意。决定前款其他事项,应当经专有部分占建筑物总面积过半数的业主且占总人数过半数的业主同意。

第八十一条　业主可以自行管理建筑物及其附属设施,也可以委托物业服务企业或者其他管理人管理。

对建设单位聘请的物业服务企业或者其他管理人,业主有权依法更换。

(一) 案例 29 简介

何某因拖欠物业费和水电费,被某物业管理公司起诉。何某称不交物业费是由于某物业公司进驻时没有征求其意见。对小区进行托管应该得到足够业主的同意。未经同意前来服务,是强行服务,因此不存在欠物业费之说。某物业公司则称公司与物业管理委员会签有临时托管协议,属于合法进驻。[①]

问题:他们的争议应如何解决?

---

① 《中华人民共和国物权法(案例应用版)》,中国法制出版社 2009 年版,第 98 页。

（二）相关知识点

1. 成员权的含义

成员权又称共同管理权①,是指业主(区分所有权人)基于同一栋建筑物的构造、权利归属及使用上的密切关系而形成的、作为建筑物管理团体的成员而享有的权利。这是一种以业主享有的专有部分所有权为基础、基于业主们共同利益而形成的身份权。

区分所有建筑物的特殊性,使各业主(区分所有权人)相互间形成事实上的共同体关系。"为了维持该共同体关系的存续和发展,尤其为了管理相互间的共同事务及共用部分的使用收益,虽不得不结成一团体组织,并借该团体组织的力量,共同管理共用部分及其他共同事务。各区分所有人当然成为团体组织的成员,享有权利并承担义务。"②于是,成员权就产生了。成员权具有以下法律特征:

（1）独立性。这是指成员权是独立于专有权和共有权之外的一项权利。专有权和共有权主要是基于财产专有或共有而产生的两种财产权,而成员权则是一种基于共同利益而形成的、主要涉及管理关系的身份权。尽管我国有学者认为建筑物区分所有权没有必要单列成员权③,但依通说,成员权仍是组成建筑物区分所有权的三项权利之一。

（2）从属性。是指成员权不能脱离专有权、共有权而存在。从前文内容可知,建筑物区分所有权的权利内容具有复合性和一体性特征。在复合性中专有权处于主导地位,具有主导性。成员权的取得与丧失决定于专有权的取得与丧失,成员权的大小决定于专有权的大小,即专有所有权是成员权产生、存在和行使的前提和基础。同时,一体性决定了成员权不能脱离专有权而单独进行转让,而是与共有权一起附随于专有权的转让一并转让。

（3）永续性。成员权与专有权、共有权相互依存,形成密不可分的关系,共同构成区分所有权的完整内容,体现着建筑物区分所有的共有性质和区分所有权人之间的共同关系。只要区分所有建筑物存在,这种共同关系就存在,基于共同关系而产生的成员权就存在。即使是专有部分转移,成员权也会随之转移给新业主,并不会被消灭。因而,成员权具有永续性。

---

① 我国有学者认为二者是不同的,成员权和共同管理权的概念各有其特点:成员权强调业主对其共有财产和共同事务进行管理是由其作为业主的资格所决定的,而共同管理权的概念强调了权利的内容在于对共同事务的管理。考虑到建筑物区分所有的情况下,业主作为成员所享有的权利,主要还是参与管理,至于其对有关财产获取收益,可以视为其共有权的内容。所以《物权法》没有采用成员权,而采用了管理权的概念,这是不无道理的。见王利明:《物权法研究》(第三版)(上卷),中国人民大学出版社2013年版,第615页。但学理上常常还是将二者作为作为同一概念,本书仍沿用学理上的说法。

② 梁慧星、陈华彬编著:《物权法》(第三版),法律出版社2005年版,第180页。

③ 该观点详细论述见柳经纬主编:《物权法》(二版),厦门大学出版社2005年版,第92页。

2. 成员权的内容

成员权的内容,是指成员权人所享有的权利和所要承担的义务。具体包括以下几方面:

(1) 成员权人享有的权利。成员权人享有以下权利:

第一,表决权,即业主(区分所有权人)参与管理团体会议,就会议讨论的有关建筑物共有和共同管理的重大事项享有的投票表决权。一般说来,每个成员所享有的表决权的大小应由其专有部分的面积在整个建筑物中所占有的比例来决定,拥有专有部分的面积越大,其享有的投票权就越大,反之亦然。"这种方式的优点在于,它充分尊重了业主的财产权,业主购买的房产越多,其享有的权利就越大,这就强化了对物权的保护尤其是对大业主物权的保护。"[1]同时,为了广大业主特别是小业主的利益,在通过有关决议的表决程序中,还采取了另外一种方式,即以业主人数多少表决决定。这种方式"优点在于兼顾了广大业主特别是小业主的利益,在一定程度上充分体现了决策过程的民主性,而且便于计算得票"。但是,"建筑物区分所有毕竟属于物权制度的组成部分,法律设计这种制度的目的在于保护财产权。因此,完全以人数来投票决定,与《物权法》设计这种制度的目的并不符合"。[2] 因此,我国《物权法》采取了协调面积和人数投票的方式。通过第 76 条第 2 款专门规定只有同时满足面积和人数两个条件,才能决定各种重要事项,以此协调兼顾不同业主之间的利益。

第二,参与订立共同规则的权利。业主大会的议事规则、建筑物及其附属设施的管理,例如对共有财产的使用和维护等问题,都需要制定共同的规则加以确定,而这些共同规则涉及每位业主的切身利益,需要每位业主共同参与,所以应当由全体业主共同制定和修改。

第三,选举或更换业主委员会成员的权利。业主委员会是业主大会的执行机构,按照业主大会的决定履行管理的职责,其工作直接关系到业主权利的实现。因此,其组成人员是否能够代表和维护业主的利益至关重要。所以,业主委员会的成员就应当由业主选举产生,业主通过业主大会选举业主委员会委员,成立业主委员会。对不遵守管理规约、责任心不强或有其他不适于担任管理工作情况的业主委员会成员,业主也可通过会议决议,将其更换。

第四,选聘和解聘物业服务企业或者其他管理人的权利。物业服务企业或者其他管理人的情况关系到物业服务的质量,与业主利益息息相关。作为小区共有财产的权利人,业主对共有财产的管理有权加以决定。业主可以自行管理建筑物及其附属设施,也可以委托物业服务企业或者其他管理人进行管理。在

---

[1] 龙翼飞主编:《物权法原理与案例教程》,中国人民大学出版社 2008 年版,第 163 页。

[2] 同上。

委托管理时,需要通过业主大会集体决策进行选聘。对于不尽职的物业服务企业或者其他管理人,业主有权通过业主大会决策进行解聘。决定选聘或者解聘物业服务企业或者其他管理人,必须经专有部分占建筑物总面积过半数的业主且占总人数过半数的业主同意。其他任何单位或部门例如建设单位、物业管理主管部门等,在未经业主共同决定的情况下,都无权选聘或更换小区的物业服务企业或者其他管理人。

第五,请求权①,即业主作为管理团体的成员而对公共管理事项及共同受益的应得份额享有的请求权。具体包括:请求就重要事项召开会议讨论的权利;请求正当管理共同关系事务的权利;请求收取共用部分应得利益的权利;请求停止违反共同利益行为的权利等。

(2)成员权人承担的义务。成员权人承担以下义务:

第一,执行相关决议的义务。业主需执行业主大会和业主委员会及业主大会授权的其他机构所作出的相关决议。至于业主是否参加了业主大会,是否进行了投票表决,是否对决议投了赞成票等,均不妨碍决议对其具有的约束力。

第二,遵守相关管理规约的义务。包括业主共同遵守公约、规则、各种规章制度等等。

第三,接受管理人管理的义务。这里的管理人包括作为业主自治管理组织常设机构的业主委员会,也包括全体业主委托管理建筑物事务的物业管理机构。"管理人,是执行管理业务的机关,由区分所有人大会或法官任命产生,执行区分所有人集合的决议,并在授权范围内,基于自己的意思为管理行为,区分所有人作为管理团体组织的一名成员,自须接受管理人的管理。"②

3. 业主大会和业主委员会

(1)业主大会。业主大会是业主的自治组织,是建筑区划内区分所有建筑物及其附属设施管理的最高权力机构,由全体业主组成,其职责是代表和维护建筑区划内全体业主在物业管理活动中的合法权益。业主(区分所有权人)基于其专有权和共有权而享有成员权,其行使成员权主要是通过参加业主大会来实现的。当然,按照有关规定,业主人数较少的小区,也可以不成立业主大会,由业主共同履行业主大会职责。

在性质上,业主大会不属于政府的部门,也不受政府部门的领导,更不是营利性的机构,它是依照法律和规约由业主组织起来以维护业主共同利益的社会组织(自治机构)。其职权是由法律法规和业主规约的规定来决定的,主要是代

---

① 参见以下等有关著作:梁慧星、陈华彬编著:《物权法》(第三版),法律出版社 2005 年版,第 180 页;龙翼飞主编:《物权法原理与案例教程》,中国人民大学出版社 2008 年版,第 163 页;王全弟主编:《物权法》,浙江大学出版社 2007 年版,第 161 页。

② 梁慧星、陈华彬编著:《物权法》(第三版),法律出版社 2005 年版,第 182 页。

表业主管理共同财产和共同事务，并就业主共同生活事项制定共同规则。业主大会是一个独立的民事主体，具有民事主体资格，但是否具有独立的诉讼主体资格，学术界有争议：一种观点认为业主大会是不具有经营性质的组织，且其并无自己独立的财产，故无独立承担民事责任的能力，其不具备法人资格，所以其不具有独立的诉讼主体资格；另一种观点则认为业主大会属于我国《民事诉讼法》第 49 条所规定的"其他组织"，具有诉讼能力，可以以自己的名义提起诉讼。[①]笔者赞同前一种观点，当然这并不影响业主大会作为一种独立的民事主体的存在。

业主大会应当定期召开，也可以根据具体情况经 20% 以上的业主提议召开临时会议。业主一般要亲自参加会议，也可以委托代理人参加会议。业主大会的具体议事规则由业主共同决定。业主大会的决定对业主具有约束力，业主具有履行业主大会决定的义务。当然，业主大会所做的决定应当与建筑物管理相关，否则对业主无约束力。并且，对于侵害业主合法权益的业主大会的决定，业主可以行使撤销权，请求人民法院予以撤销。

（2）业主委员会。业主委员会是业主大会的执行机构，由业主大会选举产生，受业主大会委托来管理全体业主的共同财产或者共同日常生活事务。同业主大会一样，在人数较少的小区，也可以不成立业主委员会，而由业主共同行使业主委员会的职责。业主委员会是由全体业主通过法定程序从业主中选举出来的个人组成的，其职权范围由法律法规、管理规约和业主大会的决定加以确定，尤其是应当按照业主自治的原则由业主决定业主委员会所享有的职权。[②] 作为业主大会的执行机构，业主委员会不能独立于业主大会而存在，其具体执行业主大会的决定并受业主大会的特别授权而从事各项活动。业主委员会的决定对全体业主具有约束力，业主具有履行业主委员会决定的义务。同样，业主委员会所作的决定也应当是与建筑物管理相关，否则对业主无约束力。并且，对于侵害业主合法权益的业主委员会决定，业主同样可以行使法律赋予的撤销权，请求人民法院予以撤销。

（三）案例 29 分析

所谓成员权又称共同管理权，是指业主（区分所有权人）基于同一栋建筑物的构造、权利归属及使用上的密切关系而形成的、作为建筑物管理团体的成员而享有的权利。选聘和解聘物业服务企业或者其他管理人的权利，是业主成员权的重要内容。物业服务企业或者其他管理人的物业管理资质如何，管理水平怎

①　有关这两种观点的阐释分别见龙翼飞主编：《物权法原理与案例教程》，中国人民大学出版社 2008 年版，第 166 页；江平主编：《中国物权法教程》，知识产权出版社 2007 年版，第 216 页。
②　龙翼飞主编：《物权法原理与案例教程》，中国人民大学出版社 2008 年版，第 167 页。

样,直接关系到每一位业主的切身利益,因此需要通过业主大会集体决策进行选聘和解聘。在决策过程中,需要经专有部分占建筑物总面积过半数的业主且占总人数过半数的业主同意,才能最后确定。其他任何单位或部门在未经业主共同决定的情况下,都无权聘请或更换小区物业服务企业或其他管理人。

　　本案中,某物业公司对小区的管理(托管),根本就没有经过小区的业主大会进行决策选聘,更谈不上是经过了专有部分占建筑物总面积过半数的业主且占总人数过半数的业主同意。仅仅是由物业管理委员会授权,而物业管理委员会根本无权选择小区的物业服务企业。也就是说,某物业公司与物业管理委员会签订的临时托管合同是无效的,物业公司的进驻是不合法的,其不具有作为该小区物业管理机构的主体资格。但是,因某物业公司已按照托管协议作了部分履行,形成了事实合同,何某应对其实际提供的服务支付相应费用。

[**案例思考**]

　　1. 王某在购买某小区房屋入住后,觉得自己所住楼层太低(1楼)不安全,就将几个窗子安装了防盗网。负责管理本小区的某物业公司却认为,王某安装防盗网影响了小区的整体美观,妨碍了该公司对小区的正常管理,遂要求王某立即拆除防盗网,将房屋的窗子恢复原状。

　　问题:本案例中某物业公司的要求是否合法?

　　2. 某小区业主们的私家车越来越多,为了能够统一管理,解决乱停乱放问题,物业公司决定将小区内的一块公共绿地作为停车场,统一停放车辆。

　　问题:本案中物业公司是否有权作这样的决定?

第七章　相邻关系

一、相邻关系概述

> **相关法条**
>
> **第八十四条**　不动产的相邻权利人应当按照有利生产、方便生活、团结互助、公平合理的原则，正确处理相邻关系。
>
> **第八十五条**　法律、法规对处理相邻关系有规定的，依照其规定；法律、法规没有规定的，可以按照当地习惯。

（一）案例 30 简介

张某与李某共用一条小河的水灌溉自家农田，张某的承包农田在李某的上游。为了确保自己农田的灌溉有充分的水源，张某在河中筑了一条水坝，使下游的水量减少了 2/3。张某、李某因此发生冲突，他们之间产生纠纷，诉至法院。[①]

问题：二人的纠纷应如何解决？

（二）相关知识点

1. 相邻关系的含义

相邻关系是不动产相邻关系的简称，是指相互毗邻的不动产权利人之间在行使所有权或使用权时，因相互间给予便利或接受限制而发生的权利义务关系。相邻关系又称相邻权。史尚宽先生说："相邻权亦称相邻关系，谓相邻接不动产之所有人间，一方所有人之自由支配力与他方所有人之自由排他力相互冲突时，为调和其冲突，以谋共同之利益，依法律之规定直接所认权利之总称。"[②]但我国也有学者持反对观点，认为相邻关系并不等同于相邻权，因为就相邻关系而言，应当是以权利和义务为主线加以规定，可相邻权从性质上来说是不包括带有限制义务内容的，所以相邻权本身很难独立存在。[③]这两种观点孰对孰错，我们暂且不管它。"但鉴于相邻关系制度的机能在于谋求实现不动产相邻各方发生冲突之时的利害关系的衡平调整，所以舍弃相邻权的称谓而径称'相邻关系'似能

[①]　马新彦主编：《中华人民共和国物权法法条精义与案例解析》，中国法制出版社 2007 年版，第 204 页。

[②]　史尚宽：《物权法论》，中国政法大学出版社 2000 年版，第 87 页。

[③]　关于此观点的详细论述见王全弟主编：《物权法》，浙江大学出版社 2007 年版，第 185 页。

更准确地说明相邻关系制度的本旨。"①因此,本书采相邻关系而不用相邻权的称谓。

从前文可知,所有权是所有人依法对自己的财产享有的占有、使用、收益和处分的权利,是一种最完全、最典型的物权。但是,当不动产相邻时,其所有人或利用人如果都片面注重自己权利的完全行使,都绝对自由排他性地使用其不动产,而不考虑他人的合法利益,那么,相邻双方必然会发生纠纷与冲突。这种纠纷与冲突如果不能妥善地加以解决,其结果将会是不仅不能充分利用不动产使其本身发挥最大的经济效益,而且也必然危及社会秩序的安全与稳定。因此,需要用法律手段来协调、平衡相邻不动产所有人或使用人之间的权利义务关系。于是,不动产相邻关系制度就产生了。相邻关系具有如下法律特征:

(1)相邻关系的主体是两个或两个以上不动产的所有人或使用人。相邻关系的主体必须是两个或两个以上的人,否则不可能构成相邻。构成相邻关系的财产限于不动产,动产构不成民法上的相邻关系。所谓不动产包括土地和建筑物。相邻人包括公民和法人,并且既可以是所有人,也可以是非所有人例如土地使用权人、承租人等。

(2)相邻关系的客体是行使不动产权利所体现的利益。相邻各方在行使自己不动产所有权或使用权时,互相提供便利或接受限制,从而既实现自己的合法利益,又尊重了他人的正当权益。在这一过程中所体现和追求的利益就是相邻关系中相邻各方权利义务所指向的对象,是相邻关系的客体,它既包括财产利益,也包括其他利益。

(3)相邻关系的内容是相邻不动产权利人行使不动产权利的扩张或限制。尽管相邻关系因种类不同而具有不同的内容,但其基本的内容却是一致的,这就是:相邻各方在行使权利时,有权要求对方提供必要的便利或接受、容忍对方行使权利给自己带来的必要限制,并且相邻各方在行使权利时,不得损害对方的合法权益。所谓"必要的便利",是指权利人非从相邻方得到便利,就不能正常行使其所有权或使用权。也就是说,当权利人正常行使自己财产所有权或使用权时,其最低条件是要从相邻方得到某种"便利",得不到这种便利,权利人就根本无法正常行使其权利。基于这种最基本的需求,法律强制性规定:他方应当给与这种必要的便利。这一点正是相邻关系与地役权最本质的区别。因为地役权虽然也是权利人为了自己的便利,而对他人不动产所设立的一种限制,但这种"便利"并非是"必要的",权利人即使得不到对方的这种"便利",也仍然可以行使自己的权利。权利人只是为了进一步增进自己的便利或进一步提高自己不动产的利用价值,才设定地役权的。也正是因为如此,在地役权中法律对是否给与"便

---

①　梁慧星、陈华彬编著:《物权法》(第三版),法律出版社 2005 年版,第 194 页。

利",并不作强制性规定,而是通过当事人之间的约定来处理这一问题。

(4)相邻关系中的权利属于法定权利。正如上文所言,在相邻关系中,权利人权利的扩张是正常行使自己权利的最低需求,是保障自己生产生活需要的最基本条件。因此,相邻方就应当给予这种便利,这就使得提供便利一方的权利因此受到了相应的限制,接受便利一方的权利因此得到了相应扩张。权利受限制一方有容忍这种限制的义务,权利扩张一方有尽量避免给对方造成损害的义务。并且,无论是权利的限制还是扩张,都必须是在一个合理的限度内,造成损害的应当进行赔偿。相邻各方之间这种局面的出现,是维护相邻各方和睦关系所必需的,因此法律必须进行干预。只有通过法律的强制性规定,相邻各方的权利义务关系才能更加明确,各方的利益才能得以平衡,相邻各方的关系才能得以理顺。也只有法律对此进行强制性规定,才能对相邻各方进行有效约束,才能保证相邻关系问题得到合理解决。所以,相邻关系是依法产生的,其权利义务是法定的,无需当事人进行约定,因此也是无偿的。

(5)相邻关系是基于不动产的毗邻关系而产生的。不仅包括不动产之间的相互连接,也包括不动产的相互邻近。"不动产之间有空间联系,且基于这种联系使不动产占有人间的权利义务受到影响,即发生相邻关系问题。"①

2. 处理相邻关系的原则

相邻关系作为所有权内容的一部分,必然适用民法的一些基本原则。除此以外,由于相邻关系本身具有自己的特殊性,所以在处理相邻关系的时候,还要坚持以下原则:

(1)有利生产、方便生活。相邻关系是人们在日常生产生活中,在行使自己不动产权利时产生的,因此,相邻关系与人们的生产、生活密切相关。相邻各方在日常生产、生活中,随时都可能产生这样或那样的相邻关系,这些相邻关系的具体情形往往是纷繁复杂、无限多样的。但不管怎样,法律调整相邻关系就是为了能更有效地、更合理地使用不动产,就是为了能更充分发挥不动产的经济价值,发挥不动产的最佳实用效果,提高经济效益。所以,在处理相邻关系时,要始终坚持从有利生产、方便生活出发,才可能达到法律调整相邻关系的目的。

(2)团结互助、公平合理。相邻关系是法律对行使不动产权利的一种干预,其要求相邻一方为另一方行使不动产权利提供便利,从而使自己的权利受到相应的限制,并且自己有容忍这种限制的义务。如果相邻各方只要求他人给予自己便利,而自己却不为他人提供任何方便,就丧失了处理好相邻关系的基本立足

---

① 江平主编:《中国物权法教程》,知识产权出版社 2007 年版,第 237 页。

点,就不可能处理好相邻关系。① 所以,处理相邻关系应该本着互谅互让、团结互助的精神,尽量避免纷争。同时,要本着公平合理、兼顾各方利益的原则,使相邻各方的利益得以平衡,接受便利的一方在行使权利时也负尽量避免对提供便利的权利人造成损害的义务。这就要求"相邻各方在从对方获得便利、扩张或延伸其权利时,应当限定在必要的、合理的限度内,并应采取适当措施防止给他方造成损害或应当将损害降至最低限度,如果仍不能避免损害发生,则应当按照公平合理的原则给予赔偿"②。

(3)依据法律法规和尊重历史与习惯。由于相邻关系是由法律直接规定的,所以在处理相邻关系时,首先要依据有关法律法规。只要法律法规对相邻关系作出明确规定的,就必须依据法律法规的规定来处理相邻关系。同时,由于涉及历史沿革和行为习惯等因素,相邻关系的形成涉及的事项较为复杂,法律规定不可能一一穷尽。因此,对于法律法规没有规定的,可特别注意尊重历史与习惯。这里所说的习惯,"必须是当地多年实施且为当地多数人所遵从和认可的习惯,这种习惯已经具有习惯法的作用,在当地具有类似于法律一样的约束力。同时,这种习惯以不违背社会公共利益和善良风俗为前提"③。至于是否用习惯作为审案依据,以及用何种习惯作为审案依据,法官有自由裁量权。

(三)案例 30 分析

相邻关系是不动产相邻关系的简称,是指相互毗邻的不动产权利人之间在行使所有权或使用权时,因相互间给予便利或接受限制而发生的权利义务关系。相互毗邻的不动产之间,由于具有相互毗邻的特点,在各权利人行使其所有权或使用权时,就难免要涉及相对方的利益,如果权利人在行使自己的权利时,完全不考虑他人的合法权益,那么,相邻各方就必然会发生利益的冲突,导致矛盾和纠纷的出现,如果处理不好的话,不仅不能充分利用不动产使其发挥最大的经济效益,而且也危害了社会秩序的安定。所以,法律就强行规定了相邻关系制度。由于相邻关系与人们的生产、生活密切相关,所以,在处理相邻关系时,相邻各方应当本着有利生产、方便生活、团结互助、公平合理的原则,妥善解决问题。不能只为追求自身利益的最大化,而损害他人的权益。

本案中,张某与李某因用水发生了相邻关系,双方在行使自己的权利实现自己利益的时候,就要涉及相对方的利益。双方应按处理相邻关系的基本原则,为对方提供便利,合理分配水源。但张某,为了确保自己农田的充足水源,私设水

---

① 马新彦主编:《中华人民共和国物权法法条精义与案例解析》,中国法制出版社 2007 年版,第 202 页。

② 龙翼飞主编:《物权法原理与案例教程》,中国人民大学出版社 2008 年版,第 190 页。

③ 全国人大常委会法制工作委员会民法室编:《中华人民共和国物权法条文说明、立法理由及相关规定》,北京大学出版社 2007 年版,第 136 页。

坝,导致下游水量大减,影响了李某农田的用水,侵害了李某的利益,违反了处理相邻关系的基本原则。张某应当拆除水坝,并对李某进行损害赔偿。当然,如果经双方同意,张某也可以不拆水坝,但要给李某支付相应的补偿。

二、相邻关系的种类

相关法条

第八十六条　不动产权利人应当为相邻权利人用水、排水提供必要的便利。

对自然流水的利用,应当在不动产的相邻权利人之间合理分配。对自然流水的排放,应当尊重自然流向。

第八十七条　不动产权利人对相邻权利人因通行等必须利用其土地的,应当提供必要的便利。

第八十八条　不动产权利人因建造、修缮建筑物以及铺设电线、电缆、水管、暖气和燃气管线等必须利用相邻土地、建筑物的,该土地、建筑物的权利人应当提供必要的便利。

第八十九条　建造建筑物,不得违反国家有关工程建设标准,妨碍相邻建筑物的通风、采光和日照。

第九十条　不动产权利人不得违反国家规定弃置固体废物,排放大气污染物、水污染物、噪声、光、电磁波辐射等有害物质。

第九十一条　不动产权利人挖掘土地、建造建筑物、铺设管线以及安装设备等,不得危及相邻不动产的安全。

第九十二条　不动产权利人因用水、排水、通行、铺设管线等利用相邻不动产的,应当尽量避免对相邻的不动产权利人造成损害;造成损害的,应当给予赔偿。

（一）案例 31 简介

李某和徐某系左右邻居。徐某家中安装了中央空调,并将室外主机置放在其东面墙外,临近李某家的西侧窗口。徐某在使用空调过程中,因空调噪音太大,导致李某夜晚经常失眠,影响了正常休息。李某委托环境监测部门对徐某使用的空调室外机夜间发出的噪音进行了检测,检测结果显示该空调噪音超过了《城市区域环境噪声标准》I 类区夜间标准限制。李某遂起诉至法院,请求判令徐某拆除该空调主机。

问题:请思考本案涉及何种相邻关系?①

（二）相关知识点

社会生产生活的丰富多彩、无限多样,必然导致相邻关系的纷繁复杂、种类繁多。并且,随着社会经济生活的不断发展,相邻关系的种类也会不断增加。"从外国民法规定来看,相邻关系类型较为完备,少则十几种,多则几十种,而《物权法》仅规定了6种相邻关系类型,远不能解决我国相邻不动产利用冲突发展的需要,存在明显的制度漏洞。"②我国《物权法》主要规定了以下几种相邻关系:

1. 用水、排水相邻关系

（1）用水相邻关系。这里所说的"用水",主要是指对自然流水的利用,包括地上水和地下水。在水资源短缺的情况下,对水资源的利用很容易发生争议,尤其在相邻关系中。要正确处理相邻关系中的用水问题,就要综合考虑水的自然流向、用水的人口和生产状况、历史习惯等因素,坚持相邻权利人之间合理分配水资源的原则。任何一方都有权利使用水资源,同时任何一方也都有义务合理使用水资源,不允许任何人以任何理由垄断对水的使用权,例如共同使用自然流水的上下游之间,应按照由近至远,由高至低的原则,共同使用,依次灌溉。在水资源不足时,上游的相邻权利人不得截断水流、改变水路,独自控制水源。即使是上游的土地需要用全部自然流水的,也不得全部使用,而应该预留出下游相邻人所必需的余水。一方擅自改变、堵截或独占自然流水,影响他方正常生产生活的,他方有权请求排除妨碍,造成他方损失的,应负赔偿责任。对于地下水,相邻各方应当合理开发利用,相邻各方不得为自己的利益而乱开凿水井,破坏原有水资源和整个水流系统的平衡。否则,应当承担恢复原状并赔偿因此造成他人损失的法律责任。

（2）排水相邻关系。所谓"排水"包括自然排水和人工排水两种。由于水流具有"水往低处流"的特性,所以在处理排水相邻关系时,要坚持尊重水流自然流向的原则。对于自然排水,高地所有人或使用人基于自然流向而享有向低地排水的"排水权"。低地所有人或使用人负有容忍、承受高地向低地排水的义务,即"承水义务",低地所有人或使用人不得阻碍这种排放。如果低地所有人或使用人违反义务例如设置防堵水流的障碍物,则高地所有人或使用人有权请求除去堵塞的障碍物,为此受到损害的可请求损害赔偿。水流在低地因非归责于低地权利人的原因阻塞时,低地所有人或使用人不负疏通义务。对于人工排水,原则上没有使用邻地的权利。所以权利人不得设置屋檐或其他工作物,使雨

---

① 王全弟主编:《物权法》,浙江大学出版社2007年版,第183页。

② 金启洲:《民法相邻关系制度》,法律出版社2009年版,第312页。

水直接注入相邻方的不动产上。但是,对于人工排水,在尊重水流流向的基础上,低地所有人或使用人应当允许高地所有人或使用人采取适当的保护措施,使水流通过低地而排放到江河或公共排水系统,这就是高地所有人或使用人享有的"过水权"。"过水权"的享有是以相邻一方必须利用另一方的土地才能排水为前提,此时,另一方应当允许。在人工排水时,尽管享有"过水权"的一方采取了必要的保护措施,但仍造成损失的,应由受益人进行合理补偿。如果本应采取必要保护措施而没有采取,以致损毁或可能损毁他方财产的,他方有权要求停止侵害、消除危险、恢复原状、赔偿损失。

流水排放还涉及房屋滴水关系。在建筑物的建造已经保持了适当距离的情况下,若仍有水排入邻地而对邻地不动产无危害的,邻人有容忍义务。但若造成损害的,可要求赔偿。司法实践中,处理相邻房屋滴水纠纷时,对有过错的一方造成他方损害的,应当责令其排除妨碍、赔偿损失。[①]

2. 通行相邻关系

所谓通行相邻关系,是指当土地与公共道路不相通时,土地所有人或使用人只能从周围的他人土地上通行以到达公共道路,周围土地的所有人或使用人应当允许其通行而发生的权利义务关系。

现实社会中,由于袋地的存在,使得一些不动产权利人本来很平常的"通行"出现了问题。所谓"袋地"是指土地被他人土地包围,与公共道路没有适宜的联络,致使该土地无法正常被使用的土地。[②] 袋地的所有人或使用人要想正常使用袋地,就必须从周围他人的土地上通行,否则,就无法进行正常的生产生活。有鉴于此,法律赋予袋地所有人或使用人以"通行权",即袋地的所有人或使用人有权通行周围他人土地以到达公共道路,周围土地的所有人或使用人负有容忍其通行的义务。如果遭到拒绝,袋地的所有人或使用人可以要求对方排除妨碍。同时,享有通行权的袋地所有人或使用人,应选择对对方损害最小的处所和方式通行,如果给对方造成了损害,则应当进行损害赔偿。通行相邻关系的成立,需满足以下条件:

(1) 土地和公共道路没有适宜的联络。这是通行相邻关系最重要的一个条件,包括以下情形:四周绝对不通公共道路的,即所谓的袋地;另一种情形是虽然不动产权利人可以不经他人的土地而通行,但非常不便利,有时根本无法直接通达或者通达所需费用过高、过于危险等,这种通行困难的土地被称为准袋地。

(2) 必须确实有从相邻不动产通行的必要。这是指如果不从相邻不动产通

① 江平主编:《中国物权法教程》,知识产权出版社 2007 年版,第 242 页。
② 全国人大常委会法制工作委员会民法室编:《中华人民共和国物权法条文说明、立法理由及相关规定》,北京大学出版社 2007 年版,第 145 页。

行,权利人根本无法出入自己的不动产或者根本无法完成运输等基本的生产需要。也就是说通行的需要确属于最低限度的生产生活需要。"判定是否是土地通常的使用所必要,除了应考虑土地的位置、面积、形状、地势等因素外,还应考虑土地的用途。例如被围绕地虽有田埂可以出入,但还需要考虑肥料与收获物的搬运有无困难等。另外,对于土地用途的考虑,应以合法的利用为限,如果土地作违法使用,则当然不得主张必要通行权。"[1]

(3)袋地或准袋地的情形非土地所有人或使用人的任意行为所致。如果袋地或准袋地的情形是土地所有人或使用人的任意行为所导致的,例如破坏了原有的桥梁、道路而使土地与公共道路没有适宜联络的,则该土地所有人或使用人不能主张通行权。此时,周围土地权利人是没有容忍其通行义务的,"因为任何人均不得以自己的任意行为加负担与他人"[2]。

通行相邻关系不限于利用他人土地。"司法实践中,对于一方占有的建筑物范围内历史形成的必经通道,所有人或使用权人不得堵塞。因堵塞影响他人生产、生活,他人要求排除妨碍或者恢复原状的,应当予以支持,但有条件另开通道的,可以另开通道。"[3]另外,当他人的物品或动物失落于所有人或使用人土地或建筑物之上时,所有人或使用权人应当允许他人进入自己的土地或建筑物之上,将相关物品或动物取回。

3. 修建施工、铺设管线相邻关系

(1)修建施工相邻关系。这是指不动产权利人在其疆界或近旁因修缮、建造建筑物时,必须利用相邻的他人不动产的,相邻不动产的权利人应当允许其利用并提供必要便利而发生的权利义务关系。现实社会中,不动产权利人在修缮、建造建筑物时,很多时候都必须利用相邻的不动产。例如,需要在相邻的不动产上临时搭建脚手架或堆放必要的建筑材料等。所谓"必须利用"是指如果不利用相邻的不动产,就无法完成建筑物的修缮、建造工作。这种情况下,相邻不动产的权利人就负有容忍其利用自己不动产的义务,不得以任何理由加以拒绝或阻挠。同时,权利人在利用相邻不动产时,应选择对邻人损害最小的方式进行,并按照双方约定的范围、用途和期限进行利用。事后还应妥善清理现场,恢复原状。如果因此给邻人造成损失的,应当予以赔偿。

(2)铺设管线相邻关系。这是指不动产权利人因为铺设电线、电缆、水管、暖气和燃气等管线时,必须利用相邻的他人不动产的,相邻不动产权利人应当允许其利用并提供必要便利而发生的权利义务关系。现代社会中,铺设管线是维

---

[1] 梁慧星、陈华彬编著:《物权法》(第三版),法律出版社2005年版,第205页。
[2] 王全弟主编:《物权法》,浙江大学出版社2007年版,第191页。
[3] 江平主编:《中国物权法教程》,知识产权出版社2007年版,第243页。

持正常生产生活所必需的。权利人在铺设管线时，往往必须利用相邻的不动产。例如电力公司为了供电需要铺设电缆，需要在相邻不动产上方或地表下方进行施工。这里的"必须利用"仍然是指如果不利用相邻不动产，就无法完成管线的铺设或者铺设费用过高。此时，相邻不动产的权利人负有容忍其利用自己不动产的义务，不得以任何理由加以拒绝或阻挠。同时，权利人在使用相邻不动产时，应选择对邻人损害最小的路径和方法进行，并不得危及相邻不动产的安全。事后应清理现场，恢复原状。如果给邻人造成损害的，应当予以赔偿。

4. 通风、采光和日照相邻关系

通风、采光和日照是维持人们生产生活最低限度的基本要求和条件，对人们的生产生活具有重要意义。所以，相邻各方在修建房屋或其他建筑物时，负有为相邻人提供通风、采光和日照等便利的义务。"某人有权在自己的土地上建造建筑物，但是此种权利的行使必须要考虑到他人的利益；任何人不能滥用自己的所有权，在自己的土地上建造房屋阻挡他人的光线、日照、通风等。"[①]那么，当相邻一方修建的房屋或其他建筑物影响了他人通风、采光和日照时，其应承担什么样的责任呢？如果相邻一方违反国家有关工程建设标准而建造的房屋或其他建筑物，影响邻人通风、采光和日照的，受害人有权要求停止侵害、恢复原状或赔偿损失。当相邻一方没有违反国家有关工程建设标准，但却造成了他人通风、采光和日照损害的，如何处理？理论界有不同观点：一种观点认为，符合国家建设标准时，即使对相邻建筑物的通风、采光、日照造成一定程度的妨碍和影响，当事人也不得要求排除妨碍和损害赔偿，因为相邻建筑物的权利人负有这种必要的容忍义务。[②] 另一种观点认为，即使符合国家建设标准，只要影响了相邻建筑物的通风、采光、日照的，受害人可以请求损害赔偿，但一般不能请求排除妨害。后一种观点为理论界大多数人的看法，笔者也赞同这种观点。至于通风、采光和日照妨害达到什么样的程度，受害人才能提起停止侵害、恢复原状或赔偿损失的请求，通常是以妨害是否逾越了社会一般人的"忍受限度"作为判断依据。那么何种情形才算逾越社会一般人的忍受限度呢？通常以纠纷发生的地域、受害的程度、土地利用的先后关系、加害行为的形态以及加害建筑物有无公共性等作为判断标准。[③]

此外，通风、采光和日照相邻关系还涉及到其他方面，例如"在相邻土地上栽种高大乔木、建造高楼影响相邻土地采光，可能会影响相邻土地上农作物的生

---

① 王利明主编：《民法》（第三版），中国人民大学出版社 2007 年版，第 279 页。

② 马新彦主编：《中华人民共和国物权法法条精义与案例解析》，中国法制出版社 2007 年版，第 214 页。

③ 梁慧星、陈华彬编著：《物权法》（第三版），法律出版社 2005 年版，第 209 页。

长"①问题;"相邻各方对生长在自己使用土地上的竹木或根枝,伸长到邻人的土地上或建筑物旁,影响到邻人采光和通风的"②问题等,也都适用通风、采光和日照相邻关系。

5. 环境保护相邻关系

现代社会随着经济的发展,日常生产生活中因排放有害物质,造成环境污染的情况时有发生。由于环境质量的好坏,直接关系到人们的生存与发展,人们对生活环境质量的要求日益提高,所以特别规定环境保护相邻关系很有必要。

环境保护相邻关系,是指相邻不动产权利人之间,因排放弃置有害物质而发生的权利义务关系。所谓有害物质包括固体废弃物、污染物以及噪声、光、电磁波辐射等。固体废弃物,是指呈固体形态的废弃物,例如废旧家具、生活垃圾等。污染物包括大气污染物、水污染物等,是指向大气、水排放造成大气和水被污染的物质,例如粉尘、废气、工业废水、生活污水等。还有一类有害物质是噪声、光、电磁波辐射等。这类有害物质由于按照通常的计量手段无法加以精确测量,所以又被称为"不可量物"。不可量物还包括大气污染物中的粉尘、废气等。大陆法系多数国家或地区的民法中都规定了不可量物质侵入相邻不动产时,如何调整、处理双方的相邻关系,只不过论述的角度有所不同。③

人类的生产生活不可避免地要弃置一些废物,要排放一些污染物,还会制造产生一些诸如噪声、光、电磁波辐射等有害的物质。为此,国家专门作了一系列规定,要求这些行为必须符合国家的规定,对于不符合国家规定影响相邻人权益的,相邻不动产权利人可以请求停止侵害、排除妨害和赔偿损失。对于符合国家规定的,相邻不动产权利人负有容忍义务,应给予谅解。"对于无相关规定的,相邻不动产占有人应当根据具体情况,考虑当地生产生活习惯,予以容忍。例如,婚丧嫁娶,鞭炮鼓乐喧嚣,虽不尽合移风易俗之要求,但邻人一般不得请求禁止,但若使用其他设施制造过大噪音,则不在此限。"④

6. 维护不动产安全相邻关系

维护不动产安全相邻关系又称相邻防险关系、邻地损害防免关系,是指不动产权利人在利用自己的不动产或相邻的不动产时,不得危及相邻不动产的安全而产生的权利义务关系。

不动产权利人完全有权利在自己具有使用权的土地上进行工程建设,这是毫无疑问的,这是权利人正常行使自己权利的体现,他人无权干涉。但是,当权

---

① 江平主编:《中国物权法教程》,知识产权出版社 2007 年版,第 245 页。
② 于海涌、丁南主编:《民法物权》,中山大学出版社 2002 年版,第 89 页。
③ 全国人大常委会法制工作委员会民法室编:《中华人民共和国物权法条文说明、立法理由及相关规定》,北京大学出版社 2007 年版,第 153 页。
④ 江平主编:《中国物权法教程》,知识产权出版社 2007 年版,第 245 页。

利人这种行为损害或有可能损害他人的合法权益时，权利人的这种行为就触及了法律的底线，就违背了法律最基本的要求。因此，对权利人这种行为加以限制，就颇为必要。尤其在相邻关系中，权利人在自己的土地上进行工程建设，很有可能危及相邻不动产的安全，所以法律规定了维护不动产安全相邻关系制度。世界各国民法大都对这类相邻关系作了明文规定。

根据我国《物权法》的规定，不动产所有人或使用人进行工程建设时，例如挖掘土地、建造建筑物、铺设管线以及安装设备等，不得危及相邻不动产的安全，例如不得因自己的挖掘或建筑而使邻地的地基动摇或使邻地的建筑物受到损害，不得因自己铺设水管、安装设备而造成土沙崩溃、污水渗漏到相邻不动产等等。权利人在自己土地上进行工程建设有致邻人损害的危险时，权利人应当采取必要的防范措施预防危险发生。如果权利人未采取措施的，相邻人有权请求对方采取必要的预防措施以防止损害的发生。已经造成了损害的，相邻人有权请求对方排除妨害、恢复原状以及损害赔偿。

需强调的是，维护不动产安全相邻关系中邻地所有人或使用人请求防免及损害赔偿的权利，系以不动产相邻关系为基础，区别于侵权行为的请求权，类似于物权请求权，不以开掘土地或建筑施工一方有故意或过失为要件。①

（三）案例 31 分析

环境保护相邻关系，是指相邻不动产权利人之间，因排放弃置有害物质而发生的权利义务关系。所谓有害物质包括固体废弃物、污染物以及噪声、光、电磁波辐射等。在环境保护相邻关系中，对于符合国家规定的排放，相邻不动产权利人负有容忍义务，应给予排放方以谅解。对于不符合国家规定而影响相邻人权益的，相邻不动产权利人可以请求对方停止侵害、排除妨碍、赔偿损失。

本案中，纠纷是由徐某使用空调噪音太大，影响了邻居李某的正常休息引起的，属于环境保护相邻关系调整的内容，也就是说本案涉及的是相邻关系类型中的环境保护相邻关系。徐某使用空调产生的噪音超过了国家规定的标准，且给邻人李某造成了损害，李某有权请求徐某停止侵害、排除妨碍。徐某应采取有效措施，将空调噪音降至国家标准限值以下，或将临近李某西侧窗口的空调主机拆除。

[案例思考]

1. 魏某与田某是同村相邻的邻居，魏某居西，田某居东。该村的建房习惯是，最东头一家拥有东山墙和西山墙，其余住户仅有西山墙，没有东山墙。魏某在建房时，田某同意他在自己的西山墙内建造烟道。于是，魏某东间的火炕一直

---

① 梁慧星主编：《中国物权法草案建议稿》，社会科学文献出版社 2000 年版，第 348 页。

使用该烟道。后来,田某将房屋转让给了王某,王某在西间盘了一铺火炕,也要使用西山墙内的烟道。因此,王某与魏某发生了纠纷,且无法达成一致,诉至法院。①

问题:本案中,魏某是否有权使用该烟道? 为什么?

2. 某村张某与李某是前后邻居,张某房屋的后墙构成两家院落的分界。李某靠着张某房屋的后墙搭建了一个养鸡棚,而这个养鸡棚的上方正是张某房屋的窗子。张某为此几次要求李某拆除养鸡棚,但均遭到李某的拒绝。

问题:张某是否有权要求李某拆除养鸡棚?

① 《中华人民共和国物权法(案例应用版)》,中国法制出版社 2009 年版,第 111 页。

第八章 共 有

一、共有的含义

相关法条

　　第九十三条 不动产或者动产可以由两个以上单位、个人共有。共有包括按份共有和共同共有。

　　第一百零五条 两个以上单位、个人共同享有用益物权、担保物权的，参照本章规定。

（一）案例 32 简介

　　苏某（男）与张某（女）于 2007 年 2 月 14 日协议离婚，针对双方共同所有的登记在张某名下的一套两居室房屋，双方在离婚协议中约定：南侧一间归苏某所有，北侧一间归张某所有。2007 年 10 月，张某起诉到法院，要求确认离婚协议中有关房屋的约定无效，请求依法分割。①

　　问题：两人关于房屋的约定是否有效？

　　（二）相关知识点

　　1. 共有的概念

　　共有又称共同所有，是指两个或两个以上的民事主体对于同一物共同享有所有权。共有的主体称为共有人，共有的客体称为共有物，各共有人之间因财产共有形成的权利义务关系称为共有关系。

　　共有是相对于单独所有而言的，是财产所有的一种重要形式。现代社会，财产的共有形态在一些领域广泛存在，例如夫妻财产共有、家庭财产共有、合伙财产共有等等。正确理解和运用共有法律制度，对于化解财产矛盾与纠纷，维护财产秩序，促进社会稳定有重要意义。

　　2. 共有的特征

　　（1）主体具有多元性。共有的主体是两个或两个以上的单位或个人，单个主体形不成共有，这是共有区别于单独所有的一个最重要特征。

　　需特别注意：多数人对一物共同享有所有权，并不是说共有是多个所有权。根据一物一权原则，一个物之上只能有一个所有权。共有指的是对于一个所有

---

　　① 《中华人民共和国物权法（案例应用版）》，中国法制出版社 2009 年版，第 121 页。

权,由若干人来享有。也就是说,每一个共有人对共有物所拥有的是同一个所有权,而不是各自都有一个独立的所有权。共有人对外只能共同作为一个主体发生各种民事关系,只不过是每个所有人的权利都要受到其他共有人意志的制约而已。

（2）客体具有统一性。共有的客体是一个特定的、统一的物,它可以是单一物,也可以是集合物。在共有关系存续期间,共有物不能分割,不能由各个共有人分别对共有物的某一部分享有所有权,即每个共有人的权利及于整个共有物,因此共有不是分别所有。①

（3）在内容方面②,各共有人对同一共有物按照一定份额或者是平等地享有权利承担义务。他们之间的权利义务关系是平行的,而非对应的,一方权利的实现不以他方义务履行为前提。这种权利和义务需要体现全体共有人的意志,只有共有人的意思达成一致,才能形成一个完整的所有人意思。并且这种权利和义务不仅包括所有人与非所有人之间所构成的对世性的权利义务关系,而且包括共有人之间的权利义务关系。内容的这种双重性,是共有法律关系一个极为重要的特征。

理解共有的含义,还要注意共有与公有的区别。共有与公有是两个完全不同的概念,二者分属两个不同的范畴。公有属于经济上的所有制范畴,共有则属于法律上的所有权范畴。我国有学者认为:“公有在我国主要指一种财产所有制形态,是一个典型的政治经济学概念,具有强烈的意识形态或政治色彩。该概念在民法上应该予以抛弃。”③具体讲这两个概念在法律性质上的区别主要表现在以下方面④:第一,共有财产的主体是多个共有人,而公有财产的主体是单一的,在我国为国家或集体组织。第二,公有财产是脱离个人而存在的,在法律上,任何个人都不能成为公有财产的权利主体。所以,单个公民退出或加入公有组织并不影响公有财产的完整性。但是,在共有的情况下,特别是在公民个人的共有关系中,财产往往并不脱离共有人而存在,所以,公民退出或加入共有组织（例如合伙）,就会对共有财产发生影响。

---

① 孙宪忠编著:《物权法》,社会科学文献出版社2005年版,第230页。

② 关于共有内容方面的特征,许多学者总结的名称不尽相同,如“内容的共通性”“内容的双重性”“内容的平行性”等（这些内容分别见郭明瑞主编:《中华人民共和国物权法释义》,中国法制出版社2007年版,第155页;杨立新、程啸、梅夏英、朱呈义:《物权法》,中国人民大学出版社2004年版,第87页;申卫星:《物权法原理》,中国人民大学出版社2008年版,第254页）。这种情形是由于各自论述的侧重点不同而造成的,其实,只有把学者们阐述的内容都融合在一起,共有内容方面的法律特征概括的才可能较为全面。

③ 孙宪忠编著:《物权法》,社会科学文献出版社2005年版,第231页。

④ 王利明主编:《民法》（第四版）,中国人民大学出版社2008年版,第247页。

3. 共有产生的原因

(1) 基于当事人的意思成立共有。这种共有又称意定共有,是指两个或两个以上的民事主体,因具有共同所有的目的、意思,以协议约定方式成立的共有关系,例如甲、乙共同出资购买一栋房屋,该房屋就由甲乙所共有,他们之间就形成了房屋共有关系。

(2) 基于法律的直接规定成立共有。这种共有又称法定共有,是指非基于当事人的意思而成立的共有。这类共有的产生不必由当事人协议,只要满足了法律规定的条件,就自然发生共有关系,例如婚姻关系存续期间夫妻间的财产共有;继承人在遗产分割以前对遗产的共有;未分家析产前家庭成员对家庭财产的共有等。

除了以上两种主要的原因外,我国还有学者提出了另外的四种原因:基于财产的性质而发生;基于共同的行为而发生;基于原来的共同关系而发生;基于不动产相毗邻而发生。[①] 但依通说,共有产生的主要原因就是上述的两种。

4. 共有的类型

对于共有的类型,近现代各国民法都有不同的规定。根据我国有关法律,我们国家将共有分为按份共有、共同共有和准共有三种类型。对于按份共有和共同共有,下文还要作专门的论述,此处不赘。所谓准共有是指所有权以外的其他财产权的共有。所说的"其他财产权",在我国《物权法》上指的是他物权即用益物权和担保物权。对于除了他物权以外的财产权例如知识产权,一般认为也可准用准共有。但对于债权能否准用准共有,则有较大分歧。由于债法中已经对数人享有债权进行了规定,即按份债权、连带债权等,其规则与共有规则有较大差别,故而我国《物权法》采用了狭义的准共有的概念,不包括债权的共有。[②]

(三) 案例 32 分析

所谓共有指的是两个或两个以上的民事主体共同享有一个所有权,而不是各个主体各自都有一个独立的所有权,共有人对外只能作为一个主体发生各种民事关系。也就是说,共有指的是对于一个所有权,由若干人来享有。在一个物上只能有一个所有权,而不能出现两个或两个以上的所有权,这是共有法律制度的重要内容,也是物权法一物一权原则的根本要求。一套房屋虽然可以由两个或两个以上的人共有,但该房屋的所有权却只有一个,即一套房屋不能由两个或两个以上的人分别所有该套房屋的不同房间。

本案中,苏某与张某在离婚协议中关于房屋的约定,实际上是在一个物之上

[①] 有关内容的详细论述见杨立新、程啸、梅夏英、朱呈义:《物权法》,中国人民大学出版社 2004 年版,第 88 页;龙翼飞主编:《物权法原理与案例教程》,中国人民大学出版社 2008 年版,第 198—199 页。

[②] 龙翼飞主编:《物权法原理与案例教程》,中国人民大学出版社 2008 年版,第 224 页。

设定了两个所有权。这不仅仅是与共有制度相去甚远,而且也违反了物权法的基本原则。所以说,本案中苏某与张某离婚协议中关于房屋的约定是无效的。

二、按份共有与共同共有

相关法条

第九十四条　按份共有人对共有的不动产或者动产按照其份额享有所有权。

第九十五条　共同共有人对共有的不动产或者动产共同享有所有权。

第九十六条　共有人按照约定管理共有的不动产或者动产;没有约定或者约定不明确的,各共有人都有管理的权利和义务。

第九十七条　处分共有的不动产或者动产以及对共有的不动产或者动产作重大修缮的,应当经占份额三分之二以上的按份共有人或者全体共同共有人同意,但共有人之间另有约定的除外。

第九十八条　对共有物的管理费用以及其他负担,有约定的,按照约定;没有约定或者约定不明确的,按份共有人按照其份额负担,共同共有人共同负担。

第一百零一条　按份共有人可以转让其享有的共有的不动产或者动产份额。其他共有人在同等条件下享有优先购买的权利。

第一百零二条　因共有的不动产或者动产产生的债权债务,在对外关系上,共有人享有连带债权、承担连带债务,但法律另有规定或者第三人知道共有人不具有连带债权债务关系的除外;在共有人内部关系上,除共有人另有约定外,按份共有人按照份额享有债权、承担债务,共同共有人共同享有债权、承担债务。偿还债务超过自己应当承担份额的按份共有人,有权向其他共有人追偿。

第一百零四条　按份共有人对共有的不动产或者动产享有的份额,没有约定或者约定不明确的,按照出资额确定;不能确定出资额的,视为等额享有。

(一)案例33、34 简介

案例33:甲、乙、丙三人各出资 2 万元、3 万元、5 万元,购买了一辆东风汽车,合伙进行营运。三人约定按照出资比例分享权利承担义务,并具体约定了汽车的使用方式。1 年后,甲因经营一个超市,资金不足,就向朋友丁借款 6 万元,丁要求甲提供担保,甲就瞒着乙和丙用合伙的东风汽车向丁作了抵押。后来,由于车况不好,经营惨淡,乙和丙就找到甲协商将合伙的东风车卖掉,甲才说出了抵押的事情。乙和丙闻听此事,都很气愤,拒不承认这个抵押,同时两人坚决主张将车卖掉,甲不同意卖车。但乙和丙认为,两人的出资比例占了所有出资的绝大多数,应该说了算。于是,两人就不顾甲的意见,将东风车以 10 万元的价格卖掉了。

问题:试分析甲、乙、丙三人对车的处理是否恰当?

案例 34:孙某和林某结婚后暂不打算要孩子,所以决定先买套小户型的房子住着,等有了孩子之后再换套大的。几天的奔波,他们看中了两套房子,因为两套住房都面积偏小,所以价格很便宜,而且都有升值的可能,于是两人协商,先都买下来,等过几年升值了,再都卖掉买套大的。就这样,两个人凑齐了钱,办理了购房手续。两套住房都以丈夫林某的名义办的房产证。然而几年过去了,孙某和林某的感情出现了裂痕,面临离婚的境地。于是为了防止离婚时法院把另一套房子判给孙某,林某背着孙某偷偷把房子卖给了一对新婚夫妇,并办理了相关的房产过户手续。有一天孙某打算自己搬到另一套房子住,然而当她到了之后,才知道这套房子早已不属于自己了。她向这对夫妇说明了情况,要求这夫妇俩尽快把房子退出来。然而这对夫妻认为,当初房产证上是林某的名字,他们并不知道是不是林某和孙某的共同财产,况且这套房子他们是花了很多心血装修的,他们是不会轻易让出的。

问题:林某卖房子的做法是否符合法律的规定?孙某如何维护自己的权益?

(二)相关知识点

1. 按份共有

(1)按份共有的含义。所谓按份共有又称分别共有,是指两个或两个以上的共有人各自按照一定份额分别对共有物享有权利承担义务的一种共有关系。

按份共有是一个与共同共有相对应的共有概念,"其实质是将共有物的所有权进行抽象的量的分割,将一个所有权划分为几份,每个共有人各按其应有部分的份额享有所有权。按份共有主要基于当事人的意思和预先约定而发生,是共有的原始形态或通常形态,也是各国民法所普遍规定的共有制度"①。按份共有除具备共有的一般特征外,还具有以下法律特征:

第一,各共有人按照一定的份额对共有物享有所有权。这是按份共有区别于共同共有的最基本特征。如果共有人对共有物是按照一定的份额享有权利,就是按份共有,反之就是共同共有。这里的"份额"又称"应有份额",是指共有人对于共有物的全体享有的权利比例,是对所有权"量"的分割,而决不是所有权权能的分割,更不是共有物量的分割。在一些材料上,应有份额也称应有部分,但笔者认为,"应有部分"很容易让人误解为对共有物进行了量的划分,不如

---

① 龙翼飞主编:《物权法原理与案例教程》,中国人民大学出版社 2008 年版,第 201 页。

"应有份额"指代得更明确。所以本书不用"应有部分"的称谓,而直接用"应有份额"或"份额"。各共有人的应有份额是一种抽象的存在,这种抽象的存在不局限于共有物的某个特定部分,也不是具体划分共有物的使用部分,而是存在于共有物的任何微小部分。也就是说,各按份共有人按照一定的份额对整个共有物享有权利承担义务。共有人份额的大小决定了其权利义务的大小,份额不同,共有人对共有物的权利义务也不同。

第二,各按份共有对其应有份额享有相当于所有权的权利。与共同共有相比,按份共有的各共有人对共有物行使权利的自由度要大一些。按份共有人可以依法处分自己的份额,例如分出、转让自己的份额,也可以在自己的份额之上设定负担,例如抵押。其他共有人除依法享有优先购买权外,无权对共有人的上述行为进行限制或干预。按份共有人死亡之后,其继承人有权继承其应有份额。"当然,这并不意味着每一份额是单个的所有权,而仅是一个所有权在进行量的分割后被分别使用。"①

总之,按份共有为共有中最重要和最基本的形态,在共有诸形态中,其与单独所有最为接近,共有人所受的团体性限制也最小。当然,按份共有是较共同共有更为复杂的一项制度,其复杂状况集中表现为其内部关系、外部关系和共有关系消灭三方面。

（2）按份共有的内部关系。是指按份共有人相互之间的法律关系,主要涉及应有份额的处分、共有物的管理及费用负担和共有物的处分等。

应有份额的处分。按份共有人对共有物享有的份额,按以下原则确定:有约定的按照约定;没有约定或者约定不明确的,按照出资额确定;不能确定出资额的,视为等额享有。在按份共有关系存续期间,共有人可以自由处分其应有份额。应有份额的处分,通常包括应有份额的分出、转让、设定负担和抛弃等。第一,应有份额的分出。在按份共有关系存续期间,各共有人有权随时要求分出自己的份额。所谓要求分出,是指共有人要求退出共有,把自己的应有份额从共有财产中分割出来。在法律没有特别规定分出限制或当事人没有约定期限的情况下,其他共有人不得拒绝其分出的要求。分出时,在不损害共有物的使用性能和用途以及不损害其他共有人权利的前提下,可以进行实物分割。反之,则由其他共有人作价补偿。但是,如果法律有规定或共有人有协议对分出进行限制的,各共有人应当遵守这种限制。第二,应有份额的转让。是指共有人将自己在共有物上的份额转让给他人。由于共有人的应有份额是其对共有物享有权利的比例,体现了各共有人的个人意志和利益。因而为了保护共有人的权益,根据私法自治的原则,共有人完全可以自由转让其应有份额,而无须其他共有人同意。但

---

① 申卫星:《物权法原理》,中国人民大学出版社 2008 年版,第 255 页。

是,共有人对转让应有份额有约定限制的,转让人应遵守约定的限制,否则转让人的转让行为就构成违约,转让人应承担违约责任。应有份额的受让人可以是共有关系的其他人,也可以是共有关系以外的第三人。但是在同等条件下,共有关系中的其他共有人享有优先购买的权利。有关共有人的优先购买权问题,在现代世界各国的法律中大都作了明确的规定。这是因为按份共有是基于各共有人之间的人身信赖关系而建立起来的组织体,为了尽可能维持这种信赖关系的完整,防止因转让份额而使得其他共有人不了解或不信任的人擅自闯入而带来一些损失,法律有必要设立优先购买制度。为此,转让人就负担了一项事先通知义务,即某一共有人在转让其应有份额的时候,应及时把转让的意思和条件通知其他共有人,以便其他共有人能及时行使优先购买权。转让人违反事先通知义务,致使其他共有人无法行使优先购买权的,转让人应负损害赔偿责任。同时为了保护转让人的合法权益,其他共有人的优先购买权必须有一个存续期间的限制,超过了这个期间其他共有人没有行使优先购买权的,视为放弃。这个存续期间一般应当由法律进行规定,法律没有规定的,当事人应按照诚实信用原则共同协商确定一个合理的期限。第三,在应有份额上设定负担。是指共有人在其应有份额上设定抵押或质权。应有份额的分出、转让是位次较负担的设定更高的行为,既然按份共有中的共有人可以分出、转让其应有份额,基于"举重明轻"的原则,就应有份额设定负担也就没有不许之理。① 在应有份额上设定负担,也是提高共有物使用效率、充分发挥物的价值的体现和需要。无论在应有份额上设定抵押权还是质权,都使物得到了最大化的利用。例如甲、乙、丙三人各出资30万元购置一套房屋。甲、乙二人因生产缺钱,就可以以二人在该房屋上的份额向银行抵押并获得贷款60万元。需注意:在应有份额上设定质权时,由于质权是以质权人占有标的物为成立要件,所以,质权人必须与其他共有人共同占有共有物。第四,应有份额的抛弃。是指共有人放弃自己在共有物上的应有份额。按份共有的特点和性质决定了共有人对自己的份额可以进行自由的处置,这当然也包括对自己应有份额的放弃。"从我国目前的政策和司法实践来看,公民个人只要不损害社会和他人利益,就可以抛弃其相应份额。但是,由于国有企事业单位不得抛弃其实际占有的国有财产,因此也就不能抛弃其投入到某一共有财产中去的份额"②,这是一个例外的情况。还需要强调的是,尽管应有份额也可能体现为一种责任和义务,例如合伙关系中,合伙人对合伙组织的债务承担无限连带责任,但是,这里所说可以抛弃的应有份额主要是指体现为一种权利的应有

---

① 梁慧星、陈华彬编著:《物权法》(第三版),法律出版社2005年版,第262—263页。
② 马新彦主编:《中华人民共和国物权法法条精义与案例解析》,中国法制出版社2007年版,第222页。

份额。因为权利是可以抛弃的,但责任和义务却容不得任何人以任何借口进行抛弃。至于被共有人抛弃的份额是否由其他人取得,有不同观点:一种观点认为应按比例由其他共有人享有,另一种观点则认为应归国家所有。目前,我国法律对此并无明文规定,但学界大多数意见赞同前一种观点。因为在按份共有关系中,各按份共有人对共有物的保值或增值都有贡献,人们普遍认同将某一共有人抛弃的应有份额归属于其他的共有人,而且由其他共有人取得抛弃的应有份额也能使共有关系变得简单,有利于对共有物的管理和利用。此外,如果规定由国家取得共有人抛弃的应有份额,操作起来非常困难,国家既无法准确知道在众多的按份共有关系中谁抛弃了自己的应有份额,即使知道了也难以行使权利。在这种情况下,如果仍然坚持将共有人抛弃的应有份额归属于国家,便会因严重脱离实际而难以实行。[1]

　　共有物的管理及费用负担。共有物的管理,是指为了共有物的保值增值而对它进行的一切经营活动。包括对共有物进行保存、改良和利用。由于是数人共有一物,所以共有人对于共有物的管理就不能仅仅只按照自己的意思为之,而是要受到其他共有人意志的约束。"通过对共有物的管理来保存并增加物之价值,从而增加社会财富。这不仅是共有人个人对共有物的价值期待,也是物权法对于物这个社会财富的载体予以充分保护的初衷所在。"[2]共有物管理遵循的原则是:共有人有合同约定的,按照合同约定,没有约定的或约定不明确的,各共有人都有管理的权利和义务。第一,共有物的保存。是指为了防止共有物毁损、灭失或其权利受到限制而实施的行为。对共有物进行保存是以维持共有物现状为目的的行为,是对共有物管理的最基本要求。当共有物面临毁损、灭失或其权利受到限制甚至丧失时,如果不对共有物进行及时的保存,共有关系的客体就会不复存在,共有关系也会随之解体。所以,共有物的保存往往是在刻不容缓的情况下进行的,因此共有人对共有物进行保存可以单独进行,而无须得到其他共有人的同意。因共有物的保存而发生的费用应当由全体共有人按照比例共同承担,管理人就超过自己份额的部分,有权向其他共有人追偿。第二,共有物的改良。是指在不改变共有物性质的前提下,为了增加共有物的价值和效用而对共有物进行维修、装修和加工等的行为。改良是对共有物在保存行为基础上的进一步价值升华,例如修补漏雨的共有房屋,是维持房屋存在所必要的,属于房屋的保存行为。但对共有房屋进行装潢则是增加房屋的观赏性、舒适度,属于房屋的改良行为。由于改良行为不具有保存行为那样的紧迫性和必要性,而且这些行为所需费用往往比较高,所以共有物的改良不能由共有人单独进行,一般需要经其

　　① 于海涌、丁南主编:《民法物权》,中山大学出版社 2002 年版,第 113 页。
　　② 李显冬主编:《中国物权法要义与案例释解》,法律出版社 2007 年版,第 213 页。

他多数共有人同意。根据我国法律,对共有物作重大修缮的,应当经占 2/3 以上的按份共有人同意,但共有人之间另有约定的除外。"所谓重大修缮行为,是指对共有物实施的、对共有人权利影响较大的修缮行为。对共有人权利影响大小,应当从对标的物的影响、经济功能和价值变化等方面加以考虑。"[①]第三,共有物的利用。是指共有人对共有物的使用和收益。既然按份共有人对同一物享有所有权,那么作为所有权权能的行使,各共有人就当然地享有对共有物的使用和收益权。共有人对于共有物的使用收益权主要包括以下几方面:一是,无论应有份额是多少,各共有人的使用收益权总是及于共有物的全部。也就是说,在按份共有关系中,各共有人按照其应有份额,对共有物的全部享有使用收益的权利,而绝对不是根据份额对共有物进行分割使用。如果使用权没有限制,则每个共有人可以自由使用共有物;如果使用权有限制,则按照应有份额的比例,在时间和空间上分配使用权。[②] 例如,甲、乙、丙三人按 4:3:1 的份额共有一头牛,那么这三个人就都有权使用这头牛,即这三个人对于牛的使用收益及于牛的全部,而不是说按照三人的份额比例,将牛分割成三部分来分别使用,而应当是甲、乙、丙三人按照各自的份额比例对整头牛行使权利。如果在时间上进行分配,则对牛的使用应为甲 4 日、乙 3 日、丙 1 日。二是,共有人对于共有物的使用收益权虽然及于共有物的全部,但它的行使要受到其他共有人应有份额的限制,并不得损害其他共有人的权利。在许多情况下,各共有人往往不能对共有物进行共同使用,例如本案例中所举甲、乙、丙三人共有一头牛的情形,由于一头牛不可能同时为三个人进行耕地,于是三个人就面临应如何行使权利的问题。在这种情况下,各共有人应就牛的使用方法进行协商,并按协商一致的原则处理。在协商过程中,应尽可能从有利于提高利用效率的角度来确定如何使用共有物。[③] 如果意见不一致,则应根据多数决原则,按拥有份额一半以上的共有人的意见办理。共有人未经协议或其他共有人的同意而对共有物的全部或一部加以占有、使用、收益的,视为是对其他共有人的侵权行为,其他共有人可以通过以下方式救济自己的权利:依物上请求权请求除去妨害或返还原物,或者依侵权行为规定请求损害赔偿,或者依不当得利的规定请求返还不当利益。第四,共有物管理的费用负担。所谓管理费用包括对共有物进行保存、改良和利用行为所支出的费用,也包括其他费用例如因共有物对他人所应支付的损害赔偿金等。在按份共有关系中,有关共有物管理的费用分担应遵循的原则是:共有人有合同约定的,按照合同的约定,没有合同约定的或者约定不明确的,各共有人按照其份额比例负担,即"当

---

① 王全弟主编:《物权法》,浙江大学出版社 2007 年版,第 208—209 页。
② 同上书,第 207 页。
③ 龙翼飞主编:《物权法原理与案例教程》,中国人民大学出版社 2008 年版,第 206 页。

事人的约定具有优先效力。共有人支付的数额负担超过其分担部分的,其他共有人有偿还义务,但仅以其各自应负担的部分为限"。①

共有物的处分。由于共有物涉及全体共有人的利益,关系着整个共有关系的存在与否,所以法律对共有物的处分(包括法律上的处分和事实上的处分)规定得较为严格。传统民法规定只有在全体按份共有人同意的前提下,才能处分共有物。但是,这种规定"并不能适应新时代对物尽其用的要求。全体同意原则不仅使按份共有人间易滋生矛盾,丧失合作信心,也阻碍物之及时有效的利用。在当今社会,机会稍纵即逝,很多情况下,等到每个共有人都首肯,机会早已丧失,使物不能尽其用。因此,我国《物权法》在对按份共有的共有物处分问题上采用多数决的原则"②,即处分共有的不动产或者动产的,应当经占份额 2/3以上的按份共有人同意。但是,对于共有物的处分,共有人有约定的,首先要按照约定行事。未经其他有效人数的共有人同意,擅自处分共有物的,除非其他共有人事后追认,其处分对其他共有人不具有法律效力,造成共有物毁损的,处分人要对其他共有人负侵权责任。关于共有人处分共有物,其他共有人是否享有优先购买权的问题,根据按份共有法律关系的特性,笔者赞同一些学者的观点,即其他共有人不享有优先购买权。③

（3）按份共有的外部关系。按份共有的外部关系是指共有人与共有关系之外的第三人之间,因共有物发生的权利义务关系,主要涉及对第三人的权利和对第三人的义务。

对第三人的权利。在按份共有法律关系中,各共有人基于应有份额对共有物享有相当于所有权的权利。由于这种权利及于整个共有物,所以在外部关系上所表现出来的与所有权并没有什么不同。因此,共有人基于对共有物的应有份额,为了全体共有人的利益,可以就共有物的全部单独向第三人行使请求权。共有人这种基于应有份额权而可以向第三人行使的请求权,学说上称为应有份额权的对外扩张。当共有物遭受外部的侵害或可能遭受外部侵害的时候,各共有人都可对第三人就共有物的全部行使基于所有权的物上请求权。这种物上请求权,是以实现保护共有物整体为目的的,是为了共有人的全体利益而行使的,不以其份额为限。共有人对于共有物对外取得的共同债权,属于连带债权,任何一共有人都可向第三人主张债权。但是,当法律另有规定或者第三人知道共有人不具有连带债权关系时,共有人只能按照法律规定或者约定或者共有人享有

---

① 李新天主编:《〈物权法〉条文释义与精解》,东北财经大学出版社 2007 年版,第 163—164 页。

② 全国人大常委会法制工作委员会民法室编:《中华人民共和国物权法条文说明、立法理由及相关规定》,北京大学出版社 2007 年版,第 175 页。

③ 其理由阐述详见龙翼飞主编:《物权法原理与案例教程》,中国人民大学出版社 2008 年版,第 208—209 页的有关内容。

的份额享有债权。

对第三人的义务。主要表现在按份共有人因共有物对外产生债务关系的情形中。共有人对共有物权利的完整性决定了共有人对共有物的义务具有全面性。对于外部的债务,各共有人相应承担连带责任。也就是说,第三人可以向任何一共有人主张债权。共有人对外承担连带债务,是法律为全面保护善意第三人的权益而专门设定的一项制度,对保护交易安全具有重要意义。在按份共有法律关系中,各共有人对于共有物享有共有权,这种共有权必然体现于一定的共有外观。对于第三人来讲,很难获知共有人内部是怎样的共有关系,他只能根据共有的外观来判定该共有物为特定的数人所共有。"因此,善意第三人可以仅就共有之外观而确信对于共有人其中之一人履行基于共有物而产生的债务,或者向共有人之中任一人主张债权都构成适当履行或正当债权行使,这是《物权法》的公示公信原则的基本要求。""同时,也是效率原则的要求,因为第三人通过共有物而与数个共有人发生法律关系,如若要求其对每一个共有人均作审查,均要各自履行义务行使权利。无疑于将交易成本全由其承担,这对第三人有所不公,会影响其交易的积极性,与《物权法》促进经济效益之精神相悖。"①并且,若不使各共有人承担连带责任,也很容易发生共有人推托履行义务的可能,对债权人不利。所以法律规定共有人对外承担连带债务,第三人即可向共有人中的任何一共有人主张债权,保护了善意第三人的权利。② 但是,当法律另有规定或者第三人知道共有人不具有连带债务关系的特殊情况下,各共有人对外债务不承担连带责任,而是按照法律规定或者约定或者共有人各自的应有份额承担债务。

(4)按份共有关系的消灭。是指按份共有关系不复存在。按份共有基于以下原因而消灭③:共有人约定的共有存续期间届满或者终止条件成就;共有物依约定被分割;共有物的处分;共有关系的法定终止;共有人行使共有物分割请求权。

2. 共同共有

(1)共同共有的含义。所谓共同共有又称公同共有,是指两个或两个以上的共有人基于某种共同关系,对共有物不分份额享有权利承担义务的一种共有关系。这是一个与按份共有相对应的共有概念,其性质是不分割的共同所有权,即共同共有是没有应有份额的共同所有权,即便有应有份额,其应有份额也具有潜在性,只有在解散共同共有关系时,共有人之间才发生共有财产的分割,才能实现共同所有权。共同共有除具备共有的一般特征外,还具有以下法律特征:

---

① 李显冬主编:《中国物权法要义与案例释解》,法律出版社2007年版,第232页。
② 全国人大常委会法制工作委员会民法室编:《中华人民共和国物权法条文说明、立法理由及相关规定》,北京大学出版社2007年版,第187页。
③ 尹田:《物权法》,北京大学出版社2013年版,第330—331页。

第一，共同共有的发生是以某种共同关系的存在为前提。"所谓共同关系，是指两个或两个以上的人因共同目的而结合，成为共同共有基础的法律关系。"①共同共有是基于共有人之间的共同关系而产生的，没有共同关系，共同共有就没有产生的基础，也就不可能有共同共有，至多可以成立按份共有。共同关系一旦丧失，共同共有就必然解体。"因此，共同共有通常只存在于婚姻家庭领域内和具有一定亲属关系的自然人之间，越出这一领域的共有因各共有人间多不存在共同关系故非共同共有，而属于按份共有。"②

第二，共同共有是不分份额的共有。对共有物不按份额享有权利，这是共同共有与按份共有相区别的最基本特征。在共同共有关系存续期间，共有人不能划分各自的应有份额或哪个部分属于哪个共有人所有，各共有人平等地对共有物享有所有权。共同共有的共有人对共有物共同行使权利、承担义务，而没有权利义务的大小之分。③ 只有在共同共有关系终止，共有财产分割时，才能确定各共有人的份额。所以，在共同共有关系存续期间，共有人擅自划分份额，处分共有财产的，一般应认定为无效。④

第三，各共有人平等地享有权利承担义务。各个共同共有人对共有物享有平等的占有、使用、收益、处分的权利。对共有物的收益，各共有人共同享用而不是按比例分配。对共有物的处分，则必须征得全体共有人的同意，否则构成无权处分。同时，各共有人平等地承担义务。由于各共有人对共有物的权利义务不存在份额比例问题，所以基于共有物产生的债权债务也必定为连带债权债务。由于共同共有人的权利义务都是平等的，因此较之于按份共有而言，共同共有人之间具有更密切的利害关系。

（2）共同共有的类型。按照我国现行法与学界通说，共同共有主要有以下类型：

第一，夫妻财产共有。这是我国财产共同共有的最基本类型。所谓夫妻财

---

① 梁慧星、陈华彬编著：《物权法》（第三版），法律出版社 2005 年版，第 253 页。

② 此观点参见龙翼飞主编：《物权法原理与案例教程》，中国人民大学出版社 2008 年版，第 216 页；梁慧星、陈华彬编著：《物权法》（第三版），法律出版社 2005 年版，第 253 页；王全弟主编：《物权法》，浙江大学出版社 2007 年版，第 216 页等有关著作。但有学者认为，共同共有也可因当事人的合同约定而产生，如合伙合同。此观点参见于海涌、丁南主编：《民法物权》，中山大学出版社 2002 年版，第 121 页；李显冬主编：《中国物权法要义与案例释解》，法律出版社 2007 年版，第 211 页；申卫星：《物权法原理》，中国人民大学出版社 2008 年版，第 259 页；柳经纬主编：《物权法》（二版），厦门大学出版社 2005 年版，第 113 页等有关著作。也有学者认为，虽有特定的人合性共同关系（如婚姻、家庭）之基础，但当事人明确约定了各共有人的应有份额的，应适用按份共有的规则。共有人虽无应有份额的约定（或者约定为等额、推定为等额），但欠缺婚姻、家庭（包括收养）等紧密的共同关系的，亦应以推定为按份共有为原则。此观点参见刘保玉：《物权法学》，中国法制出版社 2007 年版，第 197 页。

③ 申卫星：《物权法原理》，中国人民大学出版社 2008 年版，第 257 页。

④ 王利明：《物权法教程》，中国政法大学出版社 2003 年版，第 171 页。

产共有,是指在婚姻关系存续期间,夫妻任何一方劳动所得、继承和受赠的财产、用合法收入购买的财产等除双方有约定的外,由夫妻双方不分份额地对这些财产享有权利、承担义务。这些财产称为夫妻共有财产。夫妻婚前属于一方的个人财产,尽管婚后由两人共同使用,也不属于夫妻共有财产。对于在婚姻关系存续期间,有的财产难以确定是一方个人财产还是双方共有财产的,应界定为夫妻共有财产。需特别注意的是:我国法律承认夫妻财产约定制,即夫妻双方可以约定婚姻关系存续期间所得财产及婚前财产,是各自所有还是共同所有,或者是部分各自所有,部分共同所有。约定应当采用书面形式,并且其效力高于夫妻财产法定制。也就是说,对于夫妻财产的归属,有约定的按照约定,没有约定或者约定不明确的,则根据夫妻财产法定制来认定。在夫妻财产约定的情形,夫妻一方对外所负的债务,债权人知道该约定的,以夫妻一方所有的财产清偿,否则夫妻负连带债务。设立夫妻财产约定制的意义主要有[①]:更能体现婚姻当事人的真实意愿和个性化要求;有利于保护涉外婚姻和涉港、澳、台的婚姻当事人的合法权益;为再婚夫妻妥善处理婚后财产关系提供了便便利条件;满足在离婚率增高情况下婚姻关系当事人的特殊需求。

对于夫妻共有财产,夫妻双方均有占有、使用、收益和处分的权利。在处分共有财产时,夫妻双方具有平等的处理权。一些学者主张,对于因日常生活需要而处理夫妻共有财产的,无须经过夫妻双方协商一致,任何一方都可独立决定。对于非因日常生活需要对夫妻共同财产做重大处理决定的,则必须经夫妻双方平等协商,取得一致意见。但我国《物权法》却并没有区分是否是"因日常生活需要",而是统一规定只要是处理共同共有财产的,除共有人另有约定的外,必须经全体共有人同意。也就是说,任何一方都不能单独处分,否则构成无权处分。这是由于"对于共同共有物的处分和重大修缮行为,考虑到维持共有人之间的亲密、和谐、稳定、平等的共同关系之需要,采取了一致决原则,即除了共有人之间另有规定的外,应当经全体共同共有人同意"[②]。但是,对于善意第三人来说,则可依善意取得制度取得共有物的所有权。被宣告无效或被撤销的婚姻,当事人同居期间所得的财产,按共同共有处理,但有证据证明为当事人一方所有的除外。

第二,家庭财产共有。这是指家庭成员对在家庭生活关系存续期间共同创造、共同取得的全部财产,不分份额地享有权利承担义务。这些财产称为家庭共有财产,包括家庭成员在共同生活关系存续期间共同劳动所得、接受赠与和遗赠的收益、家庭成员交给家庭的财产、家庭成员共同积累购置的财产等。但不包括

---

① 何俊萍、郑小川、陈汉:《亲属法与继承法》,高等教育出版社 2013 年版,第 145 页。
② 刘保玉:《物权法学》,中国法制出版社 2007 年版,第 200 页。

家庭成员各自所有的财产,例如某个家庭成员以其劳动收入购买的个人生活用品。家庭共有财产不同于家庭财产,家庭财产包括家庭共有财产,也包括家庭成员各自所有的财产。家庭共有财产也不同于夫妻共有财产,"家庭共有财产在法律上特指除夫妻二人组成的简单家庭以外的其他类型家庭的共有财产,且当这一类家庭的共同生活关系解体后,既要界定夫妻共有财产,还要在家庭共有财产中再确定夫妻应分得的份额"①。例如在一个家庭中有成年子女,或有其他家庭成员,或者未成年子女接受了较大价值的财产并将这些财产交给了家庭,此时家庭共有财产的范围就超过了夫妻共有财产的范围。当然,在有些家庭中家庭共有财产也可能与夫妻共有财产完全相同,例如在夫妻与未成年子女共存在的家庭中,未成年子女没有独立的经济收入,也没有接受赠与和遗赠的情况,此时家庭共有财产的范围就与夫妻共有财产的范围相同。

家庭共有财产的主体是家庭成员,但并不是所有的家庭成员都是家庭共有财产的主体,只有那些对家庭共有财产的形成有贡献的家庭成员才是家庭共有财产的主体。对于未成年子女,如果对家庭共有财产的产生、积累、增值等均没有贡献的,则不能享有家庭共有财产的共有权;如果未成年子女接受他人赠与或遗赠的财产,且这些财产也交给了家庭,则应认定这些未成年子女享有家庭共同财产的共有权。"未成年子女不享有对家庭共有财产的共有权,并不会使他们失去生活保障,他们仍然享有受抚养的权利,其监护人应当对其承担抚养义务。"②

每个家庭成员对于家庭共有财产享有平等的权利。除法律另有规定或家庭成员另有约定的除外,对于家庭共有财产的占有、使用、收益、处分,应该经全体家庭成员协商一致进行,未经其他成员的同意,任何家庭成员都不能擅自处分家庭共有财产,否则,构成无权处分。当然,第三人如果是善意的,则可基于善意取得制度取得相关共有物的所有权。

第三,遗产分割前的共有。按照我国有关法律和民法理论,被继承人死亡后,在继承开始遗产未分割前,在继承人为数人的情况下,各继承人对遗产有共同共有权。此时,由全体继承人或遗嘱执行人对遗产进行管理,任何继承人都不能擅自使用、处分遗产。遗产分割后,共有关系解除。

(3)共同共有的内部关系。共同共有基于共同关系产生,共有人之间的关系与按份共有相比更为密切亲近,共有人之间的关系更容易协调。因此,共同共有内部关系不如按份共有内部关系复杂。

在共同共有中,各共有人对共有物享有平等的占有、使用、收益和处分权。

---

① 申卫星:《物权法原理》,中国人民大学出版社 2008 年版,第 258 页。
② 王利明:《物权法教程》,中国政法大学出版社 2003 年版,第 175 页。

并且,各共有人的权利及于共有物的全部,各共有人共同对共有物进行管理,管理费用共同承担。任何共有人对共有物行使占有、使用、收益和处分权,应得到全体共同共有人的同意,尤其是对共有物的处分行为,由于关系到共有物的命运,所以法律要求除共有人之间另有约定的外,应当经全体共同共有人同意,否则无效。当然,如果第三人是善意的,他可基于善意取得制度取得共有物的所有权,共有人不得主张善意第三人返还共有物,由此给其他共有人造成损害的,相关处分人应承担损害赔偿责任。在共同共有关系存续期间,各共同共有人不得要求分割共有物,除非共有人另有约定或者共有基础丧失或者有重大理由需要分割。

(4) 共同共有的外部关系。是指共同共有人作为一个整体与共有人之外的第三人发生的权利义务关系。对于因共有物发生的债权债务,除了法律另有规定或者第三人知道共有人不具有债权债务关系的外,共有人享有连带债权,承担连带债务。共有人享有连带债权时,任一共有人都可向第三人主张债权。共有人承担连带债务时,第三人可向任一共有人主张债权。同按份共有一样,共有人对外承担连带债务,是法律为全面保护善意第三人权益而设定的一项制度,对保护交易安全有重要意义。共有物因管理不善造成他人损害的,全体共有人应承担赔偿责任。例如在家庭共有和夫妻共有关系中,共有的房屋倒塌致人损害的,应从家庭共有财产中支付赔偿金。

(三) 案例 33、34 分析

案例 33:所谓按份共有又称分别共有,是指两个或两个以上的共有人各自按照一定的份额分别对共有物享有权利承担义务的一种共有关系。在按份共有中,共有人可以在其应有份额上设定抵押。但需注意:共有人在份额上设定负担,仅限于自己的应有份额,对于超出自己应有份额的部分,除非其他共有人同意,否则任何共有人都无权处分其他共有人的份额。另外,根据我国法律规定,在按份共有中处分共有的不动产或者动产的,应当经占份额 2/3 以上的按份共有人同意,共有人之间另有约定的除外。

本案中,甲、乙、丙三人的共有关系属于按份共有,甲的出资比例为 20%,他只能就自己在东风汽车上的份额设定抵押,也就是甲最多只能在东风车上设定 2 万元的抵押。本案甲对东风车的处分超出了自己应有的份额,并且事后也没有得到乙和丙的追认,因此甲的处分行为属于无权处分。本案中,甲、乙、丙三人的出资比例分别是 20%、30% 和 50%,乙和丙两人所占份额超过 2/3,因此,尽管甲不同意卖车,但乙和丙两人卖车的行为仍然是合法有效的。

案例 34:所谓共同共有又称公同共有,是指两个或两个以上的共有人基于某种共同关系,不分份额地对共有物享有权利承担义务的一种共有关系。在共同共有法律关系中,除共有人另有约定的外,各个共同共有人对共有物享有平等的占有、使用、收益和处分的权利。对共有物的处分,必须经全体共有人同意,任何一个共有人都无权单独处分共有物,否则构成无权处分。但是,对于善意第三人来说,则可依善意取得制度取得共有物的所有权。

本案中,孙某和林某基于婚姻关系形成夫妻共同共有关系,由于两套房屋都是在二人婚姻关系存续期间,两个人凑钱购买的,所以属于夫妻共同共有财产,房产证上虽然没有孙某的名字,但这并不影响房屋属于共有财产的性质。因此,林某偷卖房屋的做法显然违反了法律的规定,属于无权处分。但是,由于购买房屋的新婚夫妇属于善意第三人,所以他们可以基于善意取得制度获得所购房屋的所有权,孙某不能要求那对新婚夫妇归还房屋。至于孙某的损失,可通过要求林某进行损害赔偿来弥补。当然,这种弥补主要是在孙某与林某离婚分割财产时,才能得到体现。

三、共有物的分割

相关法条

第九十九条 共有人约定不得分割共有的不动产或者动产,以维持共有关系的,应当按照约定,但共有人有重大理由需要分割的,可以请求分割;没有约定或者约定不明确的,按份共有人可以随时请求分割,共同共有人在共有的基础丧失或者有重大理由需要分割时可以请求分割。因分割对其他共有人造成损害的,应当给予赔偿。

第一百条 共有人可以协商确定分割方式。达不成协议,共有的不动产或者动产可以分割并且不会因分割减损价值的,应当对实物予以分割;难以分割或者因分割会减损价值的,应当对折价或者拍卖、变卖取得的价款予以分割。

共有人分割所得的不动产或者动产有瑕疵的,其他共有人应当分担损失。

（一）案例 35 简介

许恒、李景、汤群合开了一个副食品批发店。许恒带来一辆 3.5 万元买的新面包车,负责进货、送货;李景、汤群各带 2 万现金作流动资金,在店里面李景记账,汤群管现金。许恒他们三人约定合伙先以 1 年为期,到时看经营情况再说。但才开业 5 个月,徐恒就请求退出,原因是他欠别人 10 万元债,债权人追讨很紧,他只得以自己在共有财产中的份额还债。

问题:按照法律规定,这种情况能不能分割共有财产? 如何分割?①

(二) 相关知识点

受诸多因素影响,共有关系不可避免地会出现终止。共有关系一旦终止,除共有物灭失和共有物归共有人一人所有外,就面临共有物分割的问题。另外,即使共有关系没有终止,但共有人有重大理由需要分割共有物的,也会面临共有物分割的问题。

1. 分割原则

(1) 依据共有人约定分割原则。对于共有物的分割问题,我国《物权法》采取的是尊重私法自治的态度。对于共有人约定不得分割共有物,以维持共有关系的,《物权法》第99条规定应当按照约定执行。但同时又赋予共有人在有重大理由需要分割共有物时的分割请求权,即共有人有重大理由需要分割共有物的,可以请求分割,以达物尽其用方便流转的目的,这同样是对意思自治的保护。② 在分割共有物时,如果共有人之间约定了分割方式的,各共有人应当按照约定分割共有物。

(2) 依法分割原则。共有物的分割涉及共有物的价值能否充分得以利用,涉及相关共有人的切身利益能否得到保障,所以法律必定要对共有物的分割进行必要的规范。对共有财产是否可以分割或在什么情况下可以分割等,如果共有人没有约定或者约定不明确的,应当按照法律的规定进行分割。在按份共有中,按份共有人有权随时请求从共有财产中分割出属于自己的份额,这种分割请求权,名为请求权,实为形成权,所以这种请求不需要征得其他共有人的同意;在共同共有中,通常共有人只能在共同共有关系消灭或者有重大理由需要分割时,才能对共有财产予以分割。无论是按份共有还是共同共有,在共有物分割方式上,如果共有人没有约定或不能达成协商一致的意见时,应当按照法律规定的分割方式进行分割。另外,共有人分割共有物时,除遵守我国《物权法》的规定外,还应遵守我国《民法通则》《婚姻法》《继承法》《合伙企业法》等有关法律的规定,不得损害国家、集体和他人的利益。

(3) 平等协商、团结和睦原则。共有人对共有物的分割,有约定的按照约定进行,没有约定或者约定不明确的,各共有人应本着团结和睦、互助互让的态度进行友好的平等协商,力求达成一致意见。"由于共有物的分割问题事关重大,故分割协议须经全体共有人同意,否则不发生法律效力。分割协议不以书面形式为必要,部分共有人以默示的方式表示认可或者事后追认,均无碍分割协议的

---

① 张迪圣编著:《100个怎么办:物权法案例讲堂》,中国法制出版社2007年版,第113页。

② 李显冬主编:《中国物权法要义与案例释解》,法律出版社2007年版,第221页。

达成。"①

（4）物尽其用原则。正如前文所述，物权法不仅仅是以保护物的归属秩序为目的的法律，而且它也是一部以鼓励物尽其用为己任的法律。鼓励物尽其用的意图贯穿物权法的始终，体现在物权法的角角落落。在共有财产分割中，从法律规定的角度看，无论是尊重禁止分割协议，还是允许按份共有中的"自由分割"，无论是尊重协议分割，还是规定裁判分割，物尽其用的原则都体现得淋漓尽致；从共有人具体实施分割共有物的行为角度看，共有人要自觉贯彻物尽其用的原则，以充分发挥物的效用为总的指导思想，适当照顾各共有人生产、生活的实际需要等情况，公平合理地对共有物进行分割，以达到有效利用共有物的目的。

（5）损害赔偿、损失负担原则。共有物通常是一种特定的统一的财产，因一些法定特殊原因，例如共有人有重大理由需要分割共有物，就有可能导致整个共有财产功能丧失或者削弱，降低共有财产的价值，因此有可能给其他共有人造成损害。所以我国《物权法》第 99 条规定，因分割对其他共有人造成损害的，应当给予补偿。同时基于公平合理的考虑，我国《物权法》第 100 条还规定了关于共有物分割时的瑕疵担保责任和损失分担责任。瑕疵担保包括权利瑕疵的担保和物的瑕疵的担保，无论有何种瑕疵，只要是分割共有财产时未予明确并作相应价值扣减的，其他共有人均有分担损失的义务。这是出于公平的考虑，以防止共有物分割后，因某一共有人分得的物存在瑕疵或隐有权利负担而导致其独担损失所作的规定。大多数国家或地区的立法上都有此规定，其立法精神等同于合同法中的出卖人对买受人所负的瑕疵担保责任。②

2. 分割方式

总起来讲，共有物的分割方式有两种：协议分割和裁判分割。所谓协议分割，是指共有人之间基于相互达成的协议而对共有物进行的分割。分割协议应当经全体共有人同意，否则不发生效力。分割协议不以书面形式为必要，凡是明示或者默示或者事后追认，均构成分割协议。所谓裁判分割，是指共有人对共有物的分割达不成协议时，通过诉讼由法院以裁判形式进行的分割。无论是协议分割还是裁判分割，最终的分割方法不外乎以下三种：

（1）实物分割。这是指对共有物进行实体分割。这种分割前提是共有物须为可分物并且不会因分割减损共有物的价值。实物分割时，各共有人可按各自的份额或以平均的方式对共有物进行分割，分割后由各共有人单独取得分割部分的所有权。"对于各共有人来说，这种方式最为经济，最为有效率，既不影响

---

① 刘保玉：《物权法学》，中国法制出版社 2007 年版，第 207 页。

② 龙翼飞主编：《物权法原理与案例教程》，中国人民大学出版社 2008 年版，第 215 页。

实物本身的价值,又能够满足共有人对于共有物继续享有权利的要求"①,对于保护共有人继续利用该物有重要意义。

(2)变价分割。这是指将共有物变卖或拍卖,用所得价金在共有人之间进行分配。这种分割前提是共有物不能分割或者分割后会有损其价值或者是共有人都不愿意接受共有物。这种分割使共有人完全脱离了对共有物的所有权状态。

(3)作价补偿。这是指由共有人中的一人或数人取得共有物,并由取得共有物的共有人对其他共有人应得部分的价值以金钱的方式予以补偿。这种分割前提是共有物不能分割或者分割后会有损其价值,但共有人中有一人或数人愿意取得共有物。

(三)案例 35 分析

对于共有物的分割,法律执行的首先是依据共有人约定原则。即共有人有约定的,应当按照约定执行,但法律同时又允许在有重大理由需要分割共有物的情况下,共有人可以请求分割共有物。在共有人没有约定或者约定不明确的情况下,按份共有人可以随时请求从共有物中分割出属于自己的份额,而不需要征得其他共有人的同意。若因分割对其他共有人造成损害的,应当给予补偿。分割方式有两种:协议分割和裁判分割,最终的分割方法不外乎实物分割、变价分割和作价补偿三种。

本案中,根据我国《物权法》的相关规定可知,三位共有人的共有是按出资额确定的按份共有。② 三位共有人约定合伙期为 1 年,也就是约定了在 1 年内不能分割共有财产,三人应当遵守这一约定。但在本案所描述的情况下,许恒属于有重大理由需要分割共有物,所以,他可以请求分割共有物。只不过,由此给其他二人造成损害的,许恒应当给予补偿。至于具体的分割方式,由于许恒分割共有财产的目的是为了还债,所以李景和汤群可对许恒进行作价补偿或者在同等条件下,许恒将自己的份额优先卖给李、汤二人。这样既满足了许恒还债的需要,又不妨碍李景和汤群继续干他们的生意。当然,如果以上处理方式达不成协议,他们也可以采用实物分割的方式,分割店内的实物。

[案例思考]

1. 甲、乙、丙、丁四人以 2∶2∶3∶3 的比例出资购买了一辆卡车从事运输。

---

① 李显冬主编:《中国物权法要义与案例释解》,法律出版社 2007 年版,第 225 页。

② 我国《物权法》第 103 条规定:"共有人对共有的不动产或者动产没有约定为按份共有或者共同共有,或者约定不明确的,除共有人具有家庭关系等外,视为按份共有。"第 104 条规定:"按份共有人对共有的不动产或者动产享有的份额,没有约定或者约定不明确的,按照出资额确定;不能确定出资额的,视为等额享有。"

甲负责外出长途运输时,卡车轮胎爆裂。甲在进行轮胎维修时,看到维修店出售汽车豪华坐垫,就一块购买了坐垫。但是,等到甲回来找到负责财务的丁报修补轮胎和购买坐垫的费用时,丁却认为,甲在支出以上两项费用前,应征得其他共有人同意,但甲事前却没有与任何共有人商量,就擅自支出了以上两项费用,这些费用应由甲一人负担。

问题:丁的观点是否符合法律规定?

2. 甲、乙、丙三兄弟从父亲处各继承水牛一头。丙领回牛的第三天,该牛因病死亡。经查,该牛得病日久,但兄弟三人均不知情。三头牛的价格均为3000 元。

问题:请思考丙该如何救济自己的权利?[①]

---

① 王全弟主编:《物权法》,浙江大学出版社 2007 年版,第 200 页。

第九章　所有权取得的特别规定

一、善意取得制度

相关法条

第一百零六条　无处分权人将不动产或者动产转让给受让人的,所有权人有权追回;除法律另有规定外,符合下列情形的,受让人取得该不动产或者动产的所有权:

（一）受让人受让该不动产或者动产时是善意的;

（二）以合理的价格转让;

（三）转让的不动产或者动产依照法律规定应当登记的已经登记,不需要登记的已经交付给受让人。

受让人依照前款规定取得不动产或者动产的所有权的,原所有权人有权向无处分权人请求赔偿损失。

当事人善意取得其他物权的,参照前两款规定。

（一）案例 36 简介

金和与金平系兄弟俩,其母赵某有一处房产,领有产权证。2007 年 3 月,金和谎称母亲赵某去世（事实上 2007 年 11 月才去世）,骗取派出所出具了赵某的死亡证明。5 月,金和持赵某的死亡证明,谎称自己系赵某的独子,到房管部门将赵某的房产过户到自己名下,并领取了房产证。9 月,金和持骗领的房产证,与何某签订房屋买卖合同一份,将该房屋卖给何某（何某不知金和的房产证是骗来的）,10 月,何某领取了该房的产权证。2008 年 1 月,金平以金和的房产证系骗领的、金和事实上非该房屋的唯一所有人为由向法院起诉,要求确认金和与何某签订的房屋买卖合同无效。[1]

问题:本案中何某能否依法取得该房屋的所有权?

---

[1]　《中华人民共和国物权法（案例应用版）》,中国法制出版社 2009 年版,第 139—140 页。

（二）相关知识点

1. 善意取得的概念及其价值

善意取得又称即时取得[①]，是指无处分权人将其占有的动产或登记在其名下的不动产转让给第三人后，如果受让人在取得该财产时是出于善意的，则该受让人就可以取得该财产的所有权，原所有权人不得要求受让人返还财产的法律制度。各国物权法关于善意取得制度适用的范围并不一致，一种立法模式是区分动产和不动产，善意取得制度只适用于动产。另一种立法模式是不区分动产和不动产，对二者统一适用善意取得制度。我国《物权法》采纳了第二种模式。实际上是将比较法上的动产善意取得制度和不动产的公信原则合并在一起加以规定的。[②]

善意取得制度允许善意受让人从无处分权人手中取得物的所有权，并且赋予了这种取得方式以阻断原物权人物权追及力的法律效力，剥夺了原真正所有权人的所有权，而使受让人的利益得到了优先保护。这与一般的法律原则不相一致，因为通常法律秩序首先要保护的利益是静态的所有权安全，此处创设这一原则的例外，则必然有更强势的正当性理由。[③]

法律要保护的财产秩序安全分为两种：一种是财产所有权的安全，另一种是财产交易的安全。前者又称静态安全，后者又称动态安全，这两种安全都是法律重点保护的内容。但是，当这两种安全的保护发生冲突时，法律就不得不面临着一种选择。对于利益冲突的平衡问题，法律是这样做的："如果相互冲突的两种利益中，一种利益关涉到权利（个别正当利益）的保护，而另一种利益（无论为正当利益或者不正当利益）关涉到秩序（整体利益）的保护，则民法的选择，无一例外地是牺牲个别正当利益而保护整体利益。"[④]如果绝对保护财产所有权静的安全，则财产交易动的安全往往会受到影响。因为绝对保护财产所有权，就不能允许因他人的无权处分而使财产所有人的所有权消灭。也就是说无论财产辗转到何处，财产的真正所有权人都可基于物权的追及效力将原物追回。但这样一来，受让人对让与人占有物或权利登记事实的信赖，实际上是被置于了一种漠然的境地，等于宣称了动产或不动产物权的公示方式并不具有公信力。这种情况下，欲进行商品购买活动的人，客观上就被要求在交易活动之前，必须先查明商品的出卖人是否是商品的真正所有人，否则，就很难保证所购买的商品在某一天不被

---

①　我国有学者认为即时取得的称法并不确切，因为称时效者是指时间经过即取得权利或丧失权利，而善意取得并不需要时间经过。此观点见王全弟主编：《物权法》，浙江大学出版社 2007 年版，第 60 页。

②　王利明：《物权法研究》（第三版）（上卷），中国人民大学出版社 2013 年版，第 432 页。

③　王全弟主编：《物权法》，浙江大学出版社 2007 年版，第 60 页。

④　尹田：《物权法理论评析与思考》（第二版），中国人民大学出版社 2008 年版，第 317 页。

突然追回。这样一来,在市场交易中,买受人必然要增加一个考察出卖人对出卖物是否具有所有权这一对买受人来说非常困难的问题,这极易造成"购物者人人自危恐遭不测损害,交易成本也将甚大"①。这无疑给商品交易带来了巨大障碍,使交易无法正常进行。所以,在所有权人的保护与善意受让人的保护发生冲突的情形,从整体上观察,所有人利益的伤害被认为仅仅是个别利益的伤害,而善意受让人利益的伤害却被认定为是对交易整体秩序的伤害。② 当然,如果不论在什么情况下,"一概地承认从无处分权利的人手中受让财产均可获得所有权,又会助长欺诈、合谋骗取他人财产的行为,对所有权人构成严重的侵犯。因此又有必要对取得人进行区分,即区分出善意和恶意,对善意取得予以保护,对恶意者不予保护,以维护所有权人的利益"③。正是基于这种利益的权衡与价值的判断,从保障交易安全与交易便捷及保护占有登记公信力的要求出发,法律建立了侧重保护善意受让人的善意取得制度,即法律以牺牲"静态安全"为代价而保护了"动态安全",较好地解决了当财产所有权"静的安全"与财产交易"动的安全"发生矛盾时,要侧重保护哪一方的问题。由此可以看出,善意取得制度其实是法律在无法"两全其美"的情况下,作出的一种选择。这种选择体现了法律所确定的利益冲突的平衡原则,体现了善意取得制度本身的价值所在。正如王泽鉴教授所说:"所有权善意取得制度最可表现法律上的利益衡量与价值判断,对法学思考甚有助益。"④

需说明的是:此处所说的"法律牺牲静的安全保护动的安全"与前文说的"物权公示的价值是保护静的安全"并不矛盾,原因如下:

首先,这两个地方所说"静的安全"的含义是不一样的。物权公示价值保护中"静的安全"是指物权变动前和变动后两种甚至是多种新旧物权权属(享有)状况的总称,而善意取得中"静的安全"仅指在某一阶段上物权变动前的旧物权权属(享有)状况。只是为了阐述的方便,本书涉及类似问题,都沿用了传统"静的安全"的说法,而没有再进行细的划分,特此说明。

其次,物权公示价值保护中"静的安全",在整个物权存续期间,是一个常态的概念。不管这期间曾经发生过多少次变动,只要物权是合法取得的,法律都会通过公示这种形式去确认或重新确认它,从而去保护它。而善意取得中"静的安全"仅是某一阶段上物权变动前旧物权的权属(享有)状况,法律只是在特定情况即发生了两种安全保护相矛盾的情形下,将其与"动的安全"即交易相比较,而择其一进行保护。也就是说,在善意取得的情况,法律进行衡量和选择的

---

① 梁慧星、陈华彬编著:《物权法》,法律出版社 1997 年版,第 181 页。
② 尹田:《物权法理论评析与思考》(第二版),中国人民大学出版社 2008 年版,第 317 页。
③ 高富平:《物权法论》,北京大学出版社 2007 年版,第 203 页。
④ 王泽鉴:《民法物权》(通则·所有权),中国政法大学出版社 2001 年版,第 24 页。

仅是整个物权常态保护中的一个环节、一个步骤、一个插曲而已。因为当此交易一旦完成,法律又会"言归正传"去确认保护新产生的物权权属(享有)状况。事实上,法律之所以"局部"保护"动的安全",也是为了保护由此产生的新的"静的安全"即新的物权的权属(享有)状况。从这个意义上说,善意取得制度实际上是物权公示公信制度的一个天然组成部分,而不是一个独立的制度,这在下文还要详述,此不多言。

2. 善意取得的构成要件

由于善意取得使原所有人丧失了所有权,造成物权发生了较大变动,所以世界各国法律都对其规定了严格的条件,主要有:

(1)转让人必须是无权处分财产的动产占有人或者是不动产登记的权利人。由于占有和登记是动产和不动产所有权的公示方式,并由此产生公信力,所以转让人必须首先是动产的占有人或者是不动产登记的权利人。这样该财产才具有为外人所知晓的权利外观,也才能使第三人因对这种权利外观的信赖而使受让财产成为可能,也才有受让人所谓"善意"可言。所以,这是善意取得发生的前提条件。但是,尽管让与人具备了拥有所有权的权利外观,可实际上让与人却并不是真正的所有权人。也就是说,让与人并没有权利处分本不属于或不完全属于自己的财产,他对财产的处分属于无权处分,"包括根本即无处分权,也包括欠缺完整的处分权(如某一共有人未经其他共有人同意而处分共有物等)"①。但对被监管、扣押、查封之物,一般认为属于公法上的强制处分行为,第三人不能依善意取得而获得对这些物的所有权,善意第三人由此所遭受的损失,应依其他规则处理。

(2)以合理的价格有偿转让。善意取得制度的目的是保护交易的安全,所以善意取得必须适用于有偿的交易。"如果允许受让人可以无偿取得标的物的所有权,等于牺牲所有权人的利益而保护无偿的受让人,有失公平",所以"赠与等无偿法律行为一般不适用善意取得制度。这是因为从利益的角度来说,因为第三人在受让时并未支付相应的代价,如将财产返还原所有人,也并不影响他原有的利益"②。同时,仅仅"有偿"还不够,善意取得还要求转让的价格必须"合理"。所谓合理是指转让的价格应与当时当地的市场价格大体相符,明显的过高或过低都是"不合理"。由于转让的价格是否合理关系到对第三人是否善意的判断,所以在一些具体的事件中,正确界定"合理"往往有重要意义。

(3)受让人受让财产时必须是善意的。善意取得制度的核心是保护善意第三人,第三人受让财产时是否善意直接决定着善意取得制度能否适用,因此对于

---

① 刘保玉:《物权法学》,中国法制出版社 2007 年版,第 221 页。

② 郭明瑞主编:《中华人民共和国物权法释义》,中国法制出版社 2007 年版,第 179 页。

受让人受让财产时善意与否的判断显得至关重要。对于善意的认定标准,我国理论界通说认为,受让人不知或不应知让与人无让与权且无重大过失即为善意。这个标准略显笼统,因为在具体案例中往往有不同的具体情况,且对于人的主观状态也往往很难下结论,所以,本着对"善意"判断标准客观化的原则,有必要对这一通说标准再进行进一步的具体化。由于不动产登记的公信力强于动产的占有,所以不动产与动产的善意取得中对"善意"的认定标准会有所不同,在动产善意取得中对受让人注意义务的要求要高于或严于不动产的善意取得。① 因此,对于善意的判断应区别动产和不动产,结合交易的场所、标的物的价格、推销的方式、手续是否健全、交易的公开性、原始的凭证、当事人的状态等因素综合判定,凡是一般人根据具体情形,凭借交易经验可作出的判断,都可以作为验证受让人是否不知或不应知让与人无让与权且无重大过失的因素。一般来说,受让人是否善意,应由主张受让人非善意的一方负举证责任。确定受让人是否善意,应以其受让财产时的情况为准,财产受让以后受让人是否善意,不影响善意取得的成立。

(4)完成了法定的公示方式。根据物权公示原则,公示对于物权的移转具有决定效力,没有公示就不能产生物权变动的法律效果。善意取得既然是物权取得的一种方式,其物权"取得"时,必然是已经完成了公示,否则连物权都未"取得",如何谈得上"善意取得"的问题。况且,善意取得制度是为保护善意第三人取得的物权而设立,而对物权的保护是以物权的有效存在为前提的,只有经过公示获得公信力的物权才是有效存在的物权,物权变动未经公示就不会发生真正的移转,受让人也就无法取得该物权,自然谈不上对该物权的保护问题了。同时,也正是因为有效物权的存在,受让人才有了所谓"善意"的问题。所以,只有完成了法定的公示方式,即不动产完成了新的登记(登记的变更),动产完成了新的占有(占有的移转),对受让人来说才能谈得上善意取得与否的问题,否则善意取得就是一句空话。如果无处分权人与受让人仅达成转让财产的合意,而没有进行变更登记或为移转占有,则双方只发生债的关系,不发生善意取得,标的物的所有人得及时阻止其交易。② 至于动产占有的移转是否限于现实交付,尤其是在占有改定的情形能否发生善意取得的效力,理论界分歧较大。由于占有改定不具有占有的公示作用,不能对抗第三人。所以,笔者赞同刘保玉教授的观点,在占有改定的情形,"在实际交付之前,或者不能发生善意取得的效力,或者该动产物权的变动不得对抗第三人,也不能对抗所有权人的追索"③。

① 王利明:《善意取得制度的构成》,载《中国法学》2006 年第 4 期。
② 刘保玉:《物权法学》,中国法制出版社 2007 年版,第 223 页。
③ 此观点详见同上书,第 223 页。

3. 善意取得的法律效果

善意取得的构成要件一旦具备,在原所有人与受让人之间、在原所有人与转让人之间、在转让人与受让人之间,就产生了新的物权和债权关系。在原所有人与受让人之间,受让人取得动产或不动产的所有权,原所有权人不得要求受让人返还标的物;在原所有人与转让人之间,原所有人可向转让人行使损害赔偿请求权或者不当得利请求权;在转让人与受让人之间,转让人享有要求受让人支付价金的权利。

4. 需讨论的几个问题

问题一:善意取得制度能否被公示公信制度所替代?

物权公示公信原则与善意取得制度究竟是什么样的关系,理论界认识并不一致。但是把它们作为两种制度来阐述、来适用,则是理论界与实务界的共同做法。至于二者的关系,说得最多的也不过是"善意取得制度是公示公信原则的具体体现(或具体落实)"。笔者对此颇感疑惑,现谈一点自己的看法,以求教于同仁。

(1)从含义上看,善意取得制度是公示公信原则的重复。关于公示公信原则的含义前文已述,此不赘述。通过前文的论述,我们知道,法律通过公示确认物权的权属状况,通过赋予公示以公信力来切实保护善意第三人的利益,并为此不惜牺牲原真正权利人的利益。正如前文所言,"公示的公信力重在保护第三人,真正的权利人即使能够举出确凿的证据证明公示瑕疵确实存在,而且自己对于公示的瑕疵并无过错,对公示的公信力仍不产生影响,第三人仍可凭借公示的正确性推定和自己对于公示的瑕疵不知情而获得保护"[1]。

从前文所述善意取得的含义来看,善意取得制度同样是对第三人进行保护的制度。对于善意取得制度中善意受让人取得权利的根据是什么,在理论界有不同看法,产生了诸如取得实效说、占有保护说、法律赋权说和权利外形说等。所谓取得时效说,即认为受让人取得权利是即时时效或瞬间时效作用的结果;所谓占有保护说,即认为受让人取得权利是因为受让人取得了财产的占有,从而基于占有的公信力而取得;所谓法律赋权说,即认为受让人取得权利是由法律直接赋予的;所谓权利外形说,即认为受让人取得权利是因为出让人(无处分权人)具备物权公示方式所展示的权利外观,受让人对这种权利外观的信赖应得到法律的保护。总体考察学者们的观点,可以发现绝大多数学者都认同权利外形说,大家都认可"受让人取得所有权之基础乃基于占有之公信力,亦即对转让人占有标的物推定其有权利的善意信赖"[2]。即使有学者认为"把善意取得的存在根

---

① 于海涌、丁南主编:《民法物权》,中山大学出版社 2002 年版,第 36 页。
② 高富平:《物权法专论》,北京大学出版社 2007 年版,第 202 页。

据解释为法律的特别规定,应当说是正确的",但同时也不得不承认"善意取得是一种基于占有的公信力效力而产生的制度,是有相当根据的"①。有的学者既认为"善意取得制度的理论根据在于民法所确定的利益冲突的平衡原则",同时也承认"让与人对动产占有之公信力,是善意受让人取得权利的基本原因""占有的公信力无疑是善意受让人取得权利的基本逻辑依据"②。有的学者一方面认为"上述各种学说均有所持,但又各有偏颇",同时又承认"占有之公信力仍为其不可欠缺之基础。对不动产而言,登记之公信力则为其理论基础"③。笔者认为权利外形说抓住了问题的关键,是善意取得制度本质所在,所以笔者赞同权利外形说并按照这一学说来透视善意取得制度。事实上,以上许多观点的分歧,只不过是考察的侧重点或角度不同罢了,这些观点最终的思想汇集点都还是以交易安全的保护即让与人具备的法定公示方式所展示的物权效力作为基础的,例如法律赋权说,法律为什么会赋予受让人权利? 其实这是法律进行利益衡量的结果,是法律为了保护第三人的信赖利益,而作出的一种价值判断;再例如有学者认为"善意取得制度的理论根据在于民法所确定的利益冲突的平衡原则",然而众所周知,对于利益冲突的平衡不正是物权公示公信原则或善意取得制度得以产生的根本原因吗!

在善意取得制度中,善意第三人最终能够取得财产的所有权,实际上是法律承认了第三人与无权处分人之间的交易具有与真实物权存在时相同的法律效果。而法律之所以认可这种交易的法律效果,是因为第三人在受让财产时系出于善意,即第三人在受让财产时不知道或不应当知道出让人无权处分该财产,而第三人之所以"不知道或不应当知道",则是因为他信赖交易时出让人拥有物权公示方式(在动产为占有,在不动产为登记)所展示的物权归属表征,从而以之为标的与无处分权人进行了交易,否则他就不是出于"善意"了。正因为如此,所以即便出让人根本就无权处分该财产,即公示方式所展现出来的物权事实上并不存在或者内容有欠缺,但法律依然赋予善意第三人财产的所有权。这就相当于法律承认了第三人与无处分权人进行的交易具有与真实物权存在时相同的法律效果,以便对第三人的利益加以保护。而这一整个过程完全就是物权公示公信原则的内容。

至于有学者谈到的"公示公信原则中的善意标准是客观的,善意取得制度中的善意标准是主观的"问题,笔者不敢苟同。客观的标准也好,主观的标准也罢,在这里都只是表面现象。其实这两种制度对善意的判断,都是建立在通过法

---

① 梁慧星、陈华彬编著:《物权法》(第三版),法律出版社 2005 年版,第 216 页、第 217 页。
② 尹田:《物权法理论评析与思考》(第二版),中国人民大学出版社 2008 年版,第 315 页、第 316—317 页。
③ 申卫星:《物权法原理》,中国人民大学出版社 2008 年版,第 236—237 页。

定的公示方式向公众展示物权归属这个客观标准之上,然后考量第三人对公示表征的主观心理状态,而这种心理状态毫无疑问是主观的。在公示公信原则中,对善意判断的标准并不仅仅是权利归属的表征这个客观的东西,同时还要考察第三人对这种表征的合理信赖情况,什么才算"合理信赖"呢?笔者认为,当物权的法定公示方式所展示的物权存在瑕疵时,受让人不知道或不应当知道该瑕疵的存在,或者说受让人不知道或者不应当知道法定公示方式所展示的权利人并非真正的权利人,而与其进行交易的,就应算"合理信赖"。如果受让人明知登记簿上记载的权利人非真正的权利人,仍同其进行交易,则该受让人对登记的信赖就不是"合理信赖"。这种合理信赖就构成所谓的"善意"。在善意取得制度中,第三人不仅仅具有"不知道或不应当知道"这种主观的东西,而且同时要具备(或要考察)第三人"不知道或不应当知道"的原因,而这个原因就是因为出让人具有了物权法定公示方式所展现的权利归属表征这种客观的东西,正因为如此,才构成善意取得中的"善意"。在公示公信原则中需要判断受让人的信赖是否"合理",即公示公信原则中也存在需要判断受让人主观上是善意还是恶意的问题,而并不仅仅只是善意取得面临这一问题。善意取得也并不仅仅是仅凭当事人的意思就可引起物权变动,而也要考察公示方式所展现的权利表征,事实上"不应当知道"就包含客观的意思。也就是说,公示公信原则中的善意标准与善意取得制度中的善意标准其实是一致的,都是客观和主观的统一体。

　　根据这两种制度的含义,我们来细化一下他们各自的重点环节或步骤,再进一步比较它们之间的异同。公示公信原则:① 公示的物权事实上不存在或内容有欠缺→② 但让与人具备公示方法所展现出的物权归属表征→③ 信赖权利表征的受让人与让与人进行交易→④ 法律保护受让人。善意取得制度:① 无处分权人占有他人的动产或别人的不动产登记在其名下→② 无处分权人转让其占有的他人动产或登记在其名下的别人的不动产→③ 善意受让人与让与人(无处分权人)进行交易→④ 法律保护受让人。从以上各环节中我们可以看出,在善意取得制度的第一个环节中,让与人占有他人的动产或别人的不动产登记在其名下,这说明让与人具备公示方法所展现出的物权归属表征,但其却是"无处分权人",这说明公示的物权事实上不存在或内容有欠缺。而这些不就是公示公信原则第一和第二个环节所表述的内容吗!而公示公信原则中的"信赖权利表征",不也正是善意取得制度中对"善意"的界定吗!至于有人说"公示公信原则是保护当事人对公示的信赖利益,而善意取得制度是保护善意第三人的,所以两种制度是根本不同的"的说法,其错误非常明显,这里不再多做阐释。

　　(2)善意取得制度与公信原则价值目标(目的、功能)完全相同。考察两种制度设立的价值目标,需要从这两种制度的起源说起。许多材料在论述有关这两种制度的起源时,实际上是将这两种制度作为同一个制度来对待的。物权公示的方法早在罗马法就已经存在,但罗马法奉行"任何人不得以大于自己所有之权利让与他人"和"我发现我自己之物之处,我得取回之"的法谚,完全不承认物权公示的公信力,"其结果,有罗马法一代,法律始终不知道善意取得为何物"①。及至日耳曼法,实行"以手护手"原则,才产生了类似占有公信力的法律效果,通说认为,近现代各国民法上的善意取得制度就源于日耳曼法上的这一原则。法国古代法奉行"动产无追及力"原则,也发生了与占有公信力相似的法律效果。"近代以来,法律重视动产交易安全的保护,各国遂放弃了罗马法上的原则,而继受和发展了日尔曼法和法国古代法的原则,普遍建立了动产善意取得制度,由此确定了动产物权公示的公信原则。""后世大陆法系各国乃至于英美法国家法律上陆陆续续所规定的并不完全相同的善意取得规则,均被认为是日尔曼法上'以手护手'原则之继承或者受其影响的结果。"②从这两种制度的起源来看,两种制度的名称是交织在一起进行阐述的,很难将两种制度分开来讲,或者是虽然作为两部分内容进行叙述,但其来源、目的、作用、意义等却是同一内容。这是否给人一种启示:其实这两者描述的本来就是同一种制度,只是被人为地说成了两种制度。

有关这两种制度的价值目标(目的、功能),前文已多次谈到过,此处只是简单重复梳理一下物权受保护的大致情况,以说明问题:在某物物权存在期间,只要该物权是合法取得的,法律都会通过公示对物权的权属(享有)状况进行确认,从而对它进行保护,这是具有长期持久意义的事情。这期间该物权可能会发生多次变动即经过多次交易,但只要是符合物权取得要件而产生的新物权,法律都不会改变通过公示权属(享有)状况来确认保护物权的初衷。但是在每一次具体的物权变动事件中,可能会有对物权变动前后不同所有人保护发生矛盾的情况,于是法律动用公信原则理论,通过侧重保护动的安全,对善意第三人信赖利益进行保护,使局部的交易得到正常进行。正如有学者所说的,"公信原则使交易当事人形成了一种对交易的合法性、对受让的标的物的不可追夺性的信赖与期待,从而为当事人快捷的交易形成了一种激励机制,为交易的安全确立了一种保障机制"③。而这也恰恰正是善意取得制度所津津乐道的、引以为豪的价值目标(目的、功能)所在。看看一些学者的评价,我们的确很难将这两种制度进行区分:"公信原则有力地保护了信赖公示而从事正常交易活动的善意受让人,体现了鼓励交易和维护交易安全的立法宗旨。尽管公信原则会对真正物权人的权利有所牺牲,但由于有适用条件和范围的限制,能够求得真正物权人与善意第

---

① 梁慧星、陈华彬编著:《物权法》(第三版),法律出版社2005年版,第216页、第214页。
② 尹田:《物权法理论评析与思考》(第二版),中国人民大学出版社2008年版,第300—301页、第313页。
③ 王利明:《物权法论》(修订版),中国政法大学出版社2003年版,第94页。

三人之间利益的相对平衡,兼顾了财产的静态安全与动态安全。""善意取得制度区分受让人的善意恶意,并对善意交易人利益作出保护,在公平原则基础上兼顾了动的安全与静的安全两种价值,适应了社会经济发展的要求,因而被现代各国民法普遍采用。"①"无论不动产或动产公信原则,均以保护交易的动的安全为其使命,并以此实现交易便捷。""善意取得的承认,表明法律在总体上采取了牺牲财产所有权的静的安全而保护财产交易的动的安全的立场。"②

有学者说因动产占有的公信力较弱,不足以成为权利取得的根据,于是不得不通过另一项特别的制度即动产善意取得制度加以表现。③ 对这种说法,笔者不禁产生了诸多疑问,诚然与不动产登记的公信力相比,动产占有的公信力的确要弱很多。但是由此就说善意取得制度是不同于公信力制度的"一项特别的制度",让人感到非常困惑,善意取得制度与公信力制度相比,究竟特别在什么地方? 它又增加了哪些为公示公信原则所不具备的新的功能或其他新的内容呢? 它是如何绕过较弱的占有公信力而创设了一种新的、具有较强公信力的动产公示方式,来解决动产占有状态下善意第三人的保护问题呢? 我们没有看到这一切。正相反,通过前文的论述,我们不难看出,所谓善意取得制度仍然是公信原则法理的适用,而没有增加任何新的东西。并且这种说法字面上包含的意思是:因动产占有的公信力较弱,不足以成为权利取得的根据,所以公示公信原则不能适用于动产占有,这样一来在动产占有的情形善意第三人就无法获得法律的保护,所以法律为了保护动产占有状态下的善意第三人,才又创设了另外一种新的制度——善意取得制度。然而事实并非如此,法律上从来就没有说过公示公信原则不适用于动产的占有。恰恰相反,善意取得制度的来源(或根据)正是公示公信原则。动产和不动产的物权变动都适用于公示公信原则,只不过法律对于动产占有公信力较弱的问题,是采取了严格条件限制的方法来推定占有人为所有权人,例如规定占有公信力只能适用于公开合法交易场所等。对于学者谈到的另一种观点,"近代各国立法将动产占有之较弱的公信力与善意保护制度相结合,形成了动产善意取得制度。"④笔者也不敢苟同,因为公示公信原则保护交易安全的功能,是通过对善意第三人的保护来实现的,并且正如前文所谈到的,在公示公信原则的内容中,权利正确性推定效力是为善意第三人保护效力服务的,所以,从这个意义上讲,公示的公信力制度本身就是一个善意保护的制度,怎么会是"与善意保护制度相结合,形成了动产善意取得制度"? 这种说法很容易给人造成一种错觉:动产占有的公信力不具有善意保护的功能。继而推出动产

---

① 郭明瑞主编:《民法》,高等教育出版社 2003 年版,第 236 页、第 253 页。
② 梁慧星、陈华彬编著:《物权法》(第三版),法律出版社 2005 年版,第 94 页、第 217 页。
③ 尹田:《物权法理论评析与思考》(第二版),中国人民大学出版社 2008 年版,第 308 页。
④ 同上。

占有的公信力也不具有权利正确性推定的效力。如此，该观点的错误就显而易见。

（3）善意取得制度与公信原则的构成要件完全相同。依照理论界通说，善意取得的构成要件主要有四个：其一，转让人为无权处分人；其二，受让人取得财产时为善意；其三，受让人通过交易有偿取得财产；其四，完成了法定的公示方法。关于公示公信原则的构成要件，现有材料上很少谈及，前文我们已经具体分析过善意取得的构成要件，此处不再重复。这里只结合善意取得的构成要件来分析揭示公信原则的要件构成。

第一，转让人为无权处分人。所谓无权处分，是指权利人无处分权而从事了法律上的处分行为。"从处分人权利表象或外观上看他似乎有权，而且这种外观足以导致第三人的信赖，因而与其交易；但是，这种表象与事实不符，事实上处分人并没有真正的处分权。"①无权处分是善意取得的前提。在公信原则，从其含义和上文我们细化的重点环节或步骤来看，公信原则第一和第二个重点环节分别是"公示的物权事实上不存在或内容有欠缺""但让与人具备公示方法所展现出的物权归属表征"，讲的就是让与人为无权处分人的情形，这是公示公信原则的前提或基础。如果公示的物权与事实上的物权相一致，即转让人有转让财产的权利，则就不存在权利正确性推定的问题，也不存在第三人善意信赖的问题，公信力制度自无存在的必要。

第二，受让人取得财产时为善意。所谓善意是指受让人在受让财产时不知道或不应当知道出让人无权处分财产，即出让人具有物权法定公示方式所展现的权利外观，受让人依据该外观误信出让人有权处分财产而与之进行交易。受让人取得财产时必须是善意的，这是善意取得的核心要件。对于公信原则来说，保护善意第三人的合理信赖利益，同样是其核心要件。正如前文所说，公信原则重在保护第三人，重在保护第三人的合理信赖利益。从某种意义上说，公信原则的权利正确性推定效力是为善意第三人保护效力服务的。公信原则中的"信赖权利表征"指的是"合理信赖"，而合理信赖只是"不知道或不应当知道"的另一种表述而已。这里的善意判断除考虑"权利表征"这个客观条件外，同样需要考虑受让人对权利表征信赖的主观状态，以此界定受让人是否为善意。在公信原则中"信赖"的确定时间，同样限于财产受让时。公信原则的保护范围也是只限于对处分权的信赖。

第三，受让人通过交易有偿取得财产。善意取得制度的主旨在于保护交易安全，所以只有在出让人与受让人之间发生交易行为时，才可能存在善意取得问题。善意取得一般适用于买卖、互换、债务清偿等法律行为，非法律行为例如继

---

① 高富平：《物权法专论》，北京大学出版社2007年版，第204页。

承、遗赠等取得财产不适用善意取得。对于通过无偿法律行为取得的财产例如赠与,也不适用善意取得。所谓"有偿"应是指以合理的价格进行了支付,所谓"合理"是指综合财产本身的价值及市场价格等多种因素进行判断得出的符合当时当地行情的价格,任何明显地过高或过低的价格都不属于"合理"。同时,对交易价格是否合理的预期也是判断受让人是否"善意"的重要标尺之一。而公信原则所要保护的正是"信赖公示方法所展现出来的物权而以之为标的进行交易的人",保护的方式是"法律上依旧承认其进行的物权交易具有与真实物权存在时相同的法律效果"。所以,在出让人与受让人之间必须有交易行为也是公信原则能够成立的要件之一。并且正如前文所说,公信原则中保护的"合理信赖"就是善意的别称,其对"合理"的判断需要综合主客观多种因素,其中价格是否合理也同样是重要的因素。对于价格明显过高或过低的,受让人应该负有注意义务,而不能仅以其信赖登记为由而认定其信赖为"合理"。尽管有学者提出"公示公信原则不需要考虑价格因素",但是由于对受让人善意推定的前提并不仅仅是"信赖登记",而且还包括"没有相反证据证明其明知或应当知道不动产登记簿上记载的权利人并非真正的权利人"[①],所以其善意判断的标准必然是主客观的综合体,而不仅仅只是所谓的"客观标准"。同时,公信原则中的交易也是以有偿为条件,理由同善意取得,不再赘述。由此看出,受让人通过交易有偿取得财产,也同样是公示公信原则的构成要件。

第四,完成了法定的公示方式。善意取得制度所要解决的问题,是受让人在取得了财产所有权后其权利是否会受到法律保护的问题,所以其构成要件中必然有受让人已经取得了财产的所有权这个客观事实。而财产所有权的取得标志在动产就是取得了占有,在不动产就是进行了登记。这就是说转让的不动产或者动产依照规定应当登记的已经登记,不需要登记的已经交付给受让人。在公信原则,其对受让人进行保护的直接体现就是"法律承认其进行的物权交易具有与真实物权存在时相同的法律效果",这里的法律效果除了指对受让人的善意信赖进行保护外,也包含交易已完成了法定的公示方式。因为如果没有完成法定的公示方式,所谓的物权交易根本就不会存在,公信原则自然也无存在的必要,所以公信原则中也必有完成了法定的公示方式这一要件。

从构成要件来看,善意取得的要件只是对公信原则构成要件的重复而已,至

---

① 我国有学者指出:"在适用善意取得制度时,判断第三人是否具有善意,需要考虑转让人转让的价格是否合理等,但在适用公示公信原则时则不需要考虑价格因素,所需要考虑的是受让人是否对于登记记载的权利产生了合理的信赖。"但同时对于公示公信原则该学者又承认"凡是信赖登记所记载的权利而与权利人进行交易的人,在没有相反证据证明其明知或应当知道不动产登记簿上记载的权利人并非真正的权利人时,都应当推定其具有善意"。有关论述分别见王利明:《物权法论》(修订版),中国政法大学出版社2003年版,第218页、第94页。

少是包含在公示公信原则里面,并没有进行任何所谓的细化或有其他不同。所以对于有学者说的:"善意取得制度通过细化受让人取得无权处分之物的要件,排除某些情况下受让人取得物权的可能,可以纠正单凭公信力制度使受让人取得无权处分之物的物权而可能产生的过滥现象,较好地平衡了各方当事人的利益"的说法①,让人感觉摸不着头脑,至于其中的"善意取得制度可以纠正公信力制度使受让人取得无权处分之物的物权可能产生的过滥现象"之说,更不知从何说起。

从以上分析来看,无论从含义上、价值取向上、功能上亦或构成要件上,公示公信制度足以解决动产和不动产善意取得所有权问题,善意取得本身就是公示公信原则的内容,属于公示公信原则的天然组成部分,法律又有什么必要允许另外一种具有同样功能的制度存在呢? 从历史的角度讲,善意取得制度或许曾经发挥过巨大的作用,但时至今日,善意取得制度的存在显得多此一举。至少应如学者谈的"在一个高度发达的市场经济社会,物权变动的公示公信原则,完全能够担当起物权变动的外观识别安全信息重任,善意取得制度已完成自己的历史使命,该是退出历史舞台的时候了"②。从另一个角度讲,物权公示公信原则,虽然说是一种"原则",但它完全有具体适用的余地。在我国《物权法》通过以前,通说认为,动产的善意取得适用善意取得制度,不动产的善意取得适用公示公信原则。这也说明对于公示公信原则的具体适用,人们是认可的。既然它有具体适用的余地,而并非只是一种一般性的、宏观性的原则,那么还有什么必要让另一种制度来"具体落实"它呢? 更何况这所谓的"另一种制度"实际上是它自己内容的一部分。

问题二:如何协调善意取得与我国《合同法》第51条的关系?

我国《合同法》第51条规定:"无处分权的人处分他人财产,经权利人追认或者无处分权的人订立合同后取得处分权的,该合同有效。"就是说,在无权处分的情形,只有"经权利人追认或无处分权人订立合同后又取得了处分权"这两种情况下,交易合同才有效,其他情况下的合同都是无效的。但在善意取得,善意第三人受让财产的前提,都是出让人无处分权且既没有权利人的追认也没有无处分权人订立合同后又取得了处分权的情况,如果按照我国《合同法》第51条的规定来处理,则善意取得就没有适用的余地。如何协调善意取得与《合同法》第51条的关系呢? 笔者认为,由于善意取得制度的规定属于新法,而我国《合同法》相对而言属于旧法,所以本着新法优于旧法的原则,只要符合善意取得的构成要件,自然排除我国《合同法》第51条的适用。

---

① 申卫星:《物权法原理》,中国人民大学出版社2008年版,第241—242页。
② 董学立:《物权法研究——以静态与动态的视角》,中国人民大学出版社2007年版,第226页。

　　问题三：盗赃善意占有能否适用善意取得？

　　所谓盗赃善意占有，是指买受人在购买出售物时，既不知此出售物是盗赃，也不知出卖人对出售物无处分权，在支付对价后获得对该出卖物（即盗赃）的占有。盗赃善意占有是否适用善意取得制度呢？这个问题"系动产善意取得制度上的难题"。[①] 在我国《物权法》颁布以前，关于盗赃是否适用善意取得，理论界有两种不同的观点。一种观点认为，赃物是法律禁止流通的物，不适用善意取得制度。另一种观点认为，就赃物的物理属性与商品属性而言，仍然是允许自由流通的一般商品，与其他商品之间没有什么区别，若不适用善意取得，则不利于保护交易的安全。我国以往的司法实践历来采纳第一种观点。这种做法在维护原所有人利益和打击盗窃维护社会秩序方面起到了重大作用，因为盗赃毕竟不同于普通的财产，它的来源是"盗"是"赃"，这种特殊性就使得法律在进行利益衡量与价值判断时，必须考虑维护社会治安秩序的因素，这就使保护财产原所有人一方的砝码明显加重。如果法律无视这一特殊情况，仍然同普通财产一样，完全适用善意取得制度，不仅与情与理与法说不过去，而且在客观上也会助长邪恶风气，使社会的治安秩序遭受极大的破坏。[②] 我国《物权法》对盗赃究竟是否适用善意取得，未作明确规定。

　　笔者认为，由于盗赃的特殊性，决定了它不能成为合法流通物，不能适用善意取得制度。但并不是说对赃物的善意买受人，在任何情况下都不予以保护。如果善意买受人因为收缴赃物，其支付的对价得不到任何补偿，买受人的利益得不到任何保护，这对其是不公平的，这种做法最终也必然会使善意取得制度的功能遭受损害。

　　世界上一些主要国家和地区对这个问题持三种不同的态度：第一种是不适用善意取得制度。例如英国法认为对赃物所有权不能转移，即使买受人出于善意，也不能即时取得所有权。第二种是适用善意取得制度。例如《美国统一商法典》规定："只要购买人出于善意，即便卖方是偷来的，善意买受人也可以即时取得所有权。"与此两种不同的是第三种态度，最值得我们研究和借鉴。第三种是把盗赃的善意占有作为善意取得制度的例外加以规定，即规定所有人应于法定期间内回复其物，于法定期间不回复其物的，受让人即确定地取得盗赃所有权。日本民法规定盗赃自被盗 2 年内，得请求回复。瑞士民法规定盗赃得在被盗的 5 年内请求返还。我国台湾地区"民法"规定原所有人自被盗之时起 2 年内，得向占有人请求回复其物。台湾立法理由书就此写道：占有物为盗赃时，不得使占有人即时取得于其物上可行使之权利，所以保护被害人之利益也。但使

――――――――――

　　① 王泽鉴：《民法物权》（通则・所有权），中国政法大学出版社 2001 年版，第 282 页。

　　② 王连合：《论盗赃的善意占有问题》，载《临沂师范学院学报》2004 年第 2 期。

永久不予确定,对于占有人亦未免失之过苛,故本条规定时效,占有物如系盗赃,被害人自被盗之时起,如已过 2 年即不得再向占有人请求回复。立法理由一目了然、令人信服。

在善意取得例外制度中,还有一个问题值得关注,即原所有人对善意买受人的"回复"是有偿还是无偿的? 此问题事关原所有人和善意买受人的切身利益,须慎重对待。综合把盗赃善意占有作为善意取得制度例外加以规定的国家和地区,对此问题都规定原所有人对善意买受人的"回复"为无偿回复,同时又规定了在特定情况下的有偿回复,即"动产所有权善意取得例外的例外"。在无偿回复时,善意受让人应依契约关系向让与人行使其权利。当盗赃善意占有满足以下特定条件时须有偿回复:一是由拍卖而买得的动产,包括强制拍卖与任意拍卖;二是由公开市场买得的动产;三是由贩卖同种之物之商人处买得的动产。此规定是为保护信赖公开市场的善意买受人以维护交易活动。日本学者田山辉明对此说:"如果取得人是在拍卖市场或其他官方市场上取得的,请求归还人不对取得人作出补偿则不能要求归还。"[1]史尚宽先生也说:"盗赃或遗失物如有人由拍卖或公共市场或由贩卖与其物同种之物之商人,以善意买得者,非偿还其支出之价金,不得回复其物。"[2]

需强调的是:在善意取得例外的例外制度中,各国民法都规定了当盗赃为金钱或无记名证券时,原所有人不得向善意占有人请求回复,即当盗赃为金钱或无记名证券时,盗赃的善意占有适用善意取得制度。因为金钱及无记名证券系以流通性为其本质,只有流通才能贯彻其经济价值。若允许被害人请求回复,则势必使此等特殊动产之功能丧失殆尽,从而害及社会经济。

根据民法理论,盗赃与遗失物为典型的脱离物,对于占有脱离物,各国往往都是将二者放在一起进行法律规定。但我国《物权法》中只规定了遗失物的有偿回复制度,而没有把盗赃纳入其范围,令人颇有缺失之感。鉴于此,建议我国立法应将盗赃纳入有偿回复制度,使盗赃与遗失物一起构建起我国占有脱离物的制度体系。同时规定,盗赃为金钱、无记名证券时不得请求回复。

（三）案例 36 分析

善意取得又称即时取得,是指无处分权人将其占有的动产或登记在其名下的不动产转让给第三人后,如果受让人在取得该财产时是出于善意的,则该受让人就可以取得该财产的所有权,原所有权人不得要求受让人返还财产的法律制度。善意取得的构成要件主要有:转让人必须是无权处分财产的动产占有人或者是不动产登记的权利人;以合理的价格有偿转让;受让人受让财产时须为善

---

[1] 〔日〕田山辉明:《物权法》（增订本）,陆庆胜译,法律出版社 2001 年版,第 110 页。
[2] 史尚宽:《物权法论》,中国政法大学出版社 2000 年版,第 576 页。

意;完成了法定的公示方式。

本案中,赵某去世后留下的房产,属于金和与金平的共有财产,金和在金平不知情的情况下擅自出售该房屋,属于无权处分。通常情况下,金平是有权追回的。但是,由于受让人何某受让该财产符合善意取得的构成要件,所以何某可以基于善意取得制度取得该房产的所有权,而原所有人之一的金平不得要求何某返还。也就是说,本案中不但金和与何某签订的房屋买卖合同是有效的,而且何某也能够依法取得该房屋的所有权。至于金平的损失,他可以通过向金和主张损害赔偿来维护自己的合法权益。

二、拾得遗失物的含义及法律效果

📖 相关法条

第一百零九条　拾得遗失物,应当返还权利人。拾得人应当及时通知权利人领取,或者送交公安等有关部门。

第一百一十条　有关部门收到遗失物,知道权利人的,应当及时通知其领取;不知道的,应当及时发布招领公告。

第一百一十一条　拾得人在遗失物送交有关部门前,有关部门在遗失物被领取前,应当妥善保管遗失物。因故意或者重大过失致使遗失物毁损、灭失的,应当承担民事责任。

第一百一十二条　权利人领取遗失物时,应当向拾得人或者有关部门支付保管遗失物等支出的必要费用。

权利人悬赏寻找遗失物的,领取遗失物时应当按照承诺履行义务。

拾得人侵占遗失物的,无权请求保管遗失物等支出的费用,也无权请求权利人按照承诺履行义务。

第一百一十三条　遗失物自发布招领公告之日起 6 个月内无人认领的,归国家所有。

（一）案例 37 简介

2007 年 10 月 5 日,某市市民董某在逛街时捡到一个小皮包,包里有价值约 15 万元的现金、存折、首饰等,还有重要证件。董某根据包内证件所显示的失主身份,多方打听找到失主的联系方式,把包还给失主马某,并提出希望马某能够支付她一笔酬金。董某"索要"的行为不但遭到了马某的拒绝,也受到了市民的指责,很多市民谴责董某:"拾金不昧是我国的优良传统,怎么能够主动向失主索要酬金呢?"①

问题:董某的做法是否符合我国法律规定?

(二) 相关知识点

1. 拾得遗失物的概念

所谓遗失物是指他人不慎丢失、遗忘而丧失占有的动产。构成遗失物一般应具有以下条件:一是应为动产而非不动产。不动产不存在遗失问题。二是必须为他人所有而非拾得人所有的动产。如果拾得人拾到了自己丢失的物,则该物就不能称为遗失物。同时,该物必须为有主物,如果是无主物则只能成为先占的标的物,也不能称为遗失物。三是遗失人丧失对该物的占有不是基于自身的本意,否则就是抛弃物而非遗失物。

所谓拾得遗失物又称遗失物的拾得,是指发现他人遗失物而予以占有的法律事实。拾得遗失物须具备发现和占有两要素,但更注重占有行为。② 通说认为,拾得遗失物是一种事实行为,不以拾得人具有民事行为能力为必要。

2. 拾得遗失物的构成要件

(1) 标的物须为遗失物。

(2) 须具有拾得的行为。所谓拾得是发现和占有两个要素相结合的行为。拾得仅需以占有直接获取,是他主占有还是自主占有并不影响拾得的成立。③ 只发现而不占有,构不成拾得遗失物。

3. 拾得人的权利与义务

(1) 拾得人的权利主要有:第一,必要费用偿还请求权。拾得人在保管遗失物期间,可能会支出一些必要的管理费用,例如保管费、公告费、交通费、误工费等。这些费用理应由领取遗失物的权利人(所有人或占有权人)支付,而不能让拾得人承担。所以,拾得人对领取人享有必要费用偿还请求权,领取人负有偿还义务。至于必要费用偿还请求权的依据是什么,其是否为无因管理,理论界有不同观点。④ 笔者认为,由于在拾得遗失物的情况下,法律明确规定拾得人有保管(管理)遗失物的义务,即拾得人有法定的义务管理遗失物,这不符合无因管理

---

① 《中华人民共和国物权法(案例应用版)》,中国法制出版社 2009 年版,第 146 页。

② 高富平:《物权法论》,北京大学出版社 2007 年版,第 187 页。

③ 王全弟主编:《物权法》,浙江大学出版社 2007 年版,第 147 页。

④ 例如有一种观点认为:拾得人对遗失物处于无因管理人的地位,依据无因管理的一般原理,管理人有权请求本人偿还其从事管理事务所支出的费用以及赔偿管理人所遭受的损失。此观点见郭明瑞主编:《中华人民共和国物权法释义》,中国法制出版社 2007 年版,第 187 页。另一种观点认为:拾得行为通常为无因管理行为,但法律对遗失物之拾得特别有规定,与无因管理多有不同,无因管理的规定只有补充适用的余地。此观点见梁慧星主编:《中国物权法草案建议稿》,社会科学文献出版社 2000 年版,第 379 页。第三种观点认为:费用偿还请求权发生的依据是基于法律特别规定的债的关系,而不是一种无因管理关系。此观点见龙翼飞主编:《物权法原理与案例教程》,中国人民大学出版社 2008 年版,第 109 页。

的构成要件,因此,拾得人对遗失物的管理不是无因管理,所以其必要费用偿还请求权的依据不是无因管理,而是依据法律特别规定的债的关系。拾得人侵占遗失物的,不享有必要费用偿还请求权。第二,悬赏报酬请求权。世界上许多国家的法律都承认拾得人对失主享有报酬请求权,其报酬的比例由法律规定。在我国,对于拾得人是否应享有报酬请求权,理论上有肯定和否定两种观点。肯定说认为,不规定报酬请求权,实际上是将拾金不昧这种道德规范上升到法律规范,忽视了双方实际利益的平衡,从而影响了法律规则实际效用的发挥;否定说认为,拾金不昧是我国优秀的道德传统,规定报酬请求权,不利于弘扬美德。[1]最终我国《物权法》没有采纳肯定说,即我国法律并未规定拾得人的报酬请求权。这样做旨在弘扬拾金不昧的中华传统美德,体现了法律的价值取向。但是,如果失主为寻找遗失物而发布了悬赏广告,则拾得人可依悬赏广告所列报酬对失主享有悬赏报酬请求权。所谓悬赏广告,是指以广告的形式,声明对完成一定行为的人给予报酬的意思表示。对于悬赏广告的性质,理论界有分歧,"大多数学者认为,悬赏广告经发布后就会形成一种要约,而拾得人如依悬赏广告的要求将拾得物返还给了权利人则构成承诺,双方之间形成合同关系,因此失主有义务依悬赏广告的约定向拾得人支付约定报酬"[2]。但也有学者认为:"悬赏广告的法律性质是单方允诺的法律行为,不构成合同。基于所有权人、遗失人所发布的寻找遗失物的悬赏广告,拾得人完成悬赏广告约定行为即对悬赏人享有报酬给付请求权。"[3]然而,无论悬赏广告的性质是什么,拾得人都对悬赏人享有悬赏报酬请求权,则没有争议。这也是法律尊重当事人自主意愿的表现,体现了私法自治的精神。悬赏人支付悬赏报酬,应当与拾得人返还遗失物的义务同时履行。如果悬赏人不履行悬赏承诺,则可类推适用我国《合同法》第66条之规定,拾得人可留置遗失物。拾得人侵占遗失物的,不享有悬赏报酬请求权。

（2）拾得人的义务主要有:第一,及时通知义务。拾得人拾得遗失物后,应当及时通知权利人领取,或者将遗失物送交公安等有关部门。有关部门收到遗失物后,应当及时通知权利人,不知道权利人的,应当及时发布招领公告。对于拾得人来说,拾到遗失物后,是自己通知权利人领取还是送交有关部门,其有权作出选择,但如果不知道权利人是谁,拾得人则应送交有关部门。第二,保管义务。拾得人在将遗失物送交有关部门或归还遗失人之前,应尽善良管理人的注意义务,妥善保管遗失物。"遗失物易于腐烂、变质的,拾得人可将其做变价保

---

① 马新彦主编:《中华人民共和国物权法法条精义与案例解析》,中国法制出版社2007年版,第249页。

② 龙翼飞主编:《物权法原理与案例教程》,中国人民大学出版社2008年版,第110页。

③ 江平主编:《中国物权法教程》,知识产权出版社2007年版,第280页。

存,以免其价值丧失。"①因故意或者重大过失致使遗失物毁损、灭失的,应当承担民事责任。有关部门在遗失物被领取之前,负同样的义务。第三,返还遗失物的义务。拾得人在拾得遗失物后,必须履行返还的义务,遗失人有权追回遗失物。遗失人"包括丢失遗失物的所有权人或其他占有人。若所有人与其他占有人的返还请求权发生冲突时,所有权人的返还请求权具有优先效力。遗失人对于拾得人的返还请求权既可以是基于物权的返还请求权,也可以是基于占有的返还请求权"②。但是,遗失物自发布招领公告之日起6个月内无人认领的,则该遗失物归国家所有,遗失人不能再主张遗失物的返还。

4. 关于遗失物的归属问题

从上述内容可以看出,在我国无论什么情况下,遗失物的拾得人都不能取得遗失物的所有权。根据我国法律,拾得遗失物都应当返还权利人,不知道权利人的,经有关部门发布招领公告之日起6个月内无人认领的,遗失物归国家所有。但从世界范围来看,大陆法系各国大都认为在一定条件下,拾得人可以取得遗失物的所有权。如此看来,我国采取的是与现代各国不同的立法。这种做法一方面弘扬了传统美德,但另一方面,也在一定程度上高估了市民社会中人的道德品质,超出了现阶段人的一般觉悟程度,对市民社会中普通人的行为提出了过高的要求,是不现实的,也往往导致社会资源的浪费,并且与现实存在一些不相契合的地方。对于价值极其微小的遗失物,也规定归还或进行公告且在无人认领的情况下归国家,也往往是不现实的。试想要求拾得几分钱硬币的市民,费尽周折去找到失主,然后将硬币归还失主,姑且不论这位失主能否找到,就是在寻找过程中所耗费的成本也将会大大超过这几分硬币。并且这种情况下,在现实中人们是不大可能去找失主(因实在没有必要),这就使法律规定的严肃性大大降低,从而会助长人们对法律的漠视。法律规定的漏洞可见一斑。在此情况下,我国法律应变更现行规定,借鉴现代多数国家的做法,有条件地承认拾得者取得遗失物的所有权。

（三）案例37分析

世界上许多国家的法律都承认拾得人对失主享有报酬请求权,但我国《物权法》并未规定拾得人的报酬请求权。这样做旨在弘扬拾金不昧的中华传统美德,体现了法律的价值取向。但是,如果失主为寻找遗失物而发布了悬赏广告,则拾得人可依悬赏广告所列报酬对失主享有悬赏报酬请求权。悬赏人支付悬赏报酬,应当与拾得人返还遗失物的义务同时履行。如果悬赏人不履行悬赏承诺,拾得人可留置遗失物。同时,拾得人在保管遗失物期间,可能会支出一些必要的管理费用,例如保管费、公告费、交通费、误工费等。这些费用理应由领取遗失物

---

① 刘保玉:《物权法学》,中国法制出版社2007年版,第216页。
② 王全弟主编:《物权法》,浙江大学出版社2007年版,第147页。

的权利人(所有人或占有权人)支付,而不能让拾得人承担。所以,拾得人对领取人享有必要费用偿还请求权,领取人负有偿还义务。

本案中,董某"索要"的既不是失主的悬赏承诺,也不是自己为管理遗失物而支出的必要费用,因此董某的做法不符合我国的法律规定。

三、遗失物能否适用善意取得制度

相关法条

第一百零七条　所有权人或者其他权利人有权追回遗失物。该遗失物通过转让被他人占有的,权利人有权向无处分权人请求损害赔偿,或者自知道或者应当知道受让人之日起 2 年内向受让人请求返还原物,但受让人通过拍卖或者向具有经营资格的经营者购得该遗失物的,权利人请求返还原物时应当支付受让人所付的费用。权利人向受让人支付所付费用后,有权向无处分权人追偿。

(一) 案例 38 简介

甲的一块天然奇石不慎丢失,乙拾到后以远低于市场价的价格将其卖给了奇石经销商丙。奇石爱好者丁不知此奇石的来历,以市场价从丙商店内买得了此奇石。后来,在一次奇石展销会上,甲发现了自己的奇石,遂向丁追索。

问题:甲是否有权追回自己的奇石?

(二) 相关知识点

遗失物与盗赃一样,属于特殊的动产,学理上称为占有脱离物。传统理论认为,遗失物不适用善意取得,这是善意取得的例外制度。我国《物权法》确认了这一制度,并规定了遗失物在一定条件下的有偿回复制度,也就是前文所说的善意取得例外的例外制度。

遗失物自身的的特性决定了其不能适用善意取得,只要是遗失物,不论其辗转流落到何处,所有权人或者其他权利人都有权追回,但其回复请求权要受到法定期限的限制。我国《物权法》规定的期限为:权利人知道或应当知道受让人之日起 2 年内行使。通说认为,该期间属于除斥期间,不发生中断或者中止问题,一旦经过,权利人要求受让人返还原物的请求权即丧失。另外,就该回复请求权性质而言,虽名为请求权,其实质则是形成权,一旦行使就发生效力。当然,权利人也可以直接向无处分权人请求损害赔偿。但是,当善意买受人在购买遗失物时,是基于对公开市场的信赖例如通过拍卖或者向具有经营资格的经营者购得该遗失物,且支付了合理的对价,此时如果其利益得不到任何保护的话,那么这不仅仅对善意买受人是不公平的,而且这种做法也会导致人们无法放心大胆地进行交易活动,交易安全必然无法得到保障,善意取得制度的功能也会遭受损害。正是基于此,有偿回复制度作为善意取得例外的例外应运而生。"所谓占有脱离物的有偿回复制度,系指对于善意受让人在特定场所或由特定方式所取得的占有脱离物,原权利人非支付相应的对价,不得回复其对动产的权利。"①我国《物权法》明确规定:受让人通过拍卖或者向具有经营资格的经营者购得该遗失物的,权利人请求返还原物时应当支付受让人所付的费用。在权利人向善意受让人支付了相关费用后,有权向无处分权人追偿。

（三）案例 38 分析

传统理论认为,遗失物不适用善意取得,这是善意取得的例外制度。我国《物权法》确认了这一制度,并规定了遗失物在一定条件下的有偿回复制度。权利人自知道或应当知道受让人之日起 2 年内行使其回复请求权。受让人通过拍卖或者向具有经营资格的经营者购得该遗失物的,权利人请求返还原物时应当支付受让人所付的费用。在权利人向善意受让人支付了相关费用后,有权向无处分权人追偿。

本案中,虽然丁在购买奇石时是善意的,但该奇石为遗失物,由于我国法律规定遗失物是不适用善意取得制度的,所以善意受让人丁就不能获得该奇石的所有权,原所有权人甲可以在知道丁之日起 2 年内向丁行使奇石回复请求权。同时,由于丁是从具有奇石经营资格的经销商丙处购得的奇石,所以甲要求丁的回复应为有偿回复,即甲应当支付丁为购买奇石所花费的费用。然而,本案中由于有两个无权处分的环节分别由乙、丙为之。所以甲在支付了丁的费用后,究竟应向谁追偿就成了一个问题。乙在拾到奇石后,本应及时通知权利人领取,或者送交公安等有关部门,但他却擅自将遗失物转让,属于无权处分。同时,奇石经销商丙作为一个奇石专业人士,他应当对奇石的来历产生疑问,但他仍然低价买进且又以市场价卖给丁,对此,丙本身是有过错的。因此,甲既可以找乙也可以找丙进行追偿。至于乙、丙间的补偿问题则属另案处理。总之,本案中,甲有权追回自己的奇石。

四、发现埋藏物、隐藏物

📖 **相关法条**

　　第一百一十四条　拾得漂流物、发现埋藏物或者隐藏物的,参照拾得遗失物的有关规定。文物保护法等法律另有规定的,依照其规定。

---

① 李显冬主编:《中国物权法要义与案例释解》,法律出版社 2007 年版,第 246 页。

（一）案例 39 简介

后山坡有个棚屋,是放羊人歇脚的地方。它是什么时候建的,什么人建的,村里老人都说不清。一天,小汤放羊,躲进棚屋歇凉。看到高处一块土坯是活动的,就把它抽了出来,再伸手进去一摸,哇,竟摸出一本书来——毛笔手抄《红楼梦》,署名肖铁军。小汤一时兴起,几脚把颓墙全蹬跨,又找到上百枚"乾隆通宝"铜钱。这事全村都知道了。村长对小汤说,这些东西要交派出所。派出所收到后,就贴出了招领公告。没几天,后山村的肖家就来认书,说肖铁军是他的曾祖,有族谱为证;但铜钱的事就说不清了。所长开屉取书,没想到不知何时茶水流进去,半部书已字迹不清了。

问题:对于书稿所遭受的损失怎么办? 还有铜钱应如何处理?①

（二）相关知识点

所谓埋藏物,是指埋藏于地下且所有人不明的物品。所谓隐藏物,是指隐藏于他物之中且所有人不明的物品。埋藏物、隐藏物以动产为限,不动产因其自身的特点,一般不会发生埋藏或隐藏的问题。至于不动产因火山地震等灾害被埋藏而成为土地一部分的,不构成物权法意义上的埋藏物。发现埋藏物、隐藏物,是指发现埋藏物、隐藏物并予以占有的一种法律事实。发现埋藏物、隐藏物须所有人不明,如果埋藏物、隐藏物有明确的所有人,则应当返还所有人。所有人不明确的埋藏物、隐藏物,按照我国法律规定,一律上交国家。这是因为埋藏物、隐藏物事实上都是有主物,只是由于各种原因导致所有人不明。因此,埋藏物、隐藏物不适用先占取得。特殊情况是,如果埋藏物、隐藏物属于文物,则要按照我国文物保护法的规定,一律上交国家。

对于发现埋藏物、隐藏物的归属问题,世界范围内的做法有两种:一种是发现人取得所有权主义,一种是国家取得所有权主义。我国采取的是后一种做法。许多学者指出,这种规定过高估计了人的自觉性,一定程度上对人的行为提出了不恰当的法律要求。对于一些价值较小的埋藏物、隐藏物也要收归国家,不仅没有必要也不符合实际,形同虚设,建议我国可采取有限的取得埋藏物、隐藏物所有权主义。笔者赞同这种观点。

（三）案例 39 分析

对于发现埋藏物、隐藏物,我国《物权法》规定参照拾得遗失物的有关规定,但文物保护法等法律另有规定的,依照其规定。

本案中,小汤发现隐藏物后交给有关部门,有关部门又进行公告招领,这都符合法律的规定。手抄《红楼梦》有明确的所有人(肖家继承人),应当返还所有人肖家。而铜钱因所有人不明,应上交国家所有。同时,根据我国《物权法》,在

---

① 张迪圣编著:《100 个怎么办:物权法案例讲堂》,中国法制出版社 2007 年版,第 133 页。

隐藏物被领取前,有关部门负有妥善保管义务。因此,对于《红楼梦》书稿的毁损,派出所要承担损失赔偿责任。

[**案例思考**]

1. 某日甲在街头捡到钱包一个,左等右等不见失主,翻看钱包见有人民币100 元及失主地址。甲遂登上公交车准备送还失主,但下车后发现该钱包被扒。

问题:甲应否赔偿失主损失?①

2. 甲向灾区人民捐献旧棉袄一个,后为灾区灾民乙领到。乙在拆洗棉袄时发现内藏现金 5000 元。经查该现金是甲的妻子私藏起来的私房钱,一时忘记藏在哪里,故被甲捐掉。

问题:这 5000 元现金应属于谁?

---

① 李建伟编著:《民法 62 讲》,人民法院出版社 2006 年版,第 120 页。

第三编　用益物权

第十章　一般规定

一、用益物权的含义

相关法条

第一百一十七条　用益物权人对他人所有的不动产或者动产,依法享有占有、使用和收益的权利。

第一百二十条　用益物权人行使权利,应当遵守法律有关保护和合理开发利用资源的规定。所有权人不得干涉用益物权人行使权利。

第一百二十一条　因不动产或者动产被征收、征用致使用益物权消灭或者影响用益物权行使的,用益物权人有权依照本法第四十二条、第四十四条的规定获得相应补偿。

（一）案例40简介

在山西省某地,随着黄河主流的西移,其相应地段的黄河东岸出现了大片的滩涂地,名为三角滩地。从1989年起,原告甲村陆续在其上开垦荒地近500亩。1991年,市政府对甲村开垦的三角滩地确定了使用权,该村即一直耕种此地并向其所属的乡政府缴纳滩涂管理费。1997年4月,乡政府将滩涂地使用权公开发包,中标人为被告乙村村民5人,双方签订了承包合同,在此前后,甲村村民因不服乡政府将其开垦耕种多年的土地对外发包,多次上访。9月3日,市委为处理该纠纷形成了会议纪要,后该乡政府根据该纪要精神与原承包人达成协议,终止合同,乡政府退还承包款和利息,并赔偿退费、误工费等费用,被告乙村领取了上述款项,随后甲村与乡政府签订了承包合同,缴纳了承包款。但在9月12日,被告乙村村民抢占三角滩地并种植小麦,经乡政府多次做工作,未能解决,为此,甲村提起诉讼,要求乙村停止其侵权行为,交回土地。[①]

问题:试分析乙村村民的行为是否构成侵权?

(二) 相关知识点

1. 用益物权的概念

所谓用益物权,是指对他人之物在一定范围内依法享有占有、使用和收益的一种物权。这里的"他人"包括所有权人和使用权人。相对于所有权是在自己所有物上设定的全面性权利,用益物权被称为他物权或定限物权。

用益物权制度是物权法律制度中一项非常重要的制度,它与所有权制度、担保物权制度等一同构成了物权制度的完整体系。用益物权着眼于财产的使用价值,是以"利用"为中心的物权的主要表现。由于在现代民法,传统的以物的"所有"为中心的物权观念,已经被以物的"利用"为中心的现代物权观念所取代,所以许多学者认为,现代物权法的核心在于用益物权。[②]

2. 用益物权的特征

用益物权除具备物权的一般特征外,还具有一些特有特征,主要有:

(1) 用益物权是一种定限物权。物权以其对标的物的支配范围为标准,分为完全物权和定限物权。完全物权是指对于标的物可为全面占有、使用、收益和处分的物权,所有权是典型的完全物权。定限物权是指限于某一方面或某几方面对标的物进行支配的物权,包括用益物权和担保物权。也就是说,用益物权是在一定范围内,对标的物进行占有、使用和收益,与所有权相比,其权利范围受到一定的限制。同时,由于用益物权是在他人之物上设定的一种权利,对于他物所有人的所有权也起着一定的限制作用,而他物所有权人还不得干涉用益物权人行使权利,这也是定限物权"限制"的另一层含义。

(2) 用益物权的主要内容是利用物的使用价值。民法上的物具有价值(交换价值)和使用价值两种属性,在一物之上不设立他物权的情况下,物的交换价值和使用价值均归物的所有权人享有。但当所有权人在自己的物上设立了他物权,则交换价值或使用价值就会由他人享有。就物的使用价值而言,所有权人可以设立用益物权。所谓"用益"就是使用、收益的合称,即用益物权人利用物的使用价值就体现为对物的使用、收益。[③] 用益物权设立的目的就是通过对标的物的使用、收益,获取标的物的使用价值,实施调剂"所有"与"利用"的技能,发挥其"增进物尽其用经济效用"的社会功能。

(3) 用益物权的标的物主要是不动产。传统民法认为,用益物权的标的物

①　王全弟主编:《物权法》,浙江大学出版社 2007 年版,第 224 页。
②　王利明:《物权法教程》,中国政法大学出版社 2003 年版,第 227 页。
③　房绍坤:《物权法用益物权编》,中国人民大学出版社 2007 年版,第 2 页。

主要是不动产。这是因为动产一般价值较小,如果要短期利用,则可通过借用、租赁等方式解决。如果要长期使用,则可直接购买获得,根本不需要在其上设置用益物权。在我国《物权法》颁布以前,理论界绝大多数学者持这种观点。但在颁布的《物权法》第 117 条中,则明确规定用益物权的标的物包括不动产和动产。于是,理论界对此的观点出现了很大分歧。第一种观点认为,规定用益物权的标的物含有动产是错误的,是值得讨论的。① 第二种观点认为,不能将法律规定"理解为所有的动产都可以设定用益物权,而应当进行限缩解释,将其限定于汽车、船舶等特殊的以登记为公示方式的动产"②。第三种观点认为,法律这一规定是为将来物权类型的发展留有余地,应值得肯定。③ 第四种观点是对用益物权的客体包括不动产和动产未提任何疑义。④ 笔者赞同第三种观点的看法。由于不动产价值较高且总量稀缺,拥有不易,社会上对其所有权与利用权分割归不同的人享有需求较强,故用益物权通常以不动产为标的物。目前,我国并无关于动产用益物权的具体规定。立法规定用益物权的标的物包含动产,是为了将来通过特别法设立动产用益物权而预留一定空间。

(4)用益物权是有期限的物权。与所有权没有一定期限而永久存续不同,用益物权是一种有期限的物权。在其存续期限届满时,用益物权即当然归于消灭。用益物权存续期限的表现形式既可以是一个确定的期限,也可以是一个不定期的期限。为不定期的期限时,在符合一定条件下,可以随时由当事人的行为使其终止。"用益物权之所以附有一定的存续期限,是因为用益物权是在他人之物上设立的权利,起着限制所有权的作用。如果允许设立永久无期的用益物权,则所有权会处于一种有名无实的境地,有损所有权的本质。"⑤

(5)用益物权是一种独立的物权。用益物权虽然以所有权为泉源,属于"他物权""定限物权",但用益物权设立时,并不要求用益物权人与标的物所有权人或使用权人之间存在一定的权利义务关系。所以,用益物权一旦设立,便成为独立于所有权或使用权之外而存在的一种物权。这与担保物权的存在须以债权的存在为前提形成鲜明对比。用益物权人依法对标的物行使占有、使用和收

---

① 梁慧星、谢鸿飞、寇广萍等均在有关物权法研修班讲课时谈到过此种观点。有学者更是指出这"纯粹是一种主观上的臆想,属于随意性的立法"。见房绍坤:《物权法用益物权编》,中国人民大学出版社 2007 年版,第 3 页。

② 此观点见申卫星:《物权法原理》,中国人民大学出版社 2008 年版,第 271 页。

③ 此观点见王利明主编:《民法》(第四版),中国人民大学出版社 2008 年版,第 261 页;魏振瀛主编:《民法》(第三版),北京大学出版社 2007 年版,第 265 页;刘保玉:《物权法学》,中国法制出版社 2007 年版,第 249 页;等等。

④ 此观点见郭明瑞主编:《中华人民共和国物权法释义》,中国法制出版社 2007 年版,第 194 页;李显冬主编:《中国物权法要义与案例释解》,法律出版社 2007 年版,第 213 页;高富平:《物权法专论》,北京大学出版社 2007 年版,第 455 页;等等。

⑤ 魏振瀛主编:《民法》(第三版),北京大学出版社 2007 年版,第 264 页。

益的权利,这种权利具有直接支配性和排他性,其他任何人包括所有权人都不得干涉用益物权人行使权利。当用益物权人的权利受到侵害时,包括因征收、征用致使用益物权消灭或者影响用益物权行使的,用益物权人都有权依法获得相应救济。用益物权不以他权利的存在为成立前提,不随他权利的让与而让与,也不随他权利的消灭而消灭,它仅依法律的规定或当事人之间的约定为根据而独立存在(地役权有所例外)。所以,用益物权是一项独立的物权。

3. 用益物权的功能

(1) 促进物尽其用。在社会生活中,对物的利用时常会存在一些矛盾。一方面,由于种种原因物的所有权人,不能或者没有必要对物行使全面的支配权;另一方面,客观上有利用该物需要的人却因为没有所有权,而无法实现利用物的目的。有了用益物权法律制度,这一矛盾得到了有效解决。在用益物权法律制度下,用益物权人可以在无法取得物的所有权或不必取得他人之物所有权的情况下,通过对他人之物行使合法的占有、使用获得收益。而物的所有权人也不用直接支配所有物就能获得利益。这样,所有权人和物的利用人都通过设定用益物权获得了相应利益,使物得到了更为有效、更为充分的利用,避免了社会财富的闲置与浪费,社会整体利益得到了尽可能大的实现与满足。"所以说,用益物权制度的首要价值,就是促进了物的使用价值的实现,贯彻了物尽其用这一物权法的基本理念。"[①]

(2) 维护物的利用秩序。对物的利用收益过程,是一个利益追求和分配的过程。如何尽可能减少这一过程中利益的冲突和纠纷,以降低对物的利用成本,是关系到能否真正实现物尽其用的关键。所以,用益物权制度的目的,并不是单独为了保护用益物权人和所有权人中的某一方,而是兼顾二者的利益,是在二者之间寻求利益平衡。用益物权制度通过确定物的所有权人与利用人的权利和义务,规范二者之间的利益关系,维护二者间的利益平衡,从而实现其维护物的利用秩序的功能。

同时,由于我国特有的土地制度,使得土地这类重要资源的所有权不能向私人手中流转,此时,要使土地这一生产要素真正进入市场,必须通过相关制度的构建,使土地利用权利进入市场以代替土地所有权进行流通。而用益物权制度正发挥了这种作用,其通过将土地使用权以物权的方式固定下来,进而进入流通领域,这样不但在保证土地利用秩序方面起到了重要作用,而且也完善了我国的市场经济体系。

(三) 案例 40 分析

所谓用益物权,是指对他人之物在一定范围内依法享有占有、使用和收益的

---

① 江平主编:《中国物权法教程》,知识产权出版社 2007 年版,第 295 页。

一种物权。根据我国《物权法》,土地承包经营权属于用益物权的一种。土地承包经营权人对国家或集体所有的土地,依法享有占有、使用和收益的权利,任何人不得对其实施侵害。当土地承包经营权受到侵害时,土地承包经营权人有权依法获得相应救济。

本案中,根据市委会议纪要,乡政府与被告 5 人解除了土地承包合同,他们也领取了相应的赔偿费用,已经不再对该地享有土地承包经营权了。而后甲村与乡政府签订了承包合同,交纳了承包款,就获得了对该土地的承包经营权,就获得了对该土地的占有、使用和收益的权利,对这种权利,任何人不得对其进行侵犯。乙村村民强占甲村承包的土地,并在其上种植小麦的行为属于侵犯他人合法享有的用益物权的行为,要承担侵权责任。

二、我国的用益物权体系

相关法条

第一百一十八条　国家所有或者国家所有由集体使用以及法律规定属于集体所有的自然资源,单位、个人依法可以占有、使用和收益。

第一百二十二条　依法取得的海域使用权受法律保护。

第一百二十三条　依法取得的探矿权、采矿权、取水权和使用水域、滩涂从事养殖、捕捞的权利受法律保护。

（一）案例 41 简介

贾某是某县一农村的村民,他在 2007 年发现本村有一处铁矿资源。根据我国《矿产资源法》的要求,贾某于 2008 年 1 月办理了相关手续,享有对该处铁矿的探矿权和采矿权。在手续办好之后,贾某立即以高价将其探矿权与采矿权转让给了其他人。

问题:贾某的转让行为是否合法?

（二）相关知识点

用益物权制度具有较强的本土性,最具有固有法特点。由于受政治、经济、文化、历史、习惯等诸多因素的影响,世界各个国家和地区的用益物权制度在体系上存在较大差异。我国实行土地公有制,这决定了我们的用益物权制度必然与在土地私有制基础上建立的用益物权制度存在很大差异。所以,构建我国的用益物权制度,一方面要注意借鉴其他国家和地区立法例的经验,另一方面更应注意从我国实际出发,吸收我们在实践中的优秀经验成果,建立具有中国特色的用益物权制度。

在我国《物权法》颁布以前,关于我国用益物权体系的构建是众说纷纭。[①]我国《物权法》根据我国的基本经济制度,以及建立和完善社会主义市场经济体制的要求,借鉴了其他国家和地区的立法例,并在继承以往立法和实务经验的基础上,在用益物权编中设专章分别规定了土地承包经营权、建设用地使用权、宅基地使用权和地役权四类主要的用益物权,以下章节将详述之,此处不多言。另外,我国《物权法》还明确规定了海域使用权、探矿权、采矿权、取水权、养殖权和捕捞权的用益物权性质。这类权利又被学者称为准物权、特别法上的物权、特许物权等,这类权利有自身的特点,与一般用益物权不同,例如这类权利的设定是经国家行政部门的许可设立的,这与一般用益物权主要是通过合同设定不同;这类权利的标的物通常为消耗物,而一般用益物权的标的物为不可消耗物;这类权利的设立和行使目的等具有明显的公法性质,而一般用益物权更多的则是私法性质等。但是由于这些权利主要是对国家自然资源的利用,权利人取得这些权利后,即享有占有、使用和收益的权利,其权能与用益物权是一致的,同时也需要办理登记并进行公示,符合物权的公示原则。因此,我国《物权法》对这些权利作了原则性、衔接性的规定。[②] 这些权利优先适用相关特别法的规定,如果特别法没有规定的,则适用《物权法》的有关规定。

对于以上我国《物权法》规定的用益物权,按照一定标准分类,可有不同的类型[③]:典型用益物权与准物权;有偿用益物权与无偿用益物权;无从属性用益物权与有从属性用益物权;让与性用益物权与限制让与用益物权等。

(三) 案例 41 分析

我国《物权法》规定了探矿权、采矿权的用益物权性质,但其与一般用益物权多有不同。我国《矿产资源法》规定,除按下列规定可以转让外,探矿权、采矿权不得转让:(1) 探矿权人在完成规定的最低勘查投入后,经依法批准,可以将探矿权转让给他人。(2) 已取得采矿权的矿山企业,因企业合并、分立,与他人合资、合作经营,或者因企业资产出售以及有其他变更企业资产产权的情形而需要变更采矿权主体的,经依法批准可以将采矿权转让他人采矿。禁止将探矿权、采矿权倒卖牟利。

本案中,贾某发现的铁矿属于国家所有的自然资源,贾某依据我国《矿产资源法》的要求办理了相关手续,依法对这处铁矿享有占有、使用和收益的权利。

---

① 有代表性的例如梁慧星教授主持拟定的物权法草案建议稿中设计的用益物权类型为:基地使用权、农地使用权、邻地使用权和典权;由王利明教授主持拟定的物权法草案建议稿中设计的用益物权类型为:土地使用权、农村土地承包经营权、宅基地使用权、地役权、典权、空间利用权和特许物权等。

② 全国人大常委会法制工作委员会民法室编:《中华人民共和国物权法条文说明、立法理由及相关规定》,北京大学出版社 2007 年版,第 225 页。

③ 崔建远:《物权法》(第二版),中国人民大学出版社 2011 年版,第 247 页。

但是,贾某的转让行为却违背了法律的相关规定,所以贾某高价转让探矿权、采矿权的行为是违法的。

[**案例思考**]

张某与村委会签订了 10 亩农田承包合同。后来张某打算将该 10 亩农田转包给同村的李某。村委会得知此事后,找到张某告诉他,当初村里之所以将这 10 亩农田承包给他,是因为村委会在综合考虑各方面的情况后,认为只有张某才能管理好这 10 亩农田,所以才同意承包给了他。现在张某却要转包,作为这 10 亩农田所有人代表的村委会不同意其转包行为,并警告张某要承包就自己承包,否则村委会就收回这 10 亩农田,另找承包人。

问题:村委会的做法是否合法?

第十一章　土地承包经营权

一、土地承包经营权的含义

相关法条

第一百二十四条　农村集体经济组织实行家庭承包经营为基础、统分结合的双层经营体制。

农民集体所有和国家所有由农民集体使用的耕地、林地、草地以及其他用于农业的土地,依法实行土地承包经营制度。

第一百二十五条　土地承包经营权人依法对其承包经营的耕地、林地、草地等享有占有、使用和收益的权利,有权从事种植业、林业、畜牧业等农业生产。

（一）案例 42 简介

甲村村民乙嫁给同乡的丙村村民丁。婚后,甲村以"减人减地"为由,将乙家庭由其所享有的 2 亩承包地收归小组所有。于是,乙便向婚后所在的丙村提出要求,请求该组给予分配土地,但却被该组以"增人不增地"为由拒绝。乙决定起诉维护自己应当享有的土地承包经营权。①

问题:本案中乙应当起诉甲村还是丙村?

（二）相关知识点

1. 土地承包经营权的概念

所谓土地承包经营权,是指农业生产经营者依法对农民集体所有或者国家所有由农民集体使用的土地享有的占有、使用、收益的权利。"所谓的'承包',即是对标的物土地包经营,对经营收入包收益,对经营不善的损失包承担,对经营收益风险损失包负担。"②

土地承包经营权是我国农村土地法律制度中的特有概念,是改革开放以来我国农村集体经济组织实行土地承包责任制的产物③,对于促进我国农村经济的发展起了重大的推动作用。在我国,《民法通则》中正式确定了土地承包经营

---

① 王全弟主编:《物权法》,浙江大学出版社 2007 年版,第 279 页。

② 席志国、方立维:《物权法法条详解与原理阐释》,中国人民公安大学出版社 2007 年版,第 193 页。

③ 刘保玉:《物权法学》,中国法制出版社 2007 年版,第 262 页。

权,我国《土地管理法》《农村土地承包法》都对土地承包经营权作了全面的规定,2007年颁布的我国《物权法》,将土地承包经营权纳入了用益物权体系。早期的民法理论对土地承包经营权究竟是一种物权还是一种债权,界定得不是很明确。后来为了加强对农民合法权益的保护,稳定土地承包经营关系,将土地承包经营权物权化的观点得到了大家的认可,这种观点遂成为通说。"土地承包经营权的物权化,是近三十年来我国农地产权制度研究的主要理论成果之一,是我国农地制度改革和发展的既定方向,具有巨大的理论和实践意义。"①我国《物权法》将土地承包经营权纳入物权范畴,从根本上解决了土地承包经营权的性质问题。但对于是否改变这一名称,学理上有不同的看法。② 笔者赞同王利明教授的观点:我国农村土地一直实行承包经营制度,农村土地承包经营权的提法已经为广大干部和农民群众所接受,如果采用使用权的概念容易引起农民的误解。再说关于农村土地承包经营权问题,不在于承包经营权名称本身的缺陷,所以仍然沿用土地承包经营权的概念没什么不好。

农村土地承包经营制度包括两种承包方式,即家庭承包经营(早期称为家庭联产承包经营)和以其他方式取得的承包经营。相对应的农村土地承包经营权可分为:家庭承包经营权和以其他方式取得的土地承包经营权。所谓家庭承包经营权,是指集体经济组织内部的成员,以家庭为生产经营单位,采用家庭承包的方式所取得的土地承包经营权。这是农村土地承包制度的主要形式,是农村土地经营模式的基础。所谓以其他方式取得的土地承包经营权,是指对不宜采取家庭承包方式的荒山、荒沟、荒丘、荒滩(简称"四荒"土地)等农村土地,通过采取招标、拍卖、公开协商等方式进行承包所取得的土地承包经营权。

2. 土地承包经营权的特征

土地承包经营权除具备用益物权的一般特征外,还具有一些特有的法律特征,主要有:

(1)土地承包经营权的主体是农业生产经营者。土地承包经营权的主体是从事农业生产经营的自然人或集体,并且一般都是土地所属的集体经济组织的内部成员。所以土地承包经营权的主体呈现出明显的成员权属性,具有强烈的地域性。集体经济组织以外的农业生产经营者,也可以承包该集体经济组织所有的土地,但这仅仅限于那些不宜采取家庭承包方式的"四荒"地等农村土地。对于这类土地可以直接通过招标、拍卖、公开协商等方式发包给集体经济组织以外的人,但需要履行一定的程序。我国《农村土地承包法》第48条规定:"发包

---

① 王金堂:《土地承包经营权制度的困局与解破》,法律出版社2013年版,第29页。
② 各种不同观点的详细论述可参见王利明:《物权法教程》,中国政法大学出版社2003年版,第262页。

方将农村土地发包给本集体经济组织以外的单位或者个人承包,应当事先经本集体经济组织成员的村民会议 2/3 以上成员或者 2/3 以上村民代表的同意,并报乡(镇)人民政府批准。"同时,在集体经济组织以外的其他农业生产者可以承包土地的情形中,在同等条件下,本集体经济组织的成员享有优先承包的权利。特殊情况是:在承包期内,妇女结婚,在新居住地未取得承包地的,发包方不得收回其原承包地;妇女离婚或者丧偶,仍在原居住地生活或者不在原居住地生活但在新居住地未取得承包地的,发包方不得收回其原承包地(《农村土地承包法》第 30 条)。可见,妇女成为另一集体经济组织成员后,仍然可能享有原集体经济组织土地的承包经营权。[①] 这是为维护妇女的合法权益而进行的专门规定。总之,农村土地承包是以农村集体经济组织内部的家庭承包方式为主,而以集体经济组织以外的成员以其他方式取得承包为补充的一种经营模式。前者显示了保证集体经济组织成员基本生活需要的特点,具有强烈的社会保障和福利功能,体现了公平观念;后者显示了提高荒地利用效益的特点,体现了效率观念。

(2)土地承包经营权的客体是农民集体所有和国家所有由农民集体使用的农业用地。土地承包经营权的客体是农村土地,即农民集体所有和国家所有但依法由农民集体使用的耕地、林地、草地以及其他依法用于农业的土地。"其他用于农业的土地",主要是指养殖水面、"四荒"土地(荒山、荒沟、荒丘、荒滩)以及农田水利设施用地等。农村集体所有的非农业用地和在城市的国有土地,均不能成立土地承包经营权。但国家所有的未交给农民集体使用的农用地(例如国有农场、林场等),实行承包经营的,可以参照土地承包经营的有关规定进行。

(3)土地承包经营权设立的目的是在他人土地上进行农业生产经营活动。多种原因都会导致对他人土地的利用。土地承包经营权的目的,就是利用他人的土地进行农业生产经营活动。也就是农业生产经营者通过设立土地承包经营权,能够在集体所有或国家所有由集体使用的土地上进行耕作、养殖或畜牧等农业生产经营活动,这就是土地承包经营权所谓的"农业目的"。不以农业生产经营活动为目的而利用他人土地的,不能成立土地承包经营权,例如以建造建筑物或其他工作物为目的的,成立建设用地使用权;以生活居住为目的的,成立宅基地使用权等。

3. 土地承包经营权与永佃权的关系

在传统民法上,与我国土地承包经营权最为相似的是永佃权。正是由于二者的相似,所以我国有学者认为,可以将我国的农村土地承包经营权改造成为新

---

① 申卫星:《物权法原理》,中国人民大学出版社 2008 年版,第 274 页。

型的永佃权,并且认为,这有利于稳固农地使用制度。① 所谓永佃权是指通过支付佃租而享有在他人土地上永久耕作或牧畜的权利。它与土地承包经营权既有联系更有区别,尤其是二者的区别应特别引起我们的关注。这对于正确理解我们国家之所以设立土地承包经营权而不设立永佃权能起到积极的帮助作用。

土地承包经营权和永佃权的联系,主要是二者都是存在于他人土地上的物权;二者设立的目的都是进行农业生产经营活动等。二者的区别主要有以下几方面:

(1)设立的经济基础不同。永佃权是建立在土地私有制基础之上的,是耕作者与地主之间的关系;而土地承包经营权是建立在土地公有制基础之上的,是承包方与发包方之间的关系,承包方一般是本集体经济组织的成员。

(2)二者的性质不同。永佃权是地主利用土地获取收益的一种法律形式,反映了土地所有者与非土地所有者在土地所有与利用之间的矛盾关系,具有一定的剥削性质;而土地承包经营权并非是土地所有者利用土地获取收益,而只是通过承包方对土地的利用以更好发挥土地的效用,体现的是集体土地所有权的一种实现方式。虽然在土地承包经营中,权利人也要支付一定的费用,但该费用仍属于集体所有。②

(3)功能不同。在永佃关系中,佃户与土地所有人依照意思自治原则,相互间有选择对方的自由,土地所有人并没有为他人设立永佃权的义务,所以永佃权不具备社会保障功能;而土地承包经营权则是一种根据成员权所建立的、集体成员应当享有的、任何人不得剥夺的权利。只要是集体经济组织的成员,都有权依法承包由本集体经济组织发包的农村土地,所以土地承包经营权具有社会保障功能,是具有一定社会福利性质的权利。

另外,土地承包经营权与永佃权在存在的期限、成立的要件、生效的要件等方面也存在差异。更为重要的是,我国曾有过两千多年的封建传统,人们往往将永佃权与封建剥削关系相联系,因此设计我国当今以土地社会主义公有制为基础的土地用益物权时,不宜采纳永佃权的概念。我国台湾地区近年来也拟对永佃权制度进行修正,改称"农用地",以规范符合现今之需要的农地利用关系,这一动向自然也值得我们注意。③

4. 关于农村集体土地所有权行使主体实际上缺位问题的思考

在我国农村进行的土地确权工作中,有一项重要内容,是对农村集体土地所有权的确认。确权登记后要发土地所有权证,并且根据相关文件精神,该土地所

---

① 此种观点的具体内容详见房绍坤:《物权法用益物权编》,中国人民大学出版社2007年版,第64页。

② 房绍坤:《物权法用益物权编》,中国人民大学出版社2007年版,第55页。

③ 刘保玉:《物权法学》,中国法制出版社2007年版,第263页。

有权证的下发应当是"是谁的就发给谁"。那么,这其中的"谁",在农村现实社会中的情况是怎样的呢?

我国《物权法》第59条第1款规定:"农民集体所有的不动产和动产,属于本集体成员集体所有。"这一规定明确了农村集体土地所有权主体为成员集体,即由集体的全体成员共同享有所有权。一如该法第45条第1款的规定:"法律规定属于国家所有的财产,属于国家所有即全民所有。"这一规定明确了国家土地所有权主体为国家,即由国家全体人民共同享有所有权。从理论上看,农村集体土地所有权主体与国家土地所有权主体一样不存在"虚位"问题。更何况,我国《物权法》第60条还专门规定了农村集体土地所有权的行使主体,即"(一)属于村农民集体所有的,由村集体经济组织或者村民委员会代表集体行使所有权;(二)分别属于村内两个以上农民集体所有的,由村内各该集体经济组织或者村民小组代表集体行使所有权;(三)属于乡镇农民集体所有的,由乡镇集体经济组织代表集体行使所有权。"一如该法第45条第2款的规定:"国有财产由国务院代表国家行使所有权;法律另有规定的,依照其规定。"

那么现实中,农村集体土地所有权行使主体的情况是怎么样的呢?先来看一下我国《物权法》中规定的三级集体经济组织的情况。现今,农村土地集体所有制度的规定,来源于"三级所有,队为基础"的人民公社土地制度。当时的人民公社、生产大队和生产(小)队分别是农村三类集体土地所有权的行使主体,这三级组织从当时承担的经济职能来说,完全有资格成为相应土地所有权的行使主体。从当时的实际情况来看,这三级组织也实实在在承担着相应土地所有权行使主体的任务。但是,随着土地承包经营权制度的实行,人民公社体制瓦解,原人民公社被乡镇人民政府取代,生产大队和生产(小)队分别由村民委员会和村民小组取代,并且这种取代并不仅仅是名称上的简单改变,更重要的是其相关职能也发生了很大的变化。乡镇人民政府属国家行政机关系列,自然不是"乡镇集体经济组织"。村民委员会是基层群众性自治组织,从我国《村民委员会组织法》的规定看,其显然也不属于"村集体经济组织"。至于原来的生产(小)队留到现在的影子就是村民小组,哪里还有什么"村内各该集体经济组织"。也就是说,我国《物权法》上规定的具有集体土地所有权行使主体资格的三级集体经济组织,事实上是不存在的!

再看一下我国《物权法》中规定的另两类行使主体的情况。村民委员会属于基层群众性自治组织,但是从我国《村民委员会组织法》等有关法律法规赋予村民委员会的职责任务来看,它实际上是承担着该村国家行政机关的管理职能,虽然按照宪法,村民委员会在组织上具有独立性,它既不是国家机关的下级组织,也不隶属于任何社会团体和社会经济组织。但现实中,它更多地是扮演着乡镇人民政府下级组织的角色,行使着行政管理的职能,与农民之间存在现实中的管理与被管理的关系。① 在这种情况下，赋予村民委员会代表集体行使集体土地所有权会产生很多弊端：首先，作为代表农民集体行使土地所有权的机构来说，其充分表达并坚决执行农民集体的意志是其最起码的职能，其"在与其他民事主体以及行政主体的博弈过程中，具备维护'集体'利益，从而维护成员利益的功能"②，但是，对于目前具有这种准政府行政组织实际身份的村民委员会来说，其"与村民的利益并不完全一致，乡村干部集团有着其自己的利益要求并在某种程度上形成了利益集团"③。如今它既是行政主体的代表，又是农民集体的代表，而当此两者利益发生冲突时，村民委员会在利益选择上自然而然会存在倾向性，这恐怕才是农民集体利益常常得不到有效保护、农民个体利益常常受到侵害的深层原因，现实中存在农民集体成员得不到土地所有权益的现象，也就不足为怪了。其次，具有准政府行政组织实际身份的村民委员会行使集体土地所有权，从形式上极易造成所谓集体所有的土地与国家所有的土地是一回事的误解④，从而造成实际上"集体土地的发展权、转让权甚至部分收益权等关键性支配权被代表国家权力的各级政府享有，国家事实上为集体土地所有权的终极代表"⑤。农村集体土地所有权权能被极大削弱，农村集体成员享有的土地所有权，就变成了集体成员人人所有又人人没有的所有权。这一切是否是造成农村土地大量被征用、各类人员都热衷于土地开发利用，导致全国范围内耕地严重流失现象发生的根源？至于村民小组，也早已与人民公社时期的生产（小）队无法相提并论。当初随着土地承包经营权制度的实施，生产（小）队一夜之间土崩瓦解，不仅集体所有的动产被分割殆尽，一些诸如仓库之类的不动产也被变卖或折价后进行了分割。而如今的农村社会中，一些村民小组甚至连"涣散"都谈不上，因为在许多地方，所谓的村民小组只不过就是只有一名负责人（组长），在有特殊事情时，挨家挨户下个通知。"村民小组普遍处于无资金、无办公场所、无办事人员的三无状态，这样一个组织行使集体土地所有权职能的确是勉为其难。"⑥

　　以上就是我国《物权法》中规定的农村集体土地所有权行使主体——三级五种组织的情况。由于法律制度设计与农村现实存在巨大差距，使得农村集体土地所有权行使主体实际上存在缺位问题。如今，对法律上其实有明确界定的

---

　　① 王金堂：《土地承包经营权制度的困局与解破》，法律出版社 2013 年版，第 64 页。

　　② 蔡立东、侯德斌：《论农村集体土地所有权的缺省主体》，载《当代法学》2009 年第 6 期。

　　③ 王金堂：《土地承包经营权制度的困局与解破》，法律出版社 2013 年版，第 164 页。

　　④ 中南财经政法大学陈小君教授在进行相关课题调研过程中，就曾遇到有地方县级领导向她求证农村的土地是属于国家的问题。这看似很荒唐，实则是村民委员会行使集体土地所有权带来的必然后果。

　　⑤ 王金堂：《土地承包经营权制度的困局与解破》，法律出版社 2013 年版，第 161 页。

　　⑥ 同上书，第 165 页。

农村集体土地所有权进行所谓"确权"，虽然理论上意义重大，实际情况呢？因为农村集体土地所有权行使主体是维护农民集体与农民个体权益并对抗公权力滥用的一个强有力机构，而目前这一机构实际上存在缺位现象，所以不按照法律规定对农村集体土地所有权行使主体进行现实中的构建，而只发一个权属证书，对农民集体和农民个体来说，毫无实际意义可言。我国有学者呼吁："既然农村土地归农村集体成员集体所有，成员集体享有集体土地所有权，所有权人的权益就应由所有权人享有，……应保障农民集体土地所有权的权益真正归集体的成员享有，应将农民土地所有权的各项权能还给农民。"[1]但是，"成员集体不是成员个体，而是由个体组成的合体，集体组织的某个成员或某些成员都不能成为集体所有权的主体"。[2] 所以退一步讲，即使制度设计得非常完美，但如果现实中缺少一个强有力的行使主体，一切的一切都可能落空！

（三）案例 42 分析

所谓土地承包经营权，是指农业生产经营者依法对农民集体所有或者国家所有由农民集体使用的土地享有的占有、使用、收益的权利。根据我国法律，土地承包经营权人依法对其承包的土地享有占有、使用和收益的权利。任何组织和个人不得剥夺和非法限制农村集体经济组织成员承包土地的权利。并特别强调，承包中应当保护妇女的合法权益，任何组织和个人不得剥夺、侵害妇女应当享有的土地承包权。在承包期，妇女结婚，在新居住地未取得承包地的，发包方不得收回其原承包地；妇女离婚或者丧偶，仍在原居住地生活或者不在原居住地生活但在新居住地未取得承包地的，发包方不得收回其原承包地。

本案中，乙在婚后所在地丙村未向其分配承包土地的情况下，其婚前所属的甲村不得收回其承包地。因此，甲村以"减人减地"为由，收回乙的承包地，不仅毫无根据，而且已经违反了有关法律规定，构成对乙的侵权。所以，本案中乙应当起诉甲村，甲村有义务保障乙的土地承包经营权。

二、土地承包经营权的效力

相关法条

第一百二十八条　土地承包经营权人依照农村土地承包法的规定，有权将土地承包经营权采取转包、互换、转让等方式流转。流转的期限不得超过承包期的剩余期限。未经依法批准，不得将承包地用于非农建设。

第一百三十条　承包期内发包人不得调整承包地。

---

[1]　郭明瑞：《关于农民土地权利的几个问题》，载《法学论坛》2010 年第 1 期。
[2]　王连合主编：《民法（总论物权）》，山东人民出版社 2013 年版，第 238 页。

　　因自然灾害严重毁损承包地等特殊情形,需要适当调整承包的耕地和草地的,应当依照农村土地承包法等法律规定办理。

　　第一百三十一条　承包期内发包人不得收回承包地。农村土地承包法等法律另有规定的,依照其规定。

　　第一百三十二条　承包地被征收的,土地承包经营权人有权依照本法第四十二条第二款的规定获得相应补偿。

（一）案例 43 简介

　　某村村委会与李甲签订土地承包经营合同,由李甲承包本村集体所有的 10 亩苹果园,承包期 30 年,承包费为每年 110 元/亩,合同自签订之日起生效。合同签订后,李甲遂领全家投入到苹果园的耕作整理中,投入了大量的人力、物力。次年苹果获得丰收,李甲收入颇丰。此时,村委会认为果园的承包费太低不合理,必须提高承包费的数额。同村的王乙向村委会提出,自己愿意以每年 150 元/亩承包果园。而同村的张丙则愿意出价每年 180 元/亩承包果园。于是村委会找到李甲提出要调整承包地,将本村另外 10 亩果园调整给李甲承包,而将李甲承包的 10 亩果园以每年 180 元/亩的价格承包给张丙,李甲坚决不同意村委会的调整计划。

　　问题:村委会的做法是否合法?

（二）相关知识点

　　土地承包经营权的效力,是指承包方与发包方之间的权利义务关系。根据我国《物权法》和其他相关法律的规定,承包方(土地承包经营权人)和发包方主要有以下权利和义务:

1. 承包方(土地承包经营权人)的权利义务

（1）承包方(土地承包经营权人)的权利。主要有:

　　第一,对承包土地的占有、使用和收益权。承包方(土地承包经营权人)对其承包经营的耕地、林地、草地等享有占有、使用和收益的权利,有权从事种植业、林业、畜牧业等农业生产。土地承包经营权设立的目的就是在所承包的土地上进行农业生产经营活动,如果不能对承包地进行占有,承包方(土地承包经营权人)所谓的在其上从事农业生产经营活动就无从谈起,更谈不上使用和收益的问题;对承包地进行使用,是土地承包经营权最直接的目的,其过程就是进行具体的农业生产经营活动。当然,承包方(土地承包经营权人)对承包土地的使用,必须是按照土地的自然属性(指土地具体的农业性质,包括耕地、林地、草地以及其他依法用于农业的土地)和承包合同约定用途来使用的;收益权是指承包方(土地承包经营权人)获取土地上所产生的利益的权利。收益是土地承包经营权设立的最终目的,如果不能收益,土地承包经营权也就失去了设立的原动力。这里的收益包括天然收益,也包括法定孳息,例如将承包地出租而收取租金等。

第二,自主生产经营权。承包方(土地承包经营权人)有权自主组织农业生产经营活动,自主决定生产布局和具体的生产计划,自主决定种植什么作物、种植多少面积或者安排什么种植、养殖项目。只要不改变农业用地,不建造永久性建筑,不影响邻人的经营和邻人的种植,任何人和任何组织都不得以任何理由干涉承包方的经营。[1] 更不能违背承包方(土地承包经营权人)的意愿,强制承包方(土地承包经营权人)从事或者不从事某种生产经营活动。对于农产品,承包方(土地承包经营权人)有权自由处置,有权自行决定出售产品的数量、价格等,不受其他组织和个人的干涉。

第三,依法流转权。"土地承包经营权属于用益物权,具备流转的法律基础。在稳定家庭承包经营的基础上,允许土地承包经营权的合理流转,是农业发展的客观要求,是农村经济发展、农村劳动力转移的必然结果。"[2]所以,土地承包经营权人可以依照相关法律的规定,对土地承包经营权采取法定的方式进行流转。通过家庭承包取得的土地承包经营权的流转方式主要有:转包、出租、互换、转让或者其他方式;通过招标、拍卖、公开协商等方式承包农村土地、经依法登记取得土地承包经营权证或者林权证等证书的,其流转方式主要有:转让、出租、入股、抵押或者其他方式流转。承包方(土地承包经营权人)有权依法自主决定土地承包经营权是否流转和流转的方式,不受其他任何组织和个人的干涉。

第四,征收补偿请求权。"承包地征收是指国家为了公共利益的需要,依照法律规定的权限和程序将集体所有的土地征为国有土地。在承包地被征收时,国家不仅要对承包地的所有权人给予补偿,也要对承包地的使用人即土地承包经营权人给予补偿。"[3]我国《物权法》第 132 条规定:承包地被征收的,土地承包经营权人有权依照本法第 42 条第 2 款的规定获得相应补偿。我国《物权法》第 42 条第 2 款的内容是:征收集体所有的土地,应当依法足额支付土地补偿费、安置补助费、地上附着物和青苗的补偿费等费用,安排被征地农民的社会保障费用,保障被征地农民的生活,维护被征地农民的合法权益。

第五,法律、行政法规规定的其他权利。除了以上权利外,土地承包经营权人还享有法律、行政法规规定的其他权利,例如优先承包权、有权拒绝发包方或者其他组织或个人对承包地收取法律规定以外的费用或者违法进行集资、摊派、

---

[1]　王利明主编:《民法》(第四版),中国人民大学出版社 2008 年版,第 271 页。

[2]　同上。

[3]　房绍坤:《物权法用益物权编》,中国人民大学出版社 2007 年版,第 95 页。

罚款等。

（2）承包方（土地承包经营权人）的义务。主要有：

第一，维持土地的农业用途。土地承包经营权设立的目的是为了进行农业生产经营劳动，促进农业用地的利用效率。因此，承包方（土地承包经营权人）对承包土地的使用，必须按照土地的自然属性和承包合同约定用途，妥善使用承包的耕地、林地、草地等，不得私自将承包地用于非农建设，例如建住宅、建厂房、建窑等，否则将由县级以上地方人民政府有关行政主管部门依法予以处罚。

第二，保护和合理利用土地。土地承包经营权人在利用承包地进行农业生产经营活动的时候，应当注意保持承包地的土地生态及环境的良好性能和质量，防止水土流失和盐碱化等，保护和提高地力，严禁对土地的不合理耕作、掠夺式经营，给土地带来永久性损害。承包方（土地承包经营权人）不得擅自在承包地上建房、建窑、采矿、采石、挖沙、取土、造砖、建坟等；不得在承包的基本农田上种植林木、挖塘养鱼；不得毁坏森林、草原以开垦耕地；不得围湖造田、侵占江河滩地等。否则，发包方有权制止，并有权要求承包方（土地承包经营权人）赔偿由此造成的损失。

第三，法律、行政法规规定的其他义务。例如不得抛荒承包地的义务和"四荒"承包经营权人支付承包费的义务等。

2. 发包方的权利义务

（1）发包方的权利。主要有：

第一，发包本集体所有或者国家所有依法由本集体使用的农村土地。"集体土地由集体经济组织享有所有权，而国家所有依法由集体经济组织使用的农业土地由集体组织享有使用、收益权，这决定了集体经济组织有权对这些农村土地进行发包。但土地发包只是使用、收益权的变动，并不改变土地的所有权结构。"①

第二，监督承包方依照承包合同约定的用途合理利用和保护土地。基于土地承包经营权的特殊性，承包方负有依照合同约定的用途合理利用和保护土地的义务，而发包方作为承包地的所有人，对此有监督权。当然，具体的监督应当合理，不能进行粗暴干涉，也不能借监督权干涉承包方的自主经营权。②

第三，法律、行政法规规定的其他权利。例如依法收取承包费的权利，这主要是对"四荒"土地设立的土地承包而言；在特定情况下收回或调整承包地的权利，这主要是指承包期内，承包方全家迁入设区的市，转为非农户口的，应将承包的耕地和草地交回发包方。承包方不交回的，发包方可收回承包的耕地和草地。

---

① 江平主编：《中国物权法教程》，知识产权出版社 2007 年版，第 324 页。

② 同上。

承包方连续 2 年弃耕抛荒的,发包方应收回发包的耕地。因自然灾害严重毁损承包地等特殊情形的,发包方应依法对承包地进行调整,当然这需要经本集体经济组织成员的村民 2/3 以上成员或者 2/3 以上村民代表的同意,并报乡(镇)人民政府和县级人民政府农业等行政主管部门批准。

(2)发包方的义务。主要有:

第一,维护承包方的土地承包经营权,非因特定情形,承包期内不得调整或收回承包地。土地承包经营权是法律赋予承包方的一项用益物权,具有社会保障功能。因此,农村土地承包经营关系的稳定,关系到农民群众生产经营的积极性,关系到国家的长治久安。多年来的社会生活实践中,导致土地承包经营制度不稳定的重要因素,就是作为发包人的农村集体经济组织擅自调整甚至随意收回承包地。因此,法律严格禁止承包期内发包人随意调整或收回承包地,这也是土地承包经营权作为一种用益物权,其所具有的对世性和排他性在客观上的必然要求。所以,任何组织和个人不得侵犯承包方的土地承包经营权,发包方有义务维护承包方的土地承包经营权,不得非法变更、解除土地承包合同,不得擅自调整或收回承包地。但是,在特定情形如遇到自然灾害时,允许发包方适当调整承包地,但要遵守严格的程序。同时,对于特定情形下,发包人收回承包地的情形,法律也作了严格的规定。

第二,尊重承包方的生产经营自主权,不得干涉承包方依法进行正常的生产经营活动。承包方有权自主组织农业生产经营活动,发包方要充分尊重承包方的生产经营自主权,不得以任何理由干涉承包方的经营,也不能违背承包方的意愿,强制承包人从事或者不从事某种生产经营活动。尽管发包方拥有一定的监督权,但是这种监督要适当合理,决不能借监督权干涉承包方的自主经营权。

第三,执行县(乡)土地利用总体规划,组织本集体经济组织内的农业基础设施建设。土地利用总体规划是土地利用的依据,发包方在发包土地、依法调整承包地时,必须执行土地利用总体规划。农业基础设施建设涉及农村集体的公共利益,而且靠个别承包户往往很难完成,发包方有义务组织本集体经济组织的成员,利用集体力量去完成农业基础设施建设。

第四,法律、行政法规规定的其他义务。

(三)案例 43 分析

我国法律明确将土地承包经营权作为一种用益物权进行规定,赋予土地承包经营权以物权的效力。任何组织和个人不得侵犯承包方的土地承包经营权,发包方有义务维护承包方的土地承包经营权,不得非法变更、解除土地承包合同,不得擅自调整或收回承包地。即使遇到特定情形发包方可以适当调整承包地,但要严格遵守法律所规定的程序。

本案中,村委会对承包地的调整,既不存在法律上规定的需要调整承包地的

"特殊情形",也不符合调整承包地的法定程序,仅仅是为了谋取更高的承包费,就擅自决定调整李甲承包的果园,严重损害了李甲在承包地上的利益,属于违法行为,是极其错误的。

三、土地承包经营权的变动

📖📄　**相关法条**

　　第一百二十六条　耕地的承包期为三十年。草地的承包期为三十年至五十年。林地的承包期为三十年至七十年;特殊林木的林地承包期,经国务院林业行政主管部门批准可以延长。

　　前款规定的承包期届满,由土地承包经营权人按照国家有关规定继续承包。

　　第一百二十七条　土地承包经营权自土地承包经营权合同生效时设立。

　　县级以上地方人民政府应当向土地承包经营权人发放土地承包经营权证、林权证、草原使用权证,并登记造册,确认土地承包经营权。

　　第一百二十八条　土地承包经营权人依照农村土地承包法的规定,有权将土地承包经营权采取转包、互换、转让等方式流转。流转的期限不得超过承包期的剩余期限。未经依法批准,不得将承包地用于非农建设。

　　第一百二十九条　土地承包经营权人将土地承包经营权互换、转让,当事人要求登记的,应当向县级以上地方人民政府申请土地承包经营权变更登记;未经登记,不得对抗善意第三人。

　　第一百三十三条　通过招标、拍卖、公开协商等方式承包荒地等农村土地,依照农村土地承包法等法律和国务院的有关规定,其土地承包经营权可以转让、入股、抵押或者以其他方式流转。

（一）案例 44 简介

2002 年 4 月 15 日,彭某通过招标的方式承包本村东山头的 10 亩荒山,与村委会签订了承包合同,并依法登记取得土地承包经营权证书。2004 年 6 月彭某将该 10 亩荒山的承包经营权抵押给王某,作为其 5 万元借款的担保。村委会得知此事,表示不得将 10 亩荒山的承包经营权用来抵押,该抵押是无效的。双方发生争议。①

问题:本案中村委会的说法有无法律依据?

---

① 马新彦主编:《中华人民共和国物权法法条精义与案例解析》,中国法制出版社 2007 年版,第 287 页。

（二）相关知识点

1. 土地承包经营权的取得

根据我国相关法律规定,土地承包经营权可以基于法律行为取得,也可以基于非法律行为取得。基于法律行为取得包括通过承包合同取得和通过土地承包经营权转让取得。通过承包合同取得又包括通过家庭承包方式取得和通过其他方式取得。基于非法律行为取得主要指依继承方式取得。通过土地承包经营权转让取得,将在下文土地承包经营权的流转中进行说明,此处暂不阐述。

（1）通过家庭承包取得土地承包经营权。正如前文所述,通过家庭承包取得土地承包经营权,是农村土地承包制度的主要形式,是农村土地承包经营权模式的基础。土地承包经营权是在土地上设立的一种物权,是一种不动产物权。而不动产物权的设立是需要进行登记的,不办理登记,视为物权未设立。但是,通过家庭承包取得土地承包经营权的设立,却并没有采取登记要件主义或登记对抗主义,而是采取了意思主义,即"土地承包经营权自土地承包经营合同生效时设立"（我国《物权法》第127条第1款）。作为不动产物权,土地承包经营权不以登记为其公示方式,原因何在？这是因为"农村土地承包经营权的取得与成员权有密切联系,公众可以通过对某人成员资格的了解而在一定程度上了解其是否享有对承包土地的物权,这极大地减少了承包经营权公示的重要性。由于农村承包经营权目前基本上都是通过承包合同的方式设定的,且数量相当大,实行登记在操作时非常困难。尤其是目前,各级政府都颁发了土地承包经营证书,这种证书在一定程度上也起到了公示的作用"①。所以,土地承包经营权的设立没有必要进行登记。法律的这种规定充分考虑了长期以来我国形成的土地承包经营权依合同而定的历史习惯和农村的实际情况,符合我国的实际。当然,这种规定对传统的物权变动理论而言,无异于一种"离经叛道",但是必须看到,在一个国家的物权法中本民族特色最为浓厚的就是用益物权,在动人的理论体系覆盖之下,民族的东西也在无声地从小缺口中流淌,这是符合本民族现实的,是合理的。② 至于县级以上地方人民政府颁发的土地承包经营权证或者林权证等证书以及所进行的登记造册,则仅仅是对土地承包经营权的一种确认,而并不是生效的要件。

土地承包经营权的主体是发包方和承包方。发包方包括村集体经济组织、村民委员会、村民小组,依农村土地的不同而有差异。根据我国《物权法》,农村土地属于农民集体所有的,发包方为村集体经济组织或村民委员会;农村土地已

---

① 王利明:《物权法论》(修订版),中国政法大学出版社2003年版,第461页。
② 席志国、方立维:《物权法法条详解与原理阐释》,中国人民公安大学出版社2007年版,第202页。

经分别属于村内两个以上农村集体经济组织所有的农民集体所有的,发包方为村内各该农村集体经济组织或者村民小组;国家所有依法由农民集体使用的农村土地,发包方为使用该土地的农村集体经济组织、村民委员会或者村民小组。但是,正如前文所言,由于法律规定的三级集体经济组织事实上的缺位和村民小组的难堪大任,现实农村社会中,都是村民委员会在独任发包方的角色,这难免会带来一系列问题。承包方包括本集体经济组织的全体成员。以家庭承包方式取得的土地承包经营权,承包方只能是本集体经济组织的成员。本集体经济组织的成员依法承包本集体经济组织发包的农村土地,是法律赋予农民的一项权利,任何组织和个人都不得剥夺和非法限制农村集体经济组织成员承包土地的权利。当然农村集体经济组织的成员有自愿放弃承包土地的权利。同时本集体经济组织以外的单位或个人通过流转的方式可以取得原以家庭承包方式取得的土地承包经营权。农村集体经济组织的成员在承包土地的时候,是以农户为单位而不是以农民个人身份进行承包。

土地承包经营权合同是土地承包经营权设立的最主要方式,尤其是通过家庭承包方式进行的土地承包,土地承包经营权合同的生效是土地承包经营权设立的标志。承包经营合同生效的时间是承包经营合同成立之日。承包经营合同的订立要遵循平等行使承包权的原则、民主协商公平合理的原则、承包方多数决的原则、程序合法原则等。承包合同为要式合同,要采用书面形式签订。承包合同一般包括以下条款:发包方、承包方的名称,发包方负责人和承包方代表的姓名、住所;承包土地的名称、坐落、面积、质量等级;承包期限和起止日期。关于土地承包经营权的期限,我国《农村土地承包法》和《物权法》都作了明确规定,即耕地的承包期为30年。草地的承包期为30年至50年。林地的承包期为30年至70年;特殊林木的林地承包期,经国务院林业行政主管部门批准可以延长。前款规定的承包期届满,由土地承包经营权人按照国家有关规定继续承包。当事人应在遵守法律规定的基础上进行约定:承包土地的用途;发包方和承包方的权利义务;违约责任等。土地承包经营权合同一旦生效,即产生约束当事人双方的效力,发包方不得因承办人或者负责人的变动而变更或者解除合同,也不得因集体经济组织的分立或者合并而变更或者解除合同。国家机关及其工作人员不得利用职权干涉农村土地承包或者变更、解除承包合同。

（2）通过其他方式取得土地承包经营权。也称为"四荒"土地承包经营权。"其他方式"是指招标、拍卖、公开协商等方式。通过这些方式取得土地承包经营权,针对的是不宜采取家庭承包方式的荒山、荒沟、荒丘、荒滩(即"四荒")等农村土地。在通过其他方式取得的土地承包经营权中,承包方不限于本集体经济组织的成员,而是扩大到本集体经济组织以外的单位或个人,这与通过家庭承包方式取得的土地承包经营权不同。家庭承包经营权的承包方只能是本集体经济组织的成员,这是由农村集体经济组织的社会主义性质所决定的,是在长期历史过程中形成的。家庭承包经营权之所以强调与集体经济组织成员的身份密切不可分,主要目的在于这种权利是保障和满足集体经济组织成员生活的基本手段,体现了公平观念①,即家庭承包经营权具有社会福利分配性质,有使广大农民得到基本温饱的社会保障意义。所以能够在集体所有的土地或国家所有由集体使用的土地上,设立土地承包经营权的,必须是该集体经济组织的成员。② 但"四荒"土地属于尚未利用的土地,并不当然具备农业生产条件,需要投入一定的资金、技术和劳动力等,才能对其进行利用,而本集体经济组织的成员并不一定具备这些开发能力,如果将"四荒"土地的承包方限于本集体经济组织的成员,则有可能无法实现"四荒"土地的开发利用目的。可见,"四荒"土地承包经营权更多地体现了效率观念。③ 所以,相关法律对"四荒"土地规定了不同于家庭承包方式取得的土地承包经营权规则,允许经过一定的程序后,可以由集体经济组织以外的单位或个人承包这类土地。根据我国《农村土地承包法》,发包方将农村土地发包给本集体经济组织以外的单位或者个人承包,应当事先经本集体经济组织成员的村民会议 2/3 以上成员或者 2/3 以上村民代表的同意,并报乡(镇)人民政府批准,且应当对承包方的资信情况和经营能力进行审查后,再签订承包合同(我国《农村土地承包法》第 48 条)。

通过其他方式取得的土地承包经营权,其客体仅仅限于"四荒"土地,即荒山、荒沟、荒丘和荒滩,不包括其他类型的农村土地,例如耕地、林地、草地等。其主要是通过市场化的方式获得承包经营权,设立方式主要有两种:一是直接通过招标、拍卖、公开协商等方式进行承包。这种方式要按照公开、公平、公正的原则,遵守我国《招标投标法》和《拍卖法》等有关规定,结合土地承包经营的特点进行操作,要坚决避免少数人操纵下的私自承包。二是将"四荒"土地承包经营权折股分配后再进行承包经营或股份合作经营。

以其他方式承包农村土地的,应当签订承包合同,承包合同生效时承包经营权设立。在承包经营权设立后,主管部门应当向权利人发放土地承包经营权证,并登记造册,以确认土地承包经营权。同样,该登记仅仅是对承包权的一种确认,而不是生效的要件。承包经营合同中对当事人的权利义务、承包期限等,在遵守法律规定的基础上由双方协商确定。以招标、拍卖方式承包的,承包费通过公开竞标、竞价确定;以公开协商等方式承包的,承包费由双方议定。

(3) 依继承方式取得土地承包经营权。关于通过继承方式取得土地承包经

---

① 房绍坤:《物权法用益物权编》,中国人民大学出版社 2007 年版,第 76 页。
② 江平主编:《中国物权法教程》,知识产权出版社 2007 年版,第 311 页。
③ 房绍坤:《物权法用益物权编》,中国人民大学出版社 2007 年版,第 77 页。

营权,我国《农村土地承包法》作了明确规定,主要涉及两个条款,其一是第 31 条规定:"承包人应得的承包收益,依照继承法的规定继承。林地承包的承包人死亡,其继承人可以在承包期内继续承包。"其二是第 50 条规定:"土地承包经营权通过招标、拍卖、公开协商等方式取得的,该承包人死亡,其应得的承包收益,依照继承法的规定继承;在承包期内,其继承人可以继续承包。"由此可以看出,我国法律对于通过家庭承包方式取得的土地承包权,规定只有林地的承包人死亡,其继承人才可以在承包期内继续承包权,对于耕地或草地等其他农用地的土地承包权是不能继承的。这是因为在家庭承包中,是以农户为单位进行承包的,具有很强的成员权性质。"即便家庭中某个或部分成员死亡时,作为承包方的农户依然存在。如果家庭成员全部死亡,而最后一个死亡的家庭成员的继承人又不是本集体经济组织的成员,此时土地承包经营权应当归于消灭,否则将损害集体经济组织其他成员的权益。至于林地,则具有一定的特殊性,因为林地的投资周期长、见效慢,所以家庭承包的林地在该农户的最后一个家庭成员死亡时,其继承人无论是否为集体经济组织的成员都应当享有继承权。"①对于通过其他方式取得的土地承包权,法律则规定在承包期内承包人死亡,其继承人可以继承土地承包权。这是因为在其他方式的承包中,通常是以承包人个人而非农户的名义进行的承包,成员权属性的色彩大为减弱,因此,承包人死亡时,其继承人可以继承土地承包权。

2. 土地承包经营权的流转

所谓土地承包经营权的流转,是指土地承包经营权人将土地承包经营权或其中的一部分权能转移给他人的行为。② 土地承包经营权属于用益物权,具备流转的法律基础。在稳定家庭承包经营的基础上,允许土地承包经营权的合理流转,是农业发展的客观要求,是农村经济发展、农村劳动力转移的必然结果。③

(1)土地承包经营权流转的原则。主要有:

第一,平等协商、自愿、有偿,任何组织和个人不得强迫或者阻碍承包方进行土地承包经营权流转。土地承包经营权的流转属于一种民事行为,因此要按照民法的一般原则来处理有关事宜。

第二,不得改变土地所有权的性质和土地的农业用途。土地承包经营权流转的客体是土地承包经营权,而不是承包地本身,所以不论承包地依何种方式流转,都不得改变承包地的所有权权属关系和土地的农业用途。

第三,流转的期限不得超过承包期的剩余期限。土地承包经营权只能在承

---

① 王利明主编:《民法》(第四版),中国人民大学出版社 2008 年版,第 314 页。
② 同上书,第 268 页。
③ 全国人大常委会法制工作委员会民法室编:《中华人民共和国物权法条文说明、立法理由及相关规定》,北京大学出版社 2007 年版,第 240 页。

包期内存在,期限届满,土地承包经营权没有续期的,承包权归于消灭,因此也就谈不上流转问题。所以我国《物权法》第128条规定,流转的期限不得超过承包期的剩余期限。

第四,受让方需有农业经营能力。土地承包经营权设立的目的是为了进行农业生产经营劳动,促进农业用地的利用效率。所以土地承包经营权流转的受让人必须得具有农业经营能力,否则,土地承包经营权就丧失了存在的基础,所谓的流转就起了副作用。

第五,在同等条件下,本集体经济组织成员享有优先受让权。这"是由承包地的集体经济组织所有的性质所决定的,其目的在于照顾本集体经济组织成员的利益,保护本集体经济组织成员的土地权利"①。

(2)土地承包经营权流转的方式。土地承包经营权的流转因取得方式不同而有差异,以下分述之:

通过家庭承包取得土地承包经营权的流转。我国《物权法》规定了通过家庭承包取得的土地承包经营权的流转方式主要有转包、互换、转让等,我国《农村土地承包法》还规定了另一种流转方式:出租。土地承包经营权进行流转的,当事人双方应当签订书面合同。采取转让方式流转的,应当经发包人同意,采取转包、出租、互换或者其他方式流转的,应当报发包方备案(我国《农村土地承包法》第37条)。所谓转包,是指土地承包经营权人在自己的承包期内,将部分或全部土地承包经营权以一定的期限转交给本集体经济组织内部其他农户从事农业生产经营的行为。转包后,原土地承包关系不变,接包方按转包时的约定对转包方负责,向转包方支付转包费。转包只适用于家庭承包经营权,并且只能在同一集体经济组织的农户之间进行流转。所谓出租,是土地承包经营权人在自己的承包期内,将部分或全部土地承包经营权以一定期限租赁给本集体经济组织以外的人从事农业生产经营的行为。出租后,原土地承包关系不变,承租人按出租时的约定对出租人(承包人)负责,向出租人(承包人)支付租金。所谓互换,是指同一集体经济组织内部的土地承包经营权人将各自的土地承包经营权进行交换,从而使当事人丧失原有的土地承包经营权,而取得对方的土地承包经营权。互换只适用于家庭承包经营权,并且只能在同一集体经济组织的农户之间进行。所谓转让,是指土地承包经营权人将其拥有的未到期的土地承包经营权部分或全部让渡给他人的行为。受让方可以是本集体经济组织的成员,也可以是本集体经济组织以外的农户。转让以后,原承包方与发包方在该土地上的承包关系即行终止。由受让方同发包方确立新的承包关系。需注意:土地承包经营权的转让必须具备以下条件:第一,转让人(原土地承包经营权人)有稳定的

---

① 房绍坤:《物权法用益物权编》,中国人民大学出版社2007年版,第107页。

非农职业或者有稳定的收入来源。土地承包经营权是农民最基本的生活保障，绝不允许因转让了自己赖以生存的土地承包经营权，而丧失了自己的生活来源现象的发生。第二，转让须经发包方同意。由于转让改变了原有的承包关系，涉及发包方的切身利益，同时也为了核实承包方的转让是否符合条件，法律特作了这一规定，这不同于转包、出租和互换。第三，受让方是从事农业生产经营的农户。这是由土地承包经营权设立的目的所决定的，可以保证土地的农业生产用途。另外，土地承包经营权人将土地承包经营权互换、转让，当事人要求登记的，应当向县级以上地方人民政府申请土地承包经营权变更登记；未经登记，不得对抗善意第三人（我国《物权法》第129条）。也就是说，在土地承包经营权流转中的几种方式中，只有互换、转让实行登记对抗主义。这是"由于变更登记的主要目的是向社会公示权利主体的变化，以保护善意第三人，而转包和出租不发生权利主体的更迭，因此不要求对转包和出租进行变更登记"①。

通过其他方式取得土地承包经营权的流转。通过其他方式取得土地承包经营权，即通过招标、拍卖、公开协商等方式取得的"四荒"土地承包经营权。根据现行法律，这类土地承包经营权可以转让、出租、入股、抵押或者以其他方式流转。通过其他方式取得的土地承包经营权不具有福利性和社会保障性，与基于家庭承包取得的土地承包经营权相比有很大的不同，因而在流转中受到的限制自然要弱一些。这里所说的入股，主要是指承包人将土地承包经营权量化为股份，投入到从事农业生产的公司或者作为投资成立农业经营公司，以股份作为赚取经营回报的投资。② 所谓抵押，是指土地承包经营权人为了担保债务的履行，以土地承包经营权提供担保，当债务人不按照约定履行债务时，抵押权人有权以土地承包经营权折价、变卖、拍卖的价款优先受偿。按照我国法律，以"四荒"土地承包经营权抵押的，应当办理登记，抵押权自登记时发生效力。也就是说，"四荒"土地承包经营权抵押实行的是登记生效主义。

需说明的是：根据我国现行法律的规定，在土地承包经营权的流转方式中，只有"四荒"土地承包经营权规定了抵押方式，家庭承包经营权则没有规定抵押的方式。这使得理论界和司法实务界对于法律究竟是否禁止家庭承包经营权抵押问题出现了观点分歧。一种观点认为法律是禁止家庭承包经营权进行抵押的，这是因为"承包方将土地承包经营权抵押后，如果不能按期偿还借款，抵押权人依法行使抵押权，对农户的土地承包经营权进行处置，承包方就要失去土地承包经营权，从而失去生活保障，这将会影响农户家庭生活，造成社会问题"③。

---

① 《中华人民共和国物权法（案例应用版）》，中国法制出版社2009年版，第166页。
② 全国人大常委会法制工作委员会民法室编：《中华人民共和国物权法条文说明、立法理由及相关规定》，北京大学出版社2007年版，第133页。
③ 房绍坤：《物权法用益物权编》，中国人民大学出版社2007年版，第104页。

但有学者认为对于抵押方式虽然法律没有规定但也未禁止,应认为能够进行抵押,理由是允许家庭承包经营权进行抵押,是农民增加收入、扩大生产规模的需要。那种"农民失去土地,生活无保障"的担心纯粹是"想象"出来的,因为土地承包经营权的流转是自愿的,是否需要流转农民自己会去考虑。①

对于我国《物权法》究竟是禁止还是允许家庭承包经营权抵押,笔者认为根据我国《物权法》的相关规定能够得出:我国《物权法》既没有完全允许,也没有完全禁止,而是根据土地的具体类型进行了区别对待。尽管我国《物权法》在家庭承包经营权的流转方式中,没有明确规定抵押方式,但这并不意味着法律完全禁止家庭承包经营权进行抵押。因为我国《物权法》第184条规定不得进行抵押的财产中,明确包括耕地等集体所有的土地使用权,而耕地承包经营权是家庭土地承包经营权中的重要内容,那么这部分是不能进行抵押的。但是该规定中没有包括林地、草地等集体所有的土地使用权。根据我国《物权法》第180条"法律、行政法规未禁止抵押的其他财产"可以抵押的规定可知,家庭承包经营权中的林地、草地等集体所有的土地使用权是能够进行抵押的。

笔者以为,我国《物权法》仅仅规定林地、草地等集体所有的土地使用权能够进行抵押是远远不够的,耕地承包经营权作为家庭承包经营权的主要内容,也没有理由禁止抵押。因为既然担心家庭土地承包经营权抵押会造成"农民失去土地,生活无保障",那为什么却允许家庭土地承包经营权进行转让? 转让造成的后果与抵押完全可能相同。其实,对于抵押可能的风险,抵押人(农民)与抵押权人都会有预期的判断。事实上,在现今的农村,允许家庭土地承包经营权进行抵押融资,对于破解农户和农村产业化笼头企业、农民专业合作组织等农村各类经济实体融资难题,盘活节约土地资源,提高农村土地使用效益,推进农业产业化发展升级,促进城乡统筹发展都具有重要意义。目前,我国有些地区已经进行了家庭土地承包经营权抵押贷款的尝试,例如四川省、山东省的一些地区等,都取得了良好效果。适应社会发展的需要,我国《物权法》应该对家庭土地承包经营权抵押问题作出相应的规定。另外,在家庭承包土地经营权的流转方式上,我国《物权法》相关规定少了"出租"方式,也是莫名其妙。

3. 土地承包经营权的消灭

所谓土地承包经营权的消灭,是指由于某种法定事由的发生,土地承包经营权人因此而丧失了对土地的承包经营权,承包地由发包人收回的情形。

(1)土地承包经营权消灭的原因。主要有:

第一,承包期届满承包人未继续承包。为了鼓励承包人持续投入、长期研

---

① 该观点为郭明瑞教授在2009年鲁皖豫民商法学研究会年会暨论坛上所作报告《农村土地流转问题》中所谈到的。

发,避免短期经营和掠夺性开发,同时也考虑到农业生产的投入收益周期较长,法律规定了较长的土地承包经营权期限,并规定承包期届满由土地承包经营权人按照国家有关规定继续承包。但是,土地承包经营权毕竟是一种有期限的物权,它只能在承包期内存在。所以,当承包期届满,承包经营权人未继续承包的,其土地承包经营权自然归于消灭。

第二,承包地的提前收回。在承包期届满之前,由于发生了特定事由,发包方提前将承包地收回,使土地承包经营权归于消灭。为了稳定土地承包经营关系,法律原则上不允许发包方在承包期内收回承包地。但符合例外情形的,发包方则可提前收回承包地。例如根据我国《农村土地承包法》第 26 条的规定,在承包期内,承包方全家迁入设区的市,转为非农业户口的,应当将其承包的耕地和草地交回发包方,承包方不交回的,发包方可以收回承包的耕地和草地。再例如根据我国《土地管理法》第 37 条的规定,承包经营耕地的单位或者个人连续 2 年弃耕抛荒的,原发包单位应当终止承包合同,收回发包的耕地。①

第三,承包地的提前交回。这是指在承包期限届满前,土地承包经营权人自愿将承包地交回发包方,从而导致承包经营权归于消灭的行为。承包人自愿提前将承包地交回发包方,这属于承包人对权利的抛弃,发包方不应限制。但承包方自愿提前交回承包地的,应当提前半年以书面形式通知发包方,并且在承包期内不得再要求承包土地。

第四,承包地被征收。基于公共利益的需要,国家可以征收集体所有的土地,此时在该土地上的承包经营权就归于消灭。当然在这种情况下,国家应给予承包经营权人相应的补偿。

第五,承包地灭失。在承包期届满前,由于自然原因导致承包地的使用价值丧失,从而无法继续从事农业生产经营,即原承包地灭失,土地承包经营权也随之消灭。例如耕地沙漠化、承包地因地震洪水等自然灾害严重毁损或干脆灭失等。

第六,承包方死亡,也会发生土地承包经营权的消灭。这种情况存在两种情形:对于林地承包经营权与通过其他方式取得的承包经营权,如果承包方死亡且无继承人的,其土地承包经营权自然消灭,即使有继承人但继承人放弃继承的,土地承包经营权也会消灭;对于以家庭承包方式取得的耕地、草地的承包权,只要承包方死亡,则不论有无继承人,土地承包经营权都会消灭,因为通过家庭承包方式取得的耕地、草地承包经营权是不允许继承的。

---

① 对于承包人弃耕抛荒的,发包方能否收回承包地的问题,我国有学者认为,尽管有我国《土地承包经营法》第 37 条的规定,但按照我国现行其他规定,承包方即使弃耕抛荒,发包人也不得收回承包地。在司法实践中,发包方因承包方弃耕抛荒而收回承包地的,人民法院也不予支持。此观点的详细论述见房绍坤:《物权法用益物权编》,中国人民大学出版社 2007 年版,第 118—119 页。

（2）土地承包经营权消灭的法律后果。主要有：

第一，承包方将土地返还给土地所有人。

第二，承包方有权取回其在土地上的出产物及相关附属设施，并负有恢复土地原状的义务。如果承包方无法取回，或者取回有损其使用价值，并且继续留存对土地利用有利的，承包方可不予取回，而可要求发包方按价补偿，如果发包方愿意以市场价购买的，承包方不得拒绝。

第三，承包方为增加地力或促进土地利用的便利，支出了特别改良费用或其他有益费用时，发包方知道或应当知道，没有立即反对的，在土地承包经营权消灭时，发包方应向承包方偿还以上费用，返还的数额以现存的增加额予以计算。

（三）案例 44 分析

土地承包经营权的流转方式，因承包方式的不同而有差异。对于以家庭承包方式取得的土地承包经营权，法律规定可采用转包、出租、互换、转让等方式流转。通过其他方式取得的承包经营权即"四荒"土地承包经营权，可采用转让、出租、入股、抵押等方式流转。也就是说，在这两类承包方式中，通过其他方式取得的土地承包经营权，即"四荒"土地承包经营权，法律明确规定是能够进行抵押的。

本案中，彭某通过招标方式，获得了荒山的承包经营权，也就是通过其他方式获得的荒山承包经营权，因而，彭某的荒山承包经营权完全可以通过抵押进行流转。所以，本案中村委会的说法是没有法律根据的。

[案例思考]

1. 村委会与李某准备就村西头的 10 亩耕地签订土地承包经营合同，村委会提供的合同文本上载明：（1）承包期限为 30 年。（2）承包期内，承包人依法享有对承包土地的占有、使用和收益的权利。（3）承包期届满，耕地由村委会收回并可自由处分，原土地承包人无权继续承包。李某对合同文本的第三项内容表示异议，遂征求律师的意见。[①]

问题：合同文本第三项内容是否符合法律的规定？

2. 某村村民刘某因打算过年后与妻子一起进城长期务工，就将自家承包的三亩耕地转包给同村的胡某。而胡某则想把该三亩耕地的泥土全部挖掉，将此处建成一个沙场，以堆放沙子。为此，胡某还特地提高了转包费。刘某考虑到这三亩地本来产量就不高，自己早就不想种了，加之自己和妻子又要进城长期务工，于是面对高额转包费，刘某与妻子就答应了胡某的要求，与胡某签订了土地承包经营权转包合同。

问题：该土地承包经营权转包合同是否有效？

---

① 《中华人民共和国物权法（案例应用版）》，中国法制出版社2009 年版，第 162 页。

第十二章　建设用地使用权

一、建设用地使用权的含义

相关法条

　　第一百三十五条　建设用地使用权人依法对国家所有的土地享有占有、使用和收益的权利,有权利用该土地建造建筑物、构筑物及其附属设施。

　　第一百三十六条　建设用地使用权可以在土地的地表、地上或者地下分别设立。新设立的建设用地使用权,不得损害已设立的用益物权。

　　(一)案例 45 简介

　　某市甲公司拟在闹市区的两座"姊妹"楼各 30 层的地方修建一空中走廊,该公司通过出让的方式取得修建空中走廊所需的地上建设用地使用权,并获得修建批准,建成的空中走廊视野非常开阔,可鸟瞰全市,成为甲公司的"城市广告牌"。其后,乙公司通过出让的方式取得甲公司"姊妹"楼之间的建设用地使用权,拟建造一座 28 层的办公大楼。甲公司认为乙公司拟建的办公大楼将极大地影响到甲公司空中走廊的观光效果以及商业价值,对此提出异议。[①]

　　问题:试述乙公司的做法是否符合法律的规定?

　　(二)相关知识点

　　1. 建设用地使用权的概念

　　我国《物权法》上所称的建设用地使用权,是指土地使用权人为建设并拥有建筑物、构筑物及其附属设施而依法对国家所有的土地予以占有、使用、收益的权利。[②]

　　我国《物权法》上所说的建设用地使用权,与我国《土地管理法》中所说的建设用地使用权不是同一个概念。《物权法》上所说的建设用地使用权,仅指对国有土地的使用权。而《土地管理法》中所说的建设用地使用权既包括对国有土地的使用权,也包括对集体所有土地的使用权。我国有学者将前者称为狭义的建设用地使用权,而将后者称为广义的建设用地使用权。对于建设用地使用权

---

　　① 马新彦主编:《中华人民共和国物权法法条精义与案例解析》,中国法制出版社 2007 年版,第 292 页。

　　② 刘保玉:《物权法学》,中国法制出版社 2007 年版,第 255 页。

这一称谓,在物权立法过程中一直存在争议,出现了诸如"土地使用权""基地使用权""地上权"等名称。但最终我国《物权法》还是采纳了建设用地使用权的称谓,并根据土地的用途,将土地使用权分解为土地承包经营权、建设用地使用权、宅基地使用权和地役权,并分章对这些权利作出了规定。

建设用地使用权制度已经成为国家解决土地"归属(所有权)"与"用益(使用权)"之矛盾的有效法律形式,有利于实现"地尽其用,人尽其能",从而促进经济的发展。建设用地使用权的设定,一则使建设用地使用权人取得物权,对于国家所有的土地享有直接占有、使用和收益的权利,使用权因而变得牢固;二则由于物权法定主义的结果,建设用地使用权人也可以受到法律最低限度的保障。因此,建设用地使用权的设置,在现代社会显得非常必要。[①]

2. 建设用地使用权的特征

建设用地使用权除具备用益物权的一般特征外,还具有一些特有的法律特征,主要有:

(1)建设用地使用权设立的目的是为了建造并拥有或保有建筑物、构筑物及其附属设施。所谓建筑物主要是指住宅、写字楼、厂房等;所谓构筑物主要是指不具有居住或生产经营功能的人造建筑物,例如道路、桥梁、隧道、水池、水塔等;附属设施主要是指附属于建筑物、构筑物的一些设施。建设用地使用权人取得的土地使用权并不是对土地使用权的全面支配,而仅仅只是在建设用地特定用途内的支配,这种特定的支配主要是利用该土地建造建筑物、构筑物及其附属设施,并拥有这些建筑物的所有权。但是并非所有的建设用地使用权都必须具备"建造"这一内容。在建设用地使用权因建筑物、构筑物及其附属设施等所有权发生变动而一并转移时,土地上现存的建筑物能够满足建设用地使用权人的需要,故而其无须另行建造,此时权利内容仅为"保有"。[②] 所以,凡不以建造并拥有或保有建筑物、构筑物及其附属设施等为目的而利用他人土地的权利,均不属于建设用地使用权范畴。同时,建筑物、构筑物及其附属设施,并不仅仅限于地表,而是可以及于地上和地下的空间。国家在出让建设用地使用权时,只要对建筑物的四至、高度、建筑面积和深度作出明确的规定,那么该建筑物占有的空间范围就可以确定了。[③] 随着社会的发展,空间已不仅仅是土地的附属,而是具有了独立的价值。所以建设用地使用权在国有土地的地表、地下和地上既可以

---

①　李显冬主编:《中国物权法要义与案例释解》,法律出版社 2007 年版,第 319—320 页。

②　王利明主编:《民法》(第三版),中国人民大学出版社 2007 年版,第 322 页。

③　"在物权法起草过程中有人提出使用'空间权'的概念。在分层出让建设用地使用权时,不同层次的权利人是按照同样的规定取得土地使用权的,在法律上他们的权利和义务是相同的,只不过其使用权所占用的空间范围有所区别。所以建设用地使用权的概念完全可以解决对不同空间土地的利用问题,没有必要引入空间利用权的概念。"此观点见全国人大常委会法制工作委员会民法室编:《中华人民共和国物权法条文说明、立法理由及相关规定》,北京大学出版社 2007 年版,第 256 页。

同时设立,也可以不分先后地分别设立,以此达到充分利用土地空间资源的目的。但是,新设立的建设用地使用权,不得损害已设立的用益物权。

（2）建设用地使用权的客体是国家所有的土地。正如上文所述,从广义上讲建设用地使用权既包括将国有土地作为建设用地的情形,也包括将集体所有土地作为建设用地的情形。尽管我国《物权法》第135条明确规定建设用地使用权人为建设所使用的只能是国有土地,但其151条又规定,集体所有的土地作为建设用地的,应当依照我国《土地管理法》等法律规定办理。而我国《土地管理法》第43条虽然规定了任何单位和个人进行建设,需要使用土地的,必须依法申请使用国有土地,但也规定了例外,即:"兴办乡镇企业和村民建设住宅经依法批准使用本集体经济组织农民集体所有的土地的,或者乡(镇)村公共设施和公益事业建设经依法批准使用农民集体所有的土地的除外"。也就是说,在满足规定的例外情形时,建设用地使用权的客体也可以是集体所有的土地。于是,很多学者认为我国《物权法》上建设用地使用权的客体应是国家所有的土地或者是集体所有的土地。[1] 然而综合我国《物权法》和《土地管理法》的规定,笔者赞同另一种观点,建设用地使用权的标的物的确是不限于国有土地,但我国《物权法》所要调整的建设用地使用权客体则仅限于国有土地。对以集体所有土地作标的物的建设用地使用权的调整则属于我国《土地管理法》等其他法律调整的范畴。"这一规定体现了国家对于集体土地作为建设用地使用,采取了更为严格的控制态度。"[2]

（3）建设用地使用权主体的身份不受限制。与土地承包经营权、宅基地使用权等不同,法律对建设用地使用权主体的身份未加限制,因而其主体具有广泛性的特点。根据现行法律,依法经过批准取得建设用地使用权的单位和个人,都可以成为建设用地使用权人。

3. 建设用地使用权与地上权的关系

在传统民法中,与我国土地使用权制度最为相似的是地上权制度。正因为二者的相似,所以"学界也有观点指出我国土地使用权相当于大陆法中的地上权,且地上权的概念简洁明了,可用以取代土地使用权"[3]。然而,我国《物权法》最终并没有采纳"地上权",而是用了"建设用地使用权"的称谓。这是因为我国现今的建设用地使用权制度与传统民法上的地上权制度,既有联系更有区别。

所谓地上权,是指权利人在他人土地上为拥有建筑物或其他工作物或竹木,

---

① 这种观点见龙翼飞主编:《物权法原理与案例教程》,中国人民大学出版社2008年版,第254页;江平主编:《中国物权法教程》,知识产权出版社2007年版,第327页。

② 席志国、方立维:《物权法法条详解与原理阐释》,中国人民公安大学出版社2007年版,第216页。

③ 姚辉编著:《民法学原理与案例教程》,中国人民大学出版社2007年版,第322页。

而使用他人土地的权利。其法律特征主要有:第一,地上权为使用他人土地之物权;第二,地上权为以所有工作物或竹木为目的之物权;第三,地上权系以所有工作物或竹木为目的,而使用土地;第四,地上权有继承性与让与性;第五,地上权虽通常定期地支付地租,然不以支付地租为要素。[①]

地上权是世界各国物权法上最为重要的一种用益物权,与我国的建设用地使用权相比,二者主要的共同点在于:都是对他人所有土地的使用;都是以建造或所有建筑物为目的而使用他人土地等。同时,二者又有着根本的区别,主要有:

(1)二者客体的性质不同。无论是地上权还是建设用地使用权,其客体都是土地,土地所有权制度对二者的影响都是至关重要的,但二者客体的性质却有着本质的区别。地上权建立的基础是土地私有制,其客体是私人所有的土地,其土地所有权由土地所有者个人行使。而在我国,实行的是土地公有制,建设用地使用权建立的基础是土地的公有制,其客体为国家所有的土地,其土地所有权由国家行使。"土地归属性质的不同,决定了两者制度构造基础的差异:地上权为私有制物权,建设用地使用权为公有制物权。"[②]

(2)二者设立的目的不尽相同。地上权设立的全部目的是建造并拥有建筑物或其他工作物或竹木等物。但我国建设用地使用权设立的目的是建造并拥有建筑物、构筑物及其附属设施等。种植并拥有竹木不是建设用地使用权的设立目的。

(3)两种制度的功能不同。在土地私有制国家里,土地所有权可以进行流转,所以私有制物权是以土地所有权为主要客体构建地产市场的,设立地产市场主要是以地上权人使用为目的。而在我国,土地所有权是不允许流转的,所以,公有制物权只能以土地使用权为客体来构建地产市场,设立建设用地使用权主要是由它取代土地所有权而成为主要的市场流转客体。

(三)案例45分析

物权法上所称的建设用地使用权,是指土地使用权人为建设并拥有建筑物、构筑物及其附属设施而依法对国家所有的土地予以占有、使用、收益的权利。建设用地使用权并不仅仅限于地表,而是可以及于地上和地下的空间。并且随着社会的发展,空间已不仅仅是土地的附属,而是具有了独立的价值。所以建设用地使用权在国有土地的地表、地下和地上既可以同时设立,也可以不分先后地分别设立,以此达到充分利用土地空间资源的目的。但是,新设立的建设用地使用权,不得损害已设立的用益物权。

---

① 史尚宽:《物权法论》,中国政法大学出版社 2000 年版,第 190—191 页。

② 房绍坤:《物权法用益物权编》,中国人民大学出版社 2007 年版,第 136 页。

本案中,甲公司通过合法方式取得了"姊妹"楼30层高度之间的建设用地使用权,该建设用地使用权先于乙公司取得的在"姊妹"楼之间地表建设用地使用权。乙公司在"姊妹"楼之间取得建设用地使用权用以建造28层的办公大楼,显然影响到了甲公司空中走廊的观光效果和商业价值,损害了甲公司设立的建设用地使用权,是不符合我国法律规定的。

二、建设用地使用权的效力

📑 相关法条

第一百三十五条　建设用地使用权人依法对国家所有的土地享有占有、使用和收益的权利,有权利用该土地建造建筑物、构筑物及其附属设施。

第一百四十条　建设用地使用权人应当合理利用土地,不得改变土地用途;需要改变土地用途的,应当依法经有关行政主管部门批准。

第一百四十一条　建设用地使用权人应当依照法律规定以及合同约定支付出让金等费用。

第一百四十二条　建设用地使用权人建造的建筑物、构筑物及其附属设施的所有权属于建设用地使用权人,但有相反证据证明的除外。

第一百四十三条　建设用地使用权人有权将建设用地使用权转让、互换、出资、赠与或者抵押,但法律另有规定的除外。

第一百四十八条　建设用地使用权期间届满前,因公共利益需要提前收回该土地的,应当依照本法第四十二条的规定对该土地上的房屋及其他不动产给予补偿,并退还相应的出让金。

（一）案例46简介

1994年,甲省乙镇政府与诚信公司签订了《关于丙市场扩建工程市场南正楼的投资建设协议》,协议约定:镇政府将8576平方米的土地使用权以每平方米200元出让给诚信公司;诚信公司按照镇政府的市场建设总体规划投资建设市场南正楼,具有独立产权资格,自行处理房屋产权。

合同签订后,诚信公司按约定支付了土地出让金,并在该土地上进行了相应的房屋建设。1994年6月6日,乙镇政府与诚信公司签订了《关于乙镇人民政府购买诚信公司所建市场南正楼第四层楼的协议》,《协议》约定:镇政府购买诚信公司投资建设的丙市场南正楼四层的全部建筑房间。该协议签订后,镇政府没有交付购房款,但南正楼第四层楼一直由镇政府占用。后因双方合作发生纠纷,诚信公司诉至法院,要求镇政府交付购房款或退还房屋。①

问题:法院应如何处理此案?

(二)相关知识点

1. 建设用地使用权人的权利

(1)对土地的占有、使用和收益权。作为用益物权的一种,建设用地使用权当然拥有用益物权的一般权能,即对他人所有的不动产依法享有占有、使用和收益的权利。对于建设用地使用权人来说,要在土地上实施建造行为,首先就要拥有对土地占有和使用的权利,否则建设行为就无从谈起。同时,法律也允许权利人将建设用地使用权出租以获取租金,允许权利人将土地上建筑物连同建设用地使用权出租以获取租金,这些都是收益权的内容。

(2)对土地上建造的建筑物及其他工作物的所有权。建设用地使用权设立的直接目的就是利用土地建造建筑物、构筑物及其他附属设施,而建设用地使用权设立的最终目的即获取收益,正是基于对已建的建筑物、构筑物及其附属设施拥有所有权来实现的。建设用地使用权人基于这种所有权而对相应的建筑物、构筑物及其附属设施进行占有、使用、收益和处分,最终获取利益。如果不能享有土地上建造的建筑物及其他工作物的所有权,建设用地使用权人设立建设用地使用权的最终目的就无法达到,建设用地使用权设立的基础就会丧失。所以,法律确认了建设用地使用权人对其建造的建筑物及其他工作物享有所有权。"这一规定,在物权法意义上确立了建设用地使用权人对其建造的建筑物、构筑物及其附属设施的原始取得,有利于明晰物的归属,实现物尽其用的作用。"②

(3)对建设用地使用权进行流转的权利。建设用地使用权的依法流转,是我国土地有偿使用制度的重要内容。通过流转,建设用地使用权的交换价值得以实现,我国土地二级市场的形成成为可能。"如果权利人不享有该权利,则意味着建设用地使用权不得参与流转,通过市场流转取得建设用地使用权的可能性也就不复存在。因此,权利处分权不仅为权利人实现权利交换价值所必要,也为我国土地市场构建所必需。"③建设用地使用权流转的方式主要有转让、互换、出资、赠与及抵押五种形式。需注意的是:为了规范土地市场,防止炒买炒卖土地现象的发生,我国《物权法》通过"但书"形式对建设用地使用权进行了必要的限制。例如出让的建设用地使用权原则上允许通过以上五种方式进行流转,但划拨的建设用地使用权原则上是不允许进行流转的。

(4)建设用地使用权被提前收回时获得补偿的权利。为了公共利益的需

---

① 李显冬主编:《中国物权法要义与案例释解》,法律出版社2007年版,第318页。
② 马新彦主编:《中华人民共和国物权法法条精义与案例解析》,中国法制出版社2007年版,第303页。
③ 房绍坤:《物权法用益物权编》,中国人民大学出版社2007年版,第168页。

要,国家可以提前收回未到期的建设用地使用权。如果在该土地上已经建有房屋及其他不动产,国家应当依照征收的规定给予权利人以补偿。对于房屋所占用的建设用地,因本来就属于国家所有,所以不适用有关征收的规定,但国家应当向建设用地使用权人退还相应的土地出让金。

（5）在土地上从事必要附属行为的权利。建设用地使用权人为了更好地行使权利,在依法占有使用的土地范围内,可以从事必要的与建造建筑物、构筑物及其附属设施有关的附属行为,例如开辟道路、修筑围墙、种植花木等。

2．建设用地使用权人的义务

（1）支付出让金等费用的义务。出让金是指建设用地使用权人为取得建设用地使用权向土地所有人支付的价金。"我国实行土地公有制,建设用地使用权人使用国家所有的土地,国家收取土地出让金等费用,是国家土地有偿使用制度的重要内容,是国家所有权在经济上的体现。"①根据我国有关法律规定,建设用地使用权的设定分为有偿和无偿两种,通过出让或转让方式设立的建设用地使用权是有偿的,通过划拨方式取得的建设用地使用权是无偿的。通过出让方式取得建设用地使用权的,使用权人应当依照法律规定以及合同约定支付出让金等费用,这是建设用地使用权人最基本的义务,是其在取得建设用地使用权的同时向国家支付的对价。此外,建设用地使用权人还要支付相应的土地使用费、土地增值税等相关费用。通过划拨方式无偿取得建设用地使用权的,除应依法缴纳土地使用税外,如果造成原使用单位损失或需要搬迁的,应当缴纳补偿、安置等费用。

（2）合理使用土地的义务。土地资源的重要性和稀缺性要求建设用地使用权人必须合理利用土地。建设用地使用权人应当按照法律的规定和合同的约定,合理开发、利用、经营土地。不得擅自改变合同约定或者有关文件规定的土地用途。"我国法律对以划拨方式使用建设用地的用途有着明确规定,建设用地使用权人应当严格依照其用途使用土地。以出让方式设立的建设用地使用权,不同的土地用途其出让金是不同的。建设用地使用权出让合同中对土地用途都需要作出明确的规定,擅自改变约定的土地用途不仅是一种违约行为,而且也是违法行为。"②当然,如果建设用地使用权人在行使建设用地使用权的过程中,确实需要改变土地用途的,必须按照法定程序经有关行政主管部门批准。

（3）返还土地的义务。当建设用地使用权消灭时,建设用地使用权人应当将土地返还所有人,并应对土地恢复原状。

---

① 全国人大常委会法制工作委员会民法室编:《中华人民共和国物权法条文说明、立法理由及相关规定》,北京大学出版社 2007 年版,第 264 页。

② 同上书,第 262—263 页。

（三）案例 46 分析

建设用地使用权人在依法取得建设用地使用权后，享有对该土地的占有、使用和收益权，享有土地上建造的建筑物及其他工作物的所有权，并且基于这种所有权而对相应的建筑物、构筑物及其附属设施进行占有、使用、收益和处分，最终获取利益。

本案中。诚信公司依法从镇政府处取得了相应的土地使用权，有权对该土地进行占有、使用和收益，有权在该土地上建造建筑物、构筑物及其附属设施，并享有这些建筑物、构筑物及其附属设施的所有权。镇政府在签订了购房协议后，一直占用诚信公司的房屋却不支付购房款，这侵犯了诚信公司的合法权益。因此，法院应当消除镇政府的不法占有状态，判决镇政府交付房款或退还房屋，以维护诚信公司的合法权益。

三、建设用地使用权的变动

相关法条

第一百三十七条　设立建设用地使用权，可以采取出让或者划拨等方式。

工业、商业、旅游、娱乐和商品住宅等经营性用地以及同一土地有两个以上意向用地者的，应当采取招标、拍卖等公开竞价的方式出让。

严格限制以划拨方式设立建设用地使用权。采取划拨方式的，应当遵守法律、行政法规关于土地用途的规定。

第一百三十九条　设立建设用地使用权的，应当向登记机构申请建设用地使用权登记。建设用地使用权自登记时设立。登记机构应当向建设用地使用权人发放建设用地使用权证书。

第一百四十四条　建设用地使用权转让、互换、出资、赠与或者抵押的，当事人应当采取书面形式订立相应的合同。使用期限由当事人约定，但不得超过建设用地使用权的剩余期限。

第一百四十五条　建设用地使用权转让、互换、出资或者赠与的，应当向登记机构申请变更登记。

第一百四十六条　建设用地使用权转让、互换、出资或者赠与的，附着于该土地上的建筑物、构筑物及其附属设施一并处分。

第一百四十七条　建筑物、构筑物及其附属设施转让、互换、出资或者赠与的，该建筑物、构筑物及其附属设施占用范围内的建设用地使用权一并处分。

> **第一百四十九条**　住宅建设用地使用权期间届满的,自动续期。
>
> 　　非住宅建设用地使用权期间届满后的续期,依照法律规定办理。该土地上的房屋及其他不动产的归属,有约定的,按照约定;没有约定或者约定不明确的,依照法律、行政法规的规定办理。
>
> 　　**第一百五十条**　建设用地使用权消灭的,出让人应当及时办理注销登记。登记机构应当收回建设用地使用权证书。

（一）案例 47 简介

某房地产开发公司通过出让的方式取得城南一块土地的建设用地使用权,欲利用该块地皮进行住宅小区的开发。由于资金紧张,遂找到某投资开发公司合作。双方签订协议书,约定:合作开发住宅小区项目,其中房地产开发公司以建设用地使用权作价 1 亿元人民币出资,投资开发公司以 1 亿元出资。该住宅小区建成之后,双方对住宅楼的权属发生了争执。房地产开发公司认为,自己享有建设用地使用权,根据我国《物权法》第 142 条的规定,整个住宅小区的楼房应归其所有。投资开发公司则认为,自己出资与房地产公司合作开发的小区,理应按照投资比例享有楼房的产权。[①]

问题:本案中住宅楼的产权应归哪一个公司所有?

（二）相关知识点

1. 建设用地使用权的取得

建设用地使用权的取得又叫建设用地使用权的设立或发生。根据我国相关法律的规定,建设用地使用权可以基于法律行为取得,也可以基于非法律行为取得。基于法律行为取得包括通过出让、划拨取得[②]和通过流转取得;基于非法律行为取得主要指依继承方式取得。通过流转取得建设用地使用权,将在下文建设用地使用权的流转中进行说明,此处暂不阐述。

（1）通过出让取得建设用地使用权。是指国家将国有土地使用权在一定期限内让与建设用地使用权人,建设用地使用权人向国家支付建设用地使用权出让金的行为。相对于通过流转取得的建设用地使用权,出让是建设用地使用权

[①]　《中华人民共和国物权法(案例应用版)》,中国法制出版社 2009 年版,第 187 页。

[②]　我国也有学者认为划拨属于非法律行为的一种,此观点见王全弟主编:《物权法》,浙江大学出版社 2007 年版,第 252 页。

最初取得的方式之一①,也是建设用地使用权取得的主要方式。出让方是代表国家行使权利的市、县人民政府土地管理部门,受让方是依法经过批准取得建设用地使用权的单位和个人。

　　建设用地使用权的出让方式主要有招标、拍卖和协议三种。工业、商业、旅游、娱乐和商品住宅等经营性用地以及同一土地有两个以上意向用地者,应当采取招标、拍卖等公开竞价的方式出让。不具备条件,不能采取拍卖、招标方式的,可以采取双方协商的方式,这主要是针对现实中一些需要扶持的行业和大型设施用地而言的,但采取协商出让土地使用权的,出让金不得低于国家规定的最低价。通过出让方式取得建设用地使用权的,不论是招标、拍卖还是协议形式,出让人与受让人都应当签订书面合同。书面合同一般包括:第一,当事人的名称和住所。"虽然出让的土地属于国家所有,但是在出让合同中,国家并不列为合同的出让人。目前一般是有市、县人民政府的土地行政主管部门代表国家作为出让人。"②第二,土地界址、面积等。第三,建筑物、构筑物及其附属设施占用的空间。第四,土地用途。可分为工业、商业、娱乐、住宅等用地。第五,使用期限。以出让方式设立的建设用地使用权都有最高年限的规定,例如居住用地 70 年、工业用地 50 年、教育科技文化卫生体育用地 50 年、商业旅游娱乐用地 40 年、综合或者其他用地 50 年。第六,出让金等费用及其支付方式。第七,解决争议的方法。例如协商、仲裁、诉讼等。"出让合同的订立,改变了在土地管理方面单纯依靠行政管理的僵化模式,作为土地所有者的国家和使用者基于平等、自愿、有偿的原则而形成合同法律关系,双方均应受到合同关系的拘束。此种方法对于有效地管理土地和利用土地、保障国家的收益、防止土地的流失具有重要作用。"③

　　关于建设用地使用权出让的法律性质,在学理上存在行政行为说和民事行为说之争。这个问题"并不是纯学理之争,而是一个具有重要司法实践意义的问题。因为定性不同,决定着建设用地使用权出让纠纷案件的法律适用及解决

---

①　我国有学者认为,出让、划拨是建设用地使用权原始取得的两种方式(此观点见王轶主编:《物权法解读与应用》,人民出版社 2007 年版,第 241 页;江平主编:《中国物权法教程》,知识产权出版社 2007 年版,第 331 页;郭明瑞主编:《中华人民共和国物权法释义》,中国法制出版社 2007 年版,第 255、256 页;梅夏英、高圣平:《物权法教程》,中国人民大学出版社 2007 年版,第 246、248 页等著作),但也有学者认为,这种看法是不准确的,是误解了原始取得的含义。认为出让、划拨等是国家在国有土地上为他人创设建设用地使用权,应属于创设的继受取得,而不是原始取得。而转让、互换等是权利人将建设用地使用权移转给他人,应属于继受取得中的移转取得(此观点详见房绍坤:《物权法用益物权编》,中国人民大学出版社 2007 年版,第 143 页)。为避免这种争议,相对于通过流转取得建设用地使用权,笔者将出让、划拨称为建设用地使用权的最初取得形式。

②　全国人大常委会法制工作委员会民法室编:《中华人民共和国物权法条文说明、立法理由及相关规定》,北京大学出版社 2007 年版,第 261 页。

③　王利明:《物权法研究》(第三版)(下卷),中国人民大学出版社 2013 年版,第 868 页。

程序的不同。"①综合多方面因素,笔者赞同民事行为说。

建设用地使用权的取得采取登记生效主义。设立建设用地使用权的,应当向登记机构申请建设用地使用权登记,只有完成了登记,才能够发生建设用地使用权设立的效果,受让人才能实际取得建设用地使用权。根据不动产物权变动与原因行为相区分的原则,当事人之间仅仅签订建设用地使用权出让合同,而未进行建设用地使用权登记的,不发生物权变动的效果。当然,这并不影响合同的效力,如果当事人的权益受到侵害,当事人仍然可以根据合同寻求债权法上的救济。同时,对于权利人申请建设用地使用权登记的,登记机构应当及时受理申请并按照法律规定向建设用地使用权人发放建设用地使用权证书。

(2)通过划拨取得建设用地使用权。所谓建设用地使用权的划拨,是指经县级以上人民政府依法批准,在土地使用者交纳补偿、安置等费用后,将国有土地交付其使用,或者将土地无偿交付给土地使用者使用的行为。与建设用地使用权的出让一样,建设用地使用权的划拨也是建设用地使用权最初取得的方式之一。

"建设用地使用权的划拨只适用于公益事业或国家重点工程项目,是国家为实现公益目的而授予建设用地使用权的行为。"②随着土地资源的逐步市场化,划拨取得建设用地使用权的范围越来越小,加上我国可利用的土地资源极为有限,所以国家严格限制以划拨方式设立建设用地使用权。根据我国有关法律,下列建设用地,经县级以上人民政府依法批准,可以以划拨方式取得:第一,国家机关用地和军事用地;第二,城市基础设施用地和公益事业用地;第三,国家重点扶持的能源、交通、水利等基础设施用地;第四,法律、行政法规规定的其他用地。

关于建设用地使用权划拨的法律性质,理论上也存在行政行为(或称行政划拨)说和民事行为说两种观点。但也有相当一部分学者认为,划拨属于行政行为,但其创设的建设用地使用权却是民事权利。"建设用地使用权的划拨与出让,只是建设用地使用权取得的方式不同,并不能以划拨为行政行为为由,而否定基于划拨而取得的土地使用权是一项独立的财产权利。行政行为也可以作为民事权利的取得方法,因此虽然建设用地使用权的划拨属于行政行为,但并不影响以这种方式取得的建设用地使用权成为一种用益物权。当然,由于建设用地使用权的取得方法不同,其权利的行使上也有所不同。"③笔者深以为然。

以划拨方式取得建设用地使用权的,当事人无须签订合同,但应当依照法律

---

① 房绍坤:《物权法用益物权编》,中国人民大学出版社 2007 年版,第 149 页。

② 同上书,第 159—160 页。

③ 此种观点见梅夏英、高圣平:《物权法教程》,中国人民大学出版社 2007 年版,第 248 页;郭明瑞主编:《中华人民共和国物权法释义》,中国法制出版社 2007 年版,第 254—255 页;王全弟主编:《物权法》,浙江大学出版社 2007 年版,第 253 页等有关著作。

规定办理登记手续,建设用地使用权自登记时设立。

(3)通过继承取得建设用地使用权。建设用地使用权属于财产权,所以,当建设用地使用权人是自然人时,在该自然人死亡后,其继承人可在剩余期限内继承该建设用地使用权。

2. 建设用地使用权的流转

所谓建设用地使用权的流转,是指建设用地使用权人将建设用地使用权转移给他人的行为。"确认建设用地使用权人有权对其权利进行依法处分,既是肯定和保护权利人合法权益的需要,也可以使土地这一重要生产要素向更能产生价值的方向流动,从而提高土地利用效率并促进土地资源市场化。"①我国《物权法》规定了转让、互换、出资、赠与和抵押五种建设用地使用权流转方式,与土地承包经营权相似,我国《物权法》也没有将出租规定进来,但我国《城镇国有土地使用权出让和转让暂行条例》却明确规定了出租这种建设用地使用权的流转方式。

(1)建设用地使用权的转让。建设用地使用权的转让有广义与狭义之分。广义的建设用地使用权转让包括买卖、赠与、互换、出资等使建设用地使用权主体变更的行为;而狭义的建设用地使用权转让仅指建设用地使用权人将建设用地使用权出售给他人的行为。我国《物权法》上所说的建设用地使用权的转让是就狭义而言的,是指建设用地使用权人为获得价金,而将建设用地使用权通过合同方式转移给他人,他人支付相应价金并获得建设用地使用权的行为。

转让与出让是两个不同的行为,两者既有联系又有区别。出让是建设用地使用权最初取得的一种方式,是建设用地使用权转让的前提和条件;出让合同中的很多内容,例如土地使用规则、使用年限等也适用于转让合同;转让人转让土地使用权时,必须将出让合同规定的权利义务一并转让给受让人。但是,转让和出让毕竟属于两个不同的法律关系,不能混为一谈。出让行为发生在国家与土地使用者之间,而转让则发生在公民与公民之间、法人与法人之间、公民与法人之间;建设用地使用权的出让,是建设用地使用权最初取得的一种方式,而转让则是在权利最初取得后所为的权利转移行为,二者处于不同阶段。

根据我国法律,以出让方式取得的建设用地使用权,权利人有权予以转让。以划拨方式取得的建设用地使用权原则上不得转让,如果要转让必须经有批准权的人民政府审批。有批准权的人民政府准予转让的,应当由受让方办理建设用地使用权出让手续,依照国家有关规定交纳土地使用权出让金。有批准权的人民政府按照国务院规定决定可以不办理土地使用权出让手续的,转让方应当按照国务院规定将转让房地产所获收益中的土地收益上缴国家或者做其他处

---

① 王利明主编:《民法》(第四版),中国人民大学出版社2008年版,第279页。

理。建设用地使用权进行转让的,当事人双方必须签订书面合同。书面合同一般包括:第一,当事人的名称和住所;第二,土地界址、面积等;第三,建筑物、构筑物及其附属设施占用的空间;第四,土地用途;第五,使用期限,由当事人约定,但不得超过建设用地使用权的剩余期限;第六,转让价款等费用及其支付方式;第七,解决争议的方法。

建设用地使用权转让的,必须进行变更登记,否则,其转让不发生效力。

（2）建设用地使用权的互换、出资和赠与。所谓建设用地使用权的互换,是指两个或者两个以上拥有建设用地使用权的当事人之间,相互交换各自拥有的建设用地使用权的行为。所谓建设用地使用权的出资,是指建设用地使用权人为获得经济上的利益,将自己的建设用地使用权用于投资,与他人合作从事一定经济活动的行为。所谓建设用地使用权的赠与,是指建设用地使用权人将自己拥有的建设用地使用权无偿地给予他人的行为。

建设用地使用权的互换、出资和赠与,属于广义建设用地使用权转让的三种形式。即使从狭义上讲,建设用地使用权的互换、出资和赠与,与法律上所规定的建设用地使用权的转让,在实质上也是基本相同的。所以,建设用地使用权的互换、出资和赠与的条件、方式、程序、期限及法律效力等都与建设用地使用权转让基本相同,在此不再赘述。

（3）建设用地使用权的抵押。是指建设用地使用权人为担保自己或他人债务的履行,以自己所有的建设用地使用权向抵押权人提供债务履行的担保,当债务人到期不能偿还债务时,抵押权人有权以该建设用地使用权的变价优先受偿。

通过出让方式取得的建设用地使用权具有自由流通性,权利人有权将其设立抵押自无疑问。但是,通过划拨方式取得的建设用地使用权能否进行抵押呢?学术界对此有两种观点:一种观点认为,能够进行抵押,但在抵押时应当首先报有批准权的部门进行审批,否则抵押无效。[①] 另一种观点认为,建设用地使用权只有在办理了出让手续,将划拨的建设用地使用权转换为出让建设用地使用权之后才能设立抵押。[②]

笔者认为,此问题我国有关法律已作了明确规定,这些规定还是比较科学的。具体来说,我国《物权法》第180条明确规定建设用地使用权为可以进行抵押的财产。这里的"建设用地使用权",并没有将通过划拨方式取得的建设用地使用权排除在外。我国《担保法》第56条规定:"拍卖划拨的国有土地使用权所得的价款,在依法缴纳相当于应缴纳的土地使用权出让金的款额后,抵押权人有

---

① 王全弟主编:《物权法》,浙江大学出版社2007年版,第256页。
② 江平主编:《中国物权法教程》,知识产权出版社2007年版,第344页;郭明瑞主编:《中华人民共和国物权法释义》,中国法制出版社2007年版,第266页。

优先受偿权。"可以看出,划拨的国有土地使用权完全能够进行抵押,并且在抵押前,既不需要先经有关部门审批,也不需要办理有关出让手续,而是直接就可以进行抵押。只是在抵押权实现时,要用拍卖该土地的价款,先支付相当于应缴纳土地使用权出让金的款额,而后对于剩余款额抵押权人有优先受偿权。笔者认为,这种处理方法更加简便易行,更具可操作性,应照此办理。建设用地使用权进行抵押必须签订书面合同,抵押合同的内容必须符合土地使用权出让合同的规定。并且设立建设用地使用权抵押必须到相关部门进行抵押登记,否则抵押行为无效。

根据"房随地走""地随房走"的原则,建设用地使用权抵押时,其地上的建筑物、构筑物及其他附属设施也一并抵押。但是,对于已设立抵押土地上的新增建筑物来说,则不属于抵押财产,需要拍卖该抵押土地的使用权时,应当将该土地上新增的建筑物与建设用地使用权一并拍卖,但对于拍卖新增建筑物所得价款,抵押权人无权优先受偿。

(4) 建设用地使用权的出租。是指建设用地使用权人作为出租人,将建设用地使用权随同地上建筑物、构筑物及其他附属设施租赁给承租人使用,由承租人向出租人支付租金的行为。

建设用地使用权出租的客体是建设用地使用权。与国有土地租赁权的客体是国有土地不同,建设用地使用权出租的客体是建设用地使用权而不是土地。因为建设用地使用权人所拥有的是建设用地使用权而非土地,所以,其无权出租土地,而只能是出租建设用地使用权。根据我国现行法律规定,通过出让方式取得的建设用地使用权,只有满足了一定条件后,才可以出租。"一定条件",是指土地使用权人必须对土地进行投资、开发,达到一定的条件,才能对建设用地使用权进行出租。"法律之所以作出这样的限制,其目的既在于防止通过租赁的方式'炒地皮',也在于防止建设用地使用权人在获得建设用地使用权后,实际不对土地作任何投资,造成土地的闲置和浪费。"[①]对于通过划拨方式取得的建设用地使用权,法律原则上禁止出租,只有在将划拨的建设用地使用权依法转换为出让的建设用地使用权后,才能进行出租。

建设用地使用权出租的,出租人与承租人应当签订书面合同。由于建设用地使用权出租后,当初建设用地使用权出让合同的主体并未发生变化,出租人(建设用地使用权人)仍是出让合同的受让人,出租人(建设用地使用权人)还要继续履行建设用地使用权出让合同,所以,建设用地使用权的出租合同不能违反出让合同的规定。租赁期限应由租赁双方当事人商定,但不得超过建设用地使用权的剩余期限。建设用地使用权出租后,出租人将该建设用地使用权又转让

---

① 江平主编:《中国物权法教程》,知识产权出版社2007年版,第342页。

的,建设用地使用权的出租不受影响,且在同等条件下,承租人享有优先购买权。承租人在取得建设用地使用权后,有权对该土地进行占有、使用和收益,有权在该土地上建造建筑物、构筑物及其他附属设施,并享有这些建筑物的所有权。当租赁期满后,建设用地使用权人(出租人)在收回建设用地使用权时,应将该土地上新增建筑物作价购买或给予承租人适当补偿。

建设用地使用权进行出租,应当办理登记手续。不过,这种登记并非变更登记,因为出租并不改变建设用地使用权人(出租人)的地位。

(5)建设用地使用权流转的"房地一致"原则。"房地一致"原则,是指建设用地使用权与地上的建筑物是一个整体,任何一方进行流转的,另一方要随之一并处分,也就是所谓的"房随地走""地随房走"。从自然属性上讲,建设用地使用权与地上的建筑物是连为一体的,不可能也不允许把"房"和"地"分别转让给不同的主体。建设用地使用权的流转实行"房地一致"原则,既符合社会生活实际,也已经在法律实践和社会生活中得到了普遍接受。

3. 建设用地使用权的消灭

(1)建设用地使用权消灭的原因。除因物权一般原因消灭外,建设用地使用权还因以下特殊原因而消灭:

第一,建设用地使用权期限届满。期限届满是部分建设用地使用权消灭的原因,因为通过划拨方式取得的建设用地使用权是没有期限的,不存在期限届满问题。即使是通过出让方式获得的建设用地使用权,也并非都是随期限届满而消灭的。这其中的住宅建设用地使用权,在期限届满后自动续期,因此,住宅建设用地使用权也不存在因期限届满而消灭的问题。所以,期限届满主要是指通过出让方式获得的非住宅建设用地使用权消灭的原因。住宅建设用地使用权虽然有最高年限(70年)的规定,但是考虑到住宅是人民群众生存的基础,不可能在期限届满后,由国家将建设用地使用权连同房屋所有权一并收回,并且"如果规定住宅建设用地使用权需要申请续期,要求成千上万的住户办理续期手续,不仅难以操作,加重了老百姓的负担,也增加行政管理的成本,不利于社会的安定"①。所以,我国《物权法》明确规定,住宅建设用地使用权期间届满的,自动续期。至于自动续期的期限应是多少,续期是否支付相应费用等,我国《物权法》未作规定。在自动续期后,还应办理相应的登记手续,笔者认为这时的登记应由登记机关自行进行,并告知相关住宅所有人。对于非住宅建设用地,则与住宅建设用地不同。"此时建设用地使用权人通常是利用土地进行经营行为,缴纳出让金只意味着取得了预定期限内的土地使用权利,期限一旦届满,用益物权应当

---

① 全国人大常委会法制工作委员会民法室编:《中华人民共和国物权法条文说明、立法理由及相关规定》,北京大学出版社2007年版,第275页。

自行归于消灭,以恢复所有权的圆满状态。"①根据我国相关法律规定,建设用地使用权出让的最高年限为:居住用地 70 年;工业用地 50 年;教育、科技、文化、卫生、体育用地 50 年;商业、旅游、娱乐用地 40 年;综合或者其他用地 50 年。然而,为了能够充分利用土地及其地上物,保护原非住宅建设用地使用权人的切身利益,法律又赋予了原权利人申请续期的权利,即"土地使用权出让合同约定的使用年限届满,土地使用者继续使用土地的,应当至迟于届满前一年申请续期,除根据社会公共利益需要收回该幅土地的,应当予以批准。经批准准予续期的,应当重新签订土地使用权出让合同,依照规定支付土地使用权出让金。土地使用权出让合同约定的使用年限届满,土地使用者未申请续期或者虽申请续期但依照前款规定未获批准的,土地使用权由国家无偿收回"②。

　　第二,建设用地使用权的提前收回。作为用益物权的一种,建设用地使用权具有排他性的特征,它能够排除其他一切主体包括国家的干涉。但是,在特殊情况下,当具备了一定的法定条件,国家则可以依法提前收回建设用地使用权,从而造成建设用地使用权的消灭。这些特殊情况主要有以下几种:其一,基于公共利益的需要,国家有权提前收回土地使用权。这种情况下提前收回建设用地使用权的,出让人应当向建设用地使用权人退还剩余时间的相应出让金。需注意的是:因公共利益需要提前收回建设用地使用权的情形与土地征收不是一回事。土地征收是国家为了公共利益的需要,以行政权将集体所有的土地变为国有土地的行为,是一种改变土地所有权的行为。但是,对于建设用地使用权人所使用的土地,由于其本来就属于国家所有,所以,为了公共利益的需要,国家将使用权提前收回,实际上是收回了本来就属于自己的建设用地,因而不能适用征收的规定。至于该建设用地上的建筑物则是属于征收的范畴,所以,在建设用地使用权提前收回的过程中,国家应依法按照有关征收的规定,对土地上的建筑物进行相应的补偿。其二,因迁移、解散、撤销、破产或者其他原因而停止使用土地的,土地管理部门有权收回划拨建设用地使用权。公路、铁路、机场、矿场等经核准报废的,土地管理部门有权收回建设用地使用权。③ 其三,超过出让合同约定的动工开发日期满两年未动工开发的,土地管理部门依法无偿收回出让建设用地使用权。④ 已办理审批手续的非农业建设占用耕地,连续两年未使用的,经原批准机关批准,由县级以上人民政府无偿收回用地单位的建设用地使用权。⑤

　　第三,抛弃。建设用地使用权属于一种财产权,权利人有权出于自身利益的

①　江平主编:《中国物权法教程》,知识产权出版社 2007 年版,第 346 页。
②　《中华人民共和国城市房地产管理法》第 21 条。
③　参见《中华人民共和国土地管理法》第 58 条。
④　参见《中华人民共和国城市房地产管理法》第 25 条。
⑤　参见《中华人民共和国土地管理法》第 37 条。

考虑而抛弃建设用地使用权。但是,建设用地使用权抛弃的前提是不得损害社会公共利益和他人利益,否则,不得抛弃。同时,建设用地使用权人抛弃建设用地使用权的,应向土地出让方作出抛弃的意思表示,进行变更登记,否则,抛弃不生效力。

第四,土地灭失。当土地由于地震、洪水、火山爆发等自然灾害而灭失时,建设用地使用权也归于消灭。如果土地仅是部分灭失的,则建设用地使用权也仅仅是相应部分灭失,此时需要办理建设用地使用权的变更登记。

(2)建设用地使用权消灭的法律后果。主要有以下几个方面:

第一,要及时办理注销登记。建设用地使用权消灭,就要办理注销登记。由于出让人全面掌握建设用地使用权消灭的情形,所以我国《物权法》规定,注销登记由出让人及时办理,登记机构应当收回建设用地使用权证书。关于建设用地使用权的注销登记,我国国土资源部颁布的《土地登记规则》进行了明确规定:其一,县级以上人民政府依法收回国有土地使用权的,土地管理部门在收回土地使用权的同时,办理国有土地使用权注销登记,注销土地证书。其二,国有土地使用权出让或者租赁期满,未申请续期或者续期申请未获批准的,原土地使用者应当在期满之日前15日内,持原土地证书申请国有土地使用权注销登记。其三,因自然灾害等造成土地权利灭失的,原土地使用者或者土地所有者应当持原土地证书及有关证明材料,申请土地使用权或者土地所有权注销登记。

第二,返还土地。建设用地使用权消灭后,建设用地使用权人应当将土地返还给土地所有人。在返还土地时,建设用地使用权人负有恢复土地原状的义务。

第三,补偿请求权及地上建筑物的处理。在因公共利益需要提前收回建设用地使用权的情形,国家应依法按照有关征收的规定,对土地上的建筑物给予补偿,同时对建设用地使用权剩余年限相应的出让金予以返还。在无偿收回划拨土地使用权的情形,对于地上的建筑物、其他附属物,市、县人民政府应当根据实际情况给予适当补偿。

对于建设用地使用权消灭后,地上建筑物应当如何处理的问题,我国《物权法》没有具体规定,只是规定非住宅建设用地使用权期限届满后的续期,依照法律规定办理,该土地上的房屋及其不动产的归属,有约定的按照约定,没有约定或者约定不明确的,依照法律、行政法规的规定办理。从国外一些国家和我国台湾地区的做法来看,在地上权消灭后,对于地上建筑物的处理,都规定了土地所有权人的收购权和地上权人的取回权,并规定,在取回权与购买权发生冲突时,土地所有人的购买权优先。但在我国,《城镇国有土地使用权出让和转让暂行条例》却规定,"土地使用权期满,土地使用权及其地上建筑物、其他附着物所有权由国家无偿取得"。① 这一规定显然是不合理的,也是不公平的。综合考虑,笔者认为,在处理建设用地使用权消灭后地上建筑物的归属问题上,我国应借鉴国外及我国台湾地区的做法,规定土地所有权人的优先购买权和建设用地使用权人的取回权较为妥当。

（三）案例 47 分析

根据我国法律,建设用地使用权人有权对其权利依法进行流转。流转的方式包括转让、互换、出资、赠与、抵押和出租等。前五种流转方式引起的建设用地使用权变动必须进行变更登记,否则其变动无效。

本案中,某房地产开发公司将自己的建设用地使用权用于投资,与某投资开发公司合作进行住宅小区的开发,双方虽然签订了合作协议书,但是却没有对该块土地的建设用地使用权进行变更登记。因此,双方设立共有该块土地建设用地使用权的行为是无效的,即某投资开发公司并不享有该块土地的建设用地使用权,所以,它也就不享有本案住宅楼的产权。也就是说,本案住宅楼的产权应归某房地产开发公司所有。当然,本案中某投资开发公司可通过债权方式维护自己的合法权益。

[案例思考]

1. 某市根据城市发展规划,拟在城东建高新技术产业园区,需要拆迁城东某小区居民的房屋,市政府对该小区居民的房屋进行了相应的补偿。但后来有居民认为,当初在购买该小区住房时,对建设用地使用权是支付了土地出让金的。现在建设用地使用权的期限还未到,政府就收回了该土地,政府还应退还剩余年限的土地出让金。

问题:居民的看法是否符合法律规定?

2. 张甲通过划拨方式取得了县城东一块土地的建设用地使用权,用以建造一所私立中学。经过一段时间的努力,教学楼、学生宿舍楼、食堂等相继建成,并顺利招生开学。然而几年后,由于管理不善、教学质量差等原因,张甲的学校招不到学生,负债累累,最终破产解散。县政府接管了该校区,欲对其进行商业开发。对于校内的建筑物,县政府给予了相应的补偿,但对于校区的土地则无偿收回。这引起了张甲的不满。张甲认为,虽然该块土地当初是无偿划拨的,但那时该块土地位置较为偏僻,并不值钱。由于自己开办学校,带动了周边的发展,该块土地已大大升值,县政府收回土地应给予自己一定的补偿。

问题:县政府的做法是否符合法律的规定?

---

① 《中华人民共和国城镇国有土地使用权出让和转让暂行条例》第40条。

第十三章　宅基地使用权

一、宅基地使用权的含义

📖📖 相关法条

第一百五十二条　宅基地使用权人依法对集体所有的土地享有占有和使用的权利,有权依法利用该土地建造住宅及其附属设施。

（一）案例48简介

某村村民李某以无房居住为由,向乡人民政府申请宅基地建房,经过批准,取得了一块宅基地。但是,李某却在指定位置上建造了洗浴中心,并委托他人代为管理,自己根本就没有入住。村委会将此事报告给乡人民政府,乡人民政府决定收回该宅基地。

问题:乡人民政府收回宅基地的决定是否正确?

（二）相关知识点

1. 宅基地使用权的概念

宅基地使用权,是指农村集体经济组织成员依法享有的在集体所有的土地上建造并拥有住宅及其附属设施的权利。"'宅基地'本意是指用于修建住宅的土地,但在我国立法上,'宅基地'专指用于修建住宅的农村集体所有的土地。用于修建住宅或者其他建筑物的国有土地,称为'建设用地'。"[①]

宅基地使用权是我国特有的一种用益物权形式,它解决了农民的基本居住问题,对于满足农村居民的生存需要,维护农业、农村的稳定具有重要的保障作用。"可以说,我国《物权法》中设置的宅基地使用权,是我国土地利用制度的一大特色,符合我国初级阶段的经济发展水平,也是我国《物权法》的中国特色的反映。"[②]

2. 宅基地使用权的特征

宅基地使用权除具备用益物权的一般特征外,还有一些特有的法律特征,主要有:

（1）宅基地使用权目的的特定性。宅基地使用权设定的目的是要在该土地

---

① 尹田:《物权法》,北京大学出版社2013年版,第410页。

② 房绍坤:《物权法用益物权编》,中国人民大学出版社2007年版,第228页。

上建造住宅及其附属设施。这里的住宅是指农村本集体经济组织成员用以居住的房屋。附属设施是指与住房和居住有关的其他建筑物和设施,例如车库、厕所、牛棚、猪圈、沼气池等。由于我国土地资源非常紧缺,所以农民取得宅基地使用权,必须严格按照土地的用途进行使用,确保宅基地使用权目的的实现,不允许超量多占,更不允许违反有关规划改变土地用途。宅基地使用权只能用作建造住宅及其附属设施,不能用作他用,所以,宅基地使用权的目的具有特定性。

（2）宅基地使用权主体的特定性。宅基地使用权的主体仅限于农村集体经济组织成员,不包括城镇居民,而且只有本集体经济组织的成员,才能取得本集体经济组织所有土地的宅基地使用权。因此,宅基地使用权的主体具有特定性,不允许城镇居民在集体所有的土地上建造或购买住宅。这是因为,宅基地使用权同土地承包经营权一样,具有社会保障和社会福利功能。如果允许城镇居民可以取得农村集体经济组织的宅基地使用权,就可能会对农村的宅基地市场产生巨大冲击,农民可能会失去在农村的立足之地,这不利于我国农村的稳定与发展。所以,宅基地使用权是与本集体经济组织的成员资格紧密相关的,是一种成员权,只有基于集体经济组织成员身份的人,才能取得宅基地使用权。另外,农村集体经济组织成员作为宅基地使用权的主体,是以"农户"名义出现的,而不是以单个自然人的身份出现的。同时,我国法律明确规定了"一户一宅"原则,即一户只能申请一处宅基地。

（3）宅基地使用权客体的特定性。宅基地使用权的客体是农村集体所有的土地,而且仅仅限于农村集体所有的土地,不包括国有土地。我国《宪法》第10条和《土地管理法》第8条都规定:"宅基地和自留地、自留山,属于农民集体所有。"我国《物权法》也明确规定:宅基地使用权人依法对集体所有的土地享有占有和使用的权利。所以,宅基地使用权的客体具有特定性,"这是宅基地使用权能够成为用益物权的前提"[①]。

（4）宅基地使用权取得的无偿性。根据我国现行有关法律的规定,宅基地使用权的取得是无偿的。"宅基地使用权是农民基于集体成员身份而享有的福利保障。在我国社会保障体系尚无法覆盖广大农村的现实下,土地承包经营权解决了农民的基本衣食来源,宅基地使用权解决了农民的基本居住问题。这两项制度以其鲜明的福利色彩成为了维护农业、农村稳定的重要制度。"[②]尽管在理论上曾有观点认为,集体经济组织既然对其土地享有所有权,当然就能够对土地进行收益和处分,因此,应当允许集体经济组织自由决定是否收取宅基地使用

---

① 全国人大常委会法制工作委员会民法室编:《中华人民共和国物权法条文说明、立法理由及相关规定》,北京大学出版社2007年版,第279页。

② 同上。

费。在实践中,我国也曾经开展过农村宅基地有偿使用的试点。[①] 但是,基于我国农村的实际情况,基于宅基地使用权制度的福利性质,基于宅基地使用权制度的保障功能,我国现行法律依然规定了宅基地使用权取得的无偿性,"这是符合我国农村实际情况的,是一种适宜的制度选择"[②]。

(5)宅基地使用权的无期限性。根据我国现行法律,宅基地使用权没有期限的限制。宅基地使用权人对宅基地拥有长期使用权,并不会因期限届满而消灭,这对于维护农村的稳定至关重要。

3. 宅基地使用权与建设用地使用权的关系

宅基地使用权与建设用地使用权都是利用他人的土地建造并拥有建筑物及其附属设施的权利,二者有许多相似的地方。正因为如此,所以我国有学者认为,宅基地使用权和建设用地使用权应作一体把握,应将两者统一规定为一种权利。[③] 然而,尽管二者有一定的联系,但也存在着明显的区别,主要有:

(1)设立目的不同。建设用地使用权利用他人土地建造并拥有或保有建筑物、构筑物及其附属设施,其最终目的主要是为了开发经营获得一定经济利益或者是为了实现一定社会公共利益;而宅基地使用权利用他人土地建造建筑物及其附属设施,其最终目的主要是为了满足自己居住的需要,而不是为了开发经营或者是实现公益事业。"因此,建设用地使用权中的用地可以是经营性用地或者公益性用地,而宅基地使用权中的用地只能是生活性用地。"[④]

(2)权利主体不同。建设用地使用权主体的身份不受限制,因而其主体具有广泛性特点,依法经过批准取得建设用地使用权的单位和个人(即法人或自然人),都可以成为建设用地使用权人;而宅基地使用权的主体则具有特定性,其主体不仅仅只能是自然人,而且只能是本集体经济组织的成员。

(3)权利客体不同。建设用地使用权的客体是国家所有的土地;而宅基地使用权的客体则是农村集体所有的土地,而且仅仅限于农村集体所有的土地。

(4)最初取得方式不同。建设用地使用权的最初取得主要是通过出让或划拨的方式;而宅基地使用权的最初取得则只能通过审批的方式。

(5)成立要件不同。建设用地使用权采取登记生效主义,设立建设用地使用权的,应当向登记机构申请登记,只有完成了登记,才能够发生建设用地使用权设立的效果;而宅基地使用权则不以登记为生效要件,不经登记,宅基地使用

---

① 1990年1月,我国下发国务院批转国家土地管理局《关于加强农村宅基地管理工作请示的通知》,进行农村宅基地有偿使用的试点工作。1993年7月,为了减轻农民的负担,中共中央办公厅、国务院办公厅下发《关于涉及农民负担项目审核处理意见的通知》,明确取消了农村宅基地有偿使用的做法。

② 房绍坤:《物权法用益物权编》,中国人民大学出版社2007年版,第220页。

③ 江平主编:《中国物权法教程》,知识产权出版社2007年版,第356页注释。

④ 房绍坤:《物权法用益物权编》,中国人民大学出版社2007年版,第221页。

权也可以设立。

（6）期限不同。建设用地使用权有明确的期限限制，期限届满后，当事人未续期的，建设用地使用权消灭；而宅基地使用权则没有期限限制，它不因期限届满而消灭。

（7）权利取得是否有偿不同。当建设用地使用权是通过出让方式取得时，建设用地使用权人必须支付土地出让金；而宅基地使用权则是无偿的，宅基地使用权人无须支付相关费用就可获得宅基地使用权。

（三）案例48分析

宅基地使用权，是指农村集体经济组织成员依法享有在集体所有土地上建造并拥有住宅及其附属设施的权利。宅基地使用权的目的具有特定性，宅基地使用权设定的目的是要在该土地上建造住宅及其附属设施，以满足农村集体经济组织成员居住的需要，而不是为了开发经营或者是实现公益事业，这与建设用地使用权有根本的区别。由于我国土地资源非常紧缺，所以农民取得宅基地使用权，必须严格按照土地的用途进行使用，确保宅基地使用权目的的实现，不允许超量多占，更不允许违反有关规划改变土地用途。

本案中，李某通过申请取得了宅基地使用权，他有权占有和使用该块宅基地，具有在该块宅基地上建造住宅及其附属设施的权利。但是，李某在申请的宅基地上却并没有建造住宅，而是建造了洗浴中心，自己根本没有入住，这从根本上改变了宅基地的用途，背离了宅基地使用权设立的目的，违反了我国《物权法》的相关规定。因此，乡人民政府收回宅基地的决定是正确的。

二、宅基地使用权的取得与效力

相关法条

第一百五十三条　宅基地使用权的取得、行使和转让，适用土地管理法等法律和国家有关规定。

（一）案例49简介

农民刘某在县城做生意并在县城购买了住房，他在村子里的住房一直闲置着。后来，刘某将村子里的住房卖给了同村村民王某。再后来，刘某不想经商了，又想回村定居。于是，他向乡政府申请再重新要一块宅基地，想盖新房。

问题：根据我国有关法律，刘某的申请能否被批准？

（二）相关知识点

1. 宅基地使用权的取得

我国《物权法》第153条规定，宅基地使用权的取得、行使和转让，适用土地管理法等法律和国家的有关规定。根据相关法律规定,宅基地使用权的取得主要有审批取得、法律直接确认取得、附随房屋所有权流转而流转取得。附随房屋所有权流转而流转取得将在下文宅基地使用权的流转中进行说明,此处不做阐述。

(1)审批取得。"农村村民自愿联合组成集体经济组织,从而形成了土地的农村集体所有。理论上,农村集体经济组织有义务为本集体经济组织成员提供居住等基本的生存保障,因此,农村村民可以依法向集体经济组织申请取得宅基地使用权。农村集体经济组织应当依法为本村村民提供宅基地使用权。"[1]但是,为了避免宅基地的滥批,造成土地的浪费和耕地的占用,法律规定宅基地使用权的取得必须符合法定条件,遵循法定程序。

宅基地的审批要遵循以下原则:第一,"一户一宅"原则。农村村民一户只能拥有一处宅基地,其宅基地的面积不得超过省、自治区、直辖市规定的标准。这是由我国的土地状况所决定的,"由于土地资源的有限性,不可能给每个村民提供更多的宅基地,而且宅基地一般为无偿使用。带有一定的社会福利或集体组织成员的团体福利性质。因此,一户居民只能分配一处宅基地"。[2] 需注意的是:"一户一宅"原则,只是就申请而言的,法律上不应当禁止公民通过继承等方式取得两处以上的宅基地使用权。[3] 第二,符合乡(镇)建设规划原则。农村村民建住宅,应当符合乡(镇)土地利用总体规划,并尽量使用原有的宅基地和村内空闲地。第三,法定程序原则。农村村民住宅用地,经乡(镇)人民政府审核,由县级人民政府批准。

宅基地的审批要遵循以下审批程序:第一,申请人提出申请。申请人应当满足如下条件[4]:一是申请人必须是集体经济组织的成员;二是申请人必须存在合理的住房需求;三是不存在法律规定的禁止申请事由。第二,农村集体经济组织依法审查通过。第三,乡(镇)人民政府审核。第四,报县级人民政府批准。

与建设用地使用权不同,宅基地使用权无须登记就可成立。这是因为:"我国农村幅员辽阔,要求对宅基地使用权进行全面的实质性审查登记,的确很难做到。因此,只要完成批准程序,宅基地使用权就应当设定了。并且,因为农村是熟人社会,批准程序本身就有一定的公示功能,所以,没有登记的宅基地使用权,也具有对抗第三人的效力。"[5]目前,我国登记制度还不完善,各地对宅基地使用权的设立是否必须登记,规定不统一也属正常现象。因此,对宅基地使用权的设

---

① 龙翼飞主编:《物权法原理与案例教程》,中国人民大学出版社 2008 年版,第 266 页。
② 王全弟主编:《物权法》,浙江大学出版社 2007 年版,第 271 页。
③ 王利明:《物权法论》(修订版),中国政法大学出版社 2003 年版,第 474 页。
④ 梅夏英、高圣平:《物权法教程》,中国人民大学出版社 2007 年版,第 268—269 页。
⑤ 同上书,第 270 页。

立不以登记为必要,也符合我国的国情。

(2)法律直接确认取得。用法律直接确认的方式取得宅基地使用权,是考虑了诸多历史因素的结果,同时这种方式也符合民法上的先占理论,具有一定的理论基础。根据我国相关法律规定,在我国建立了宅基地使用权制度后,除了擅自占地、乱占耕地等违法情况外,法律对既存的宅基地使用权都直接进行了确认。

2. 宅基地使用权的效力

(1)宅基地使用权人的权利。主要有:

第一,对土地的使用权。宅基地使用权设立的目的是在该土地上建造住宅及其附属设施,所以,农村集体经济组织的成员一旦取得了宅基地使用权,他就享有对该土地的使用权且没有期限的限制,这是宅基地使用权人的最基本权利。宅基地使用权人对土地的使用权,主要指在宅基地上建造住宅及其附属设施的权利。所谓住宅,是指农村本集体经济组织的成员用以居住的房屋。附属设施,是指与住房和居住有关的其他建筑物和设施,例如车库、厕所、猪圈等。宅基地使用权人也有权在宅基地上从事其他附属行为,例如在宅基地上种植树木、花草等。同时,与建设用地使用权一样,宅基地使用权并不仅仅限于地表,而是可以及于地上和地下的空间。

第二,对宅基地使用权的附随流转权。所谓附随流转,是指宅基地使用权不能单独进行流转,而只能随同房屋所有权一同流转。其形式主要有:附随转让、附随出租、附随抵押、附随继承等。与建设用地使用权不同,宅基地使用权的流转受到严格限制。这是因为:"目前我国农村社会保障体系尚未全面建立,宅基地使用权是农民基本生活保障和安身立命之本。从全国范围看,放开宅基地使用权转让和抵押的条件尚不成熟。特别是农民一户只有一处宅基地,这一点与城市居民是不同的。农民一旦失去住房及其宅基地,将会丧失基本生存条件,影响社会稳定。"[1]然而,对于所有权人来说,他有权处分属于自己的所有物,而宅基地上的住宅及其附属设施就属于宅基地使用权人所有的,所以,宅基地使用权人有权对住宅及其附属设施进行流转。由于住宅及其附属设施和宅基地在物理上是不可分离的,所以,房屋所有权进行流转的,宅基地使用权也必然一并流转。但是,农村村民在将自己的住房进行转让后,就失去了再次获得宅基地使用权的权利。

第三,其他权利。作为用益物权的一种,宅基地使用权具备用益物权的一切特征,所以,宅基地使用权人除具有以上权利外,还具有其他用益物权的一切权

---

① 全国人大常委会法制工作委员会民法室编:《中华人民共和国物权法条文说明、立法理由及相关规定》,北京大学出版社 2007 年版,第 281 页。

利,例如征收征用时的补偿请求权、物权请求权等。

(2)宅基地使用权人的义务。主要有:

第一,按照批准的用途使用宅基地的义务。"宅基地只能用于建造住宅及其附属设施,不能用于其他用途。这不仅是保障农村居民生活的需要,也是维护集体土地所有权的需要。"①取得宅基地使用权的人,必须在规定的期限内在宅基地上建造住宅,不能将宅基地用作他用。否则,土地管理部门和土地所有权人应当加以制止,情节严重的,作为土地所有权人的集体经济组织有权收回宅基地使用权。

第二,按照批准的面积建造住宅及其附属设施的义务。通过审批取得的宅基地使用权中,对于宅基地的面积有着明确的规定,宅基地使用权人必须严格按照批准的宅基地面积建造住宅及其附属设施。"宅基地使用权人超过批准的面积使用宅基地的,不仅违反了土地管理部门的审批决定,而且构成了对土地所有权的一种侵犯。因此,土地管理部门和土地所有权人有权加以制止,土地所有权人还有权要求宅基地使用权人承担侵犯所有权的民事责任。"②

第三,服从统一规划的义务。尽管权利人对宅基地有使用权,但这种使用权并非一成不变。当国家或集体根据需要进行统一规划而变更宅基地时,宅基地使用权人应当服从这种统一规划。因统一规划给宅基地使用权人造成损失的,国家或集体应当给予相应补偿。

(三)案例49分析

对于宅基地使用权,我国实行"一户一宅"原则,我国法律明确规定,农村村民一户只能拥有一处宅基地,其面积不得超过省、自治区、直辖市规定的标准。由于宅基地使用权人有权对住宅及其附属设施进行流转,而住宅及其附属设施和宅基地在物理上是不可分离的,所以,房屋所有权进行流转的,宅基地使用权也必然一并流转。但是,农村村民在将自己的住房进行转让后,就失去了再次获得宅基地使用权的权利,即农村村民出卖、出租住房后,再申请宅基地的,不予批准。

本案中,农民刘某在村子里拥有一套住房,但后来他将此房转让给了同村村民王某,他在该块宅基地上的使用权也附随房屋一并转让给了王某,这是法律所允许的。但是,根据我国有关法律,刘某在将自己的住房进行转让后,他也就失去了再次获得宅基地使用权的权利。也就是说,本案中刘某的申请是不能够被批准的。

---

① 房绍坤:《物权法用益物权编》,中国人民大学出版社2007年版,第241页。
② 同上书,第242页。

三、宅基地使用权的流转与消灭

相关法条

第一百五十三条　宅基地使用权的取得、行使和转让,适用土地管理法等法律和国家有关规定。

第一百五十四条　宅基地因自然灾害等原因灭失的,宅基地使用权消灭。对失去宅基地的村民,应当重新分配宅基地。

第一百五十五条　已经登记的宅基地使用权转让或者消灭的,应当及时办理变更登记或者注销登记。

（一）案例50简介

甲原为某乡生产队农民,1967年转到县城工作,随后其全家也均转为城市户口,甲在该生产队上的四间房屋由其兄乙一家居住。1978年,生产队给乙另行安排了宅基地,乙建房后便搬出了甲的四间房,其后,这四间房便一直空闲。1986年在该生产队房基地规划中,村委会将甲所有的四间空房的宅基地使用权分给了另一户农民,且未经甲同意拆除了其四间空房,甲得知后与村委会交涉,被村委会以"房子是你的,但地皮是集体的,集体有权处理"为由拒绝,于是甲诉至法院要求保护其享有的宅基地使用权。[①]

问题:试分析本案中村委会的做法。

（二）相关知识点

1. 宅基地使用权的流转

对于宅基地的流转问题,理论界的观点存在很大分歧。主要观点有三:第一种观点认为,宅基地使用权应当自由流转。只有进行自由流转,才能完全实现宅基地使用权的交换价值,否则,就意味着宅基地使用权难以进入市场进行交易,难以解决农民发展生产缺资金的现状,在很大程度上会限制农民的融资手段,甚至会阻碍农村经济的发展。这种观点还认为,宅基地使用权自由流转,不会影响社会的稳定。因为可以通过对进城定居农民建立和完善相应的社会保障制度,例如廉租房、养老保险、医疗保险等制度来解决一旦农民无法在城市生存,又失去了在农村立足之地的问题。[②] 第二种观点认为,宅基地使用权应当禁止流转。因为农村宅基地具有社会福利性质,承担着社会保障的功能,允许其流转,会使宅基地丧失保障功能,不利于社会的稳定。第三种观点认为,宅基地使用权既不能允许自由流转,也不能完全禁止流转,而应当实行有限制的流转。

---

①　王全弟主编:《物权法》,浙江大学出版社2007年版,第266页。

②　龙翼飞主编:《物权法原理与案例教程》,中国人民大学出版社2008年版,第268—269页。

在实务中,农民住房和宅基地的流转受到严格限制,其最明显的表现是:禁止城镇居民购置农村宅基地和农民住宅;宅基地使用权不能单独转让;农民出卖、出租住房后,再申请宅基地的,不予批准;宅基地使用权不能设置抵押权等。

关于我国《物权法》是否允许宅基地使用权进行流转的问题,理论界争议很大。我国《物权法》第184条将宅基地使用权列入"不得抵押的财产"范围,第153条规定,宅基地使用权的取得、行使和转让,适用《土地管理法》等法律和国家的有关规定。所谓"国家的有关规定",主要是指国家颁布的有关法规和规范性文件,例如1999年国务院办公厅《关于加强土地转让管理严禁炒卖土地的通知》规定:"农民住宅不得向城市居民出售,也不得批准城市居民占用农民集体土地建住宅,有关部门不得为违法建造和购买的住宅发放土地使用证和房产证。"[1]笔者认为,我国《物权法》明确禁止宅基地使用权进行抵押,这一点是毫无疑问的。但是,这并不能否定《物权法》允许宅基地使用权以其他方式进行流转。尽管我国《物权法》没有像土地承包经营权那样规定其具体的流转方式,但根据我国《物权法》第155条"已经登记的宅基地使用权转让或者消灭的,应当及时办理变更登记或者注销登记"的规定可以得出,我国《物权法》是允许宅基地使用权转让的。我国《土地管理法》第62条第4款规定:"农村村民出卖、出租住房后,再申请宅基地的,不予批准。"我国有学者认为,这一条是以间接的方式禁止宅基地的流转。[2]但笔者认为,恰恰相反,通过这一条的规定可以得出,我国法律是允许宅基地使用权附随房屋一并进行流转的。由于法律没有禁止性的条款(抵押除外),我们完全可以说,最起码法律是不禁止农村宅基地使用权附随房屋进行流转的。只不过对于这些流转法律作了严格限制,例如流转只能在本集体经济组织内部成员之间进行,出卖、出租住房的农民就失去了再次获得宅基地使用权的权利等。至于附随房屋流转,法律也没有对附随流转的方式作任何限制。因此我们可以说,宅基地使用权附随房屋流转可以是多种方式,不仅仅包括附随转让、附随出租、附随继承,甚至包括附随抵押,因为我国《物权法》第184条禁止宅基地使用权进行抵押,并没有明确规定包括附随房屋抵押的情况。

总之,关于宅基地使用权流转问题,我国有关立法采取了模糊的立场,这是我国有关农村的经济政策和社会政策尚不完全确定的具体表现,反映了社会过

---

① 有许多学者援引国家土地管理局《确定土地所有权与使用权的若干规定》第169条:"宅基地使用权不得单独转让。建造在该宅基地上的住房所有权转让的,宅基地使用权同时转让。"但据笔者查阅,该规定总共只有60条,何来169条?并且其所述内容在该规定中也查不到,纯属以讹传讹。

② 董学立:《民法基本原则研究》,法律出版社2011年版,第132页。

渡时期的一种立法特点。① 但是,正如王利明教授所说,我国《物权法》第153条的规定,实际上维持了现有的做法,具有其合理性,但随着我国市场经济的发展和改革开放的深化,对宅基地使用权流转严格限制的做法,确有进行改革的必要。所以《物权法》第153条在维持现行规定的同时,又为今后逐步放开宅基地使用权的转让、修改有关法律或调整有关政策留有余地。②

2. 宅基地使用权的消灭

(1) 宅基地使用权消灭的原因。主要有:

第一,宅基地使用权被依法收回。基于法定事由,经原批准用地的人民政府批准,土地所有权人可以依法收回宅基地使用权,从而造成宅基地使用权的消灭。这些法定事由主要有以下几种:其一,乡(镇)村公共设施和公益事业建设需要。根据城镇或乡村的发展规划,为乡(镇)村公共设施和公益事业建设需要使用土地的,农村集体经济组织有权收回或调整宅基地使用权,原宅基地使用权人应当服从这种统一规划。土地所有权人收回或调整宅基地使用权的,应当及时另行批准相应的宅基地使用权,以保证居民的生活需要。因统一规划给宅基地使用权人造成其他损失的,应当给予相应补偿。其二,不按批准用途使用宅基地的。宅基地使用权具有目的特定性特征,即宅基地使用权人只能在土地上建造住宅及其附属设施,不能将宅基地用作他用。权利人不按照批准用途使用土地的,土地所有权人有权收回宅基地使用权,从而使得宅基地使用权消灭。其三,宅基地长期闲置的。宅基地长期闲置,影响土地的利用和效益的发挥,是对土地资源的浪费,不能听之任之。所以,宅基地使用权人长期闲置宅基地的,土地所有权人有权收回宅基地使用权,使得宅基地使用权消灭。其四,其他原因。例如违背"一户一宅"原则占用宅基地的、因"五保户"死亡腾出的宅基地等,土地所有权人均有权收回宅基地使用权。

第二,宅基地被依法征收。为了公共利益的需要,国家可以征收宅基地,从而导致宅基地使用权消灭。宅基地被征收后,经原宅基地使用权人的申请,土地所有权人应当另行给予相当的宅基地使用权。宅基地上有建筑物的,国家要给予相应的补偿。

第三,宅基地使用权人抛弃权利。宅基地使用权是一种民事权利,权利人有权予以抛弃。在权利抛弃后,宅基地使用权归于消灭。宅基地使用权人抛弃宅基地使用权的,就丧失了再次获得宅基地使用权的权利,即其再申请新的宅基地,是不被批准的。

第四,宅基地因自然灾害等原因灭失的。因为河流改道、山体滑坡、泥石流、

---

① 尹田:《物权法》,北京大学出版社2013年版,第412页。
② 王利明:《物权法研究》(第三版)(下卷),中国人民大学出版社2013年版,第963页、第965页。

地震等自然灾害的原因,都可能导致宅基地灭失,而宅基地一旦灭失,则宅基地使用权就丧失了存在的基础,也归于消灭。在这种情况下,原宅基地使用权人有权重新申请宅基地使用权。

第五,因转让住宅而附随丧失宅基地使用权。此种情况下,转让住宅的权利人就丧失了再次获得宅基地使用权的权利,其再申请新的宅基地使用权,是不被批准的。

（2）宅基地使用权消灭的法律后果。主要有:

第一,重新分配宅基地。为保障农民的基本生活需要,对凡是符合法律规定而失去宅基地的村民,都应当重新分配宅基地,例如宅基地使用权因规划被收回、因征收被收回、因自然灾害原因而灭失等。其他情形造成宅基地使用权消灭的,原权利人一般无权重新获得宅基地使用权。

第二,宅基地使用权人取得补偿权。宅基地使用权消灭,在符合法律法规的情况下,宅基地使用权人会获得一些相应补偿,例如,在宅基地使用权因规划、征收等原因消灭时,如果宅基地上的建筑物受到损害,原宅基地使用权人就会获得相应补偿,从而取得补偿请求权。

（三）案例 50 分析

作为用益物权的一种形式,宅基地使用权受法律保护,任何组织和机构都不得擅自收回公民的宅基地使用权。但是,基于一些法定事由,经原批准用地的人民政府批准,土地所有权人可以依法收回宅基地使用权。其中,宅基地长期闲置就是收回的法定事由之一。为了避免土地资源的浪费,对长期闲置的宅基地,法律赋予土地所有权人收回权,即土地所有权人有权收回长期闲置的宅基地使用权,从而造成宅基地使用权的消灭。

本案中,甲在生产队的房屋一直空闲,该村村委会将该块宅基地使用权收回,是符合我国法律规定的。但是,村委会在未经甲同意的情况下,私自拆除该块宅基地上甲享有所有权的房屋,则属于侵权行为,村委会应当承担侵权责任。

[案例思考]

1. 某大学新校区位于城西郊,紧挨着某镇河西村。该村新建了几排住宅楼,仅对本村居民出售,价格很便宜。该大学教师刘某托人找关系,最终购买了一套楼房,价格、楼层都很称心。刘某很高兴,在签订完楼房买卖合同后,马上交房款、装修,并很快入住。但事后不久,刘某得知,该套住房仅能获得河西村村委发的居住证,但却无法获得国家统一颁发的房产证。刘某觉得,反正自己与村委会有楼房买卖合同,即使没有国家统一的房产证,将来出了问题,法律也会保护自己的房屋所有权。

问题:刘某的看法是否正确?

2. 高某于 2000 年在某村取得宅基地一处。2006 年 9 月,高某又向该村村委会递交一份宅基地申请书,村委会审核后报镇人民政府审批。2006 年 10 月,镇人民政府批准高某在该村六屯建 162.5 平方米住宅一处,同时收取高某缴纳的该宅基地规划费 727 元、宅基地使用证工本费 50 元。①

问题:该镇人民政府的做法是否合法?

---

① 龙翼飞主编:《物权法原理与案例教程》,中国人民大学出版社 2008 年版,第 267 页。

第十四章 地 役 权

一、地役权的含义

相关法条

第一百五十六条 地役权人有权按照合同约定,利用他人的不动产,以提高自己的不动产的效益。

前款所称他人的不动产为供役地,自己的不动产为需役地。

(一)案例51简介

某镇由于城市建设需要,居民魏某一家四口于1988年10月由原住所被迁到一处四间平房中。该四间平房原为两间北屋,原住户居住期间,在南墙又盖了两间私房,这样虽然多了两间住房,但院门却被堵上了。原住户即与左邻居朱某协商,通过朱家院子出入;因朱家与原住户系同事,平时两家关系不错,朱某就答应了。

魏某一家迁入后,花2000元钱买下两间南房,由其子女各住一间,上街出入也都通行朱家院子。但没过多久,朱某即提出,魏家通行其庭院使其不得安宁,客人往来也使其缺乏安全感,要求魏某自谋出路。魏某好言相求,并保证今后出入朱家院子一定轻声、轻步,家里也尽量不招待客人。朱某仍然不同意,并于当年12月在两家界限处盖起界墙。

因为魏某迁入的是连脊房屋,左邻右舍都是私房,房后是某工厂的仓库,所以朱某盖起界墙后,魏某一家便无路可走。在这种情况下,魏某起诉到人民法院,要求朱某拆除界墙,并允许其通行。[①]

问题:试分析本案问题的解决办法。

(二)相关知识点

1. 地役权的概念

所谓地役权,是指不动产权利人为了增加自己不动产使用的便利或效益而利用他人不动产的权利。在地役权关系中,需要得到便利的不动产称为"需役地",提供便利的不动产称为"供役地"。例如甲工厂原有东门可以出入,后来为了便利职工的出入想开西门,需借用乙工厂的道路通行。甲工厂与乙工厂约定,

---

① 李显冬主编:《中国物权法要义与案例释解》,法律出版社2007年版,第371页。

甲工厂向乙工厂适当支付使用费用,乙工厂允许甲工厂的人员通行。这时甲工厂即取得了地役权。地役权所说的"地"并不仅仅限于土地,而是包括其他不动产;地役权中的"役"为"役使""利用"的意思。

地役权制度是传统民法中一项重要的物权制度,起源较早,罗马法予以确认。近现代世界各国和地区都规定了地役权制度。在我国,新中国成立后,法律一直没有规定地役权。1982 年的《民法通则》规定了相邻关系,但仍未规定地役权,这无疑是我国立法的一个缺陷。我国大多数学者认为,地役权与相邻关系是两种不同的法律制度,不能用相邻关系代替地役权,主张我国物权法中应当规定地役权制度。但是对于具体名称的使用上,学者之间的看法有分歧。最终,我国《物权法》正式确认了地役权制度,名称仍沿用了传统的叫法。地役权制度有重大作用,"通过设定地役权,需役地人可以使自己的地产充分增值,供役地人也可以以其闲置的不动产资源获取收益,需役地人与供役地人双赢互利、各得其所,一方面最大程度满足了各方不同的需要,另一方面充分发挥了不动产的社会经济效益。与相邻关系相比,地役权更具有'地尽其利''物尽其用''人得其需'的功效"。[1] 需说明的是:在地役权关系中,需役地与供役地一般是相邻不动产,只有相邻才有互为便利和利用的必要和可能。这里所说的相邻既包括"邻接"或"毗连",也包括"邻近",在特殊情况下,设立地役权的两个不动产甚至相隔很远,例如在他人土地上下铺设管线。

"中国大陆《物权法》采取了严格的物权法定主义(第 5 条),规定的物权类型又极为有限,难以满足实际生活的多方需要。地役权以其内容变化多端,具有多样性著称,在不违反公序良俗原则的前提下,有充分约定的空间,不动产权利人若能善加利用,自然能锦上添花,满足相当部分的需要。由此可在一定程度上软化严格的物权法定主义的僵硬。"[2]

2. 地役权的特征

地役权除具有用益物权的一般特征外,还具有一些特有的法律特征,主要有:

(1)地役权是利用他人不动产的权利。地役权设立的主要目的,是利用他人不动产来增加自己不动产使用的便利或效益。这种利用是通过对他人不动产设置一定负担来实现的,并不以实际占有他人不动产为要件。所以,地役权的本质就是一种以限制供役地权利为内容的他物权。在他人不动产(即供役地)设定的负担主要表现为供役地人负有一定的容忍义务和不妨碍地役权人行使权利的义务。

---

[1] 郭明瑞主编:《中华人民共和国物权法释义》,中国法制出版社 2007 年版,第 280 页。

[2] 崔建远:《物权法》(第二版),中国人民大学出版社 2011 年版,第 350 页。

（2）地役权是为了增加自己不动产使用便利或效益的权利。地役权设立的最终目的是增加自己不动产使用的便利或效益，这也是地役权设立的前提。如果不是为了增加自己不动产使用的便利或效益，而是单纯为了获取其他利益而使用他人不动产，则不是地役权，而有可能是其他用益物权，例如建设用地使用权等。需役地获得的便利或效益可以是经济上的方便或利益，例如通行地役权、排水地役权等；也可以是精神上或感情上的方便与利益，例如眺望权。

（3）地役权是按合同设立的权利。与相邻关系是由法律直接规定不同，地役权是按照合同约定设立的，充分体现了当事人的意思自治。地役权是相邻不动产权利人之间，根据相邻不动产的实际情况，通过互相协商来最大限度地利用不动产。所以，地役权实际上就是地役权人和供役地人之间达成的以设立地役权为目的和内容的合同。设立地役权，当事人之间应当采取书面形式订立地役权合同。

（4）地役权具有从属性。地役权的从属性又称地役权的附从性或随伴性，是指地役权的存在始终是以需役地的存在为前提，如果没有需役地或没有对需役地的权利（所有权或使用权），地役权就不可能存在。地役权与需役地是紧密相连、密不可分的。"地役权本质上为一种独立的物权，而不像相邻关系为所有权或使用权的内容的扩张或限制。惟因地役权是为需役地的方便和利益而设定的权利，故需从属于需役地而存在。"[①]地役权的从属性主要表现为：第一，地役权不得与需役地相分离而为让与。需役地权利人不得自己保留所有权或使用权，而单独将地役权让与他人，同样也不得自己保留地役权而将需役地所有权或使用权让与他人。也就是说，地役权只能随需役地所有权或使用权的转移而转移。否则，地役权的让与行为无效。第二，地役权不得与需役地分离而单独作为其他权利的标的。"如不能单独以地役权设定抵押或者出租等；在需役地上设定其他权利时，除非另有特约，应认为地役权亦当然包括在内。"[②]

（5）地役权具有不可分割性。地役权的不可分割性，是指地役权及于需役地和供役地的全部，不能被分割为数个部分或仅仅为一部分而单独存在。地役权的不可分割性是由地役权设定的目的决定的，"例如设立通行地役权后，必须全路段完全通行，始有'便宜'可言；假如分割为三部分，各得通行三分之一的路段，则其目的就不能达到"[③]。地役权的不可分割性，在需役地或供役地发生分

---

①　梁慧星、陈华彬编著：《物权法》（第三版），法律出版社 2005 年版，第 308 页。

②　刘保玉：《物权法学》，中国法制出版社 2007 年版，第 280 页。

③　同上书，第 280 页注释③。

割、共有情形时,表现尤为突出①:其一,需役地被分割时,各分割部分仍然存在并负担原地役权。例如甲地在乙地有汲水地役权,其后甲地被分割为丙、丁二地时,则丙、丁二地仍然存在原来的汲水地役权,即丙、丁二地仍可向乙地汲水。供役地被分割时,地役权就各部分仍需承担原来的地役权。例如甲地在乙地有汲水地役权,其后乙地被分割为丙、丁二地时,则丙、丁二地仍然需要承担原来的汲水地役权,即甲地仍可向丙、丁二地汲水。其二,需役地或供役地为共有的,地役权由各共有人共同享有或共同负担,即各共有人不得仅就自己的应有部分享有或负担地役权,或使部分地役权归于消灭。当然,如果地役权的设定及行使,依其性质只涉及需役地或供役地一部分的,在发生分割、共有的情形时,则地役权可以仅就该部分存续,其他部分归于消灭。②

3. 地役权与相邻关系的关系

地役权与相邻关系非常相似,二者都是调整相邻不动产之间关系的法律制度,其目的都是为了发挥相邻不动产价值为自己的不动产提供便利。也正是由于二者非常相似,所以,在我国《物权法》制定过程中,曾有观点主张我国《物权法》不应当规定地役权,地役权可以被相邻关系所包括。事实上,尽管地役权与相邻关系非常相似,但是二者毕竟是两种不同性质的制度,是两个不同的概念,不能混为一谈,这已经成为通说。具体讲,二者的区别主要体现在以下方面:

(1)二者创立的主旨不同。相邻关系创设的主旨是满足生产、生活最低限度的需要,是对不动产利用最低限度的保护。正如前文所谈到的,当权利人正常行使自己对财产的所有权或使用权时,如果不从相邻方得到某种必要的便利,权利人根本无法正常行使其权利,其基本社会生活就无法得到保障。基于这种最低限度需求的需要,法律把这种需求固定下来,化为一种法定负担,强令相邻方承担。所以,相邻各方在行使权利时,有权要求对方提供必要的便利或接受、容忍对方行使权利给自己带来的必要限制。"否则,既不利于不动产权利人的最低生活保障,亦会使人民因这种必然发生的侵扰日日讼争不已,此非法律的目的。"③相邻关系制度的创设,"更体现了法律定分止争的效用,有利于建设平和的秩序。……可以说,相邻关系制度的创设,更偏重于维持一种静态的秩序"④。相邻关系更像是一种"不得已而为之"的行为。而地役权设定的目的是在权利行使最低限度需求满足的基础上,为了进一步增加自己不动产的便利或效益而

---

① 许多材料在论述此问题时,很多是从地役权发生上的不可分割性、消灭上的不可分割性、享有或负担上的不可分割性等方面阐述的。实际上,这几个方面论述的主要也是在需役地或供役地发生分割、共有情形时,地役权不可分割性的表现。

② 刘保玉:《物权法学》,中国法制出版社 2007 年版,第 280 页。

③ 江平主编:《中国物权法教程》,知识产权出版社 2007 年版,第 368 页。

④ 王全弟主编:《物权法》,浙江大学出版社 2007 年版,第 303 页。

设立的一种权利。地役权虽然也是权利人为了自己的便利,而对他人不动产设立的一种限制,但这种"便利"并不是"必要的",权利人即使得不到对方的这种"便利",也能够行使自己的权利。权利人只是为了进一步增加自己不动产的便利或效益,才要设定地役权。如果某种需求"超过了生活最低限度必要的范围,那么再将这种负担以法定手段强加于不动产权利人,则对权利人不公,此时若要使这种侵扰成立,必须设立地役权,而此地役权当然必须由当事人进行自由约定"①。所以,地役权的设定,是当事人双方根据各自不动产的实际情况,最大限度对不动产进行的利用。能够"开拓当事人自由形成权利义务的广阔空间,于人于己,双赢互利,各得其所。……可以说,地役权制度的创设更偏重于维持一种动态的、积极的秩序"②。地役权更像是一种"主动求变"的行为。

地役权与相邻关系创设主旨的不同,是二者最根本的区别,由此决定了二者其他区别的产生。

(2)二者产生的原因不同。相邻关系是不动产所有权或使用权内容的扩张或限制,其权利义务关系是由法律直接规定的。只要是不动产相邻,其权利人就必然发生相邻关系。"相邻关系制度的创设,一方面维持了土地基本的关键效用,符合公益和整个社会发展的需要;另一方面,通过法律的直接规定,使社会生活中普遍存在的类似问题的解决公式化,节省不必要的代价,一定程度上提高社会经济的效率。"③而地役权则是为了增加自己不动产的便利或效益而创设的,是根据地役权人与供役地人自愿达成的协议产生的,其内容在不违反法律强制性规定或公序良俗前提下,当事人可以任意约定地役权的内容。基于此,地役权可以突破法定相邻关系的限度并排除相邻关系规则的适用。地役权制度私法自治的特性能够更大程度上顺应并体现私法自治要求,排除相邻关系对达成私法协议的障碍。④

(3)二者性质不同。相邻关系本质上是所有权或使用权的扩张或限制,界定的是所有权或使用权的范围,其与所有权或使用权共存亡,属于所有权或使用权的内容。所以,相邻关系不是一项独立的民事权利,更不是一个独立的他物权,不能单独取得或丧失。而地役权虽具有从属性而不能单独存在或转让,但却可以因约定的原因而单独消灭,非经约定也不能当然发生。所以,地役权是独立于不动产所有权或使用权之外的一种民事权利,是一项独立的用益物权,可以单独取得或丧失。

(4)二者内容不同。相邻关系的内容是所有权人或使用权人为满足生产、

---

① 江平主编:《中国物权法教程》,知识产权出版社 2007 年版,第 368 页。
② 王全弟主编:《物权法》,浙江大学出版社 2007 年版,第 303 页。
③ 同上。
④ 同上。

生活最低限度的需求,而要求相邻方给予必要的便利或接受必要的限制而发生的权利义务关系,是由法律直接进行规定的。而地役权则是不动产权利人为了增加自己不动产使用的便利或效益而利用他人不动产的权利,是当事人按照合同约定的,其权利范围的大小完全由当事人的合意决定。也就是说,相邻关系的内容是相邻一方对另一方提出提供便利的最低需求。而地役权的内容则是对对方提出了更高的提供便利的要求。由于二者内容上的差异,使二者对不动产利用关系的调节程度出现了差异。相邻关系是最低限度的调节,而地役权则是较高程度的调节。也正因为此,才使得地役权能够弥补相邻关系的不足。

(5) 二者取得是否有偿不同。相邻关系是法律直接规定的,法律强制相邻一方必须为另一方提供必要的便利。因而,另一方获得的这种便利必然是无偿的。而地役权则是当事人双方依合同约定的,可以是有偿的,也可以是无偿的,并且通常是有偿的。"因为供役地人为需役地人提供的便利,不是为对方提供一种必要的便利,而是给需役地人的土地带来了价值增值的便利。供役地人提供的这种便利也不是供役地人依法必须提供的,为此需役地人应当向对方支付一定的费用来作为自己获得一定便利的对价,这是符合等价交换原则的。"[1]

(6) 二者对不动产相邻性程度的要求不同。相邻关系是基于不动产的相毗邻关系而产生的。尽管在现代民法中,相邻关系的适用范围扩大了,即相邻关系不仅包括不动产之间的相互连接,也包括不动产的相互邻近。但一般认为,相邻关系中的相邻都是指相互毗邻的关系。相邻关系对不动产相邻性程度的要求要比地役权高得多。地役权则可以不受不动产是否相邻这一条件的限制,它既可以发生在相邻的两块土地之间,也可以发生在并不相邻的不动产之间。在特殊情况下,设立地役权的两个不动产甚至相隔很远,例如在他人土地上下铺设管线等。地役权对不动产相邻性程度的要求远远低于相邻关系。

(7) 二者设立是否登记的要求不同。相邻关系是对所有权的限制和延伸,它依附于所有权,属于所有权的范畴,不是一个独立的物权类型。因此,它只是在相邻不动产所有人和使用人之间才能行使,而且只有在符合法律规定情况下才能行使,它不可能作为独立的物权进行转让或对抗第三人。所以,这种权利的成立无须特定的公示方式,不动产所有权或使用权的存在就决定了相邻关系的存在,其无须登记便可当然发生。而地役权则是一种独立的用益物权,它可能因相对人的意思而发生变动。在变动过程中,会关系到第三人的利益,涉及是否能够对抗第三人的问题。若地役权不通过登记予以公示,则可能会损害第三人的利益。所以,地役权作为一项不动产物权,其设立要以登记作为公示方式。只不过,我国采取的是登记要件主义为一般原则,而以登记对抗主义作为特别例外的

---

① 王利明:《物权法教程》,中国政法大学出版社 2003 年版,第 283 页。

立法体例,而地役权的设立就属于特别例外的范畴。我国《物权法》规定:"地役权自地役权合同生效时设立。当事人要求登记的,可以向登记机构申请地役权登记,未经登记,不得对抗善意第三人。"①

（三）案例 51 分析

民法上调整相邻不动产之间关系的法律制度主要有两种:相邻关系和地役权。所谓地役权,是指不动产权利人为了增加自己不动产使用的便利或效益而利用他人不动产的权利。相邻关系为不动产相邻关系的简称,是指相互毗邻的不动产权利人之间在行使所有权或使用权时,因相互间给予便利或接受限制而发生的权利义务关系。二者虽有共性,但却属于两种不同的法律制度。相邻关系是对不动产利用最低程度的保护,由法律直接规定;而地役权则是最大限度对不动产加以利用,是由相邻双方进行约定的。解决本案问题的关键,是看魏某对相邻人朱某院子的利用,是属于相邻关系调整的范围,还是属于地役权调整的范围。

本案中,魏某一家出入无门是由于原住户将南墙院门拆除盖成房屋造成的,与朱某无关。魏某一家出入通行朱家院子,并不是魏某行使正常通行权最低限度的需求,因为魏某还有其他方式进行通行,例如将南门打通恢复原来的院门等。现在魏某一家从朱家院子通行,实际上是一种为了增加自己住房的效益而利用他人不动产的行为,是一种设定地役权的行为。另外,处理相邻关系还有一条是尊重历史与习惯的原则。其中所说的历史与习惯必须是当地多年实施且为当地多数人所遵从和认可的。但本案中原住户从朱某院内通行出入,仅仅是原住户与朱某协商的结果而已,并不符合这条原则。所以,魏某对朱某院子的通行利用,不适用相邻关系的规定。但是,魏某如果想通过朱家院子进行出入,他可以与朱某通过协商设定通行地役权。总之,由于本案涉及的是地役权而非相邻关系,所以魏某无权要求朱某让其无偿通行。

二、地役权的效力

📑📑 **相关法条**

> **第一百五十九条**　供役地权利人应当按照合同约定,允许地役权人利用其土地,不得妨害地役权人行使权利。
>
> **第一百六十条**　地役权人应当按照合同约定的利用目的和方法利用供役地,尽量减少对供役地权利人物权的限制。

---

① 《中华人民共和国物权法》第 158 条。

（一）案例 53 简介

张家与李家是邻居。李某夫妇去上班如果经过张家的庭院就更近,于是两家签订了地役权合同,约定:李家的人可以在张家庭院通行,但是不得惊扰张家的老人和小孩。后来,李某买了摩托车,上下班都骑摩托车。噪声很大,经常影响张家休息。张家便不允许李家再从自家庭院通行,两家遂发生了纠纷。①

问题:试分析本案中张家不允许李家通行的做法是否妥当?

（二）相关知识点

1. 地役权人的权利和义务

（1）地役权人的权利。主要有:

第一,供役地使用权。地役权设立的目的,是为了增加自己土地的便利或效益而使用他人的土地,所以地役权人当然享有使用供役地的权利,这是地役权人最基本的权利。地役权是由当事人约定而产生的,所以需役地人应按照合同约定的使用方法、使用范围和使用程度来使用供役地,不得超过合同约定的范围使用。合同没有约定的内容,地役权人应选择对供役地损害最小的方式为必要使用。地役权人对供役地的使用可以是积极的行为（积极地役权）,例如通行权等,也可以通过要求供役地人不为一定行为而使用（消极地役权）,例如眺望权等。地役权人对于供役地的使用,既可以是单独使用,也可以与供役地人共同使用。同一供役地上,既可以设一个地役权,也可以设多个地役权。

第二,为附随行为的权利。地役权人为了正常行使其权利,达到设定地役权的目的,在供役地内可以为一些必要的附随行为。例如在供役地上修建水渠、铺设路面等。地役权人为附随行为必须是必要的,即如果不为这些附随行为,地役权就无法实现。同时,地役权人进行附随行为时,应选择对供役地损害最小的方式为之。

第三,基于地役权的物权请求权。地役权人在其权利范围内,对供役地有直接支配的权利。对于他人妨害地役权的行为,地役权人有权请求排除妨害;有妨害地役权危险的,地役权人有权请求预防妨害发生。

（2）地役权人的义务。主要有:

第一,合理使用供役地的义务。地役权是供役地为了增加需役地便利或效益而承受的负担,是对供役地人权利的限制。地役权人应按照合同约定,选择对供役地损害最小的方式使用供役地。使用要以能够满足需役地使用的便利为限度,而不能脱离需役地需要而使用。"任何权利都是不得滥用的,地役权人在行使其权利的同时,得尽可能地保全供役地人的利益,这也是民法公平价值理念的

---

① 《中华人民共和国物权法（案例应用版）》,中国法制出版社 2009 年版,第 205 页。

体现。"①

第二,支付费用的义务。地役权可以是有偿的,也可以是无偿的。当地役权为有偿时,地役权人应按双方的约定支付相关费用。

第三,设施维护与允用的义务。为了达到地役权设立的目的,地役权人可以在供役地内为一些必要附随行为,修建一些附属设施。但同时对这些设施,地役权人负有维护、维修义务。地役权人要保持这些设施的正常状态,维持这些设备的安全、完好,防止供役地人的利益因此受到损害。如果地役权人未尽设施维护维修义务,造成供役地人利益受到损害的,地役权人应负损害赔偿责任。同时,在不妨碍地役权人使用权利的前提下,应当允许供役地人使用这些设备。

第四,恢复原状的义务。在地役权消灭后,如果地役权人占有供役地,则地役权人应负返还土地并恢复原状的义务。地役权人在供役地上有设施时,如果该设施仅供需役地便利使用或者双方当事人不能达成折价购买合意的,则地役权人应当取回该设施,并负责将供役地恢复原状。

2. 供役地权利人的权利和义务

(1) 供役地权利人的权利。主要有:

第一,费用支付及赔偿请求权。在有偿的地役权中,供役地权利人享有费用支付请求权,这是与地役权人负有支付费用义务相对应的。当事人双方如果在合同中约定了数额、期限、支付方式等的,则供役地权利人有权依照约定要求地役权人按照约定进行支付。如果地役权人长期拖欠费用,供役地权利人有权依照法律规定解除地役权设立合同,终止地役权。同时,地役权人由于不当行使权利而造成供役地权利人利益受到损害的,供役地权利人享有损害赔偿请求权。

第二,对附属设施的共同使用权。对于地役权人在供役地上所设置的附属设施,供役地权利人在不影响地役权人使用的前提下,有共同使用的权利。"这主要是法律从经济角度考虑,为避免供役地人再行花费不必要的设置费用而为其规定的一项权利。不过,供役地人就该设置的使用如与地役权人发生冲突时,应遵循地役权优先的原则。"②

第三,供役地使用场所和方法的变更请求权。地役权设定时,即使约定了权利行使的场所和方法,但是在使用供役地的过程中,如果产生了变更地役权行使或实现所使用场所和方法的需要,且这种需要对于地役权人并无不利,而对供役地权利人有利益,则供役地权利人对于地役权人有请求变更地役权行使场所和方法的权利。但根据公平原则,由此产生的费用应由供役地权利人负担。

第四,地役权设立合同的法定解除权。地役权人有下列情形之一的,供役地

① 江平主编:《中国物权法教程》,知识产权出版社 2007 年版,第 381 页。

② 刘保玉:《物权法学》,中国法制出版社 2007 年版,第 285 页。

权利人有权解除地役权合同,地役权消灭:其一是违反法律规定或者合同约定,滥用地役权;其二是有偿利用供役地,约定的付款期限届满后在合理期限内经两次催告未支付费用。[①]

(2) 供役地权利人的义务。主要有:

第一,容忍与不作为义务。地役权本身是对供役地权利人权利的限制,是存在于供役地之上的一种负担。供役地权利人有容忍这种限制与不作为的义务,否则,地役权就无从谈起。在积极地役权中,供役地权利人应容忍地役权人于供役地为一定的行为;在消极地役权中,供役地权利人则负有不为一定行为的义务。我国《物权法》第 159 条规定:"供役地权利人应当按照合同约定,允许地役权人利用土地,不得妨害地役权人行使权利。"这是我国法上供役地人负有容忍与不作为义务的法律依据。当然,"如果地役权人超出了权利范围,则供役地权利人就不再负有容忍与不作为义务,且有权要求停止超越范围之行为"[②]。

第二,附属设施费用的分担义务。前文已谈到,对于附属设施,在不影响地役权人使用的前提下,供役地权利人也可以使用。为公平起见,供役地权利人应按其受益程度,合理分担设施维护费用。当然,如果当事人对于设施维护费用的承担另有约定的,应遵从其约定。

(三) 案例 52 分析

地役权设立后,地役权人享有供役地使用权,但同时负有合理使用供役地的义务,即地役权人应按照合同的约定,选择对供役地权利人损害最小的方式使用供役地,且地役权人不能超出约定的范围使用供役地。供役地权利人负有容忍与不作为义务,但是,如果地役权人超出了权利范围使用供役地,则供役地权利人就不再负有容忍与不作为义务,且有权要求地役权人停止超越范围的行为,甚至供役地权利人可以行使法定解除权,解除地役权合同,消灭地役权。

本案中,张李两家签订了地役权合同,设定了地役权,李家享有从张家通行的权利。但是,李家应按照合同的约定,选择对张家损害最小的方式从张家通过,更不能随意扩大合同约定的使用范围。李某驾驶摩托车制造的噪声,经常影响张家休息,这超出了约定的范围,违反了合同约定的义务,属于地役权的滥用。在这种情况下,张家有权解除地役权合同,消灭地役权。所以,张家不允许李家再从自家庭院通行,没有什么不妥。

---

① 参见《中华人民共和国物权法》第 168 条。
② 江平主编:《中国物权法教程》,知识产权出版社 2007 年版,第 385 页。

三、地役权的变动

相关法条

第一百五十七条 设立地役权,当事人应当采取书面形式订立地役权合同。

地役权合同一般包括下列条款:

(一)当事人的姓名或者名称和住所;

(二)供役地和需役地的位置;

(三)利用目的和方法;

(四)利用期限;

(五)费用及其支付方式;

(六)解决争议的方法。

第一百五十八条 地役权自地役权合同生效时设立。当事人要求登记的,可以向登记机构申请地役权登记;未经登记,不得对抗善意第三人。

第一百六十一条 地役权的期限由当事人约定,但不得超过土地承包经营权、建设用地使用权等用益物权的剩余期限。

第一百六十四条 地役权不得单独转让。土地承包经营权、建设用地使用权等转让的,地役权一并转让,但合同另有约定的除外。

第一百六十五条 地役权不得单独抵押。土地承包经营权、建设用地使用权等抵押的,在实现抵押权时,地役权一并转让。

第一百六十六条 需役地以及需役地上的土地承包经营权、建设用地使用权部分转让时,转让部分涉及地役权的,受让人同时享有地役权。

第一百六十七条 供役地以及供役地上的土地承包经营权、建设用地使用权部分转让时,转让部分涉及地役权的,地役权对受让人具有约束力。

第一百六十八条 地役权人有下列情形之一的,供役地权利人有权解除地役权合同,地役权消灭:

(一)违反法律规定或者合同约定,滥用地役权;

(二)有偿利用供役地,约定的付款期间届满后在合理期限内经两次催告未支付费用。

第一百六十九条 已经登记的地役权变更、转让或者消灭的,应当及时办理变更登记或者注销登记。

(一)案例53简介

甲为了自己房屋采光方便,与乙在乙的房屋设定了采光地役权,约定乙的房屋不得修建二层以上建筑,并办理了登记。后来,甲将自己的房屋转让给了丙,乙就在自己的房屋修建了三层小楼,丙请求乙去除一层,遭到乙的拒绝。乙认为:地役权乃是他与甲设定,旁人不得享有。[①]

问题:试分析乙的看法是否正确?

(二) 相关知识点

1. 地役权的取得

地役权的取得亦称地役权的发生。根据我国相关法律的规定,地役权的取得可以基于法律行为取得,也可以基于非法律行为取得。基于法律行为取得包括依合同取得、转让取得、遗嘱取得等;基于非法律行为取得主要指继承取得等。[②] 其中,转让取得将在下文进行阐述,此处暂不涉及。

(1) 依合同取得。是指需役地权利人与供役地权利人通过订立书面合同的方式设立地役权。依合同取得地役权,是地役权取得的主要方式。需注意的是:地役权合同为要式合同,当事人应当采取书面形式订立合同。地役权合同一般包括下列条款:第一,当事人的姓名或者名称和住所。当事人包括一切对不动产有实际支配权者,可以是土地所有人、承包经营权人、建设用地使用权人、宅基地使用权人、房屋使用权人等不动产权利人。第二,供役地和需役地的位置。第三,利用目的和方法。第四,利用期限。地役权的期限由当事人约定,但不得超过土地承包经营权、建设用地使用权等用益物权的剩余期限。如果当事人没有约定具体期限,则应认定为任意期限,而不得认为是永久期限。第五,费用及其支付方式。地役权可以是有偿的,也可以是无偿的,由当事人自由约定,如果合同中没有约定费用的,则推定为无偿。第六,解决争议的办法。

地役权取得采取的是登记对抗主义,而非登记生效主义。也就是说,地役权的取得虽然也要求以登记作为公示方法,但并不是必须登记,当事人可以按照自己的意愿来决定是否进行登记。即使不登记,地役权仍然能够取得,只不过不登记的地役权效力较低,不能对抗善意第三人。根据我国《物权法》第158条的规定,地役权自地役权合同生效时设立。那么,地役权的取得为什么采取的是登记对抗主义,而非登记生效主义呢? 这是因为:"地役权具有从属性,地役权不得与需役地相分离而单独转让,也不得单独成为其他权利的标的。地役权的转让、抵押和出租都是随着需役地的转让、抵押和出租一并进行的。依照我国《物权法》物权变动需要进行登记公示的规定,也就没有必要再对地役权单独地以登

---

① 全国人大常委会法制工作委员会民法室编:《中华人民共和国物权法条文说明、立法理由及相关规定》,北京大学出版社2007年版,第292页。

② 大陆法系许多国家和地区还规定了时效取得,由于我国没有规定取得时效制度,所以此处不作阐述。

记作为生效要件了。"①

（2）遗嘱取得。是指如果供役地权利人为自然人的,供役地权利人可以依据遗嘱设定地役权,需役地权利人在该遗嘱生效时,通过办理登记就可取得地役权。虽然我国《物权法》没有对遗嘱取得地役权作直接规定,但是从理论分析上应作肯定解释,只要当事人不违反法律强制性规定或公序良俗,就应当允许通过遗嘱设立地役权。

（3）继承取得。地役权属于财产权,并不具有专属性,所以它同样适用继承制度。由于地役权具有从属性,所以它只能同需役地一起成为继承的客体,而不能单独被继承。

2．地役权的流转

所谓地役权的流转,是指地役权人将地役权转移给他人的行为。根据相关法律,地役权的流转方式有:转让、抵押、租赁等。地役权作为一种有财产价值的用益物权,当然可以进行流转。但是,地役权又是一种较为特殊的用益物权,它具有从属性和不可分割性,这决定了地役权的流转不能单独进行。从属性决定了地役权不能与需役地相分离而转移,它只能随需役地上的权利转移而转移。从属性也决定了地役权不能单独设定抵押或出租等,只有土地承包经营权、建设用地使用权等抵押或出租的,地役权才一并抵押或出租。不可分割性,决定了当需役地或供役地上的权利进行部分转让时,若转让部分涉及地役权的,受让人同时享有或负担地役权。

已经登记的地役权变更、转让的,应当及时办理变更登记。

3．地役权的消灭

（1）地役权消灭的原因。主要有:

第一,期限届满。地役权有约定存续期限的,当期限届满时,地役权消灭。

第二,约定的消灭事由出现。地役权设立时,当事人约定以特定事由发生作为地役权消灭原因的,该事由出现,地役权即归于消灭。

第三,土地灭失。需役地和供役地的同时存在是地役权存在的前提条件,也是地役权的构成要件,所以当需役地或供役地灭失时,地役权归于消灭。但如果需役地或供役地仅是部分灭失,除导致地役权整体不能行使的情况外,地役权不能消灭。

第四,目的不能实现。当供役地已不能或难以供需役地便利之用时,地役权设立的目的不能实现,地役权即归于消灭,例如引水地役权因水源枯竭而消灭。

第五,混同。当需役地与供役地同归属一个人时,地役权因混同而消灭。但如果需役地或供役地为第三人权利的客体,而地役权的存续对于所有权人或第

---

① 龙翼飞主编:《物权法原理与案例教程》,中国人民大学出版社2008年版,第281—282页。

三人有法律上的利益时,地役权不消灭。当需役地或供役地为共有时,若仅其中一人有混同现象,地役权也不因混同而消灭。①

第六,抛弃。地役权属于财产权,权利人有权抛弃自己的权利,从而导致地役权消灭。但如果地役权是有偿的,则地役权人应当支付未到期的费用,以兼顾供役地权利人的利益。

第七,因法定事由解除地役权合同。如前文所述,根据我国《物权法》第168条的规定:地役权人有下列情形之一的,供役地权利人有权解除地役权合同,地役权消灭:其一是违反法律规定或者合同约定,滥用地役权;其二是有偿利用供役地,约定的付款期间届满后在合理期限内经两次催告未支付费用。

（2）地役权消灭的法律后果。主要有:

第一,地役权消灭后,供役地权利人的权利不再受到限制,而是恢复原状。

第二,地役权人在供役地上建有附属设施的,在地役权消灭后,地役权人有取回权。但是,若供役地权利人愿意以合理价格购买该设施的,地役权人不得拒绝。

第三,地役权人占有供役地的,在地役权消灭后,地役权人负返还供役地的义务并负责恢复原状。

第四,已经登记的地役权消灭的,应当及时注销登记。

（三）案例53分析

地役权的特性决定了它的流转不能单独进行,它不能与需役地相分离而转移,而只能随需役地上的权利转移而转移。如果将地役权单独转移,等于使地役权与需役地相分离,地役权就丧失了其目的。地役权的不可分割性,决定了当需役地或供役地上的权利进行部分转让时,若转让部分涉及地役权的,受让人同时享有或负担地役权。

本案中,甲与乙设定了采光地役权,且办理了登记。在甲将自己的房屋(需役地)转让给了丙以后,除非双方在设立地役权合同时另有约定,否则甲为自己房屋(需役地)所设定的地役权也就随着房屋(需役地)的转让当然转移给了丙。所以,本案中丙的主张应予支持,而乙的看法是错误的。

[**案例思考**]

1. 公司甲与学校乙相邻,甲为了防止乙今后建造高楼挡住自己的观景视野,就以每年向乙支付5万元补偿费为对价,与乙约定:乙在20年内不得在校址兴建高层建筑。合同签订后,双方没有办理地役权登记。一年后学校迁址,将房屋全部转让给房地产商丙,但乙未向丙提及自己与甲之间的约定。丙购得该学

---

① 刘保玉:《物权法学》,中国法制出版社2007年版,第286页。

校后建起了高层住宅。甲要求丙立即停止兴建,遭到丙的拒绝后,甲便向法院提起诉讼。[①]

问题:法院能否支持甲的主张?

2. 张三与李四为某村东西邻居,张三西厢房的后墙为两家的分界。一次,张三要翻修西厢房,于是找到李四约定,先将部分翻修房子的垃圾临时堆放在李四院内,等房子全部修好后,再将垃圾运走。其间,张三会每天对垃圾进行简单清理,不会妨碍李四出行。李四表示同意。但是,房子在翻修的第一天,由于太疲劳,张三未对当天拆房产生的废料垃圾进行清理,晚上恰逢天降暴雨,造成李四院内泥水横流,严重影响了李四的进出。见此情景,李四要求张三马上清理院内废料垃圾,并对其所受损失进行赔偿。

问题:李四的要求是否符合法律规定?

---

① 《中华人民共和国物权法(案例应用版)》,中国法制出版社 2009 年版,第 203 页。

第四编 担保物权

第十五章 一般规定

一、担保物权的含义

相关法条

第一百七十条 担保物权人在债务人不履行到期债务或者发生当事人约定的实现担保物权的情形,依法享有就担保财产优先受偿的权利,但法律另有规定的除外。

（一）案例 54 简介

甲向乙借款 10 万元,以其价值 15 万元的一辆汽车向乙提供担保。而后甲又向丙借款 10 万元,没有提供担保。后来在一次事故中,甲用以担保的汽车报废,获得赔偿 10 万元。最终甲无力清偿乙、丙二人的债务。

问题:乙、丙二人应如何获得清偿?

（二）相关知识点

1. 担保物权的概念

担保物权,是指为担保债务的履行而在债务人或者第三人特定的财产上设立的,在债务人不履行到期债务或者发生当事人约定的情形时,权利人依法就该财产变价并优先受偿的权利。此处的"财产"包括动产、不动产,也包括特定情形下的权利。我国《物权法》主要规定了抵押权、质权和留置权三种担保物权。

担保物权制度起源于古希腊。近代民法中的担保物权制度的产生是以《法国民法典》为标志的。[1] 担保物权制度作为现代民法的一项重要制度,现代世界各国的民法典多进行了规定,有的国家甚至对其进行单独立法。担保物权以直

---

[1] 王利明:《物权法研究》(第三版)(下卷),中国人民大学出版社 2013 年版,第 1098 页。

接支配特定财产的交换价值为内容①,以确保债权实现为目的,在现代社会经济生活中发挥着越来越重要的作用。

2. 担保物权的特征

担保物权是一种物权,具备物权的一般特征,同时它还具有一些独特特征,主要有:

(1) 价值权性。是指担保物权是对担保物交换价值进行支配的权利。担保物权所注重和追求的不是标的物的使用价值,不是以对标的物为实体支配、使用和收益为内容,而是以取得抽象的担保物交换价值为其基本内容的。价值权性是担保物权的根本特征,正是基于此,相对于用益物权是为实现物的使用价值而被称为"利用权",担保物权属于"价值权"。担保物权的价值权性具体体现为变价权和优先受偿权,"担保物权的真正利益,在于债权期满未获实现时,通过折价、拍卖、变卖等方式对担保物进行变价,并通过变价款优先满足自己的债权,故担保物权的核心为变价权和优先受偿权"②。也正因如此,担保物权中关于禁止流质契约的规定,从某种意义上讲,也是价值权性的一种体现,因为流质契约会造成变价权落空,使担保物权不能依市价进行变现,这会对担保人产生不公平等一系列问题。

(2) 从属性。"是指担保物权必须从属于债权,其以债权的成立为前提,因债权的转移而转移,因债权的消灭而消灭"③。担保物权是以确保主债权实现为目的而设立的权利,当主债权被消灭,担保物权自然就没有存在的必要了,担保物权的这种地位决定了它必然是其所担保的主债权的从权利。从设立上看,担保物权不能脱离债权关系而单独设立,它的设立必须是以债权的存在为前提;从合同角度看,担保合同是主债权债务合同的从合同,主债权债务合同无效,担保合同就无效;从移转上看,担保物权只有附随于所担保的债权,才能进行让与或成为其他债权的担保;从消灭上看,担保物权所担保的债权因清偿、提存、免除等原因消灭时,担保物权也随之消灭。主债权不存在,担保物权必不能存在。

需说明的是:从属性主要体现在普通担保物权中,对于一些特殊的担保物权

---

① 有学者认为,"担保物权支配物的交换价值"是个伪命题,这种说法是荒谬的。此观点详见孟勤国、冯桂:《"担保物权支配物的交换价值"是个为命题》,载孟勤国、黄莹主编:《中国物权法的理论探索》,武汉大学出版社 2004 年版。但笔者并不认同这种观点,所以文中仍采传统说法。

② 孙鹏、王勤劳、范雪飞:《担保物权法原理》,中国人民大学出版社 2009 年版,第 26 页。

③ 王利明、杨立新、王轶、程啸:《民法学》(第二版),法律出版社 2008 年版,第 373 页。

例如最高额抵押权等，从属性表现得则不那么典型。[①]

（3）不可分性。是指担保物权人在其担保的债权未全部受偿前，可以就担保物的全部行使权利，担保物的价值变化及被担保债权的变化并不影响担保物权的整体性。具体表现为：被担保的债权被分割、部分清偿或部分消灭时，债权仍能够就分割的各部分债权、清偿后的剩余债权或没有消灭的债权对担保物权标的物的全部行使权利；担保物被分割或部分消灭时，债权人能够就分割后的各部分担保物或剩余的担保物担保全部的债权。

"但是，担保物权的不可分割性是为了增加担保物权的担保效力而赋予担保物权的，并不是担保物权性质上的不可分性。故不可分性不是担保物权的本质属性，当事人可以以协议的方式排除担保物权行使上的不可分性。"[②]

（4）物上代位性。是指当担保物灭失、毁损或者被征收而获得保险金、赔偿金或补偿金等代替物时，担保物权的效力及于该保险金、赔偿金或补偿金等代替物，担保物权人能够就该保险金、赔偿金或补偿金等代替物行使担保物权。担保物权的物上代位性是由担保物权的价值权性所决定的，由于债权人设立担保物权的目的并不是使用担保财产，而是取得该财产的交换价值。所以，即使担保财产灭失、毁损，只要代替该财产的交换价值还存在，担保物权的效力就存在，只不过此时担保物权的效力转移到了该代替物上。我国《物权法》第174条，对此作了明确规定。[③]

（5）优先受偿性。是指在债务人不履行到期债务或出现当事人约定的实现担保物权的事由时，债权人能够就担保财产的变价优先于其他债权人受清偿。担保物权的优先受偿性是物权优先效力在担保物权中的体现，是担保物权最主要的效力。正是由于这种优先受偿性，担保物权遂成为债权实现的有力保障。担保物权的优先受偿性主要体现在以下几个方面：第一，有担保物权的债权优先于不享有担保物权的普通债权；第二，设立在先的担保物权优先于设立在后的担保物权；第三，担保物被查封、被执行时，担保物权优先于执行权。

需注意的是：担保物权的优先受偿性并不是绝对的，在遇到法律有特殊规定

[①] 有学者认为，"随着近代担保物权的发展与社会经济进步的需求，担保物权的从属性已逐渐缓和。……坚守担保物权从属性的产物，不仅与抵押权的发展潮流（投资化）相悖，也无法适应经济的需要"（见梅夏英、高圣平：《物权法教程》，中国人民大学出版社2007年版，第319页），这就是许多学者所称的"从属性之缓和"。但笔者认为，这其实不是从属性缓和不缓和的问题，在普通担保物权中，从属性永远都是担保物权的特征。但在一些特殊的担保物权中，从属性则可以表现得不那么明显，甚至有时可以看不到它的存在。然而这并不是说，随着经济的进步，担保物权的从属性一定会消失。也不能说，认为担保物权具有从属性就是与抵押权的发展潮流相悖。

[②] 江平主编：《中国物权法教程》，知识产权出版社2007年版，第411页。

[③] 我国《物权法》第174条规定："担保期间，担保财产毁损、灭失或者被征收等，担保物权人可以就获得的保险金、赔偿金或者补偿金等优先受偿。被担保债权的履行期未届满的，也可以提存该保险金、赔偿金或补偿金等。"

的情况下,担保物权会退居次位优先的地位。这主要是指"法律基于特殊的政策性考虑,为了维护某些弱势群体的利益、公共利益,或者为了实现实质正义的需要,所作出的特别规定,例如职工工资和劳动保险费的优先权、税收优先权、建设工程承包人的优先权、船舶优先权和民用航空器优先权等等"①。

3. 担保物权法律制度的价值

(1)确保债权实现,维护交易安全。在现代社会,债务人对债权人所负的责任为财产责任,而无须承担人身责任。所以,全部的债权实现取决于债务人是否实现给付行为。而债务人给付行为的实现存在许多不确定的因素,这些因素既包括客观的,也有主观的。因而在市场交易中,债权的实现是存在一定风险的,由此会影响到交易安全。而担保物权法律制度,以扩大保障债权实现的责任财产范围或使债权人就特定之物取得优先受偿权等方式,在原有的债权请求权外,又为债权人增加了一项物权请求权,这样既可以弥补债权效力上的不足,又"可以有效地克服市场交易中的主观风险,并淡化客观风险造成的危害,维护交易安全,确保特定债权之目的的实现。在债的各种担保方式中,担保物权因具有物权的支配效力、追及效力及优先效力,不受债务人及担保人的整体财产状况变化的影响,在确保债权实现的作用方面较之其他担保方式更为可靠和有效"②。

(2)发挥融资功能,促进经济繁荣。现代市场经济条件下,良好的融资能力已成为企业发展的重要条件。企业融资最主要的方式是贷款,而贷款的实现则需要借贷方有良好的信用作保障,否则,贷款很难实现。在市场经济社会中,占据主导地位的信用方式是财产信用,而担保物权正是一种为债务人提供财产信用的特殊机制,其往往是当事人双方建立信任关系的媒介与桥梁。时至今日,债权人和债务人都无不将担保物权作为实现特定利益的手段而非本身追求的目的。就债权人而言,几乎无人会期望债务人到期不清偿债务以便实现自己的担保物权;就企业而言,在企业自有资金不足时,最通常、最便捷的筹资途径是向金融机构融资,但金融机构会从考虑自身贷款的风险出发,要求企业提供各种担保,而担保物权正是金融机构最乐于接受的担保方式。因此,企业获取融资的最佳手段就是以企业财产设定担保物权。③ 在这里,企业设定担保物权的主要目的强化自己的信用,以获得资金。正是由于担保物权发挥了融资的功能,从而使得市场经济条件下,社会生产多了一个促进资金环节运转更加流畅的手段,进而促进经济的繁荣。

(三)案例 54 分析

担保物权是指为担保债务的履行而在债务人或者第三人特定的财产上所设

---

① 郭明瑞主编:《中华人民共和国物权法释义》,中国法制出版社 2007 年版,第 304 页。
② 刘保玉:《物权法学》,中国法制出版社 2007 年版,第 314 页。
③ 孙鹏、王勤劳、范雪飞:《担保物权法原理》,中国人民大学出版社 2009 年版,第 12 页。

立的,在债务人不履行到期债务或者发生当事人约定的情形时,权利人依法就该财产变价并优先受偿的权利。担保物权具有优先受偿性、物上代位性等。优先受偿性是指债务人不履行到期债务或出现当事人约定的实现担保物权的事由时,债权人能够就担保财产的变价优先于其他债权人受清偿。物上代位性是指当担保物灭失、毁损或者被征收而获得保险金、赔偿金或补偿金等代替物时,担保物权人能够就该保险金、赔偿金或补偿金等代替物行使担保物权。

本案乙、丙两个债权人中,乙取得了对甲汽车的担保物权,而丙对甲的债权由于没有提供担保属于普通债权。根据担保物权的优先性,乙就该汽车的变价价款优先于丙受偿,尽管汽车在事故中报废,但根据担保物权的物上代位性,乙仍能就10万元的赔偿金优先受偿。由于清偿完乙后没有剩余款额,所以丙无法获得清偿。

二、担保物权的设立与消灭

相关法条

第一百七十二条　设立担保物权,应当依照本法和其他法律的规定订立担保合同。担保合同是主债权债务合同的从合同。主债权债务合同无效,担保合同无效,但法律另有规定的除外。

担保合同被确认无效后,债务人、担保人、债权人有过错的,应当根据其过错各自承担相应的民事责任。

第一百七十三条　担保物权的担保范围包括主债权及其利息、违约金、损害赔偿金、保管担保财产和实现担保物权的费用。当事人另有约定的,按照约定。

第一百七十七条　有下列情形之一的,担保物权消灭:

（一）主债权消灭;

（二）担保物权实现;

（三）债权人放弃担保物权;

（四）法律规定担保物权消灭的其他情形。

（一）案例55简介

某环保科技有限公司以编造的"引进最先进的垃圾处理项目"为名,骗取了某国有商业银行的巨额贷款。因仅抵押本公司的不动产满足不了银行的要求,就哄骗某化工有限公司作为担保人,把不动产也押了进来。货款到手后,某环保科技有限公司以其大部分还债,其余挥霍将尽。此案经银行报案,公安机关迅速侦破,最终追究了某环保科技有限公司董事长及有关人员的贷款诈骗罪。在附带民事诉讼中,法院判决借款合同无效,要求某环保科技有限公司返还贷款。但是,银行知道它的抵押财产不足以还款,所以还关注着某化工有限公司。[1]

问题:本案中某化工有限公司应承担什么样的责任?

(二) 相关知识点

1. 担保物权的设立

担保物权设立的方式主要有两种,一是通过当事人订立担保合同设立担保物权,这主要是针对意定担保物权而言的,例如抵押权、质权的设立;二是直接依照法律的规定设立担保物权,这主要是针对法定担保物权而言的,例如留置权的设立。前者是社会生活中取得担保物权最为普遍、最为常见的方式。我国《物权法》第172条对此作了明确规定。[2]

"担保物权在本质上是一种物权,但是民事主体设立担保物权首先应当订立担保合同,对担保事项作出约定,之后再通过办理登记或者交付的公示手续,从而获得物权效力。因此,订立担保合同是意定担保物权成立的前提和必经程序。"[3]所谓担保合同,是指债权人与债务人或第三人之间就担保物权的设立、变更或消灭达成的协议。担保合同是从属于主债权债务合同(主合同)的从合同。所谓主合同,是指不依赖于其他合同而能独立存在的合同;所谓从合同,是指必须从属于其他合同(主合同)而存在的合同。担保合同是从属于主债权债务合同(主合同)的,因为担保的目的是为了保障主债权的实现,没有主合同产生的债权债务,也就无所谓担保,更无法体现担保物权的目的。所以担保合同是随主合同的成立而成立,随主合同的转移而转移,随主合同的消灭而消灭。离开了主债权债务合同,担保合同便不具有独立存在的价值了。如果主合同无效,基于合同发生的债权债务便没有法律约束力,所以担保合同约定的担保权利义务关系也不具有约束力,担保物权就不成立。主合同无效,担保合同自然无效,正所谓"皮之不存,毛将焉附"。当然,在主合同有效的情况下,如果担保合同本身具有合同法中规定的合同无效情况出现,也会导致担保合同的无效。

担保合同被确认无效后,其约定的担保权利义务不发生法律效力,但并不能完全免除各方当事人的责任承担。债务人、担保人、债权人有过错的,应当根据其过错各自承担相应的民事责任。在债务人自己提供担保的情况下,责任承担可直接适用我国《民法通则》的规定。"当第三人为担保人的情况下,担保人责任承担分两种情形。第一,担保合同因主合同无效而无效,如果担保人对主合同

---

① 张迪圣编著:《100 个怎么办:物权法案例讲堂》,中国法制出版社 2007 年版,第 184 页。

② 但有学者认为,我国《物权法》第 172 条的规定意味着设立担保物权只能是订立担保合同(双方法律行为),而不能采取遗嘱的方式。这种完全禁止当事人通过遗嘱来设定担保物权的规定得合理性值得商榷。此观点见王利明、杨立新、王轶、程啸:《民法学》(第二版),法律出版社 2008 年版,第 375 页。

③ 郭明瑞主编:《中华人民共和国物权法释义》,中国法制出版社 2007 年版,第 308 页。

无效有过错,则应承担相应责任。如果第三人明知债务人以欺诈手段与债权人订立合同而仍然提供担保,则在主合同被确认无效从而保证无效后,第三人应承担相应民事责任。第二,担保合同本身无效,担保人有过错的,应承担相应责任。"①另外,最高人民法院在关于担保法的司法解释中规定,主合同有效而担保合同无效,债权人无过错的,担保人与债务人对主合同债权人的经济损失,承担连带赔偿责任;债权人、担保人有过错的,担保人承担民事责任的部分,不应超过债务人不能清偿部分的1/2。

2. 担保物权的担保范围

担保物权的担保范围,是指担保人所承担的担保责任范围。对于担保物权的担保范围,我国采用的是法定担保范围与约定担保范围相结合而以约定担保优先的原则。当事人可以依照自己的意思对担保范围进行约定,没有明确约定的,可依法律的直接规定。当事人的约定优先于法律规定,即"有约定按约定,未约定按法定",这充分体现了私法的意思自治原则。根据我国《物权法》第173条的规定,担保物权的法定担保范围包括:

(1)主债权。主债权又称"原债权",是指债权人与债务人之间因债的法律关系而产生的债权人对债务人的请求权。主债权不包括利息以及其他因主债权而产生的附随债权。担保物权设定的主要目的就是担保主债权的实现,主债权是担保物权存在的前提,是担保的直接对象。所以,主债权当然成为担保范围中的一种并且是担保的主要部分。主债权既包括现存债权,也包括将来的特定债权以及将来可能发生的债权;既包括金钱债权,也包括劳务债权等。

(2)利息。利息是指主债权的孳息,它分为法定利息和约定利息。法定利息是以国家法律法规规定为标准而支付的利息;约定利息则是以双方当事人之间约定标准支付的利息。约定利息并不是随意的,它必须符合国家法律法规及国家财政和金融政策的规定,否则超出部分的利息不受法律保护。主债权的法定利息还包括迟延利息。所谓迟延利息又称逾期利息,是指债务人不履行义务致使债务履行迟延,在迟延的过程中债务产生的法定利息。"迟延利息原则上依照法定利率计算,约定利率较高时,仍从其约定利率,但是约定利率也不得高于法定限制,超过部分,债权人没有请求权。"②

(3)违约金。违约金是指合同双方当事人约定,一方当事人在不履行或者不适当履行合同义务时,应向相对方支付一定数额的金钱。违约金制度的价值在于由违约方向守约方补偿因自己的违约行为而造成的损失,从而增强当事人

---

① 马新彦主编:《中华人民共和国物权法法条精义与案例解析》,中国法制出版社2007年版,第368页。

② 同上书,第371页。

双方履行合同的积极性。

（4）损害赔偿金。损害赔偿金是指合同一方当事人违反合同或者其他行为给相对方造成了一定损害，而向相对方支付损害赔偿的费用。损害赔偿金应包括直接损害和间接损害。损害赔偿金与违约金都具有代替给付的性质，其区别主要在于违约金为事先约定的，而损害赔偿金则是事后根据实际损失确定的。

（5）保管担保财产的费用。在转移担保财产占有的担保物权中（主要是动产质权和留置权），担保物权人负有保管担保物的义务，并会为此支出必要的保管费用。由于债务人或第三人将担保财产交由债权人占有的目的是为了向债权人担保自己履行债务，所以保管费用应当由债务人或者提供担保的第三人承担，否则不利于担保活动的进行，也不利于确保债权的实现。[①] 所以，担保物权人对为保管担保物所支出的必要费用，有权向担保人请求补偿。因此，保管担保财产的费用也属于担保物权担保的范畴。需强调的是：担保物权人支出的保管费用必须是"必要"的费用。所谓"必要"的费用，是指为维持或保管担保物的现状所必须支出的费用，其应当以为担保物保全完好、功能无损所必需的保管费用支出为限度。否则，超出"必要"限度所为的支出，则不应由担保人承担，也不属于担保物担保的范畴。

（6）实现担保物权的费用。这是指在债务人未履行到期债务的情况下，担保物权人在实现担保物权的过程中所花费的各种费用，例如担保物的估价费用、申请拍卖或者变卖担保物的费用、诉讼的费用等。由于实现担保物权的费用完全是因为债务人不履行到期债务引起的，所以这些费用理应由债务人承担，否则不利于保护担保物权人的利益。"当然，担保物权人应本着诚实信用的原则实现担保物权，所花的费用也应当合理，对于不合理的费用不应当纳入担保的范围。"[②]

3. 担保物权的消灭

担保物权的消灭，是指担保物权对于担保财产所具有的支配力终止。以登记为生效要件而设定的担保物权，在消灭时担保物权人负有注销担保物权登记的义务。以登记为对抗要件而设定的担保物权，担保物权人和担保人已经办理登记的，在担保物权消灭时，担保物权注销登记亦同。[③] 根据我国《物权法》，担保物权消灭的原因如下：

（1）主债权消灭。担保物权设立的目的是担保主债权的实现，所以主债权的存在，是担保物权存在的前提。当主债权债务关系消灭，担保物权便没有了可

[①] 全国人大常委会法制工作委员会民法室编：《中华人民共和国物权法条文说明、立法理由及相关规定》，北京大学出版社 2007 年版，第 306 页。

[②] 同上。

[③] 梅夏英、高圣平：《物权法教程》，中国人民大学出版社 2007 年版，第 339 页。

以担保的对象,它也就失去了存在的意义,所以担保物权也随之消灭。主债权消灭的原因有很多,例如因履行、提存、抵消、免除或其他原因,都会导致主债权的消灭。只要主债权全部消灭,担保物权就会消灭,这也正是担保物权为从权利的体现。

（2）担保物权实现。这是指当债务人不履行到期债务或者发生了当事人约定的实现担保物权的事由时,担保物权人对担保物进行变价并就该变价优先受偿。担保物权是为了担保主债权而设立的,担保物权实现就意味着担保物权人权利的实现、主债权获得清偿,担保物权的目的已经达到,担保物权自然归于消灭。需强调的是:担保物权一旦实现,无论主债权是否全部清偿,担保物权都消灭。至于未受清偿的债权,债权人仍然可以要求债务人清偿,但这部分债权已无担保物权。

（3）债权人放弃担保物权。担保物权属于财产权,权利人当然可以放弃。债权人一旦放弃担保物权,担保人的担保责任即被免除,担保物权即归于消灭。担保物权人放弃担保物权,应采取明示放弃的方式,一般应当通过书面的形式明确表示放弃担保物权或者以债权人自己的行为表明放弃担保物权,如果因债权人自己的行为导致担保财产毁损、灭失的,视为债权人放弃了担保物权。但是,债权人放弃担保物权会损害他人利益的,则不发生放弃的效力。

（4）法律规定担保物权消灭的其他形式。除上述三种情形外,法律规定有担保物权消灭情形的,担保物权也归于消灭,例如担保财产灭失后无代位物的,担保物权消灭;债务转移而未经物上保证人书面同意的,担保物权消灭。①

（三）案例 55 分析

担保物权设立的方式之一是通过当事人订立担保合同设立担保物权,这主要是针对意定担保物权而言的,例如抵押权、质权的设立。这是社会生活中取得担保物权最为普遍、最为常见的方式。订立担保合同是意定担保物权成立的前提和必经程序。担保合同是从属于主债权债务合同（主合同）的从合同。担保合同随主合同的成立而成立,随主合同的转移而转移,随主合同的消灭而消灭。主合同无效,担保合同自然无效,担保物权也就不成立。如果担保人对主合同无效有过错,则应承担相应责任。反之,则不承担责任。

本案中,某环保科技有限公司以欺诈的方式骗取了某国有银行的贷款,该借款合同是无效的,银行对某化工有限公司的担保物权是不成立的。根据担保合同的从属性,某化工有限公司与银行的担保合同也就无效。由于某化工有限公司是被哄骗的,其本身对借款合同无效并无过错,所以其不承担民事责任。也就是说,本案中某化工有限公司对还贷款一事不承担责任。

---

① 　房绍坤主编:《民法》,中国人民大学出版社 2009 年版,第 274 页。

三、反担保

相关法条

第一百七十一条第二款 第三人为债务人向债权人提供担保的，可以要求债务人提供反担保。反担保适用本法和其他法律的规定。

（一）案例 56 简介

路晨和路夕是兄弟俩。哥哥路晨是一家房地产公司的大股东、董事长。弟弟路夕办了个科技开发有限公司，正急需 25 万美元进口美国仪器设备，因此去银行贷款，银行要担保，可哥哥正在外出考察。情急之下，他就去找哥哥的朋友李强。李强说："朋友间担个保，没问题。假如我帮你还了贷，我就是你的债权人了，你怎么还我的债呢？"路夕说："让我哥哥给您提供担保就是了。本来我是找哥哥的，偏偏他外出了。结果拖您进来应急，真不好意思。"

问题：他们的上述考虑符合法律规定吗？①

（二）相关知识点

所谓反担保，是指在由第三人提供担保的债权债务关系中，承担担保的第三人为了保证自己追偿权得到实现，要求债务人为自己追偿权的实现提供担保。与之相对应的概念是本担保，即第三人为主债权提供的担保。在第三人提供担保的债权债务关系中，担保人为债务人承担担保责任后，对债务人享有追偿权，但这种追偿权潜存着一定的风险，也有难以实现的可能。因此，为了保障这种追偿权的实现，有必要设立反担保。需注意，反担保设立的前提是本担保的存在且本担保的担保人必须是债务人之外的第三人，否则不产生反担保的问题，因为债务人自己充当担保人时，不存在追偿权的问题，自然也就没必要设立反担保。反担保可以使用于各种担保形式，不管是物的担保还是人的担保，担保人都可以要求债务人提供反担保。本担保中的担保人称为本担保人，反担保中的担保人称为反担保人。至于担保人的范围，笔者赞同我国一些学者的观点，即反担保人应作广义解释，不仅指主债务人，而且还包括其他人。当然，"允许债务人以外的第三人充任反担保人，会造成担保——反担保——再反担保，无休止地进行，徒增了担保关系的复杂程度，而最终还应有债务人承担相应责任。这种担心不无道理，但完全排除第三人作为反担保人，这不但有悖于担保理论和立法精神，而且在实践中也难行得通"。②

反担保是第三人保护自己合法权益的必要手段，是担保活动中普遍使用的

---

① 《中华人民共和国物权法（案例应用版）》，中国法制出版社 2009 年版，第 217 页。
② 梅夏英、高圣平：《物权法教程》，中国人民大学出版社 2007 年版，第 336 页。

方法,其目的是为了保障第三人追偿权的实现。由于第三人追偿权的实现与否,直接关系到本担保是否成立,而本担保的成立与否,又直接关系到主债权债务能否成立。所以,反担保的设立,对于繁荣市场,发展经济有重要的现实意义。为他人提供债务担保,是一件充满风险的事情,而担保本身的特性又决定了承担这种风险往往是无偿的。在这种情况下,尤其是在担保人与债务并无紧密利益关系时,愿意为他人作担保的人越来越少,这对于市场经济的发展是十分不利的。反担保制度的设立,保障了担保人追偿权的实现,降低了担保人的风险,打消了担保人对承担担保责任后追偿权能否实现的疑虑,大大有助于本担保关系的设立,对解决我国现实中的觅保难问题,提供了一条途径。同时,作为担保的一种,反担保同样具有担保的各项功能和社会作用,例如促进资金融通和商品流通、保障债权实现、维护交易安全等等。

关于反担保的适用范围,最高人民法院《关于适用〈中华人民共和国担保法〉若干问题的解释》第2条第2款规定:"反担保方式可以是债务人提供的抵押或者质押,也可以是其他人提供的保证、抵押或者质押。"对于留置权和定金可否作为反担保的方式,法律没有明确规定。①

(三)案例56分析

所谓反担保,是指在由第三人提供担保的债权债务关系中,承担担保的第三人为了保证自己追偿权得到实现,要求债务人为自己追偿权的实现提供担保。在第三人提供担保的债权债务关系中,担保人(第三人)为债务人承担担保责任后,对债务人享有追偿权,但这种追偿权潜存着一定的风险,也有难以实现的可能。因此,为了保障这种追偿权的实现,有必要设立反担保,即第三人有权要求债务人提供反担保。反担保是以本担保的存在为前提的。

本案中,在路夕与银行之间的债权债务关系中,李强是债务人路夕偿还债权人银行贷款的担保人,此担保为本担保。如果将来李强为路夕承担了担保责任,李强对路夕就享有追偿权。为了保证追偿权的实现,李强有权要求路夕为此提供担保即反担保。路晨是路夕偿还李强债务的担保人,此担保即为反担保。这两个担保的设立均符合法律的规定,所以,本案中二人的考虑是符合法律规定的。

---

① 对于留置权能否作为反担保的方式,学者间主要存在肯定和否定两种看法。其详细观点见梅夏英、高圣平:《物权法教程》,中国人民大学出版社2007年版,第338—339页。

四、物的担保与人的担保的关系

相关法条

第一百七十六条 被担保的债权既有物的担保又有人的担保的,债务人不履行到期债务或者发生当事人约定的实现担保物权的情形,债权人应当按照约定实现债权;没有约定或者约定不明确,债务人自己提供物的担保的,债权人应当先就该物的担保实现债权;第三人提供物的担保的,债权人可以就物的担保实现债权,也可以要求保证人承担保证责任。提供担保的第三人承担担保责任后,有权向债务人追偿。

(一) 案例 57 简介

胡甲经营一家蛋糕店,主要经营各式蛋糕,生意不错。胡乙是胡甲的弟弟,从事服装批发,后来为了扩大生意,购买一间门市房,向银行贷款 50 万元,其兄胡甲愿意为其作保证人,同时胡乙将自己的捷达汽车抵押给银行,并且办理了登记。后来由于胡乙经营的服装不符合卫生标准,造成顾客呕吐,被工商部门查封,无法继续经营。而此时银行的贷款也已届清偿期。

问题:银行如何实现自己的债权?[1]

(二) 相关知识点

担保物权属于物的担保[2],与之相对应的另一种债权保障的担保手段是人的担保。所谓人的担保,是指主债务人以外的自然人或者法人以其自身的资产和信誉为他人的债务提供的担保,保证担保是其基本形式。主债务人以外的自然人或法人称为"保证人"。"物的担保和人的担保是为排除和减少债务人无清偿能力的威胁的两种不同方法,也是促使债务人履行其债务,保障债权人的债权得以实现的法律措施。"[3]实践中,债权人为了确保债权的实现,对于同一债权之上往往既约定物的担保,又同时约定人的担保,这就是所谓的混合共同担保或叫组合担保。此时,正确界定这两种担保的关系,对实现担保设定的目的,维护市场交易安全有重要意义。

对于人的担保和物的担保并存时的责任优先问题,理论上有三种观点:第一,"物的担保责任绝对优先说"或称"保证人绝对优待说"。该观点认为,债权

---

[1] 《中华人民共和国物权法(案例应用版)》,中国法制出版社 2009 年版,第 226 页。

[2] 我国有学者认为:"严格地说,物的担保与担保物权仍然有一定区别。担保物权中所说的物,并不限于有体物。在担保物权中,还存在着权利质权、优先权等以无体物(权利)为标的物的情况。但由于担保物权的典型形式是以动产和不动产为标的,所以一般认为,它是与人的担保相对应的一种形式。"此观点见王利明:《物权法论》(修订版),中国政法大学出版社 2003 年版,第 557 页。

[3] 郭明瑞主编:《中华人民共和国物权法释义》,中国法制出版社 2007 年版,第 314 页。

人应首先行使担保物权,不能通过担保物权受偿的债权余额则由保证人承担补偿责任。第二,"物的担保责任相对优先说"或称"保证人相对优待说"。该观点认为,债权人可自由选择首先行使担保物权还是行使保证人的担保,但保证人在承担责任后可代位取得债权人的担保物权,而担保物权的物上保证人在承担责任后则不能代位取得债权人对保证人的权利。第三,"物的担保责任与人的担保责任平等说"。该观点认为,债权人可以自由选择先行使担保物权还是先行使保证人的担保,而且,无论保证人还是物上保证人,在承担责任后都可以代位取得债权人对其他担保人的权利。

我国《物权法》区分三种情况对物保与人保并存时的关系作了规定:第一,当事人有约定的,应当按照约定实现债权。"这种约定既可以是对各类担保权行使顺序的约定,也可以是各类担保权担保的债权份额的约定。"①第二,当事人没有约定或者约定不明确的,如果债务人自己提供物的担保的,债权人应当先就该物的担保实现债权。第三,当事人没有约定或者约定不明确的,如果是债务人以外的第三人提供物的担保的,债权人则可以进行自由选择,即债权人既可以就物的担保实现债权,也可以就保证人的担保实现债权。

我国有学者对本规定的第二种情况提出了强烈质疑,例如有学者认为这种规定仅对连带责任保证具有规范意义:"因为在一般保证,只要保证人不放弃先诉抗辩权,纵然不存在债务人设立的物的担保,其亦可要求债权人首先强制执行债务人的财产。……但在连带责任保证,保证人本无先诉抗辩权(而这也是保证人自愿作出的选择),凭什么因债务人设立了物的担保,就使其取得类似于先诉抗辩权的权利? 从而极大地压缩了连带责任保证的制度空间,……债权人先行使物的担保能避免保证人的追偿而简化诉讼的理由也难以成立,毕竟连带责任保证制度的确立本就摒弃了必须先从负担终局责任的债务人处实现债权的道德感情,本就建立在不惧因保证人日后求偿而致诉讼繁琐的信念之上的!"②还有学者认为第二种情况规定的合理性值得怀疑:"第一,就连带保证而言,保证人与债务人几乎处于同一地位,此际保证并不具有补充性,在保证债务清偿问题上,法律无特别惠顾保证人的必要。第二,……如债权人选择向保证人主张保证债权能完全满足其债权,选择向物上保证人(债务人)主张担保物权并不能满足其债权,此时,……如不限制债权人的选择权,则债权人可选择向保证人主张保证债权,保证人承担责任后,再向债务人求偿。就两者之间的成本比较,显以后者为低。由此可见,从成本考量的角度,尚不足以得出限制债权人选择权的

---

① 王利明、杨立新、王轶、程啸:《民法学》(第二版),法律出版社 2008 年版,第 381 页。
② 见孙鹏、王勤劳、范雪飞:《担保物权法原理》,中国人民大学出版社 2009 年版,第 75 页。

结论。"①

笔者对以上质疑颇有同感,从总体上看,当一项债权既有人保又存在物保时,在当事人没有约定或者约定不明确的情况下,采用"物的担保责任与人的担保责任平等说"似更合法理。

（三）案例 57 分析

债权人为了确保债权的实现,对于同一债权之上往往既约定物的担保,又同时约定人的担保,这就是所谓的混合共同担保或叫组合担保。对于人的担保和物的担保并存时的责任优先问题,我国《物权法》第 136 条作了明确的规定,当事人没有约定或者约定不明确的,如果债务人自己提供物的担保的,债权人应当先就该物的担保实现债权,不能通过担保物权受偿的债权余额则由保证人承担补偿责任。

本案中,50 万元贷款的担保既有债务人胡乙自己的捷达车,又有第三人胡甲提供的保证,属于混合共同担保。由于借贷双方没有对物的担保或人的担保约定何者责任优先,所以应按照我国《物权法》规定的担保责任顺序进行受偿。因为捷达车是债务人胡乙自己的财产,所以银行先就捷达车行使抵押权,就捷达车的价金优先受偿,然后再要求保证人胡甲为其保证的债权支付剩余的未得到清偿的贷款。胡甲在履行了保证人的责任后,可以向胡乙行使追偿权。

[**案例思考**]

1. 张三向李四借款 100 万元,张三好友王五以一栋违法建筑提供抵押,李四也知道该建筑是违法建筑,但他仍然接受。后来张三偿还 60 万元,剩余 40 万元无法清偿。而李四与王五的抵押合同因建筑物违法被宣告无效。

问题:王五承担的偿还金额最高是多少?

2. 甲向乙借款 20 万元,以其价值 10 万元的房屋、5 万元的汽车作为抵押担保,以 1 万元的音响设备作质押担保,同时还由丙为其提供保证担保。其间汽车遇车祸毁损,获保险赔偿金 3 万元。

问题:如果上述担保均有效,丙应对借款本金在多大数额内承担保证责任?②

---

① 见梅夏英、高圣平:《物权法教程》,中国人民大学出版社 2007 年版,第 344 页。
② 该题为 2004 年全国司法考试试题。

第十六章　抵　押　权

第一节　一般抵押权

一、抵押权的含义

相关法条

> **第一百七十九条**　为担保债务的履行,债务人或者第三人不转移财产的占有,将该财产抵押给债权人的,债务人不履行到期债务或者发生当事人约定的实现抵押权的情形,债权人有权就该财产优先受偿。
>
> 前款规定的债务人或者第三人为抵押人,债权人为抵押权人,提供担保的财产为抵押财产。

（一）案例 58 简介

甲房地产开发公司向乙银行贷款 1000 万元用于开发新项目,双方订立抵押合同,甲公司用已经开发的商品房抵押,明确约定两年后还本付息,并且办理了相关抵押登记。两年后,甲房地产开发公司预定的开发项目失败,导致房地产公司持续亏损,而此时该公司欠乙银行的贷款加上利息已达 1200 万元,甲房地产开发公司根本无法偿还,乙银行向法院申请甲房地产公司破产,并且申请拍卖该公司已经建成的商品房,就拍卖所得价款优先受偿。在对该公司破产清算的过程中,法院还发现了房地产公司的其他债权人,丙装修公司和丁广告公司,各拥有 200 万元的无担保债权。后来拍卖甲房地产公司的商品房共获得价款 1286 万元。

问题:试分析对本案中的三方债权人应如何进行清偿?

（二）相关知识点

1. 抵押权的概念

所谓抵押权,是指债权人对于债务人或者第三人提供的、不移转占有而作为债务履行担保的财产,在债务人不履行到期债务或者发生当事人约定实现抵押权的情形时,可就该财产折价或者拍卖或者变卖所得价款优先受偿的权利。其中享有抵押权的债权人称为抵押权人,提供担保财产的债务人或者第三人称为抵押人,提供担保的财产称为抵押财产。

　　我国《担保法》规定了抵押的概念。① 我国《物权法》又从主体权利的角度规定了抵押权②，"担保法采用的是对'抵押'下定义的方法，强调的是设定抵押权的行为，而物权法规范的是主体的权利，因此，从'抵押权'的角度作规定更为合理"。③

　　抵押权是源自古代罗马法的一项民法制度，近代以来，大陆法系各国的民法典均规定了抵押权制度。我国于 1986 年颁布的《民法通则》对抵押权作了原则规定，在于 1995 年颁布的《担保法》上，抵押权制度得以完整的展现。2007 年颁布的《物权法》则对抵押权制度作了进一步完善。④

　　作为担保物权的一种，抵押权除具备担保物权的一般特征外，还具有特有的法律特征，其中最主要的就是：抵押权是不移转标的物占有的一种物权。不移转标的物的占有是抵押权最具特色的标志，是抵押权与其他担保物权例如质权、留置权最主要的区别，也是抵押权制度价值的重要源泉。抵押权通过抵押登记对外进行公示，从而产生对抗第三人的效力。

　　2. 抵押权法律制度特有的价值

　　抵押权法律制度除具备前文所述的担保物权法律制度的一般价值（如确保债权的实现，发挥融资功能等）外，由于其不转移标的物的占有，从而兼顾了抵押物使用价值和交换价值的实现，保证了二者得到充分的挖掘和发挥，使抵押的价值发挥到极致。对于抵押人来说，设定抵押担保后，仍然可以继续使用抵押物并获得收益，这不但能够充分发挥物的利用价值，做到物尽其用，而且也使抵押人通过对抵押物的使用、收益，增强偿债能力；对于债权人来说，设定抵押担保后，就取得了对抵押物交换价值的支配与控制，在债务到期未获清偿时，能够以抵押物的变价款优先受偿，这不但能够保证自身债权得以实现，而且也避免了直接占有抵押物所带来的管理、维护之累。所以"在此情况下，抵押物的交换价值不但得到充分的发挥，而且抵押物的使用价值也可以得到真正的利用"⑤。

---

　　① 我国《担保法》第 33 条规定：本法所称抵押，是指债务人或者第三人不转移对本法第 34 条所列财产的占有，将该财产作为债权的担保。债务人不履行债务时，债权人有权依照本法规定以该财产折价或者以拍卖、变卖该财产的价款优先受偿。前款规定的债务人或者第三人为抵押人，债权人为抵押权人，提供担保的财产为抵押物。

　　② 但有学者认为："我国现行的《物权法》继承了《担保法》对抵押所下的定义，强调了抵押是不转移对抵押财产的占有，并且也是从抵押的角度来论述其含义，而没有采取从抵押权的角度进行界定。"（参见郭明瑞主编：《中华人民共和国物权法释义》，中国法制出版社 2007 年版，第 321 页）。其实，由于抵押权和抵押只是从不同角度对同一事情的描述，且抵押设定的根本目的就是为了保证抵押权人的权利。所以，很难将这两种定义截然分开。不过笔者觉得我国《物权法》第 179 条与我国《担保法》第 33 条相比，已经倾向从抵押权的角度进行界定了。

　　③ 全国人大常委会法制工作委员会民法室编：《中华人民共和国物权法条文说明、立法理由及相关规定》，北京大学出版社 2007 年版，第 321 页。

　　④ 尹田：《物权法》，北京大学出版社 2013 年版，第 512 页。

　　⑤ 孙宪忠编著：《物权法》，社会科学文献出版社 2005 年版，第 285 页。

正是由于抵押权符合物权制度"从占有到使用"法学理念的发展趋势,很好地实现了财产"物有所值、物尽其用",所以,抵押权制度遂成为现代经济社会中最受世人青睐的担保手段,在担保物权中发挥着越来越重要的作用,被推崇为"担保之王"。

（三）案例 58 分析

所谓抵押权,是指债权人对于债务人或者第三人提供的、不移转占有而作为债务履行担保的财产,在债务人不履行到期债务或者发生当事人约定的实现抵押权的情形时,可就该财产折价或者拍卖或者变卖所得价款优先受偿的权利。其中享有抵押权的债权人称为抵押权人,提供担保财产的债务人或者第三人称为抵押人,提供担保的财产称为抵押财产。

本案中,甲房地产开发公司与乙银行之间设定了抵押担保,甲房地产开发公司是抵押人,乙银行是抵押权人,已经开发的商品房是抵押物。丙装修公司和丁广告公司对甲房地产公司的债权由于是无担保债权,所以丙和丁均为甲的普通债权人。由于抵押权人较其他普通债权人具有优先受偿的地位,所以拍卖商品房所得价款应优先偿还乙银行,剩余价款再在丙、丁之间按照债权比例受偿。乙银行本金加上利息,共计 1200 万元,那么乙银行可以就商品房拍卖价款 1286 万元中优先获得 1200 万元的受偿。剩余 86 万元由丙、丁平均受偿,每人只能获得43 万元的受偿款。

二、抵押权的取得

相关法条

第一百八十条　债务人或者第三人有权处分的下列财产可以抵押:

（一）建筑物和其他土地附着物;

（二）建设用地使用权;

（三）以招标、拍卖、公开协商等方式取得的荒地等土地承包经营权;

（四）生产设备、原材料、半成品、产品;

（五）正在建造的建筑物、船舶、航空器;

（六）交通运输工具;

（七）法律、行政法规未禁止抵押的其他财产。

抵押人可以将前款所列财产一并抵押。

第一百八十四条　下列财产不得抵押:

（一）土地所有权;

（二）耕地、宅基地、自留地、自留山等集体所有的土地使用权,但法律规定可以抵押的除外;

（三）学校、幼儿园、医院等以公益为目的的事业单位、社会团体的教育设施、医疗卫生设施和其他社会公益设施；

（四）所有权、使用权不明或者有争议的财产；

（五）依法被查封、扣押、监管的财产；

（六）法律、行政法规规定不得抵押的其他财产。

第一百八十五条　设立抵押权，当事人应当采取书面形式订立抵押合同。

抵押合同一般包括下列条款：

（一）被担保债权的种类和数额；

（二）债务人履行债务的期限；

（三）抵押财产的名称、数量、质量、状况、所在地、所有权归属或者使用权归属；

（四）担保的范围。

第一百八十六条　抵押权人在债务履行期届满前，不得与抵押人约定债务人不履行到期债务时抵押财产归债权人所有。

第一百八十七条　以本法第一百八十条第一款第一项至第三项规定的财产或者第五项规定的正在建造的建筑物抵押的，应当办理抵押登记。抵押权自登记时设立。

第一百八十八条　以本法第一百八十条第一款第四项、第六项规定的财产或者第五项规定的正在建造的船舶、航空器抵押的，抵押权自抵押合同生效时设立；未经登记，不得对抗善意第三人。

（一）案例 59 简介

姜某向周某借钱，双方签订了借款及抵押合同，将本市江边小区 2 栋 406 号套房的房产所有权证、土地使用权证押给了周某。

到了年底，姜某应该还本付息了，却无消息。周某就去看那套房子，谁知这套姜某偶然回市居住的套房有了新房主。周某拿出了两证，对方也拿出了两证，双方都感到莫名其妙。相携去市房产局和国土局权属登记部门一查才明白：姜某办过一次两证挂失，周某手中的两证，正是因挂失而失效的两证；而新房主的两证，是姜某用补办的两证过户办的，合法有效。

周某急了，慌忙拿出抵押合同说："就算我的两证无效，我的抵押权总有效吧？押给我的房子，怎么能随便卖呢？"①

---

① 《中华人民共和国物权法（案例应用版）》，中国法制出版社 2009 年版，第 243 页。

问题:周某的抵押权是否有效？为什么？

（二）相关知识点

1. 基于法律行为取得抵押权

基于法律行为取得抵押权,包括依设立而取得和依让与而取得两种情形。

（1）依设立而取得抵押权。依法律行为设定抵押权主要有两个重要步骤,即订立抵押合同和进行抵押权登记。

第一,抵押合同的订立。所谓抵押合同,是指"由债务人或者第三人与债权人之间就在债务人或者第三人的财产上设定抵押权的合意"①。我国《物权法》明确规定,设立抵押权,当事人必须订立抵押合同,且该抵押合同必须按照书面形式进行订立。我国其他相关法律也有类似规定。② 但是,对于设立抵押权合同未采用书面形式的,一方已经履行主要义务,对方接受的,根据我国《合同法》第36条的规定,该合同成立。③ 抵押权设定合同既可单独订立,也可通过在主债权书上列入抵押条款的方式设立。抵押合同属要式合同,一般应当包括下列主要条款:被担保债权的种类和数额;债务人履行债务的期限;抵押财产的名称、数量、质量、状况、所在地归属或者使用权归属;担保的范围;当事人认为需要约定的其他事项等。对于不具备以上内容或约定不明确的,当事人可以通过协商予以补正。但是,抵押权人在订立抵押合同时,不得与抵押人约定债务人不履行到期债务时抵押物移转为债权人所有。这就是民法上的流质条款（或称流押条款）禁止的规定,其旨在保护债权人、债务人的其他债权人及为抵押人的第三人的利益,以维护公平公正的法律理念。如果当事人在抵押合同中,或在债务履行届满前,约定了流质条款（或称流押条款）,则该条款无效。如果是单独订立的流质合同（或称流押合同）,则该合同无效。当然,流质条款（或称流押条款）的禁止规定与以折价方式实现抵押权是不同的,这在下文还有详述,此不多言。

抵押权的客体即抵押权的标的,是指抵押人提供用以设定抵押的财产。由于"抵押权的设定,为一种使权利直接发生的行为,当事人虽订有抵押权设定合同,但并无履行合同的问题,故设定抵押权的行为,本质上属于处分行为（物权行为）"④。这种情况要求抵押人（债务人或者第三人）对于抵押财产必须有处分权。同时,抵押的财产还必须是符合法律规定的能够抵押的财产,这些财产不仅有不动产,而且也包括动产和一些权利,具体有:建筑物和其他土地附着物;建

---

① 江平主编:《中国物权法教程》,知识产权出版社2007年版,第434页。

② 例如我国《担保法》第38条规定:抵押人和抵押权人应当以书面形式订立抵押合同。我国最高人民法院《关于贯彻执行〈中华人民共和国民法通则〉若干问题的意见（试行）》第112条规定:债务人或者第三人向债权人提供担保抵押时,应当订立书面合同或者在原债权文书中写明。

③ 我国《合同法》第36条规定:"法律、行政法规规定或者当事人约定采用书面形式订立合同,当事人未采用书面形式但一方已经履行主要义务,对方接受的,该合同成立。"

④ 陈华彬:《物权法》,法律出版社2004年版,第487页。

设用地使用权;以招标、拍卖、公开协商等方式取得的荒地等土地承包经营权;生产设备、原材料、半成品、产品;正在建造的建筑物、船舶、航空器;交通运输工具;法律、行政法规未禁止抵押的其他财产。对于以上所列财产,抵押人可以单独进行抵押,也可以一并进行抵押。同时,基于公共利益的需要,我国宪法和法律规定了一些财产不能进行转让,所以有些财产不能作为抵押权的客体,从而成为法律禁止进行抵押的财产,这些财产主要有:土地所有权;耕地、宅基地、自留地、自留山等集体所有的土地使用权,但法律规定可以抵押的除外;学校、幼儿园、医院等以公益为目的的事业单位、社会团体的教育设施、医疗卫生设施和其他社会公益设施;所有权、使用权不明或者有争议的财产;依法被查封、扣押、监管的财产;法律、行政法规规定不得抵押的其他财产。

第二,抵押权的登记。设定抵押权是重要的民事法律行为,抵押权的设定使抵押财产上的其他权利包括所有权在内的权利行使都受到了一定的限制,这种限制会影响到抵押物上已经存在的或者后续发生的法律关系。"因此,为了维护抵押物上的其他权利人和利害关系人的利益,减少权利之间的冲突,维护交易安全,有必要对抵押权的状态予以公示。让第三人得以在掌握充分信息的前提下决定自己的行为,避免纠纷,稳定交易秩序。"①公示公信原则是物权法的基本原则,作为物权的一种,抵押权需要对外进行公示也就是自然而然的事了。抵押权对外进行公示的方式是登记,无论抵押物是不动产还是动产亦或是权利,抵押权对外公示的方式都是登记。

对于抵押权登记的效力问题,世界各国立法上有登记生效主义和登记对抗主义两种立法例,我国物权法上则根据抵押物是不动产还是动产而规定了不同的规则。原则上不动产抵押权采取登记生效主义或称登记成立要件主义,即抵押权只有经过登记后才能生效。动产抵押权采取登记对抗主义或称登记对抗要件主义,即登记是抵押权的对抗要件,抵押权未经登记不得对抗善意第三人。也就是说,在动产设定抵押时,抵押权在抵押合同生效时即设立,登记与否不影响抵押权的成立,但是未经登记的抵押权却不能对抗善意第三人。如果抵押人在动产抵押合同生效后将抵押物转让,对于善意取得该财产的第三人,抵押权人无权追偿,而只能要求抵押人重新提供新的担保,或者要求债务人及时偿还债务。如果抵押人在动产抵押合同生效后,仍以该抵押物再次设定抵押并办理了抵押登记,那么,后位抵押权人就可以优先于前位未进行动产抵押登记的债权人受偿。但是在动产抵押权办理了登记的情形,抵押权则具有能够对抗善意第三人的效力,即动产抵押权登记后,抵押人未经抵押权人同意转让抵押物的,除非受让人代为清偿债务,否则在债务履行期届满债务人没有履行债务时,不论抵押物

---

① 王全弟主编:《物权法》,浙江大学出版社 2007 年版,第 384 页。

辗转于何处,债权人仍然可以就该抵押物实现抵押权,并且已登记的抵押权还能够优先于后设立的抵押权而受偿。

需强调的是:对于不动产抵押权的设立,长期以来,我们一直存在一种误解,即认为未办理登记不仅抵押权不能设立,而且抵押合同也是无效的。这就把合同成立的时间和条件与物权变动的时间和条件混为了一谈,这种错误集中体现于我国《担保法》第41条的内容。[①] 这种混淆无论从理论上还是在实践中都有很大的危害性。有关内容已在前文"不动产物权变动与原因行为的区分原则"中进行了详细的阐述,这里不再多谈。

（2）依让与而取得抵押权。抵押权为非专属性的财产权,可以进行让与。抵押权具有从属性,故而须连同债权一并让与,受让人因此而取得抵押权。依照世界多数国家法律的规定,因受让而取得抵押权须以登记为必要;在让与有抵押担保的债权时,纵使未载明连同抵押权一并让与,受让人也随同取得抵押权,惟明确约定抵押权不连同转让的除外。[②]

2. 依法律行为以外的原因取得抵押权

依法律行为以外的原因取得抵押权主要有两种情形,一种是依据法律的规定直接取得抵押权即法定抵押权。"但法定抵押权仅限于个别情形,非有法律的明文规定,不得发生。依法律规定而发生的物权,不经占有或登记即直接发生效力,因为授予权利人该权利的是法律,而法律当然具有与登记等相同的公示效力。"[③]例如我国《合同法》第286条规定的建设工程承包合同中承包人对建设工程的优先受偿权就是一种法定抵押权。[④] 另一种是依据继承取得的抵押权,是指当被继承人死亡,继承的条件发生,则继承人依法继承债权和抵押权。因继承取得抵押权,不用登记就可以发生抵押权取得的效力。

（三）案例59分析

以法律行为设定抵押权有两个重要步骤,即订立抵押合同和进行抵押权登记。特别是对于不动产抵押权,我国采取的是登记生效主义或称登记成立要件主义,即抵押权只有经过登记才能生效,没有经过登记,只签订了抵押合同,抵押权是不能设定的。

本案中,周某与姜某虽然订立了抵押合同,但由于该抵押没有进行登记,所

---

① 我国《担保法》第41条规定:"当事人以本法第四十二条规定的财产抵押的,应当办理抵押物登记,抵押合同自登记之日起生效。"

② 刘保玉:《物权法学》,中国法制出版社2007年版,第322页。

③ 申卫星:《物权法原理》,中国人民大学出版社2008年版,第340页。

④ 我国《合同法》第286条规定:"发包人未按照约定支付价款的,承包人可以催告发包人在合理期限内支付价款。发包人逾期不支付的,除按照建设工程的性质不宜折价、拍卖的以外,承包人可以与发包人协议将该工程折价,也可以申请人民法院将该工程依法拍卖。建设工程的价款就该工程折价或者拍卖的价款优先受偿。"

以抵押权根本就不成立。所以,周某所说的抵押权是无效的。

三、抵押权的效力

相关法条

第一百九十条 订立抵押合同前抵押财产已出租的,原租赁关系不受该抵押权的影响。抵押权设立后抵押财产出租的,该租赁关系不得对抗已登记的抵押权。

第一百九十一条 抵押期间,抵押人经抵押权人同意转让抵押财产的,应当将转让所得的价款向抵押权人提前清偿债务或者提存。转让的价款超过债权数额的部分归抵押人所有,不足部分由债务人清偿。

抵押期间,抵押人未经抵押权人同意,不得转让抵押财产,但受让人代为清偿债务消灭抵押权的除外。

第一百九十二条 抵押权不得与债权分离而单独转让或者作为其他债权的担保。债权转让的,担保该债权的抵押权一并转让,但法律另有规定或者当事人另有约定的除外。

第一百九十三条 抵押人的行为足以使抵押财产价值减少的,抵押权人有权要求抵押人停止其行为。抵押财产价值减少的,抵押权人有权要求恢复抵押财产的价值,或者提供与减少的价值相应的担保。抵押人不恢复抵押财产的价值也不提供担保的,抵押权人有权要求债务人提前清偿债务。

第一百九十四条 抵押权人可以放弃抵押权或者抵押权的顺位。抵押权人与抵押人可以协议变更抵押权顺位以及被担保的债权数额等内容,但抵押权的变更,未经其他抵押权人书面同意,不得对其他抵押权人产生不利影响。

债务人以自己的财产设定抵押,抵押权人放弃该抵押权、抵押权顺位或者变更抵押权的,其他担保人在抵押权人丧失优先受偿权益的范围内免除担保责任,但其他担保人承诺仍然提供担保的除外。

(一)案例 60 简介

王某向银行贷款 5 万元开办家电修理店,其弟王丁以自己的价值 10 万元的汽车替王某提供担保,该汽车有相关的责任保险和财产保险。三方订立了借款合同和抵押合同,约定借款 4 年,并且办理了相关抵押登记。贷款的第二年的某日,王丁开车时,后面的汽车追尾,造成汽车的后半部毁损,保险公司赔偿保险费 3 万元。王丁对汽车未进行修复。银行得知此事,要求王丁就其所得保险金提前还贷,王丁不同意。而且王丁表示汽车已毁损自己不再为王某提供新的担保,银行向人民法院起诉。①

问题:银行的要求是否合理? 王丁不再提供新担保的做法是否妥当?

(二) 相关知识点

"抵押权的效力是指抵押权人具有直接支配抵押物的交换价值的法律效力,包括抵押权的效力范围和效力表现两个方面的内容。"②具体包括抵押权担保债权的范围、抵押权效力及于标的物的范围、抵押权人的权利和抵押人的权利等。

1. 抵押权担保债权的范围

抵押权担保的债权范围,是指抵押权人实现抵押权时,可以优先受偿的债权范围。抵押权担保的债权范围一般由当事人自由约定,如果当事人没有约定或者约定不明确的,则依据法律规定。根据我国《担保法》和《物权法》的相关规定③,抵押权所担保的债权范围包括主债权及其利息、违约金、损害赔偿金和实现抵押权的费用。相关内容在前文"担保物权的担保范围"部分已经作了阐述,此处不再重复。

2. 抵押权效力及于标的物的范围

抵押权效力及于标的物的范围,是指抵押权人实行抵押权时可依法予以变价的标的物的范围。抵押权效力所及的标的物主要是当事人双方约定用于抵押的抵押物,但是,为了维护抵押权标的物的经济效用及交换价值,以及兼顾当事人双方的利益,抵押物以外的其他物或权利,在一定条件下,也可以成为抵押权的标的物。一般认为,除原抵押物外还可以成为抵押权标的物的有:抵押物的从物和从权利、抵押物的添附物、抵押物的孳息和抵押物的代位物等。

(1) 抵押物的从物和从权利。当两个单独存在的物必须合并使用才能发挥经济效益,且该两个物之间有从属关系时,起主要作用、由从物所辅助的物称为主物。从属于主物、非主物的构成部分却对主物起辅助、配合作用的物称为从物。依据从物随主物处分的原则,当主物设定抵押后,抵押权的效力也应当及于抵押物的从物。如果从物在抵押权设立之前就已经存在的话,则抵押权的效力就及于抵押物的从物,这是理论界比较认可的,但是,对于在抵押物上设定抵押权之后新增加的从物能否为抵押权的效力所及的问题,理论界则存在较大的分歧,主要有否定说、肯定说和折中说。根据其实质内容,笔者又将折中说分为肯

---

① 马新彦主编:《中华人民共和国物权法法条精义与案例解析》,中国法制出版社 2007 年版,第 423 页。

② 柳经纬主编:《物权法》(二版),厦门大学出版社 2005 年版,第 217 页。

③ 我国《担保法》第 46 条规定:"抵押担保的范围包括主债权及利息、违约金、损害赔偿金和实现抵押权的费用。抵押合同另有约定的,按照约定。"我国《物权法》第 173 条规定:"担保物权的担保范围包括主债权及其利息、违约金、损害赔偿金、保管担保财产和实现担保物权的费用。当事人另有约定的,按照约定。"

定的折中说和否定的折中说,以下简要介绍之。肯定说认为,不论从物是在主物设定抵押权前还是设定抵押权后存在,主物抵押权的效力都应当及于从物。[1] 肯定折中说认为,不论从物是在主物设定抵押权前还是设定抵押权后存在,主物抵押权的效力都应当及于从物。但如果在设定抵押权时,该从物已为第三人取得,或于设定抵押权后由第三人善意取得,则第三人在该物上的权利不受抵押权的影响。[2] 该学说的另一种观点认为,不论从物是在主物设定抵押权前还是设定抵押权后存在,主物抵押权的效力都应当及于从物。但若法律另有特别规定或者抵押人优先受偿会影响其他债权人的利益时,抵押权人对从物的变价部分无优先受偿权。[3] 否定说认为,如果从物是在主物设定抵押权后存在的,则主物抵押权的效力就不及于从物。[4] 否定折中说认为,抵押权设定后新增加的从物不能纳入抵押权效力所及的范围,但可以与主物一同拍卖或变卖,只是抵押权人不能对从物拍卖或变卖的价款优先受偿。[5] 其实,以上这些观点是出于不同的利益考虑,出于侧重保护不同当事人利益而得出的结论。从总体上进行权衡,笔者赞同否定折中说。

所谓从权利,是指为辅助、配合主权利发挥功效而存在的权利,例如地役权,其设立主要是为了增加需役地使用的便利或效益,是典型的从权利。从权利与主权利的关系,一如从物和主物的关系。"如果在实现抵押权时拍卖主权利而不移转从权利,则抵押物将很难实现其应有价值,甚至可能使抵押物的价值丧失。"[6]因此,从权利也应为抵押权效力所及。同时,为保障抵押物主权利的效用,对从权利可作宽泛解释。对那些为抵押物存在所不可或缺的权利,都可认定为从权利,例如因相邻关系而发生的许多权利,都可为抵押权效力所及的范围。

(2)抵押物的添附物。"所谓添附,是指不同所有人的物结合在一起而形成不可分离的物或具有新物性质的物。由于因添附形成的财产要恢复原状在事实上已不可能或在经济上不合理,因而各国立法一般依据添附的事实,重新确认新的财产的权利归属。"[7]添附包括三种形态:附合、混合和加工。所谓附合,是指不同所有人的物结合在一起而形成新的物,非经毁损新物,原物不能分离或分离需费甚巨。所谓混合,是指不同所有人的物互相结合在一起而形成新的物,原

① 此种观点详见史尚宽:《物权法论》,中国政法大学出版社 2000 年版,第 279 页;梁慧星、陈华彬编著:《物权法》(第三版),法律出版社 2005 年版,第 345 页等有关内容。
② 此观点详见王全弟主编:《物权法》,浙江大学出版社 2007 年版,第 388 页等有关内容。
③ 此观点详见刘保玉:《物权法学》,中国法制出版社 2007 年版,第 324 页等有关内容。
④ 此观点详见江平主编:《中国物权法教程》,知识产权出版社 2007 年版,第 448 页的有关内容。
⑤ 此观点详见王利明:《物权法教程》,中国政法大学出版社 2003 年版,第 372 页;梅夏英、高圣平主编:《物权法教程》,中国人民大学出版社 2007 年版,第 384 页等有关内容。
⑥ 王利明:《物权法教程》,中国政法大学出版社 2003 年版,第 372 页。
⑦ 同上书,第 87 页。

物无法识别或识别需费甚巨。所谓加工,是指对他人的物加以制作或改造,使之变成新的物或使其成为具有更高价值的物。

在抵押物发生添附的情况下,由于原物与形成的新物不可分,所以,抵押权的效力自然应及于添附物。但是,由于添附物的归属可能发生变化,所以抵押权的效力怎样及于添附物,要视添附物的具体归属而定。最高人民法院《关于适用〈中华人民共和国担保法〉若干问题的解释》第 62 条规定:"抵押物因附合、混合或者加工使抵押物的所有权为第三人所有的,抵押权的效力及于补偿金;抵押物所有人为附合物、混合物或者加工物的所有人的,抵押权的效力及于附合物、混合物或者加工物;第三人与抵押物所有人为附合物、混合物或者加工物的共有人的,抵押权的效力及于抵押人对共有物享有的份额。"①

(3) 抵押物的孳息。孳息是与原物相对应的概念,是指原物产生的收益。而原物则是指产生孳息的物。孳息又分为天然孳息与法定孳息。天然孳息是指依物的自然属性所产生的收益,例如果树的果实、母畜下的仔等。法定孳息是指依据法律关系取得的收益,例如租金、利息等。由于抵押权是一种价值权,抵押物一直由抵押人占有,并由抵押人使用和收益,即抵押人对抵押物孳息的收取权并没有受到抵押权设定的影响,所以,抵押权的效力是不能及于抵押物孳息的。但是,例外的情况是:当债务人不履行到期债务或发生当事人约定的实现抵押权的情形,抵押物被人民法院依法扣押时,抵押权的效力及于抵押物的孳息。根据我国相关法律②,抵押物被人民法院扣押时,自扣押之日起抵押权人有权收取抵押物的孳息,包括天然孳息和法定孳息。所收取的孳息应当先允抵收取孳息的费用,然后再用于清偿债权人的债权。法律这样规定,是为了避免抵押权人在实行抵押权时,抵押人为收取孳息而拖延处理抵押财产。此时剥夺抵押人对抵押财产孳息的收取权,既有利于抵押权人顺利实现抵押权,也有利于充分发挥抵押财产担保债权受偿的功效。

---

① 有学者对此规定提出了质疑,例如有学者认为,该规定存在几点不足:一是关于"抵押权的效力及于补偿金",此实际上是属于物上代位的问题,不是抵押标的的扩张问题。二是"第三人与抵押物所有人为附合物、混合物或者加工物的共有人的,抵押权的效力及于抵押人对共有物享有的份额"。该规定显然有不妥之处。添附一般必须确定添附物的归属,要么归原物的所有人,要么归新的所有人。因为添附很难进行价值的分割,所以无法形成按份共有状态。三是在考虑是否将添附物纳入抵押权的标的时,还是应当考虑当事人的约定,如果当事人约定不将此添附物纳入抵押权标的的范围,就不应当纳入抵押权的标的的范围。参见王利明:《物权法教程》,中国政法大学出版社 2003 年版,第 373 页。

② 我国《物权法》第 197 条规定:"债务人不履行到期债务或者发生当事人约定的实现抵押权的情形,致使抵押财产被人民法院依法扣押的,自扣押之日起抵押权人有权收取该抵押财产的天然孳息或者法定孳息,但抵押权人未通知应当清偿法定孳息的义务人的除外。前款规定的孳息应当先充抵收取孳息的费用。"我国《担保法》第 47 条规定:"债务履行期届满,债务人不履行债务致使抵押物被人民法院依法扣押的,自扣押之日起抵押权人有权收取由抵押物分离的天然孳息以及抵押人就抵押物可以收取的法定孳息。抵押权人未将扣押抵押物的事实通知应当清偿法定孳息的义务人的,抵押权的效力不及于该孳息。前款孳息应当先充抵收取孳息的费用。"

需注意的是:第一,抵押权效力及于孳息,是指抵押权人可以控制该孳息,并能就该孳息的变价优先受偿,而不是获得了该孳息的所有权。第二,抵押权人在收取法定孳息时,应履行通知义务,即抵押权人应将抵押物扣押的事实及时通知应当清偿法定孳息的第三人,否则抵押权效力不及于该法定孳息。[①]

(4)抵押物的代位物。这是指抵押物灭失、毁损或者被征收而转化的其他价值形态,例如保险金、赔偿金、补偿金等。担保物权具有物上代位性,作为担保物权的一种,抵押权当然也具有物上代位性。所以抵押权的效力就应当及于抵押物的代位物。抵押权的物上代位性是由抵押权的价值性所决定的,由于抵押权人设定抵押权的目的并不是使用抵押物,而是取得抵押物的交换价值。所以,即使抵押物灭失、毁损、或者被征收,只要替代该物的交换价值还存在,抵押权的效力就存在,只不过此时抵押权的效力转移到了该代位物上。此时如果被担保债权的履行期还未届满,抵押权人可以提存该代位物。

3. 抵押权人的权利

(1)优先受偿权。是指当债务人不履行到期债务或发生当事人约定的实现抵押权的情形时,抵押权人无须征得抵押人的同意,而以抵押物折价或变卖、拍卖所得价款优先受偿的权利。优先受偿权是抵押权人最重要的权利,"是抵押权对抵押权人的最基本效力,是抵押权之所以能发挥担保功能的关键所在"[②]。抵押权人的优先受偿权具体表现在以下几个方面:第一,通常情况下,抵押权人优先于一般债权人受偿。第二,设立在先的抵押权优先于设立在后的抵押权。第三,抵押物被查封、被执行时,设立在先的抵押权优先于执行权。第四,在抵押人破产时,抵押权人享有别除权,抵押物不列入破产财产且抵押权优先于一切债权受偿。

(2)抵押权的保全权。是指抵押权人为了保全其抵押权而可以行使的权利。抵押权是不转移抵押物占有的权利,而仅仅是以抵押物的交换价值为其支配内容,但在实现抵押权时,则是以抵押物的现存价值为基础。因此,如果在抵押期间,抵押物受到侵害导致其价值减少,那么抵押权人将可能无法受完全清偿,抵押权将丧失其债权担保的价值。所以,为保护抵押权人的利益,法律赋予了抵押权人保全抵押物交换价值的一系列权利。主要有:

第一,抵押财产价值减少防止权。在抵押权存续期间,如果抵押人的行为足

[①]　我国有学者对此规定提出了质疑,认为实践中,抵押权人对于抵押人法定孳息请求权的对象——第三人并不一定知悉,也就无从通知,因之而使抵押权人对法定孳息的权利丧失殆尽,至为不公。而国外和我国台湾地区的相关法律规定,在第三人未受抵押财产已为扣押的通知的情况下,法定孳息仍为抵押权效力之所及,但此时因第三人没有获得关于抵押财产已为扣押的通知,因而抵押权对法定孳息的效力不得对抗第三人。两种规定相比较,后者颇为合理。见梅夏英、高圣平主编:《物权法教程》,中国人民大学出版社 2007 年版,第 386 页。

[②]　王利明主编:《民法》(第四版),中国人民大学出版社 2008 年版,第 315 页。

以使抵押物的价值减少,或者足以使抵押物的价值处于一种继续减少的状态,抵押权人的抵押权因此会受到侵害,那么抵押权人有权要求抵押人停止侵害行为或者排除妨害。该项权利属于物权请求权,同样适用于抵押人以外的第三人。但是,抵押权人对第三人行使该项权利,通常是在抵押人面对第三人对抵押物的侵害,怠于行使自己的物权请求权的情形。如果抵押人对第三人已经行使了物权请求权,则抵押权人就不能再对第三人行使该权利。

第二,恢复价值和增加担保请求权。抵押权存续期间,如果抵押人的行为已经使抵押物的价值减少或者使其继续减少,抵押权人的抵押权因此遭受到了侵害,有可能导致债务到期不能实现或不能完全实现,那么抵押权人有权请求恢复价值或者增加担保。

第三,提前清偿债务请求权。抵押人的行为已经造成抵押物价值减少,但其不能满足债权人恢复抵押物价值或增加担保的请求时,抵押权人有权要求债务人提前清偿债务。

第四,损害赔偿请求权。因第三人的侵害行为致使抵押物灭失、毁损的,抵押权人对侵害人可依侵权行为法的一般原理,行使损害赔偿请求权。"此时,抵押财产的物质形态发生了变化,但价值形态则附于赔偿物之上。""赔偿物是抵押财产的替代物,其在交换价值上与抵押财产相等,抵押权的效力及于赔偿物。"[1]"但一般认为只有在抵押人怠于行使其物权请求权而使抵押物有受损之虞时,担保权人方得以自己的名义请求第三人停止侵害、赔偿损失等。如果抵押人已经提出损害赔偿,则抵押权人不得再请求第三人赔偿损害,但可就抵押人获得的赔偿行使物上代位权。"[2]

需注意的是:在抵押权存续期间,当抵押人的行为足以使抵押物价值减少或者已经使抵押物的价值减少的,如果抵押人对该抵押物价值的减少并无过错,例如抵押人属正当利用抵押物而使抵押物价值减少,抵押权人对抵押人不得行使保全权,而只能在抵押人因损害而得到的赔偿范围内要求提供担保。[3]

(3)抵押权的次序权。又叫抵押权的顺位权,是指在同一抵押物上存在数个抵押权时,应按抵押权设立的先后次序(顺位)受偿,先次序的抵押权人有较后次序的抵押权人优先受偿的权利。在本部分"优先受偿权"的内容中,抵押权的次序权已作为优先受偿权的具体表现进行了列举。但是"在担保物权逐渐置重于投资型担保的今天,将其作为抵押权人的一项权利单独加以讨论和研究很

---

① 王利明主编:《民法》(第四版),中国人民大学出版社 2008 年版,第 316 页。
② 王全弟主编:《物权法》,浙江大学出版社 2007 年版,第 392 页。
③ 我国《担保法》第 51 条第 2 款对此明文规定:"抵押人对抵押物价值减少无过错的,抵押权人只能在抵押人因损害而得到的赔偿范围内要求提供担保。抵押物价值未减少的部分,仍作为债权的担保。"

有必要"①。所以这里再把它单独列出来进行阐述。由于抵押权是不转移抵押物占有的权利,是一种不以占有抵押物为必要的权利,所以为了更充分发挥抵押物的效益,法律允许在同一个抵押物上设立多个抵押权。于是,在这些抵押权之间,会存在一个受偿的次序问题。尤其是当抵押物的价值无法满足全部债权受偿时,抵押权受偿的次序问题显得至关重要,它直接关系到抵押权人的抵押权能否实现或者实现到何种程度。我国《物权法》明确规定了抵押权次序的确立规则②,但作为抵押权人的一项权利,抵押权人可以对自己抵押权的次序权进行处分,包括进行让与、抛弃和变更。

关于抵押权次序的让与,理论上有绝对效力说和相对效力说两种观点,由于"绝对效力说过分强调抵押权让与的独立性,与现代各国抵押权的立法规定未尽相符,故为多数学者所不采"③。所以本书只阐述相对效力说的抵押权让与理论。所谓抵押权次序的让与,是指同一抵押物的先次序抵押权人,为了后次序抵押权人的利益,通过协议将其优先受偿的分配额全部或部分让与后次序抵押权人,而让与人与受让人原有的抵押权归属与次序并不发生变化的行为。由该定义可以看出,虽然其名称为抵押权次序的让与,但实际上让与人出让的仅是自己优先受偿的分配额,而绝对不是抵押权的次序。因为发生让与行为后,当事人仍依其原有次序接受偿还,其抵押权的次序并未发生任何变化,仅仅是在让与人受偿的次序中,根据让与人和受让人按原次序所能获得的分配的合计金额,由受让人优先受偿,如果有剩余,才由让与人受偿。例如,甲、乙、丙三人,分别为同一抵押物的第一、二、三次序抵押权人,抵押权金额分别为 180 万元、120 万元、60 万元,甲将第一次序让与丙,抵押物拍卖所得价金为 300 万元,则丙分得 60 万元,甲分得 120 万元,乙分得 120 万元。尽管以上理论"因与现代各国抵押权的立法规定相符,故为多数学者所称道,成为事实上的通说"④,但笔者以为,由于此名称与其内容并不相符,极易造成误解,所以很有必要进行一些技术层面的处理,将名称适当更改一下,使其与内容相符,并且该部分不作为抵押权次序的处分内容似乎更为妥当。

抵押权次序的抛弃,包括相对抛弃和绝对抛弃。所谓抵押权次序的相对抛弃,是指同一抵押物的先次序抵押权人,为了后次序抵押权人的利益,抛弃其优先受偿的利益,使后次序抵押权人与自己平等受偿,而抛弃人与受抛弃利益人原

---

① 梅夏英、高圣平主编:《物权法教程》,中国人民大学出版社 2007 年版,第 389 页。
② 我国《物权法》第 199 条规定:"同一财产向两个以上债权人抵押的,拍卖、变卖抵押财产所得的价款依照下列规定清偿:(一)抵押权已登记的,按照登记的先后顺序清偿;顺序相同的,按照债权比例清偿;(二)抵押权已登记的先于未登记的受偿;(三)抵押权未登记的,按照债权比例清偿。"
③ 陈华彬:《物权法》,法律出版社 2004 年版,第 502 页。
④ 同上。

有抵押权归属与次序并无变动的行为。由该定义可以看出,与抵押权次序的让与一样,虽然其名称为抵押权次序的抛弃,但实际上抛弃人抛弃的仅是自己优先受偿的分配比例,而自己优先受偿的次序并未发生变化。抛弃发生后,所有的债权人仍依原有的次序接受分配,只是在抛弃人受偿的次序中,依据抛弃人与受抛弃利益人按原次序所能获得的分配的合计金额,依照比例进行新的分配。例如前一案例,当甲为了丙的利益抛弃第一次序,则丙分得45万元,甲分得135万元,乙分得120万元。与抵押权的让与一样,笔者同样认为,很有必要进行一些技术层面的处理,将其名称适当更改一下,使其与内容相符,并且该部分不作为抵押权次序的处分内容似乎更为妥当。抵押权次序的绝对抛弃,是指先次序抵押权人对所有后次序抵押权人抛弃其优先受偿的次序,使后次序的所有抵押权人依次升进各自受偿的次序,而抛弃人则退处于最后的次序。但需注意:除非有明确声明,否则,该抵押权对放弃先次序后新设立的抵押权和普通债权而言,仍具有优先受偿的效力。

笔者认为,其实无论抵押权的让与还是抵押权的相对抛弃,本质上是一回事,都是先次序抵押权人对自己优先受偿额的放弃,只不过具体放弃的方法上有差异而已。[①] 我国《物权法》只规定了抵押权次序的放弃与变更,而并未区分让与与抛弃,尽管理论界对《物权法》规定的"抵押权次序的放弃"的理解存在分歧[②],但笔者觉得这种规定显得更加科学。

所谓抵押权次序的变更,是指同一抵押物的数个抵押权人通过协议将其抵押权的次序互相交换的行为。抵押权次序的变更不会影响抵押人或债务人的利益,故其无须取得抵押人和债务人的同意。但是,抵押权次序的变更应取得其他抵押权人和相关利害关系人的同意,非经其他抵押权人和相关利害关系人同意,抵押权次序的变更不得对其他抵押权人或利害关系人产生不利影响。

(4)抵押权的处分权。抵押权是一种财产权,抵押权人完全可以处分其抵押权。所谓抵押权的处分,是指抵押权人所享有的对抵押权进行让与、设定担

---

① 但有学者认为,二者在本质上是不同的。抵押权次序的让与,让与的是受偿的顺序;而抵押权次序的抛弃不仅抛弃了受偿的顺位,而且抛弃了受偿的利益。参见马新彦主编:《中华人民共和国物权法法条精义与案例解析》,中国法制出版社2007年版,第427页。

② 例如有学者认为,我国《物权法》中规定的抵押权次序的放弃就是抵押权顺位的抛弃。参见郭明瑞主编:《中华人民共和国物权法释义》,中国法制出版社2007年版,第361页。还有学者认为,我国《物权法》中规定的抵押权顺位的放弃,是指抵押权人放弃优先受偿的次序利益。抵押权人放弃抵押权顺位的,放弃人处于最后顺位,所有后顺位抵押权人的顺位依次递进。参见全国人大常委会法制工作委员会民法室编:《中华人民共和国物权法条文说明、立法理由及相关规定》,北京大学出版社2007年版,第354页。也就是说该观点认为,我国《物权法》中规定的抵押权次序的放弃是指抵押权次序的绝对放弃。还有学者认为,所谓顺位让与的绝对效力,其效果等同于顺位变更,而顺位让与的相对效力,其效果则等同于顺位的相对放弃。故此,所谓抵押权顺位让与问题在理论上并无多少讨论价值,法律上则更没有必要对其单独规定。参见刘保玉:《物权法学》,中国法制出版社2007年版,第330页。笔者赞同第三种观点。

保、抛弃等的权利,广义的抵押权处分权,还包括抵押权次序的处分权,因前文已专门讨论了抵押权次序的处分问题,此处不再重复。

所谓抵押权的让与,是指抵押权人将其抵押权转让给他人,使抵押权在不同的民事主体之间发生转移。抵押权虽然可以进行让与,但基于其从属性和附随性,同多数国家的立法一样,我国《物权法》明确规定了抵押权不得与其所担保的债权相分离而单独转让,而是随主债权的转让而一同转让。这主要包括以下情形:第一,抵押权人不得将抵押权单独让与他人,而自己保留被担保的主债权。第二,抵押权人不得将被担保的主债权单独让与他人,而自己保留抵押权。但是,如果抵押权人与受让人有特殊约定,仅让与主债权而不让与抵押权的,法律上也允许,但此时的抵押权应归于消灭。第三,抵押权人不得将其主债权与抵押权分别让与不同的人。[1] 对于我国现行立法否认抵押权独立性的这种做法,有学者提出了质疑,例如有学者认为:"这既不符合交易实践,也与各国的立法例相违背。因为德国、瑞士民法均主张抵押权的独立性,日本等国也对抵押权的附随性作缓和立法,……即抵押权可以单独让与,此种立法例值得我们借鉴。"[2]还有学者认为:"只要合理地设置抵押权单独转让的条件,妥善地确立其效力,并不会对债务人、抵押人、其他顺序的抵押权人、一般债权人等利害关系人造成不利影响,反而可以使抵押权在现实生活中得到更灵活的使用,避免抵押权担保的繁琐手续,并推动债权人特别是银行债权人在向债务人提供融资时协调行动,促进融资途径的畅通和金融市场的繁荣,因此,我国也应有限制地承认抵押权单独转让。"[3]

抵押权的担保设定,是指抵押权人可以将其抵押权为其他债权设定担保。与抵押权的让与相同,抵押权担保的设定也不得与主债权相分离而单独作为其他债权的担保,而是附随主债权作为其他债权的担保而一同作为担保。此时设定的担保权为附抵押权的债权质权,属于权利质权的一种。这主要包括以下情形:第一,抵押权人不得仅以抵押权提供担保,而自己保留主债权。第二,抵押权人仅以债权设定质押时,抵押权人不能自己保留抵押权,应认为是主债权的效力及于抵押权,成立附有抵押权的债权质权,否则无效。第三,当抵押权人分别将主债权与抵押权提供给不同的人作担保时,主债权设定的质权部分,应认定为债权质权,成立无抵押权担保的债权质权。就抵押权设立的担保部分,在法律上是无效的。[4]

所谓抵押权的抛弃,是指抵押权人放弃其优先受偿的担保利益的行为,包括

---

①　梅夏英、高圣平主编:《物权法教程》,中国人民大学出版社 2007 年版,第 392 页。
②　郭明瑞主编:《中华人民共和国物权法释义》,中国法制出版社 2007 年版,第 357 页。
③　孙鹏、王勤劳、范雪飞:《担保物权法原理》,中国人民大学出版社 2009 年版,第 198 页。
④　梅夏英、高圣平主编:《物权法教程》,中国人民大学出版社 2007 年版,第 392 页。

绝对抛弃和相对抛弃两种情况。作为一种财产权,抵押权当然可以抛弃,但该抛弃是以不影响第三人的利益为前提,否则不发生抵押权抛弃的后果。抵押权的绝对抛弃,是指抵押权人为了所有其他债权人的利益,以消灭抵押权的意思放弃优先受偿的担保利益的行为。对于以登记为生效要件的抵押权,应先进行注销登记才能发生抛弃的效力。抵押权绝对抛弃发生后,抵押权人的债权就从有担保的债权变为无担保的普通债权,原抵押权人也成为普通的债权人,其对抵押人的其他任何债权人均不再享有优先受偿权。抵押权的相对抛弃,是指抵押权人为了同一抵押人的某一特定的无担保债权人的利益,放弃其优先受偿的利益,使该特定的无担保债权人与自己平等受偿的行为。抵押权的相对抛弃并不导致抵押权的消灭,而仅是在抛弃人与受抛弃利益人之间发生效果。其受偿的方式是在抛弃人受偿的次序中,依据抛弃人与受抛弃利益人按原次序所能获得的分配的合计金额,依照比例进行分配。由于该分配额受到抛弃人与受益人按原次序受偿额的限制,所以,该相对抛弃行为对抵押人、其他债权人的利益都没有任何影响。例如,甲、乙、丙三人,分别为同一抵押物的第一、二次序抵押权人和无担保的债权人,债权分别为 100 万元、200 万元、300 万元。抵押物拍卖所得价金为300 万元,若甲为丙的利益而抛弃其抵押权,则丙分得 75 万元、甲分得 25 万元、乙分得 200 万元。

4. 抵押人的权利

抵押权是不移转标的物占有的担保物权,作为抵押物的所有人,抵押人对抵押物仍然享有占有、使用、收益和处分的权利。但是,由于抵押权的存在,抵押人对抵押物的以上权利,受到一定程度的限制。抵押人的权利主要有以下几方面:

(1)抵押物的处分权。抵押物上虽有抵押权负担,但由于抵押人仍是抵押物的所有人,所以,抵押人仍享有对抵押物的处分权,但是,这种处分权并不是完全的处分权,而是一种受到限制的、有条件的处分权。对财产的处分,包括事实上的处分和法律上的处分,由于事实上的处分可能会损害抵押权人对抵押物的优先受偿,所以抵押人对抵押物不能进行事实上的处分[①],而只能进行法律上的处分,即转让抵押物的所有权。我国《担保法》规定,抵押人要转让抵押物,应当通知抵押权人并告知受让人转让物已抵押的情况,否则转让无效。[②] 我国《物

[①] 此观点参见王利明主编:《民法》(第四版),中国人民大学出版社 2008 年版,第 316 页;郭明瑞主编:《中华人民共和国物权法释义》,中国法制出版社 2007 年版,第 353 页;刘保玉:《物权法学》,中国法制出版社 2007 年版,第 332 页等著作的有关内容。但也有学者认为,在不减损抵押物的价值范围内,抵押人对抵押物也可以进行事实上的处分。此观点参见以下著作的有关内容:陈华彬:《物权法》,法律出版社 2004 年版,第 497 页;王全弟主编:《物权法》,浙江大学出版社 2007 年版,第 396 页。

[②] 我国《担保法》第 49 条第 1 款规定:"抵押期间,抵押人转让已办理登记的抵押物的,应当通知抵押权人并告知受让人转让物已经抵押的情况;抵押人未通知抵押权人或者未告知受让人的,转让行为无效。"

权法》规定,抵押人要转让抵押物,则必须经抵押权人同意,否则除非受让人代为清偿债务消灭抵押权,抵押人不得转让抵押财产(参见我国《物权法》第191条)。尽管有学者认为:"由于抵押权的追及性和不可分性,不论抵押财产是部分转让还是全部转让,也不论其转让给何人,抵押权人均可追及抵押物的所在而行使其优先受偿的权利。所以无论是《担保法》还是《物权法》,规定抵押人通知或者告知的义务,还是要求抵押权人必须同意均无必要。"①甚至有学者认为,我国现行法不认为抵押权设定后,抵押人有自由让与抵押物的权利。这样的立场不但有悖于抵押权的基本理论,而且对抵押人而言,也似过苛,建议予以修正。②但是我国《物权法》为了维护抵押权人和抵押物买受人的合法权益,在《担保法》规定的基础上,对转让抵押物还是作了更严格的限制规定。

(2)抵押权的再设定权。是指在已设定抵押权的抵押物上再设定其他抵押权的权利。由于抵押权的设定并不移转抵押物的占有,这就为在同一抵押物上设定多个抵押权提供了可能。抵押人在同一抵押物上设定多个抵押权,能够充分发挥抵押物交换价值的作用,促进资金融通。当抵押物的价值高于被担保的债权金额时,抵押人就抵押物价值高出部分再进行抵押,这是没有任何疑义的,也是为我国法律所允许的。但是,当抵押物的价值低于被担保的债权时,抵押人是否还有权继续在该抵押物上设定抵押,即抵押人是否有权进行超额抵押(或叫重复抵押),理论界观点不一。在我国《物权法》颁布之前,我国法律禁止超额抵押,例如《担保法》第35条明确规定:"抵押人所担保的债权不得超出其抵押物的价值。财产抵押后,该财产的价值大于所担保债权的余额部分,可以再次抵押,但不得超出其余额部分。"但是,后来我国颁布的《物权法》则取消了禁止超额抵押的规定,任由当事人自由决定,体现了充分尊重当事人意思自治的原则。我国有学者也称,经过多年的建设,我国社会主义市场经济体制已经建立并逐步完善,如果仍然禁止超额抵押,就会是"有百害而无一利"。③笔者以为,根据抵押权的顺位原则,应当赋予抵押人以抵押权的再设定权,即使是超额抵押,只要当事人协商一致,法律也无禁止的必要,否则不仅违背了私法自治原则,而且抵押权的顺位原则也丧失了其存在的价值。禁止超额抵押的初衷,意在侧重保护抵押权人的利益,但时至今日,超额抵押往往也会是抵押权人利益所需要的,对于那些愿意设定超额抵押的抵押权人来说,既然其愿意设立超额抵押,也就意味着其甘愿承担依法定顺序受偿的义务,这也往往是其衡量利益得失得出的结果,法律自无干涉的必要。

---

① 郭明瑞主编:《中华人民共和国物权法释义》,中国法制出版社2007年版,第355页。
② 参见梁慧星、陈华彬编著:《物权法》(第三版),法律出版社2005年版,第349—350页;陈华彬:《物权法》,法律出版社2004年版,第498—499页等著作的有关内容。
③ 王全弟主编:《物权法》,浙江大学出版社2007年版,第396页。

（3）抵押物的出租权。抵押权设立后，抵押人仍然占有抵押物，其有权对抵押物进行使用和收益，所以，抵押人对抵押物享有出租权利就是很自然的事了。但是，该项权利与抵押权的关系应如何协调呢？这要区分抵押物是先租后押还是先押后租两种情况。在先租后押的情况即在订立抵押合同前抵押物已经出租的，我国法律明确规定，原租赁关系不受该抵押权的影响。这又包括两种情形：第一，在抵押权设立后至实行前，承租人可以继续使用租赁物，抵押人不能要求终止租赁合同；第二，在抵押权实行时，无论抵押物被转让给何人，原来的租赁关系并不当然终止，承租人可以继续享有租赁权。无非是其缴纳的租金（孳息）要按法律规定交相关当事人而已。这样做的相关法理依据为何？尽管有学者认为，这是由于租赁权为物权化的债权，基于前物权优于后物权的原则，租赁权就具有对抗后设抵押权的效力。[1] 但大多数学者仍将其归结为"买卖不破租赁"的原则使然，笔者也认为，在先租后押的情形，租赁权之所以不受抵押权的影响，实则是"买卖不破租赁"原则在抵押权领域运用的体现，是"买卖不破租赁"原则发挥作用的结果。在先押后租的情况即抵押权设立后抵押物出租的，我国法律明确规定，该租赁权关系不得对抗已登记的抵押权。其法理依据为：设立在先并已登记的抵押权，承租人完全可以知道或应当知道抵押物上存在的抵押负担，既然明知承租的物上有负担，仍然进行承租，说明承租人自愿承担因实现抵押权而带来的风险，否则，"若使租赁权继续存在将有可能妨碍抵押权的实行，而这种妨碍对抵押权人显然是不公平的"[2]。所以，"如果将办理了抵押登记的财产出租，实现抵押权后，抵押财产的买受人可以解除原租赁合同，承租人不能要求继续承租抵押的房屋"[3]。但是，对于将没有办理登记的抵押物出租的，由于承租人事先无从知道该承租物上的负担，因此为保障交易安全，此时的抵押权不能对抗租赁权，其租赁关系不因抵押权而无效。

（4）抵押物用益物权的设定权。抵押权是对抵押物交换价值的利用，是不移转抵押物占有的权利。抵押权设定后，抵押人仍能对抵押物进行占有、使用和收益，所以抵押人完全可以在抵押物上设定用益物权以充分利用抵押物的使用价值，例如在不动产抵押物上设定宅基地使用权、土地承包经营权、地役权等。但是设定的这些用益物权是一种受限制的权利，其不得对抗抵押权。在抵押权实现时，后设定的用益物权应当消灭。

（5）追偿权。为债务人提供抵押担保的第三人，在抵押权实现以后，有权向债务人追偿。

---

① 孙鹏、王勤劳、范雪飞：《担保物权法原理》，中国人民大学出版社 2009 年版，第 207 页。

② 同上书，第 209 页。

③ 全国人大常委会法制工作委员会民法室编：《中华人民共和国物权法条文说明、立法理由及相关规定》，北京大学出版社 2007 年版，第 347 页。

（三）案例 60 分析

抵押权是不移转抵押物占有的权利，因此，在抵押期间，抵押物受到侵害导致价值减少，则抵押权人将可能无法受完全清偿。所以，为保护抵押权人的利益，法律赋予抵押权人以保全权。当抵押人的行为使抵押物的价值减少，抵押权人有权请求恢复值或者增加担保。当抵押人不能满足抵押权人的以上请求时，抵押权人有权要求债务人提前清偿债务。但是，如果抵押人属正当利用抵押物而使抵押价值减少，即抵押人对该抵押物价值的减少无过错，则抵押权人对抵押人不得行使保全权，而只能在抵押人因损害而得到的赔偿范围内要求提供担保。

本案中，在抵押期间，抵押物即汽车的价值减少，属于抵押人王丁对抵押物的正常使用，即王丁对交通事故造成汽车后半部毁损无过错，作为债权人的银行对王丁不得行使保全权，即不能要求王丁将汽车恢复价值或者就汽车减少的价值提供相应的担保。但是，银行可以要求王丁用保险公司赔偿的 3 万元保险金提供担保。当王丁拒绝提供担保后，银行可要求王丁提前还贷。

四、抵押权的实现与消灭

相关法条

第一百九十五条　债务人不履行到期债务或者发生当事人约定的实现抵押权的情形，抵押权人可以与抵押人协议以抵押财产折价或者以拍卖、变卖该抵押财产所得的价款优先受偿。协议损害其他债权人利益的，其他债权人可以在知道或者应当知道撤销事由之日起一年内请求人民法院撤销该协议。

抵押权人与抵押人未就抵押权实现方式达成协议的，抵押权人可以请求人民法院拍卖、变卖抵押财产。

抵押财产折价或者变卖的，应当参照市场价格。

第一百九十八条　抵押财产折价或者拍卖、变卖后，其价款超过债权数额的部分归抵押人所有，不足部分由债务人清偿。

第一百九十九条　同一财产向两个以上债权人抵押的，拍卖、变卖抵押财产所得的价款依照下列规定清偿：

（一）抵押权已登记的，按照登记的先后顺序清偿；顺序相同的，按照债权比例清偿；

（二）抵押权已登记的先于未登记的受偿；

（三）抵押权未登记的，按照债权比例清偿。

第二百零二条　抵押权人应当在主债权诉讼时效期间行使抵押权；未行使的，人民法院不予保护。

（一）案例 61 简介

甲市 A 商场雇佣 B 公司进行内部装修,装修结束后共欠 B 公司 150 万装修款,A 商场决定将自己在乙市的一家分店的建筑物抵押给 B 公司并且办理了相关抵押手续,约定 1 年之后还款。半年后,A 商场向 C 银行贷款 300 万,抵押物也是该分店的建筑物,约定还款期限为 2 年,同时也办理了相关的登记。1 年后,由于一直处于亏损的状态,A 商场曾经请求 B 公司延长还款期限,遭到 B 公司拒绝。B 公司看到分店所处的地段较好,所以与 A 商场协商自己再给 A 商场 50 万元的补偿金,然后 A 商场将分店建筑物转让给 B 公司。A 商场由于欠债数额较大,而且无力再经营分店,所以同意。又过了 2 个月,C 银行才发现分店建筑物的所有权已经转让。尽管 B 公司给付 A 商场 50 万元的补偿,但是根据现在的市场价格,该建筑物的价值已经超过了 500 万元,所以,银行向法院申请,主张撤销 B 公司和 A 商场之间的抵押转让合同,并且公开拍卖该抵押物,偿还 B 公司价款后,剩余款项提前清偿 A 商场所欠银行的贷款。[①]

问题:法院是否应支持 C 银行的请求? 为什么?

（二）相关知识点

1. 抵押权的实现

抵押权的实现又叫抵押权的实行[②],是指在债权已届清偿期但债权人未获清偿或者发生了当事人约定的实现抵押权的情形,抵押权人处分抵押物,以求得用抵押物变现价款实现优先受偿的行为。抵押权的实现是抵押权最主要的效力,是抵押权人最主要的权利,也是抵押权人设定抵押权最主要的目的。

（1）抵押权实现的条件。抵押权的实现必须具备一定的前提条件,这些条件主要有:

第一,须存在有效的、未受限制的抵押权。抵押权的实现是以抵押权的有效存在为前提的,如果抵押权未生效或者被撤销,抵押权实际上是不存在的,就谈不上实现的问题。不仅如此,在某些情况下抵押权虽然有效存在,但其实现如果受到了一定的限制,在受限制的范围内也不能实现抵押权。

第二,债务人不履行到期债务或者发生了当事人约定的实现抵押权的情形。主债务的履行期限是决定主债务人有无履行责任的时间标准[③],在债务未届清

---

① 马新彦主编:《中华人民共和国物权法法条精义与案例解析》,中国法制出版社 2007 年版,第 432 页。

② 但是有学者认为:"严格地说,抵押权的实行与实现是有区别的:前者是种行为,侧重于权利行使的过程。后者是一种法律状态,侧重于权利行使而使债权受偿的结果。"(参见刘保玉:《物权法学》,中国法制出版社 2007 年版,第 334 页)。笔者认为,此观点有一定的道理,并且也的确存在实行抵押权但不一定能实现抵押权的情况。但在通常情况下,抵押权的实行往往就意味着抵押权的实现。因此在通常意义上,抵押权的实行就等于抵押权的实现。所以称"抵押权的实现又叫抵押权的实行"也并无不可。

③ 王利明主编:《民法》(第四版),中国人民大学出版社 2008 年版,第 318 页。

偿期时，债务人并无清偿债务的责任，债权人不能要求债务人清偿债务，也就不能行使抵押权。否则会损害债务人依法享有的期限利益，破坏正常的借贷秩序。同时，如果发生了当事人约定实现抵押权的情形时，抵押权人也可以实现其抵押权，这是私法自治原则的体现，是对当事人意思的尊重。

第三，债务未获清偿非债权人的原因。如果债务人未履行到期债务是债权人的原因造成的，则抵押权人不得实行抵押权。

第四，须在主债权诉讼时效内行使，否则，人民法院不予支持。

（2）抵押权实现的途径。抵押权人通过什么途径来实现抵押权，不仅关系到抵押权人的利益，而且关系到抵押担保交易的正常运行。各国对抵押权的实现途径大多较为慎重，主要有两种立法例：一为公力救济。这是指抵押权人实行抵押权之前，通常需要获得法院或其他国家机关签发的裁判或决定，而不能私自实现抵押权。二为自力救济。这是指抵押权人可径依抵押权而自行决定抵押权的处分方式并予以实施，无须经抵押人同意，国家在通常情况下也不予强制干预。① 我国《物权法》规定了抵押权实现的两种途径：

第一，当事人协议实现，即在债务人不履行到期债务或发生当事人约定的实现抵押权的情形，由抵押权人与抵押人协议决定抵押权实现的行为。抵押权是一种私权利，完全可以通过当事人之间的协商来实现。这不但能充分尊重当事人双方的自由意志，体现私法自治原则，也大大降低抵押权实现的成本。但是，由于抵押物变现价款的多少直接关系到后次序抵押权人或普通债权人的利益，所以为防止当事人串通或者以低于抵押物自身的价值折价，使原本有机会获得清偿的后次序抵押权人或普通债权人失去受偿的机会，我国《物权法》在肯定当事人意思自治的基础上，赋予了其他债权人以撤销权，规定抵押权人与抵押人实现抵押权的协议侵害其他债权人利益的，其他债权人可以在知道或者应当知道撤销事由之日起1年内请求人民法院撤销该协议。需注意：当事人协议实现抵押权，与前文所说的"自力救济"是不同的。尽管有学者认为："自力救济在维护抵押权方面应有适用空间，因为其强调交易便捷，能更好地保护抵押权人的利益，与抵押权设定的目的相结合。"即使自力救济存在缺陷，但该观点认为只要"在采取自力救济途径实现抵押权时，应为抵押权人设定相应义务以保护债务人的权利，如制度设计合理，则对双方当事人均为有利"②。但是，从我国法律有关条文的文义解释来看，我国法律并不承认抵押权的自力救济途径。然而，我国《物权法》和《担保法》相关条文规定抵押权人"可以"与抵押人进行协议，而没

---

① 高圣平：《物权法 原理·规则·案例》，清华大学出版社 2007 年版，第 237—238 页。

② 参见王利明主编：《民法》（第四版），中国人民大学出版社 2008 年版，第 318 页；高圣平：《物权法原理·规则·案例》，清华大学出版社 2007 年版，第 243 页。

有用"应当"与抵押权人进行协议,这很容易让人产生歧义,其用词令人费解。

第二,强制执行实现,即在债务人不履行到期债务或者发生当事人约定的实现抵押权的情形时,抵押权人与抵押人未就抵押权实现方式达成协议的,抵押权人可以请求人民法院拍卖、变卖抵押物以实现抵押权的行为。需注意的是"在抵押权人与抵押人未就抵押权实现方式达成协议的情况,我国《担保法》规定的是抵押权人可以向人民法院提起"诉讼",而我国《物权法》则改为抵押权人可以向人民法院申请强制执行抵押权。这一规定符合抵押权的属性,降低了抵押权实现的成本,有效保护了抵押权人的利益,值得肯定。尽管有学者认为:"该规定赋予当事人之间的担保合同(私法文书)以强制执行力,尚需《民事诉讼法》的配合。《民事诉讼法》修改之前,这一私权文书的强制执行至少在程序上是不可能的。"① "然而,从德国法以及我国台湾地区的'法律规定'来看,抵押权等担保物权的实行无须通过诉讼,债权人可以直接申请法院拍卖抵押物,此种申请拍卖的性质属于非讼事件。……经过审查后,法院就可以作出强制执行的裁定,该裁定就是执行名义。"②

(3)抵押权实现的顺序。正如前文所言,抵押权是不移转抵押物占有的权利,为了更充分发挥抵押物的效益,法律允许在同一抵押物上设立多个抵押权。于是,在这些抵押权之间,存在一个实现次序问题。该问题对于抵押权的实现非常重要,特别是当抵押物的价值无法满足全部债权受偿时,抵押权实现的次序直接关系到抵押权人的抵押权能否实现或者实现到何种程度。我国相关法律对抵押权实现的次序作了规定,其中我国《物权法》在《担保法》的基础上,进一步完善了相关规定。其主要内容为:第一,如果在同一抵押物上并存的抵押权都已登记,就按照登记的先后顺序进行清偿。登记顺序相同的,就应按照债权比例平等受偿。第二,如果在同一抵押物上并存的抵押权,有的已经登记,有的没有登记,则按照已登记的抵押权优先于未登记受偿的原则进行。第三,如果在同一抵押物上并存的抵押权都未登记,就按照债权比例平等受偿。我国《物权法》规定的抵押权实现的这一顺序,充分体现了担保物权的一般法理,即"时间在先,权利在先""已经登记的优先于未登记的"和登记对抗主义原则等。

当顺序在先的抵押权因实行以外的原因而消灭时,顺序在后的抵押权是否能够依次升进? 世界各国的立法存在差异,主要有两种立法主义:一种是顺序固定主义,即在先顺序抵押权因实行以外的原因消灭时,后顺序的抵押权仍保持原来的顺序从抵押物的变价款获得清偿,例如德国、瑞士等国。另一种是顺序升进主义,即在先顺序抵押权因实行以外的原因消灭时,后顺序的抵押权自动依次升

① 高圣平:《物权法 原理·规则·案例》,清华大学出版社 2007 年版,第 239 页。

② 王利明、杨立新、王轶、程啸:《民法学》(第二版),法律出版社 2008 年版,第 409 页。

进,分别取代先顺序的抵押权,后顺序的抵押权人分别获得前一顺序抵押权人的受偿顺序,例如法国、日本和我国台湾地区等。两种不同的立法主义体现了法律保护利益侧重点的不同,很难说孰优孰劣。顺序固定主义侧重保护抵押人和普通债权人的利益,而顺序升进主义则侧重保护抵押权人的利益。但笔者以为,从抵押权设立的初衷和其本质来说,侧重保护抵押权人的利益似更合乎法理。从我国相关法律的规定来看,我国事实上采取的是顺序升进主义。

(4)抵押权实现的方式。主要有:折价、拍卖和变卖三种方式。

所谓折价,是指在债务人不履行到期债务或发生当事人约定的实现抵押权的情形,抵押权人与抵押人协商由抵押权人以商定的价格取得抵押物的所有,从而实现抵押权的行为。需注意两点:第一,折价是只在抵押权人与抵押人协商实现抵押权时,才能采用的方式。当抵押权人不是通过与抵押人协商,而是通过司法途径实现抵押权时,法院不能以折价的方式实现抵押权。这主要是因为,以往的司法实践表明,在法院强制执行过程中,采取折价(俗称以物抵债)这一方式实现抵押权存在很多弊端,例如暗箱操作、司法腐败、国有资产流失等。按照最高人民法院的有关司法解释,执行程序中已经越来越少地采取折价这一执行措施了。有鉴于此,我国《物权法》不允许法院在执行程序中采取折价方式来实现抵押权。① 第二,以折价的方式实现抵押权与流质条款禁止的规定不相违背。流质条款或流质契约的禁止属于抵押合同订立阶段禁止的问题,即在抵押权实现之前,当事人如果约定以抵押物折价,则属于法律所禁止的流质条款。而在抵押权实现阶段,当事人约定以抵押物折价,则不属于流质条款。这是因为:"到了抵押权的实现阶段,双方当事人更加理性和平等审视抵押物的价值,按照一般人的标准都可以作出理性的选择,没有禁止的必要。"②

所谓拍卖,是指以公开竞价方式将标的物转让给出价最高竞买者的行为。抵押物拍卖是实现抵押权的重要方式,因为其"可使抵押财产的变价公开、公平,既最大限度地保障了债权的实现,又保护了抵押人的利益"。③ 抵押物的拍卖包括协议拍卖和强制拍卖两种。协议拍卖是指抵押权人和抵押人协商一致自愿委托拍卖人对抵押物进行拍卖,抵押权人就抵押物拍卖所得价款优先受偿的行为。强制拍卖是指抵押权人与抵押人未就抵押物的拍卖达成协议时,抵押权人申请人民法院对抵押物进行强制性拍卖,债权人就拍卖所得价款优先受偿的行为。无论是协议拍卖还是强制拍卖,其具体程序和效果,均适用于我国《拍卖法》的有关规定。

---

① 王利明、杨立新、王轶、程啸:《民法学》(第二版),法律出版社 2008 年版,第 409 页。

② 马新彦主编:《中华人民共和国物权法法条精义与案例解析》,中国法制出版社 2007 年版,第 431 页。

③ 刘保玉:《物权法学》,中国法制出版社 2007 年版,第 336 页。

所谓变卖,是指以拍卖以外的一般买卖方式将抵押物出售给第三人,抵押权人以变卖所得价款优先受偿的行为。其特点是省时、省力,费用与拍卖相比也较低。以变卖抵押物的方式实现抵押权,既适用于抵押权人与抵押人就变卖达成协议的情形,也适用于达不成协议时抵押权人申请人民法院强制变卖抵押物的情形。但是,为了规范折价和变卖这两种抵押物实现的方式,我国《物权法》第195条第3款明确规定:"抵押财产折价或者变卖的,应当参照市场价格。"

2. 抵押权的消灭

抵押权的消灭,是指抵押权对于抵押物所具有的支配力终止。作为担保物权的一种,担保物权消灭的原因自然也同样适用于抵押权,例如主债权的消灭、担保物权的实现、债权人放弃担保物权等。相关内容在前文"担保物权的消灭"部分已作阐述,此处不再重复。另外,根据我国《物权法》的相关规定,抵押权人应当在主债权诉讼时效期间行使抵押权,在主债权诉讼时效期间没有行使的,人民法院不予保护。"规定抵押权的存续期间,能够促使抵押权人积极行使权利,促进经济的发展。"[1]

（三）案例 61 分析

为了更充分发挥抵押物的效益,法律允许在同一抵押物上设立多个抵押权。对于这些抵押权的实现次序,法律作了明确规定,即抵押权登记的优先于未登记的;都登记的则"时间在先,权利在先"等。同时,在抵押权实现的途径上,我国实行的是"协议实现"与"强制执行实现"相结合的方式。在债务人不履行到期债务或发生当事人约定的实现抵押权的情形,由抵押权人与抵押人协议决定抵押权的实现方式。但是,由于抵押物变现价款的多少直接关系到后次序抵押权人或普通债权人的利益,所以为防止当事人串通或者以低于抵押物自身的价值折价,使原本有机会获得清偿的后次序抵押权人或普通债权人失去受偿的机会,我国《物权法》在肯定当事人意思自治的基础上,赋予了其他债权人以撤销权,规定抵押权人与抵押人实现抵押权的协议侵害其他债权人利益的,其他债权人可以在知道或者应当知道撤销事由之日起1年内请求人民法院撤销该协议。

本案中,A商场在同一抵押物即分店建筑物上设定了两个抵押权,B公司和C银行同时在分店建筑物上拥有抵押权,并都进行了登记,但是登记的时间却不同。根据"都登记的,遵循时间在先,权利在先"原则,B公司有较C银行优先受偿的顺位。B公司的债权先到期,B公司可与抵押人A商场协议以抵押物即分店建筑物折价实现抵押权。但是,由于B公司与A商场转让抵押物的价格过低,使原本有机会获得清偿的C银行失去了受偿机会,影响了C银行债权的实

---

[1]　全国人大常委会法制工作委员会民法室编:《中华人民共和国物权法条文说明、立法理由及相关规定》,北京大学出版社 2007 年版,第 366 页。

现,损害了 C 银行的利益,所以 C 银行作为抵押权人,在法定期限内,行使自己的法定撤销权,请求撤销 B 公司和 A 商场的转让协议,是完全符合法律规定的,法院应当支持 C 银行的请求。

[案例思考]

1. 古某生了大病,需要做手术,手术费用极其昂贵,且由于病情不及时遏制可能会导致更严重的后果,所以,古某夫妇开始焦急地筹钱治病。古某找到了做生意的朋友乔某,欲向乔某借款 2 万元,以自有的夏利小汽车作抵押。乔某想古某做了手术,康复了还好说,一旦手术失败,自己借给他的钱就有去无回了,所以乔某提出,如果 3 个月后古某不能还钱,那就把古某的夏利小汽车开走。古某急于筹钱就答应了。①

问题:古某与乔某的约定是否有效?为什么?

2. 张三最近租了一间沿街房用来做生意,相邻的店面也是同一房东的房子,由李四租赁用来做生意。李四是房东的老房客,租房时间有两年多了。就在张三租房开业不久,王五找到两人,告诉他俩,这两间房子在 1 年前房东就已经抵押给了王五,并办理了抵押登记,现在房东无法偿还到期债务,经王五与房东协商决定将这两间门面房进行折价抵债,即这两间房子已归王五所有。现在王五想利用这两间房子自己做生意,所以请张三和李四搬出。张三和李四都觉得很冤枉,不愿意搬出。

问题:张三和李四不同意搬走是否有法律依据?

第二节　特殊抵押权

一、浮动抵押权

相关法条

第一百八十一条　经当事人书面协议,企业、个体工商户、农业生产经营者可以将现有的以及将有的生产设备、原材料、半成品、产品抵押,债务人不履行到期债务或者发生当事人约定的实现抵押权的情形,债权人有权就实现抵押权时的动产优先受偿。

第一百八十九条　企业、个体工商户、农业生产经营者以本法第一百八十一条规定的动产抵押的,应当向抵押人住所地的工商行政管理部门办理登

---

① 《中华人民共和国物权法(案例应用版)》,中国法制出版社 2009 年版,第 241 页。

记。抵押权自抵押合同生效时设立;未经登记,不得对抗善意第三人。

　　依照本法第一百八十一条规定抵押的,不得对抗正常经营活动中已支付合理价款并取得抵押财产的买受人。

　　第一百九十六条　依照本法第一百八十一条规定设定抵押的,抵押财产自下列情形之一发生时确定:

　　(一) 债务履行期届满,债权未实现;

　　(二) 抵押人被宣告破产或者被撤销;

　　(三) 当事人约定的实现抵押权的情形;

　　(四) 严重影响债权实现的其他情形。

　　(一) 案例 62 简介

　　甲企业向乙银行贷款 200 万元,双方协议甲企业以现有的和将来所有的生产设备、原材料、半成品、产品作为抵押,并到有关部门办理了抵押登记。抵押期间,丙企业以市场价格购买了甲企业的一套生产设备。后来,甲企业不能偿还乙银行的到期债务。乙银行在实行抵押权时认为,甲企业在抵押期间未经自己同意,擅自将已经抵押的生产设备转让,属于无效行为,自己有权对丙企业取得的生产设备主张抵押权。但丙企业认为,自己与甲企业的交易行为属于正常经营活动,并且自己已按市场价格支付了价款,因此,拒绝乙银行的主张。

　　问题:丙企业拒绝乙银行的行为是否正确?

　　(二) 相关知识点

　　1. 浮动抵押权的含义

　　浮动抵押权在我国又称为动产浮动抵押权,是指抵押权人与抵押人依据书面协议,就抵押人现有的和将有的部分动产进行抵押,在债务人不履行到期债务或发生当事人约定的实现抵押权的情形,债权人有权就约定的实现抵押权时的动产优先受偿的权利。

　　浮动抵押制度起源于英国,在英美法系国家得到普遍应用。但是英美法系国家的浮动抵押制度与我国的浮动抵押制度又有很大区别。英美法系的浮动抵押是以动产、不动产、知识产权、债权等企业的全部财产作为抵押的标的物,而我国的浮动抵押仅以部分动产作为抵押的标的物。并且我国浮动抵押的主体不仅包括企业,而且还包括个体工商户和农业生产经营者。英美法系的浮动抵押制度与大陆法系的财团抵押制度有相似之处,但也有一些区别,二者各有利弊。但在现代法上,两者有逐渐融合的趋势。

　　作为抵押权的一种,浮动抵押权首先具备抵押权的一般特征,此外浮动抵押还有一些特有的法律特征,最主要的有两点:

(1)浮动抵押财产在抵押设定时是不确定的。浮动抵押是以抵押人现有的和将来所有的动产设立抵押的,对于将来所有的财产,在设定抵押时当然是无法确定的。即使是现有财产,由于在浮动抵押设立后,抵押人能够对其进行处分,所以,这些财产在抵押期间也不断发生变化,故其在抵押设定时也无法确定。

(2)浮动抵押的登记效力不是绝对的。浮动抵押实行登记对抗主义,即便没有登记,只要合同有效,抵押权就成立,只是不能对抗善意第三人。但是,即使登记了,浮动抵押权也不能对抗"正常经营活动"中已支付合理价款并取得抵押财产的买受人。这一点与一般登记对抗主义有显著区别。"这是由浮动抵押权制度的天性所决定的,是法律为克服财团抵押权、工厂抵押权等场合抵押人无权处分抵押财产的缺陷而特意设置浮动抵押权的目的之一。"[1]并且客观上,"由于动产的数量多,种类繁,交易频繁,要求第三人都对登记进行查核是不现实的"。[2]

2. 浮动抵押权的设立

(1)浮动抵押的主体。对于浮动抵押的主体范围是否应有所限制,世界范围内存在限制主义和无限制主义的对立。英国、日本等国为限制主义的代表,英国规定浮动抵押的主体限于公司,日本规定为股份有限公司。而美国、加拿大等国则为无限制主义的代表,对浮动抵押的主体范围不做限制。两种主义的对立,根本原因在于限制主义是从社会现实出发,为了增加浮动抵押的可靠性,加强对债权人利益的保护,而将浮动抵押主体的范围限定于信用较高的公司,有一定的道理。但有学者认为:"与其屈服于信用低下的社会现实而限制浮动抵押人的范围,使该制度成为昂贵的法律摆设,不如广开浮动抵押的利用途径,充分焕发其生命力,使其成为担保融资的利器与良方。"[3]此观点颇值得赞同,尤其是我国法律规定浮动抵押的主要目的是为了解决中小企业和农民贷款难的问题,促进经济的发展。[4] 所以,我国《物权法》将浮动抵押的主体规定为企业、个体工商户和农业生产经营者,其主体范围规定得较为宽泛也无不妥。当然,随之而来的如何加强监督、保障和规范相关抵押权主体的资产信用,是我们必须面对的问题。

我国有学者认为,浮动抵押的抵押人只能是债务人,而不能是第三人。[5] 但笔者觉得,由第三人为浮动抵押人,并无不妥。

(2)浮动抵押物的范围。世界上绝大多数国家对浮动抵押物的范围并无特

---

① 崔建远:《物权法》(第二版),中国人民大学出版社 2011 年版,第 494 页。

② 江平主编:《中国物权法教程》,知识产权出版社 2007 年版,第 467 页。

③ 孙鹏、王勤劳、范雪飞:《担保物权法原理》,中国人民大学出版社 2009 年版,第 234—235 页。

④ 全国人大常委会法制工作委员会民法室编:《中华人民共和国物权法条文说明、立法理由及相关规定》,北京大学出版社 2007 年版,第 327 页。

⑤ 该观点参见王利明主编:《民法》(第四版),中国人民大学出版社 2008 年版,第 323 页以及梅夏英、高圣平主编:《物权法教程》,中国人民大学出版社 2007 年版,第 432 页等著作的有关内容。

别限制,抵押物涉及动产、不动产、知识产权、债权等,几乎涵盖了企业现有的和将来所有的全部和部分财产。与世界各国的做法不同,我国浮动抵押制度不仅将抵押物的范围限于动产,而且仅限于动产中的生产设备、原材料、半成品和产品四种。抵押人可以就现有的或将有的这些动产的全部或部分设立浮动抵押。除此以外的动产、不动产、知识产权、债权等均不得设定浮动抵押。也就是说,我国的浮动抵押是有限动产上的浮动抵押。这样做"主要是考虑到不动产抵押、交通运输工具抵押、各种权利质押基本上能满足市场主体的融资需求,再加上我国浮动抵押制度的立法目的主要是解决中小企业、个体工商户及农业生产经营者融资难的问题,而这些企业或经营者往往缺乏不动产、交通运输工具和无形财产权,其拥有的主要财产即生产设备、原材料、半成品、产品。此外,将抵押物限制在一定范围,也能尽量实现该制度简明化,避免其因抵押物范围宽泛而引发的复杂问题"[1]。

（3）浮动抵押合同。与设立普通抵押权一样,设立浮动抵押权,当事人必须订立浮动抵押合同,且该合同必须以书面形式进行订立,否则无效。浮动抵押合同与普通抵押合同一样,属于要式合同,其主要内容类似普通抵押合同,只不过在浮动抵押合同中,抵押物的范围并不要求详细列明,而是只要用一些概括性的语言进行描述即可,例如"以现有的或将有的全部生产设备、原材料、半成品和产品抵押"。

（4）浮动抵押的登记。浮动抵押实行登记对抗主义,即不以登记为浮动抵押权生效的要件,浮动抵押权自抵押合同生效时设立,即便没有进行登记,只要抵押合同有效,抵押权就成立,但是未登记的,不能对抗善意第三人。所以,要想产生对抗第三人的法律效果,浮动抵押权人最好还是对浮动抵押进行登记,登记机关为抵押人住所地的工商行政管理部门。法律之所以规定登记部门为工商行政管理部门,是因为"目前企业、个体工商户都在工商行政管理部门进行注册登记,工商部门掌握企业、个体工商户的各方面信息,省、市、县、乡几级又都设立了工商局（所）,由其进行抵押登记既对当事人方便,也有利于保护债权人的合法权益"。[2] 我国《物权法》之所以规定登记地点为抵押人住所地,而不是我国《担保法》规定的财产所在地,是因为"考虑到动产易于移动,难以确定在哪个所在地登记,而抵押人住所地比较稳定,查询也比较方便"。[3] 浮动抵押的登记对抗主义,既考虑了动产用于抵押的不稳定特性,又不排除登记积极意义,值得肯定。但是,对于登记了的浮动抵押来说,也不能对抗正常经营活动中已支付合理价款

---

① 孙鹏、王勤劳、范雪飞:《担保物权法原理》,中国人民大学出版社 2009 年版,第 236 页。
② 全国人大常委会法制工作委员会民法室编:《中华人民共和国物权法条文说明、立法理由及相关规定》,北京大学出版社 2007 年版,第 345 页。
③ 同上。

并取得抵押财产的买受人。① 法律这样规定的原因在于:抵押期间,抵押人可以对抵押物进行自由处分,所以标的物就一直处于浮动状态,在正常生产经营过程中,作为抵押物的财产可能会处于不断的交易过程中,这样就必须对抵押财产的买受人给予一定的保护,"否则,第三人在与抵押人进行交易时,为避免货物受抵押权的追及,就必须详细查询货物上的物权负担情况,或者取得担保物权人的同意,这对第三人来说是极大的负担,对交易进行也有极大的阻碍"②。

3. 浮动抵押权的效力

浮动抵押权在效力上与普通抵押权相比,最大的不同在于:在普通抵押权中,在抵押期间,未经抵押权人的同意,抵押人不得转让抵押财产,除非受让人代为清偿债务,消灭抵押权。但是,在浮动抵押权中,在抵押期间,抵押人可以相对自由地处分抵押财产,而无须经过抵押权人的同意,此时浮动抵押权处于效力休眠期。休眠期的存在,是浮动抵押权与普通抵押权在效力上的最大区别。浮动抵押效力休眠,"是指在抵押财产确定之前,抵押权人没有支配具体抵押财产的权利,或不产生禁止抵押人在正常经营范围内处分抵押财产的权利,除非在抵押合同中,对某些财产或处分行为作相反的规定"③。法律之所以规定浮动抵押的休眠期,是为了使抵押人在抵押期间,能够相对自由地处分抵押物,以保证抵押物的正常流通不受影响,从而保证抵押人正常开展生产经营活动。同时,为防止抵押人肆意处分抵押物,损害抵押权人的利益,法律遂规定了抵押人处分抵押物须具备一定的条件以及在一定条件下对买受人利益的保护制度。依照相关规定,抵押人必须是在正常经营活动中处分抵押财产,才能受到法律保护,即浮动抵押权不得对抗正常经营活动中已支付合理价款并取得抵押财产的买受人。此处受到保护的买受人须同时满足以下条件:第一,须是通过正常经营活动获得抵押物的买受人;第二,须是已支付合理价款的买受人;第三,须是已经取得抵押物的买受人。

4. 浮动抵押财产的确定

浮动抵押财产的确定又称浮动抵押的结晶,是指因法定或约定事件的发生,抵押人丧失对抵押财产的相对自由处分权,抵押财产的形态及价值得以特定,抵押权人获得其对抵押财产的控制权,浮动抵押转化为一般抵押,抵押权人可就特定抵押财产主张优先受偿。由于浮动抵押财产的确定,结束了"此前抵押物摇

---

① 有学者认为,我国该规定对"正常经营活动"的界定不明确。"正常经营活动"应当是指出售人的正常经营活动,且此"出售人"须是"从事那一种物品销售的出售人"。如此的话,出售生产设备就不属于此列,不能适用正常经营活动中的购买人不受追及规则(此观点见董学立:《浮动抵押的财产变动与效力限制》,载《法学研究》2010 年第 1 期),笔者赞同该观点。

② 王全弟主编:《物权法》,浙江大学出版社 2007 年版,第 407 页。

③ 王利明主编:《民法》(第四版),中国人民大学出版社 2008 年版,第 324 页。

摆飘忽的不确定状态,如同流水遇冷而结冰,不再流动一般,故英美法形象地将其称为'结晶'(crystallization)"①。

"浮动抵押最大的制度价值在于,赋予抵押人对抵押财产的自由处分权,使抵押人既能获得来自债权人的资金支持,又能使自己的正常经营免受不利影响。浮动抵押设定后,因抵押人可对抵押物自由处分,抵押物具有不特定性,其形态变动不居,价值漂浮不定。"②但是,浮动抵押毕竟是抵押的一种,其设定的最终目的还是为保证主债权实现服务的。所以,在兼顾了抵押人经营利益的同时,为了保障抵押权人的利益,法律必然要设计一种机制,让浮动抵押在具备一定条件的情况下,其抵押财产结束此前飘忽不定的状态而能够得以确定,以便在债务人不履行到期债务或发生了债务人不能履行债务的情形,抵押权人能够行使自己的抵押权,以保障实现自己的债权。浮动抵押财产的确定,是抵押权人实现抵押权的前提。而浮动抵押财产能否被确定的关键则是法律上必须规定导致浮动抵押财产被确定的事由。根据我国《物权法》的规定,浮动抵押权中抵押财产的确定事由有以下几种:第一,债务履行期届满,债权未实现的;第二,抵押人被宣告破产或者被撤销的,抵押人停止营业,进行清算程序;第三,发生当事人约定的实现抵押权的情形的;第四,发生严重影响债权实现的其他情形的。

浮动抵押财产确定后,浮动抵押即转化为一般抵押,抵押财产也就被特定化,抵押人就不得再处分抵押财产,抵押权人可以依照我国法律的有关规定实现抵押权。

(三)案例62分析

我国的浮动抵押是有限动产上的浮动抵押,其抵押物仅限于动产中的生产设备、原材料、半成品和产品四种。在浮动抵押期间,抵押人在正常经营活动中,可以支配、处分抵押物,而不必经过抵押权人的同意,此时抵押权处于效力休眠期。浮动抵押实行登记对抗主义,未登记的,不能对抗善意第三人。但是,浮动抵押的登记效力并不是绝对的,即使登记了的浮动抵押权,也不能对抗正常经营活动中已支付合理价款并已取得抵押财产的买受人。浮动抵押的这些特点与一般抵押权有着显著的区别。

本案中,甲企业与乙银行协议设定的抵押是浮动抵押。抵押期间,甲企业在正常经营活动中,有权自由处分抵押物,而无须征得抵押权人乙银行的同意。所以,在抵押期间,甲企业将一套生产设备按市场价出售给丙企业,属于正常经营活动,完全合法有效。反倒是抵押权人乙银行的抵押权效力由于处于休眠期,尽管其抵押权已到有关部门进行了登记,但也不能对抗已支付了合理价款并已取

---

① 孙鹏、王勤劳、范雪飞:《担保物权法原理》,中国人民大学出版社2009年版,第239页。
② 王利明主编:《民法》(第四版),中国人民大学出版社2008年版,第324页。

得生产设备的丙企业。所以,丙企业拒绝乙银行的行为是正确的。

二、最高额抵押权

相关法条

第二百零三条　为担保债务的履行,债务人或者第三人对一定期间内将要连续发生的债权提供担保财产的,债务人不履行到期债务或者发生当事人约定的实现抵押权的情形,抵押权人有权在最高债权额限度内就该担保财产优先受偿。

最高额抵押权设立前已经存在的债权,经当事人同意,可以转入最高额抵押担保的债权范围。

第二百零四条　最高额抵押担保的债权确定前,部分债权转让的,最高额抵押权不得转让,但当事人另有约定的除外。

第二百零五条　最高额抵押担保的债权确定前,抵押权人与抵押人可以通过协议变更债权确定的期间、债权范围以及最高债权额,但变更的内容不得对其他抵押权人产生不利影响。

第二百零六条　有下列情形之一的,抵押权人的债权确定:

(一)约定的债权确定期间届满;

(二)没有约定债权确定期间或者约定不明确,抵押权人或者抵押人自最高额抵押权设立之日起满 2 年后请求确定债权;

(三)新的债权不可能发生;

(四)抵押财产被查封、扣押;

(五)债务人、抵押人被宣告破产或者被撤销;

(六)法律规定债权确定的其他情形。

(一)案例 63 简介

某水泥有限公司从 2006 年初开始向某建筑有限公司供应水泥,就每批供应量签订了几个合同。5 月过后,水泥用量大幅上升,再分批签合同太凌乱。水泥公司就向建筑公司提出,干脆签一个总合同,以 1 年为期,请建筑公司估计一下全年的水泥需求量,并以相应的几座建筑物及所占范围的建设用地使用权作抵押,5 月前的几个合同也并入这个总合同。建筑公司同意,双方就签了这样的总合同,只是在 10 月间应水泥公司制订生产计划的需要,建筑公司对年底前的水泥需求量做过调整。

转眼到了年底,建筑公司的工程款结算很不顺利,因而也无法清偿水泥公司的货款。

问题:本案中,建筑公司无法清偿水泥公司的货款,水泥公司该怎么办?[①]

(二)相关知识点

1. 最高额抵押权概述

(1)最高额抵押权的概念。最高额抵押权又称最高限额抵押权,是指债务人或者第三人对一定期间内将要连续发生的债权在预定的最高限额内提供担保,债务人不履行到期债务或者发生当事人约定的实现抵押权的情形,抵押权人能够在最高债权额限度内就该担保财产优先受偿的权利,即最高额抵押权是在预定的最高限额内,为担保将来一定期间内连续发生的债权而设定的抵押权。

最高额抵押是现代民法一项重要的担保制度,主要适用于连续交易关系、劳务提供关系和连续借贷关系。在这些法律关系中,当事人为了达到同一个目的,反复实施同一性质的行为,并且这种行为在一定时期内不断进行,需要不断设定重复发生债权的抵押,其程序非常繁琐,交易成本无端增大。而设定最高额抵押权后,当事人只需设定一个抵押权,便可担保基于一定法律关系,并于一定期间内重复发生的债权。这样,不仅避免了繁琐的程序给当事人带来的不便,促进了交易的便捷,而且有利于维持长期的、连续的信用关系,有利于融通资金。当然,最高额抵押也存在一些弊端[②],所以在法律的层面应注意对该制度进行规范和完善,以扬其长避其短,目前我国《物权法》关于最高额抵押权的规定还有待于进一步丰富和完善。

(2)最高额抵押权的特征。最高额抵押权为抵押权的一种,它具备一般抵押权的共同特征,同时还具有一些特有的法律特征,主要有:

第一,从属性较为缓和。一般抵押权乃至整个担保物权都具有强烈的从属性,即担保物权必须从属于债权。其以债权的存在而存在,以债权的转移而转移,以债权的消灭而消灭。但是,作为一种特殊的抵押权,最高额抵押权的从属性则较为缓和。首先,由于最高额抵押权是担保将来的债权,所以在设定时主债权并不存在;其次,在抵押过程中,部分债权转让的,只发生该债权脱离最高额抵押担保范围的效果,最高额抵押权并不随之转让;再次,所担保的某一债权或某

---

① 《中华人民共和国物权法(案例应用版)》,中国法制出版社 2009 年版,第 268—269 页。

② 有学者将这些弊端归纳为:"第一,最高额抵押权所担保的债权在确定之前经常处于变动之中,债权额可能低于抵押物的价值。最高额抵押权人通常超过所担保债权的实际额而持续性地独占抵押物的交换价值,从而使得抵押物的剩余担保价值无法利用,影响了抵押物经济价值的实现。第二,在连续性融资关系中,由于所担保的交易关系具有长期性、持续性的特征,因而提供资金的一方,如银行、大企业等,往往借助最高额抵押制度支配债务人或抵押物提供人的经济活动,建立不合理的经济关系。第三,抵押权人在取得超过担保债权实际额的最高抵押权后,往往不以约定提供贷款,结果造成对抵押物价值的不当约束,严重影响抵押人正常的经济生活。"(见龙翼飞主编:《物权法原理与案例教程》,中国人民大学出版社 2008 年版,第 359 页)。但笔者觉得以上这些问题,在某些方面,一般抵押也可能存在,而并非仅是最高额抵押所独有的,所以,将以上内容仅作为最高额抵押的弊端,似有不妥。

些债权消灭时,最高额抵押权并不随之消灭。需注意:最高额抵押权的从属性仅仅是较为缓和而已,而绝不是不存在。"最高额抵押权作为一种抵押权为担保债权而设立,不能脱离债权而单独设立最高抵押权。尽管最高额抵押权所担保的债权可能是将来存在的,但必有相应的债权的存在。没有相应的债权的存在,最高额抵押权不可能存在。如果主债权归于无效,最高额抵押权也就当然归于无效。最高额抵押权的从属性不仅表现在其成立的顺序上,更应从最高额抵押权与所担保的债权之间的关系上分析。"①

第二,特定性有所突破。一般抵押权不仅抵押物要特定,而且债权也要特定,即债权的类型和数额等在设定抵押权时就已确定。但是,最高额抵押权所担保的是将来要发生的债权,所以其债权是否发生,债权的数额是多少等都是不确定的,只有到决算期时,这一切才能得以特定。但是,最高额抵押仅仅是在特定性方面有所突破而已,决不能借此否定最高额抵押的特定性。最高额抵押担保的债权,"仍然被法律限制在一定的范围之内,而该'一定的范围'维持着最高额抵押最起码的特定性。首先,承认最高额抵押的各国都通过预定最高限额的方式对担保债权进行量的限制,……其次,绝大部分国家还拒绝承认概括的最高额抵押,规定最高额抵押担保的债权只能是基于特定的原因关系或者说基础关系而发生的债权,从而从质的角度对最高额抵押的适用进行了限定"②。

第三,有预定的最高限额。最高限额是指抵押权人和抵押人约定的,抵押权人基于抵押权能够优先受偿的最高数额。最高限额是最高额抵押权的重要特征之一,正是由于存在最高限额,所以该种抵押权才被称为"最高额抵押权"。最高额抵押担保的是将来发生的债权,其数额是不确定的,但由于抵押物的价值是相对确定的,所以以价值有限的抵押物担保将来发生的无数债务,则会损害债权人的利益。同时,如果不对可担保的债权数额予以限制,也可能会损害抵押人和其他债权人的利益。因此,最高限额的预定很有必要。当事人欲设定最高额抵押,必须预先约定最高限额,并且在办理抵押登记时,必须标明最高限额的意思,否则,不发生设定最高额抵押权的效力。需注意:最高限额并不是最高额抵押所担保的实际债权额,实际债权额的多少只有在最高额抵押权确定后才能确定。如果实际债权额超过预定的最高限额,以最高限额为限,超过部分不具有优先受偿的效力;如果实际发生的债权额低于最高限额的,以实际发生的债权额为限对抵押物优先受偿。这体现了法律对处于弱势地位的债务人利益的保护。

第四,存在决算期。所谓决算期又称确定期间,是指确定最高额抵押权所担保的债权实际数额的时期。存在决算期,也是最高额抵押权的重要特征之一。

① 梅夏英、高圣平主编:《物权法教程》,中国人民大学出版社 2007 年版,第 442 页。

② 孙鹏、王勤劳、范雪飞:《担保物权法原理》,中国人民大学出版社 2009 年版,第 215 页。

一般抵押权,由于其所担保债权的实际数额自始确定,故无须有一个决算期。但是,在最高额抵押,由于所担保的是将来的、不特定的债权,因此要想最终能够实现抵押权,就必须确定一个优先受偿的范围。而这一范围只能以实际发生的担保债权为标准,而实际发生的债权数额则必须通过一个时点终止担保债权的流动性才能得以确定,这一时点就是决算期。"由此可见,最高额抵押权一定存在一个决算期。"①

2. 最高额抵押权的设立

作为抵押权的一种,最高额抵押权的设立遵循一般抵押权设立的规则,但由于最高额抵押是一种特殊的抵押,所以其设立与一般抵押权的设立又有所不同。

(1) 最高额抵押权合同。同一般抵押权的设立一样,最高额抵押权的设立,当事人必须订立最高额抵押合同,且该合同必须按照书面形式进行订立,否则无效。最高额抵押权设立合同既可单独订立,也可通过在主债权书上列入最高额抵押条款的方式设立。最高额抵押合同属要式合同,其主要条款要求与一般抵押权主要条款的要求相同,所不同的是,最高额抵押合同中还必须载明最高债权额度。至于决算期,一般不属于最高额抵押合同的必备条款。

(2) 最高额抵押权设立登记。最高额抵押权设立登记适用一般抵押权登记的规定。依据最高额抵押标的的性质,分别采登记要件主义和登记对抗主义。对于不动产最高额抵押权采取登记要件主义,对于动产最高额抵押权采取登记对抗主义。②

3. 最高额抵押权的效力

(1) 最高额抵押权担保的债权范围。是指最高额抵押权人实现最高额抵押权时,能够获得的优先受偿的范围。最高额抵押权是抵押权的一种,所以,它担保的债权范围应符合一般抵押权担保的债权范围,例如抵押权担保的债权范围一般由当事人自由约定,如果当事人没有约定或者约定不明确的,则依据法律规定。根据相关法律规定,抵押权所担保的债权范围包括主债权及其利息、违约金、损害赔偿金等。最高额抵押权又是一种特殊的抵押权,所以,其担保的债权

---

① 梅夏英、高圣平主编:《物权法教程》,中国人民大学出版社 2007 年版,第 444 页。

② 我国有学者认为:"这种方式有较大的缺陷:第一,最高额抵押权中的抵押财产一般价值巨大,对抵押人及利害关系人的影响非常大,而有些抵押财产可以依法不进行登记,这不仅通常有损于抵押人和利害关系人的利益,也在一定程度上不利于抵押权人最高额抵押权的实行;第二,最高额抵押权中的抵押财产通常由很多财产组成(包括动产、不动产、权利),有的抵押财产依法必须进行登记,有的则由当事人自愿决定是否进行登记,这必然造成最高额抵押权设定时的混乱,不利于明确抵押财产的范围和最高额抵押权成立、生效的时间。"针对这些缺陷,有学者建议:"规定最高额抵押权的设定必须进行登记,否则不能成立、生效,即在最高额抵押权的设定登记问题上,采取登记要件主义"(见梅夏英、高圣平主编:《物权法教程》,中国人民大学出版社 2007 年版,第 447 页)。笔者以为,该观点颇有道理,非常值得我们进行思考。

范围又具有自己的特殊性,这主要表现在最高额抵押权所担保的债权,只能在最高限额范围以内,而不能高于最高限额。如果在最高额抵押确定后,确定的实际债权额超过预定的最高限额,则以最高限额为限,即债权人只能以最高限额为限进行优先受偿,超过部分不具有优先受偿的效力,而只能按照普通债权的求偿方式进行求偿。如果实际发生的债权额低于预定的最高限额,则以实际发生的债权额为限对抵押物优先受偿。需注意,尽管最高额抵押权是对将要发生的债权提供担保,但是对于最高额抵押权设立前已经存在的债权,法律规定经当事人同意,其可以转入最高额抵押担保的债权范围。这是因为:"最高额抵押权的本质特征不在于其所担保的债权为将来的债权,而在于其所担保的债权为不特定债权,且具有最高限额。因此,即使该债权发生在最高额抵押权设定前,也应当被允许增补到最高额抵押所担保的债权范围内。而且是否将已经存在的债权转入最高额抵押担保的债权范围,是当事人自己的权利,只要双方协商同意,法律应当允许。"①

(2)最高额抵押合同条款的变更。最高额抵押合同是当事人双方意思表示一致的结果,最高额抵押权所担保的是将来要发生的债权,其债权是不确定的,由此,根据意思自治原则,当事人双方可以根据自己的意愿,通过协议的方式对合同条款进行变更。但是,这种变更必须是在最高额抵押权所担保的债权确定以前进行,因为当最高额抵押权所担保的债权一旦确定,就不可能存在变更的问题了。同时,当事人双方协议变更的内容必须为双方当事人协议可以协商的内容,对于有些内容例如涉及抵押物的,因抵押物的情况在最高额抵押权设定时就已确定,当事人就不能再通过协商对其进行变更。还有对于一些法律规定的内容例如关于登记的规定等,当事人也不能通过协议进行变更。根据我国《物权法》的规定,最高额抵押担保的债权确定以前,当事人双方可以通过协议变更的内容为:

第一,债权确定的期间。债权确定的期间决定着债权额度的确定,当事人双方一般都会在最高额抵押合同中约定债权确定的期间。在最高额抵押担保的债权确定以前,当事人可以通过协议延长或缩短约定的债权确定期间,从而重新确定该期间。

第二,债权范围。当事人可以对合同中约定的最高额抵押权所担保的债权范围进行扩大或缩小,通过调整重新确定担保的债权范围。

第三,最高债权额。最高债权额决定着被担保债权的最大范围,在最高额抵押担保债权确定前,当事人可以通过协议提高或降低最高债权额,以便对最高债

---

① 全国人大常委会法制工作委员会民法室编:《中华人民共和国物权法条文说明、立法理由及相关规定》,北京大学出版社 2007 年版,第 369 页。

权额进行重新确定。

需注意：为了防止当事人对最高额抵押合同条款的变更损害其他抵押权人的利益，我国《物权法》特别规定，变更的内容不得对其他抵押权人产生不利影响，否则其变更的约定无效。

（3）最高额抵押权的处分。这主要是指最高额抵押权是否随其所担保的主债权转让而转让。对于这个问题要区分几种情况：

第一种情况是在最高额抵押担保的债权确定以前。由于最高额抵押是对将来一定期间内连续发生的所有债权作担保，而不是单独对其中某一债权作担保，因此，最高额抵押权并不从属于特定债权。所以，部分债权转让的，只是使这部分债权脱离了最高额抵押权的担保范围，对最高额抵押权并不产生影响。最高额抵押权仍然在最高额债权限度内，对已经发生未转让的和尚未发生将来可能要发生的债权作担保。因此，在最高额抵押担保的债权确定前，部分债权转让的，最高额抵押权不得转让，但当事人另有约定的除外。这也正是最高额抵押权从属性较为缓和的一种体现。

第二种情况是在最高额抵押担保的债权确定以后。在此情况下，最高额抵押权已转化为一般抵押权了，所以，其可以按照一般抵押权转让的方式转让。主债权转让的，最高额抵押权一并转让。

第三种情况是当事人可以约定在最高额抵押权担保的债权确定前，最高额抵押权随部分债权转让而转让，这是意思自治原则的充分体现。这种情况下，当事人的约定主要有两种情形：其一是部分债权转让的，抵押权也部分转让，原最高额抵押所担保的债权额随之相应减少。其二是部分债权转让的，全部抵押权随之转让，未转让的部分债权成为无担保债权。[1]

4. 最高额抵押权的实现

在最高额抵押，由于所担保的是将来的、不特定的债权，因此要想实现抵押权，就必须对所担保的债权额予以确定。而所担保的债权额一旦被确定，则最高额抵押权就转化成为了一般抵押权，最高额抵押权就可按照一般抵押权的规定得以实现。所以，此处所说的最高额抵押权的实现，其最根本的是最高额抵押权所担保债权的确定。所谓最高额抵押权的确定，也称最高额抵押权原本的确定或担保债权的确定，是指最高额抵押权所担保的一定范围内的不特定债权，由于一定事由的发生而变为具体、特定。[2] 根据我国《物权法》，最高额抵押权确定的事由主要有以下几种：

---

[1]　全国人大常委会法制工作委员会民法室编：《中华人民共和国物权法条文说明、立法理由及相关规定》，北京大学出版社 2007 年版，第 370 页。

[2]　王利明主编：《民法》（第四版），中国人民大学出版社 2008 年版，第 322 页。

（1）约定的债权确定期间届满。确定期间又称决算期，是确定最高额抵押权所担保的债权实际数额的时间。虽然确定期间不是最高额抵押合同的必备条款，但是，由于确定期间决定着债权额度的确定，因此通常情况下，当事人双方都会在最高额抵押合同中约定债权确定的期间。而在合同中一旦约定了债权确定的期间，就表明抵押人在合同中确定了自己承担责任的期限。于是，当债权确定期间届满时，最高额抵押权所担保的债权数额即自行确定。这是比较常见的最高额抵押权确定事由。

（2）没有约定债权确定期间或者约定不明确，抵押权人或者抵押人自最高额抵押权设立之日起满 2 年后请求确定债权。由于确定期间不是最高额抵押合同的必备条款，所以在最高额抵押合同中，可能会存在当事人没有约定确定期间的情况，或者即使有约定，但约定的期间不明确。这种情况下"最高额抵押权担保的债权也不可能永远的继续下去，因为其是为了一定时期内连续发生的债权进行的担保，所以应合理确定'一定期间'，在物权法中确定了 2 年的时间"①。这里的"2 年"是除斥期间，不存在中止、中断的问题，其起算点是最高额抵押权设立之日。

（3）新的债权不可能发生。最高额抵押权担保的是将来一定范围内不断发生的不特定债权，如果没有债权再发生，就表明担保债权的流动性停止下来，最高额抵押权所担保的债权范围也就固定下来了。这主要包括两种情况：一是连续交易终止，此时连续交易结束日期就是债权确定的时间；二是基础法律关系消灭，即最高额抵押合同因为约定或者法律规定原因而被终止或解除，担保债权就失去了再次发生的可能性，最高额抵押权由此得以确定。

（4）抵押财产被查封、扣押。在最高额抵押权存续期间，抵押财产被查封、扣押，就意味着该抵押财产有可能被拍卖或变卖，以便于用其变价款对申请人的债权进行清偿。由于抵押权具有优先受偿性，其优先于执行权受偿，所以此时的最高额抵押权必须进行确定，否则就无法受偿。同时，抵押财产被查封、扣押，就使抵押财产脱离了最高额抵押人和最高额抵押权人的控制，隔断了抵押财产与担保债权的关系。因此，为了保护最高额抵押权人和其他债权人的利益，稳定担保关系，最高额抵押权必须进行确定。另外，查封、扣押财产的目的，是为了防止因被申请人转移、隐匿或毁损财产而导致将来判决难以执行的情况，如果最高额抵押物被查封、扣押后，担保债权仍不确定，则有可能出现抵押人与抵押权人恶意串通，故意在抵押物被查封、扣押后制造虚假债权。由于这些债权能够连同抵押物被查封、扣押前产生的债权一起，从抵押物拍卖、变卖所得价款中优先受偿，就会使查封、扣押抵押财产的目的落空，从而严重影响到申请财产保全或者申请

---

① 王轶主编：《物权法解读与应用》，人民出版社 2007 年版，第 327 页。

执行的债权人的利益,因此为了平衡抵押人各债权人的利益,在此情况下抵押权人的债权必须确定。

（5）债务人、抵押人被宣告破产或者被撤销。当债务人、抵押人被宣告破产或者被撤销时,债务人或抵押人与债权人不可能再有新的债权发生,此时,根据本部分第 3 条事由,最高额抵押权应当进行确定。并且,当债务人、抵押人被宣告破产或者被撤销,就意味着破产程序或清算程序的到来,作为其债权人之一的最高额抵押权人也必然加入到这一程序中来,并且在这一程序中,最高额抵押权人可以行使别除权,行使优先受偿权,而这一切都需要最高额抵押权进行确定。从另一方面说,此时如果不对最高额抵押权进行确定,而是仍允许其债权不断变动,必然会损害其他债权人的合法权益,所以为保障其他债权人的利益,最高额抵押权也要进行确定。另外,当债务人、抵押人被宣告破产或者被撤销时,根据破产法的规定,未到期的债权在破产申请受理时视为到期,附利息的债权自破产申请受理时停止计息。而债务到期是抵押权实现的法定理由,所以,此时最高额抵押权也具备了实现的法定条件,这也要求最高额抵押权进行确定。

（6）法律规定债权确定的其他情形。这是一个兜底性条款,即除了以上情形,其他条款或其他法律也有可能规定最高额抵押权确定的情形。只要是法律作了规定,都可以引起最高额抵押权的确定。

（三）案例 63 分析

最高额抵押权是在预定的最高限额内,为担保将来一定期间内连续发生的债权而设定的抵押权。对于最高额抵押权设立前已经存在的债权,只要经当事人同意,也可以转入最高额抵押担保的债权范围。最高额抵押合同的当事人双方,在最高额抵押权所担保的债权确定以前,可以根据自己的意愿,通过协商的方式对合同条款进行变更。最高额抵押权实现最根本的就是最高额抵押权所担保的债权确定,而债权的确定需满足一定的法定事由,约定的债权确定期间届满是比较常见的最高额抵押权确定的事由。

本案中,某水泥公司连续向某建筑公司供货,双方签订总合同,约定抵押物和最高债权额,是设立最高额抵押权的行为。双方同意,将 5 月前的几个合同并入总合同,也符合法律的规定。10 月份,建筑公司对年底前水泥需求量的调整,也符合最高额抵押合同条款变更的要求。双方约定的债权确定期间为 1 年,所以到 2006 年 12 月 31 日,某水泥公司对某建筑公司的水泥应收款就成为确定债权,某水泥公司就可以主张实现自己的债权。如果某建筑公司无法清偿某水泥公司的货款,某水泥公司有权在约定的最高债权范围内,就某建筑公司的抵押物优先受偿。

[**案例思考**]

1. 甲企业向乙银行贷款 200 万元,约定 2 年后还本付息,丙企业以自己的生产设备、原材料为甲企业提供担保。三方签订了贷款协议和抵押合同,并进行了登记。1 年后,丙企业因经营不善,被申请破产,乙银行从破产财产中分得 180 万元。乙银行要求甲企业偿还剩余 20 万元债务。甲企业认为还没有到履行债务的最后期限,所以拒绝还款。

问题:乙银行要求甲企业提前还款有无法律依据?

2. 某面包加工厂长期向某超市供应面包。双方约定,未来 1 年内,面包厂向超市供应各类面包,总额不超过 10 万元,1 年到期后结算,超市以其所有的某建筑作为抵押。1 年后,超市欠面包加工厂面包款 12 万元,无法偿还。面包加工厂申请拍卖抵押建筑,拍卖得款 20 万元。

问题:面包加工厂可以优先受偿的债权数额是多少?

第十七章　质　　权

第一节　动　产　质　权

一、动产质权的含义

相关法条

第二百零八条　为担保债务的履行,债务人或者第三人将其动产出质给债权人占有的,债务人不履行到期债务或者发生当事人约定的实现质权的情形,债权人有权就该动产优先受偿。

前款规定的债务人或者第三人为出质人,债权人为质权人,交付的动产为质押财产。

第二百零九条　法律、行政法规禁止转让的动产不得出质。

（一）案例 64 简介

村民甲向村民乙借款 5000 元,约定半年之后还款。乙同意,但是要甲以其耕牛提供担保。甲同意,但是因为春耕时期,所以决定春耕结束之后将耕牛交给乙,乙表示同意。春耕结束后,甲将耕牛赠与自己的表弟丙,半年后,甲未能及时还款,乙要求将耕牛卖掉,偿还债款。但是耕牛已为丙所有,丙拒绝将耕牛出让,乙于是向法院起诉。[①]

问题:乙要求将耕牛卖掉偿还债款是否符合法律规定?

（二）相关知识点

1. 质权含义

所谓质权又称质押权,是指债务人或第三人将特定财产交由债权人占有,作为债权的担保,在债务人不履行到期债务或发生当事人约定实现质权的情形时,债权人有权以该财产折价或以拍卖、变卖所得价款优先受偿的权利。设定质权的行为叫质押;债务人或第三人交由债权人占有的财产称为质押财产或质押物或质物;提供质押财产的债务人或第三人称为出质人或质押人;债权人称为质权人。

---

① 马新彦主编:《中华人民共和国物权法法条精义与案例解析》,中国法制出版社 2007 年版,第 466—467 页。

质权是一项古老的担保制度,历经变迁从中分离出包括抵押权在内的许多其他担保物权制度,是名副其实的物的担保之源。根据标的物的类别不同,质权可以分为动产质权、权利质权和不动产质权。"但随着社会工商业经济的迅速发展,作为农业经济产物的不动产质权开始逐步为现代各国所淘汰。"①并且,"抵押权担保的普及和运用,取代了不动产质权。在抵押担保已经相当发达的现代社会,不动产质权已经失去了存在的必要"②。目前,世界上大多数国家都不承认不动产质押,即使是承认不动产质押的法国和日本,实际上不动产质权的适用机会也很少。我国现行法律所规定的质权仅限于动产质权和权利质权两种,而没有规定不动产质押形态,这是因为在我国,不动产以及不动产用益物权都实行严格的登记制度,且我国《物权法》规定这些权利采登记要件主义,如果不动产可以设立质押,这不仅与我国的登记制度不符,而且在质权实现时,将会因为与登记要件主义相违背而产生物权的争议。而且,既然不动产之上可以设立抵押,当事人也没有必要选择低效率的不动产质押制度。还要看到,我国《物权法》上的质权属于占有质权,不包括收益质权,这就可能使得不动产质押之下的财产难以实现物尽其用。因此,我国《物权法》不承认不动产质押是合理的。③

质权是担保物权的一种,具备担保物权的一般特征例如价值权性、从属性、不可分性、物上代位性和优先受偿性等,同时质权还具有特有的法律特征,主要有:

(1)质权是质权人占有标的物的担保物权。质权的成立,是以出质人将质物或权利凭证移转于债权人占有为必要。质押标的物占有的移转,既是质权的公示方式,也是其成立的要件,这与抵押权是根本不同的。

(2)质权的标的为动产或权利,不包括不动产。这与抵押权的抵押标的既包括动产和权利,也包括不动产有明显不同。

(3)质权对质押物具有留置效力。质权人占有并直接控制标的物,在债权受清偿以前,质权人可拒绝质押财产所有人对质押财产的返还请求从而能够留置质押财产,这与抵押权也有根本的区别。

2. 动产质权的含义

动产质权,是指债务人或第三人将特定动产交由债权人占有,作为债权的担保,在债务人不履行到期债务或发生当事人约定实现质权的情形时,债权人有权以该动产折价或以拍卖、变卖该动产的价款优先受偿的权利。动产质押是质押中最主要的方式。

---

① 郭明瑞主编:《中华人民共和国物权法释义》,中国法制出版社2007年版,第381页。
② 梁慧星主编:《中国物权法草案建议稿》,社会科学文献出版社2000年版,第700页。
③ 王利明:《物权法研究》(第三版)(下卷),中国人民大学出版社2013年版,第1307页。

动产质权具备质权的一般特征,同时还具有其特有特征,主要有:

(1)动产质权以质权人占有作为标的物的动产为必要。"动产物权的变动以占有为公示要件,且质权须通过留置效力实现其担保主债权实现的功能。如果不使债权人占有动产,既无法向外界展示动产上存在的质权,使第三人蒙受不测的损害,也不能保全质权的效力,债权人在实现质权时会发生严重困难。如果令债权人占有动产,就可以避免此种弊端。"①

(2)动产质权的标的为动产。该动产既可以是债务人的,也可以是第三人的,但不能是法律或行政法规禁止转让的动产。因为设立质权的目的是担保主债权的履行,在债务人不履行到期债务时,质权人有权将占有的质押物进行折价、拍卖或变卖,以其变现的价款优先受偿,从而保障主债权的实现。如果质押物为法律或行政法规禁止转让的动产,那么当债务人不履行到期债务时,质权人就无法对抵押的动产进行变现,无法使债务获得清偿,所谓的质押担保就会名存实亡。

(3)动产质权对质押动产具有留置的效力。由于动产质权人享有对质押动产的占有权利,因此在债权清偿前,动产质权对质押动产具有留置的效力,动产质权人可以拒绝质押动产所有人对质押动产的返还请求,从而在债务人不履行到期债务时,质权人能够对质押动产进行变现而优先受偿。动产质权的留置效力给出质人施加了一种偿还到期债务的外在动力,促使债务人如期偿还债务。

(三)案例 64 分析

债务人或第三人将特定的财产交由债权人占有,作为债权的担保,在债务人不履行到期债务或发生当事人约定实现债权的情形时,债权人有权以该财产折价或以拍卖、变卖所得价款优先受偿的权利称为质权。设定质权的行为叫质押。质权是担保物权的一种,其最大特征是质权人占有作为标的物的动产,这不仅仅是质权成立的要件,而且也是质权的公示方式。

本案中,甲和乙的约定属于订立质押合同的行为,但是甲却一直没有将作为质押物的耕牛移转给乙,那么双方约定设立的质权根本就不成立,甲作为耕牛的所有者有权处分自己的耕牛,即甲将耕牛赠与丙的行为是合法有效的,丙拒绝出让耕牛是合法的,乙无权要求丙返还耕牛,也就是乙要求将耕牛卖掉偿还债款是不符合法律规定的。

---

① 王利明、杨立新、王轶、程啸:《民法学》(第二版),法律出版社 2008 年版,第 421 页。

二、动产质权的取得

> **相关法条**
>
> **第二百一十条**　设立质权,当事人应当采取书面形式订立质权合同。
>
> 质权合同一般包括下列条款:
>
> (一)被担保债权的种类和数额;
>
> (二)债务人履行债务的期限;
>
> (三)质押财产的名称、数量、质量、状况;
>
> (四)担保的范围;
>
> (五)质押财产交付的时间。
>
> **第二百一十一条**　质权人在债务履行期届满前,不得与出质人约定债务人不履行到期债务时质押财产归债权人所有。
>
> **第二百一十二条**　质权自出质人交付质押财产时设立。

(一)案例 65 简介

刘某在旅游时钱包被盗,无法返回,同行的人中只认识王某,于是向王某借款 5000 元,王某没有表示。于是刘某说:"你看我现在还有一部手机,上个月刚买的,放在你那,回去后一个星期内我保证还你钱,你再把手机给我。"王某说:"如果你不还怎么办?"刘某说:"如果不还,手机就是你的。"王某于是同意借钱给刘某,刘某给王某写了欠条,同时表示将手机押给王某以及其他约定。王某之所以同意借钱,因为他知道刘某的手机现在市值 8000 元。旅游结束后,刘某因公出差一周,没有及时将 5000 元钱还给王某。于是王某告知刘某手机已归自己所有。此时,刘某即携带人民币 5000 元要求还款,王某拒绝,双方遂发生纠纷。①

问题:刘某与王某设立的质押担保是否有效? 王某能否拒绝刘某的还款请求?

(二)相关知识点

1. 基于法律行为取得动产质权

基于法律行为取得动产质权,包括依设立而取得和依让与而取得两种情形。

(1)依设立而取得动产质权。通过法律行为设立动产质权,属于动产质权的原始取得,是动产质权取得的最主要方式。"按照各国法,虽可用遗嘱设定动产质权,但实务上十分罕见。因此,所谓动产质权的设定,也就主要指依合同设

---

① 马新彦主编:《中华人民共和国物权法法条精义与案例解析》,中国法制出版社 2007 年版,第471—472 页。

定的动产质权。由动产质权的本质所决定,设定动产质权时,仅有当事人间设定动产质权的合意,动产质权并不成立,而惟有设定人把动产的占有移转给债权人,动产质权才可以设定。"①所以,依法律行为设立动产质权主要有两个重要步骤,即订立质权合同和交付质押财产。

第一,订立质权合同。所谓质权合同是指作为出质人的债务人或者第三人与债权人之间就在债务人或者第三人动产上设定质权的合意。我国《物权法》明确规定,设立质权,当事人必须订立质权合同,且该质权合同必须按照书面形式进行订立。但是,对于设立质权其合同未采用书面形式的,一方已经履行主要义务,对方接受的,根据我国《合同法》第36条的相关规定,该合同成立。② 质权合同一般包括下列主要条款:被担保债权的种类和数额;债务人履行债务的期限;质押财产的名称、数量、质量、状况;担保的范围;质押财产交付的时间等。以上关于合同内容的规定,是提示性、指导性、非要式的。③ 当事人在签订合同时,对于以上内容没有约定或者约定不明确的,并不因此影响合同的效力,当事人可以通过协商予以补正。但是,同抵押合同的订立一样,质权合同的债权人在订立质权合同时,不得与出质人约定债务人不履行到期债务时质押物移转为债权人所有。这就是民法上流质条款禁止的规定,其旨在保护债务人、债务人的其他债权人及为出质人的第三人的利益,以维护公平公正的法律理念。如果当事人在质权合同中或在债务履行前,约定了流质条款,则该条款无效。如果是单独订立的流质合同,则该合同无效。禁止流质契约是各国民法的通例,始自罗马法,我国相关法律均作了明确规定。法律之所以禁止流质契约,主要是考虑债务人往往处于急窘之境,债权人可以趁机迫使债务人签订流质契约,取得质物所有权,从而牟取不当利益。当然,从现实生活与经济发展看,债务人借债,并非都处于弱势地位,借债并进行质权担保的原因是多样化的。但从总体上说,为了保证担保活动的平等、自愿、公平和诚实信用,规定禁止流质契约还是十分有必要的。④当然,流质契约的禁止与以折价方式实现质权是不同的,这在下文还要详述,此不多谈。

第二,交付质押财产。动产质权的设立为物权变动的一种,因此必须进行公示。动产公示方式为占有,设立质权必须进行占有的移转,否则,不发生设立质权的效力。出质人与质权人订立动产质押合同,该合同自成立时生效,但在移转

---

① 陈华彬:《物权法》,法律出版社2004年版,第556页。

② 我国《合同法》第36条规定:"法律、行政法规规定或者当事人约定采用书面形式订立合同,当事人未采用书面形式但一方已经履行主要义务,对方接受的,该合同成立。"

③ 全国人大常委会法制工作委员会民法室编:《中华人民共和国物权法条文说明、立法理由及相关规定》,北京大学出版社2007年版,第382页。

④ 同上书,第384页。

质物占有以前,并不发生担保物权的效力,出质人只有实际移转质物到质权人占有时,质权才发生效力。所以,交付质押财产,使质押权人取得对质押物的占有,既是质权设立的公示方式,也是质权成立的要件。需注意:质权合同的生效与质权的成立是不能混为一谈的,那种认为未交付质押财产不仅质权不能成立,而且质权合同也是无效的观点,违背了物权变动与债权合同效力区分的原则,在理论和实践中都有很大的危害性。① 有关此内容可参见前文"不动产物权变动与原因行为的区分原则"的阐述,此不赘言。

交付质押财产中的"交付",是指质押财产的实际移转,通常指现实交付,但以简易交付或指示交付的方式移转占有的,亦无不可。但是,对于以占有改定的方式设定质权,世界各国的立法都不允许,我国法律也持否定态度。"当事人不得约定由出质人代替债权人占有质押财产,因为该约定即是'以合法的形式掩盖非法的目的',同时,也是违反法律强制性规定,因而是无效的。"②最高人民法院《关于适用〈中华人民共和国担保法〉若干问题的解释》第 87 条第 1 款规定:"出质人代质权人占有质物的,质押合同不生效;质权人将质物返还于出质人后,以其质权对抗第三人的,人民法院不予支持。"

作为质权标的物的质押财产,是指具备一定条件的动产,而非所有动产。这些条件主要是:该动产须具有可让与性、该动产须为独立物、特定物等。至于留置性是否应成为质物的属性,学界观点有分歧。③ 笔者倾向于留置性不应成为质物的属性。有疑问的是金钱能否出质?金钱是一般等价物,不具有特定性,且金钱作为一种特殊的种类物,其占有权的移转即为所有权的移转,所以其不适于出质。但用一定技术手段特定化了的金钱却可以作为质物,最高人民法院《关于适用〈中华人民共和国担保法〉若干问题的解释》第 85 条规定:"债务人或者第三人将其金钱以特户、封金、保证金等形式特定化后,移交债权人占有作为债权的担保,债务人不履行债务时,债权人可以以该金钱优先受偿。"

(2) 依让与而取得动产质权。同抵押权的让与一样,由于动产质权为非专属性财产权,自然可以进行让与。同样动产质权具有从属性,故而动产质权不得与其所担保的主债权分离而单独转让或另行提供担保。而只能与所担保的债权一并让与,受让人因此而取得动产质权。

---

① 我国《担保法》第 64 条的规定,是该错误的集中体现,该规定为:"出质人和质权人应当以书面形式订立质押合同。质押合同自质物移交于质权人占有时生效。"

② 江平主编:《中国物权法教程》,知识产权出版社 2007 年版,第 489 页。

③ 有学者认为,质权具有留置效力,故经济上不适于留置的物,如航空器、船舶等不得作为质权的标的物(见陈华彬:《物权法》,法律出版社 2004 年版,第 557 页)。但另有学者认为,如果当事人明知以船舶、航空器出质不经济却仍然要以此类物品出质,法律实无禁止之必要,因而留置性不应成为质物之属性(见孙鹏、王勤劳、范雪飞:《担保物权法原理》,中国人民大学出版社 2009 年版,第 227 页)。

2. 基于法律行为以外的原因取得

（1）以善意取得而取得动产质权。设立动产质权的行为是处分行为，按照法律一般原则，出质人对于出质的动产必须具有所有权或处分权，否则不产生动产质权设立的效力。但是，基于与动产所有权善意取得相同的理由，世界上多数国家均承认动产质权可以善意取得。

由我国相关法律的规定①可知，我国也认可质权的善意取得。所谓动产质权的善意取得，是指出质人将其占有但无权处分的动产出质，如果质权人在取得该动产的占有时，不知道或不应当知道出质人无权处分该动产，则质权人就取得该动产质权。动产质权的善意取得需具备以下条件：第一，出质人必须是动产占有人且无处分该动产的权利；第二，债权人已经占有动产；第三，债权人受让该动产的占有时须为善意。

（2）以继承而取得动产质权。动产质权为财产权，在权利人死亡后，可以为继承人继承。通说认为，以继承方式取得动产质权时，不以继承人是否知道其事实或是否已经占有质物为要件。

（3）因法律规定（法定质权）和时效而取得。世界上有些国家和地区承认动产质权因法律规定（法定质权）而取得和因时效而取得，但我国法律没有承认动产质权的这两种取得方式。

（三）案例 65 分析

依法律行为设立动产质权，主要有两个重要步骤，即订立质权合同和交付质押财产，其中质权合同必须为书面合同。但是，对于未采用书面形式的合同，一方已经履行主要义务，对方接受的，根据相关法律规定，该合同仍能成立。关于合同的内容，法律作了提示性、指导性的规定，对于有些内容，当事人可以通过协商予以补正。但是，当事人在订立质权合同时，不得约定债务人不履行到期债务时质物移转为债权人所有，这就是民法上的流质条款禁止的规定。如果当事人在质权合同中或在债务履行前，约定了流质条款，则该条款无效。

本案中，刘某与王某就设定质权达成合意，并交付质押物手机，所以动产质权设立有效。但是，该合同内容却有刘某不能偿还到期债务时手机移转为王某所有的约定，这属于流质条款，为法律所禁止，所以该条款无效。因此，刘王二人应对合同进行修正，使其有效。同时，刘某在履行期届满的次日向王某提出还款，不为迟延履行，王某应当接受刘某的还款请求。

---

① 例如最高人民法院《关于适用〈中华人民共和国担保法〉若干问题的解释》第 84 条规定："出质人以其不具有所有权但合法占有的动产出质的，不知出质人无处分权的质权人行使质权后，因此给动产所有人造成损失的，由出质人承担赔偿责任。"另外，依我国《物权法》第 106 条的规定，也知我国法律承认动产质权的善意取得。

三、动产质权的效力

📑 **相关法条**

第二百一十三条 质权人有权收取质押财产的孳息,但合同另有约定的除外。

前款规定的孳息应当先充抵收取孳息的费用。

第二百一十四条 质权人在质权存续期间,未经出质人同意,擅自使用、处分质押财产,给出质人造成损害的,应当承担赔偿责任。

第二百一十五条 质权人负有妥善保管质押财产的义务;因保管不善致使质押财产毁损、灭失的,应当承担赔偿责任。

质权人的行为可能使质押财产毁损、灭失的,出质人可以要求质权人将质押财产提存,或者要求提前清偿债务并返还质押财产。

第二百一十六条 因不能归责于质权人的事由可能使质押财产毁损或者价值明显减少,足以危害质权人权利的,质权人有权要求出质人提供相应的担保;出质人不提供的,质权人可以拍卖、变卖质押财产,并与出质人通过协议将拍卖、变卖所得的价款提前清偿债务或者提存。

第二百一十七条 质权人在质权存续期间,未经出质人同意转质,造成质押财产毁损、灭失的,应当向出质人承担赔偿责任。

第二百一十九条第一款 债务人履行债务或者出质人提前清偿所担保的债权的,质权人应当返还质押财产。

第二百二十条 出质人可以请求质权人在债务履行期届满后及时行使质权;质权人不行使的,出质人可以请求人民法院拍卖、变卖质押财产。

出质人请求质权人及时行使质权,因质权人怠于行使权利造成损害的,由质权人承担赔偿责任。

(一)案例 66 简介

3 月 1 日,甲向乙借款 2000 元,并将一头母牛交给乙作为质押。4 月 1 日,母牛生下一只牛犊。6 月 1 日,甲不能清偿到期债款,遂变卖母牛及牛犊。其中母牛卖了 1800 元,牛犊卖了 500 元。这期间,乙为喂养母牛花费 100 元,为接生、喂养牛犊花费 150 元。

问题:乙的债权应如何受偿?①

---

① 王全弟主编:《物权法》,浙江大学出版社 2007 年版,第 410 页。

（二）相关知识点

1. 动产质权担保的债权范围

动产质权担保的债权范围，是指动产质权人实现动产质权时，可以优先受偿的债权范围。动产质权担保的范围一般由当事人自由约定，如果当事人没有约定或者约定不明确的，则依据法律规定。根据我国《担保法》《物权法》及相关法律的规定①，质权所担保的债权范围包括主债权及其利息、违约金、损害赔偿金、质物保管费和实现质权的费用。相关内容在前文"担保物权的担保范围"部分已经作了阐述，此处不再重复。

2. 动产质权效力及于标的物的范围

动产质权效力及于标的物的范围，是指动产质权人行使动产质权时可依法予以变价的标的物的范围。动产质权效力及于标的物的范围主要是当事人双方约定用于质押的质物，质物以外的其他物在一定条件下，也可以成为质权的标的物。动产质权效力及于标的物的范围，与抵押权大致相同，即除了质物本身外，其效力还及于质物的从物、孳息、代位物和添附物等。

（1）从物。当质物为主物时，除非当事人双方另有约定，否则质权的效力及于从物。但是由于质权的设立是以交付为必要，所以如果从物未随同主物移转为质权人占有的，质权的效力不及于从物。

（2）孳息。质物的孳息包括自然孳息和法定孳息。由于质权人占有质物，因此由其收取质物所产生的孳息最为简便可行。质权人依法收取孳息时，取得的是孳息的质权而非所有权，孳息因此而成为质权的标的物。质权人所收取孳息的变价款应当先允抵收取孳息的费用。

（3）代位物。质物的代位物是指质物灭失、毁损或者被征用而转化的其他价值形态，例如保险金、赔偿金或补偿金等。根据质权的物上代位性，质权的效力及于质物的代位物，质权人有权就该保险金、赔偿金或补偿金等优先受偿。在质权所担保的债权未届清偿期时，质权人可以请求人民法院对保险金、赔偿金或者补偿金等采取保全措施。

---

① 我国《担保法》第 67 条规定："质押担保的范围包括主债权及利息、违约金、损害赔偿金、质物保管费用和实现质权的费用。质押合同另有约定的，按照约定。"最高人民法院《关于适用〈中华人民共和国担保法〉若干问题的解释》第 90 条规定："质物有隐蔽瑕疵造成质权人其他财产损害的，应由出质人承担赔偿责任。但是，质权人在质物移交时明知质物有瑕疵而予以接受的除外。"我国《物权法》第 173 条规定："担保物权的担保范围包括主债权及其利息、违约金、损害赔偿金、保管担保财产和实现担保物权的费用。当事人另有约定的，按照约定。"

（4）添附物。关于动产质权效力是否及于添附物的问题,学者观点不一致①,但大多数学者认为,在质物发生因附合、混合、加工而添附时,动产质权的效力应及于添附物,其相关问题的处理与抵押权中的情况相同,即适用最高人民法院《关于适用〈中华人民共和国担保法〉若干问题的解释》第 62 条规定的抵押权对于添附物的效力扩张解释。也就是:质押物因附合、混合或者加工使质押物的所有权为第三人所有的,质权的效力及于补偿金;质押物所有人为附合物、混合物或者加工物的所有人的,质权的效力及于附合物、混合物或者加工物;第三人与质押物所有人为附合物、混合物或者加工物的共有人的,质权的效力及于质押物所有人对共有物享有的份额。

3. 质权人的权利与义务

（1）质权人的权利。主要有:

第一,占有质物的权利。质权人占有质物,是质权得以成立和存在的前提条件,是质权人最基本的权利。在质权所担保的债权获清偿前,质权人能够占有质物,并能够拒绝质物所有人对质物的返还请求。在质权人的占有权受到侵害时,质权人可依法请求排除妨害、消除危险、返还原物、损害赔偿等。质权人对质物的占有既包括直接占有,也包括间接占有例如质权人委托第三人对质物进行保管。

第二,优先受偿权。这是指当债务人不履行到期债务或发生当事人约定的实现质权的情形时,质权人无须征得质押人的同意,而以质物折价或变卖、拍卖的所得价款优先受偿的权利。优先受偿权是质权最重要的效力,也是保障质权人权利的最后方式。质权人的优先受偿权主要表现在:其一,通常情况下,质权人优先于一般债权人受偿;其二,质物被查封、被执行时,设立在先的质权优先于执行权;其三,在出质人破产时,质权人享有别除权,质物不列入破产财产且优先清偿质权人的债权。

第三,收取孳息的权利。除当事人另有约定外,质物的孳息由质权人收取,正如前文所言,质权人依法收取孳息时,取得的是孳息的质权而非所有权,孳息因此而成为质权的标的物。收取孳息的变价款应先允抵收取孳息的费用,后允抵主债权利息,最后允抵主债权原本。

第四,转质的权利。所谓转质,是指质权人为担保自己或他人的债务,将自己占有的质物交付于第三人设立新的质权的行为,所设立的新质权称为转质权,因转质而取得新质权的人称为转质权人。转质在性质上属于质权的再设定,新

---

① 　例如有学者认为,动产质权的效力不及于质物的添附物,因为出质人无权使用质物,因而质物与他人发生添附的可能比较小(见马新彦主编:《中华人民共和国物权法法条精义与案例解析》,中国法制出版社 2007 年版,第 475 页)。但笔者觉得该观点值得商榷。因为虽然出质人无权使用质物,但在质权人占有质物期间,却有可能会产生与其他物发生添附的情况。

设定的转质权就质押财产取得更优先的支配力。由于质权人占有质押财产,出质人丧失对质押财产的使用、收益和处分,所以质权在很大程度上妨碍质押财产使用价值的发挥,而转质则可以弥补这一缺陷,通过转质能够促使物的价值实现最大化,有助于实现"物尽其用,物有所值"的理念。转质依其是否经出质人同意,分为承诺转质和责任转质两种。所谓承诺转质,是指经出质人同意,质权人在占有的质物上为第三人设定质权的行为。所谓责任转质,是指无须出质人同意,质权人以自己的责任在占有的质物上为第三人设定质权的行为。从最高人民法院《关于适用〈中华人民共和国担保法〉若干问题的解释》第94条的规定①,可以看出在我国《物权法》通过以前,我们是不承认责任转质的,仅是有条件地承认承诺转质。② 我国《物权法》对此作了修正,承认了责任转质,只不过由此造成质物毁损、灭失的,转质人要承担赔偿责任。

第五,质物保全权。这是指因不能归责于质权人的事由可能使质押财产毁损或者价值明显减少,足以危害质权人权利的,质权人有权保全质物。保全的方式有:其一,要求出质人提供相应的担保。当质押财产毁损、灭失或被征收的,因此所得的保险金、赔偿金或者补偿金,应作为代位物为主债权继续提供担保,即使没有代位物,出质人也应提供与毁损数额相当的担保。质押财产虽未灭失,但其价值有明显减少的可能,足以危害到质权人权利的,质权人也可以要求出质人提供与价值明显减少数额相当的担保。其二,出质人拒不提供相应担保的,质权人无须出质人同意即可拍卖、变卖质押财产。就拍卖、变卖所得价款,质权人可与出质人协议用于提前清偿债务或者提存。

根据我国有关法律,质权人行使质物保全权,需符合以下条件:其一,须质物有毁损或者价值明显减少的可能;其二,须足以危害质权人的权利;其三,须非出于质权人的原因而致质物有毁损或价值减少的可能;其四,须出质人拒不提供相应担保;其五,质权人只能以质押财产的变价代充质物。质权人行使质物保全权为质权的保全,而非质权的实现,因此,对于质押财产的变价,质权人不能直接从中优先受偿,而只能以之代充质物。

第六,必要保管费用偿还请求权。质押财产在出质后由质权人占有,但质押财产的所有权仍属于出质人。质权人负有妥善保管质物的义务,但这种义务是

---

① 最高人民法院《关于适用〈中华人民共和国担保法〉若干问题的解释》第94条规定:"质权人在质权存续期间,为担保自己的债务,经出质人同意,以其所占有的质物为第三人设定质权的,应当在原质权所担保的债权范围之内,超过的部分不具有优先受偿的效力。转质权的效力优于原质权。质权人在质权存续期间,未经出质人同意,为担保自己的债务,在其所占有的质物上为第三人设定质权的无效。质权人对因转质而发生的损害承担赔偿责任。"

② 本来承诺转质的范围即被担保的债权额与清偿期,是可以超过质权范围而无须在质的范围之内的,但最高人民法院《关于适用〈中华人民共和国担保法〉若干问题的解释》在承认承诺转质的同时,却增加了"应当在原质权所担保的债权范围之内"。

为了出质人而进行的,所以,质权人对于为了保全质押财产所支出的必要费用,有权请求出质人予以偿还。所谓必要费用,包括为保存或管理质押财产所不可缺少的费用,含质押财产能正常运行的费用,例如修理费、饲养费等。

（2）质权人的义务。主要有：

第一,保管质押财产的义务。在质押法律关系中,质权人虽然享有占有质押财产的权利,但是,质押财产的所有权依然归出质人。所以,质权人在占有质押财产的同时,即产生妥善保管质押财产的义务。所谓妥善保管,是指应以善良管理人的注意义务来保管质押财产。而善良管理人的注意,是指依据交易的一般观念,认为有相当的知识或经验及诚意的人所应具备的注意。"是否已经尽到此种注意,应依据所承担的义务性质决定,而当事人有无注意的能力,则在所不问。"[1]质权人因自己的过错即保管不善致使质押财产灭失或毁损的,应当承担赔偿责任。"对质权人的民事责任承担应当采用过错推定原则,即出质人只要证明质物遭受毁损、灭失的事实即可,质权人应当举证证明自己已经尽了妥善保管的义务,否则就应当承担赔偿责任。"[2]

第二,不得擅自利用和处分质押财产的义务。质权的本质是担保物权而不是用益物权,质权人占有质押财产,是为了加强对质押财产的控制,以保证质权的实现,而不是使质权人取得对质押财产使用、处分的权利。因此,在质权存续期间,质权人未经出质人同意,不得擅自利用和处分质押财产,否则质权人要承担损害赔偿责任。

第三,返还质押财产的义务。当动产质权所担保的债权因清偿或其他原因消灭时,质权归于消灭。此时质权人就丧失了继续占有质押财产的合法性依据,应当将质押财产返还给出质人。质权人拒不返还的,应当承担民事责任。如果出质人在设质后,将质押财产转让给第三人,则该第三人也可基于所有权请求质权人返还质押财产。

第四,质权及时行使的义务。行使质权是质权人的权利,但同时也是质权人应当承担的义务。在质押关系中,由于质物为质权人控制,所以在主债权届满债务人不履行债务的情况下,质权人可能并不一定急于行使质权。尤其是随着市场价格的变化,质物也存在价格下跌或者意外灭失的风险,因此,一旦债务履行期届满而债权人未获清偿时,质权人不及时行使质权,就可能给出质人造成损失。所以,在债务履行期届满而债权人未获清偿时,质权人应及时行使质权,否则出质人有权请求质权人及时行使质权,质权人不行使的,出质人可请求法院拍

---

[1]　江平主编：《中国物权法教程》,知识产权出版社 2007 年版,第 500 页。

[2]　全国人大常委会法制工作委员会民法室编：《中华人民共和国物权法条文说明、立法理由及相关规定》,北京大学出版社 2007 年版,第 389 页。

卖或变卖质押物。出质人请求质权人及时行使质权,因质权人怠于行使权利造成损害的,由质权人承担赔偿责任。

4. 出质人的权利与义务

(1)出质人的权利。主要有:

第一,质押财产法律上的处分权。在质权存在期间,虽然出质人不能占有质押财产,但却仍然是质押财产的所有人,所以出质人仍有权处分质押财产。但是,由于在质权实现以前,出质人无法占有质押财产,所以,出质人转让质押财产时必然无法实现现实交付,而只能采取指示交付的方式。也就是说,出质人对质押财产不可能为事实上的处分,而仅能为法律上的处分,并且在出质人清偿债务取回质押财产前,受让人无法取得对质押财产的实际占有。因此,在质权存续期间,出质人对质押财产的处分是受到一定限制的。

第二,质押财产的收益权。质权人占有质物后,除非当事人在合同中另有约定,质押财产的孳息由质权人收取。但是,质权人享有的仅是孳息的收取权,而非孳息的所有权,孳息的所有权仍归出质人所有,即质押财产收益权属于出质人。更何况,如果当事人在合同中约定出质人对质押财产的孳息享有收取权,则出质人不但对孳息享有所有权,而且享有收取质押财产孳息的权利。

第三,物上保证人的追偿权。当出质人为债务人以外的第三人(物上担保人)时,该第三人代债务人清偿债务或因质权的行使导致第三人丧失质押财产所有权的,该第三人有权向债务人追偿。

第四,保全质押财产的权利。因质权人保管不善致使质押财产毁损、灭失的,出质人有权请求质权人进行赔偿。当质权人的行为可能使质押财产毁损、灭失时,出质人可以行使侵害排除请求权,要求质权人将质押财产提存,以排除侵害,提存费用由质权人负责。或者是出质人行使质押财产返还请求权,要求提前清偿债务而使债权人返还质押财产。出质人提前清偿债务,应当扣除债务未到期部分的利息。

第五,质权及时行使请求权。在质押担保的债务履行期届满后,未获清偿的质权人应及时行使质权,否则出质人有权请求质权人及时行使质权。如果经出质人请求后质权人仍不行使的,出质人可以请求人民法院拍卖或变卖质押财产,以清偿债务。出质人请求质权人及时行使质权,因质权人怠于行使权利造成损害的,由质权人承担赔偿责任。

(2)出质人的义务。主要有:

第一,损害赔偿义务。如果质押财产存在瑕疵,那么出质人应当对瑕疵所造成的损害承担赔偿责任。但是,如果质权人在取得质押财产的占有时,已经知道瑕疵所发生损害的,则出质人不负赔偿责任。

第二,必要保管费用偿还的义务。对于质权人为了保全质押财产所支出的必要费用,出质人作为质押财产的所有人,负有偿还的义务。对于质权人经出质人同意而支付的为了质押财产的有益费用,出质人也负偿还义务。

（三）案例 66 分析

除当事人另有约定外,质物的孳息由质权人收取,质权人依法收取孳息时,取得的是孳息的质权而非所有权,孳息因此而成为质权的标的物。收取孳息的变价款应先充抵收取孳息的费用,最后充抵主债权原本。

本案中,就质物的孳息牛犊,甲、乙双方并没有专门约定收取人,因此质权人乙有权依法收取牛犊作为质权的标的物。当甲不能偿还到期债务时,乙有权变卖质押物母牛及牛犊。其中就牛犊变卖款中先拿出 150 元充抵收取牛犊的费用,再从母牛和牛犊变卖价款中拿出 2100 元清偿质物保管费和债权,剩余 50 元还给甲。

四、动产质权的实现与消灭

📖 **相关法条**

第二百二十一条 质押财产折价或者拍卖、变卖后,其价款超过债权数额的部分归出质人所有,不足部分由债务人清偿。

（一）案例 67 简介

2007 年 4 月 2 日,黄某与某化工厂签订了承建该厂厂房的合同。工程完工后,经结算化工厂尚欠黄某 20 余万元工程款,双方约定最迟在 2007 年 12 月底付清该笔欠款,化工厂以一批化工品质押,作为对黄某债权的担保。2008 年 1 月,债务履行期届满,化工厂未能履行还款义务。黄某将质押物化工品变卖得款 15 万元,不足部分,黄某向化工厂主张。该化工厂认为,质押的化工品就已经是对黄某债权的抵消了,既然黄某已经将化工品变现,则双方之间的债权债务关系消灭。[①]

问题:本案最后化工厂的观点是否正确?

（二）相关知识点

1. 动产质权的实现

动产质权的实现又叫动产质权的实行,是指在债权已届清偿期但债权人未获清偿或者发生了当事人约定的实现质权的情形时,质权人处分质押物而用其变现价款优先受偿的行为。质权的实现是质权最主要的效力,是质权人最重要的权利,也是质权人设定质权的最主要目的。

---

① 《中华人民共和国物权法（案例应用版）》,中国法制出版社 2009 年版,第 293 页。

（1）实现的条件。第一，动产质权有效存在，即有设定质权的质押合同且质押财产为质权人占有。第二，债权已届清偿期但债权人未获清偿或发生了当事人约定的实现质权的情形。债权人未获清偿既包括债权全部未获清偿，也包括债权部分未获清偿。"至于债务人对未履行债务是否有过错，则在所不问。但是如果是因债权人的原因导致债务人不能按约履行到期债务的，则质权人不得行使质权。"①

（2）实现的方式。质权的实现主要有折价、拍卖和变卖三种方式。所谓折价，是指在债务人不履行到期债务或发生当事人约定的实现质权的情形，质权人与出质人协商由质权人以商定的价格取得质押物的所有以代替债务的履行。需注意：第一，折价是只在质权人与出质人协商实现质权时，才能采用的方式。未经出质人同意，质权人不得以折价方式处理质押财产。第二，以折价方式实现质权与流质条款禁止的规定不相违背。其理由可参考前文"抵押权实现的方式"的有关论述，此不赘言。所谓拍卖，是指以公开竞价的方式将质押物转让给出价最高竞买者的行为。拍卖是质权最主要的实现方式。由于在设立质权时，质物就已移转给质权人占有，所以质权人在实现质权时，无须取得出质人同意即可自行进行拍卖。所谓变卖，是指以拍卖以外的一般买卖方式将质押物出售给第三人，质权人以变卖所得价款优先受偿的行为。质物折价或变卖的，应参照市场价格，不得以不正当低价实现质权，损害其他债权人的利益。

在质物折价、拍卖或变卖后，所得价款超过债权数额的部分，质权人必须归还出质人。所得价款低于债权数额的，不足部分由债务人作为普通债权即无担保的债权进行清偿。

2．动产质权的消灭

动产质权的消灭，是指动产质权对于质押财产所具有的支配力终止，质权人不再享有对特定动产的质权。质权是担保物权的一种，担保物权消灭的原因自然也同样适用于质权，例如主债权的消灭、担保物权实现、债权人放弃担保物权、担保财产灭失后无代位物、担保物权消灭等。相关内容在前文"担保物权的消灭"部分已作阐述，此处不再重复。除此之外，动产质权还有自己特有的消灭原因，主要有：

（1）质物的任意返还。这是指质权人因为自己的意思，任意将质物返还于出质人。动产质权的成立与存续，是以质权人占有质物为要件。因此，如果质权人基于自己的意思将质物返还于出质人，不再占有质物，则无论返还的原因是什么，质权都将消灭。但是，如果非基于质权人自己的意思而丧失占有质物的，例

---

① 王全弟主编：《物权法》，浙江大学出版社 2007 年版，第 424 页。

如被抢夺、被盗窃等，则不属于质权人的返还，质权不能因此而消灭。

（2）质物占有丧失而无法恢复的。非基于质权人意思而丧失占有质物的，质权人可依物上请求权而请求返还质物，质权并不消灭。但是此时如果质物因事实或法律原因而无法返还时，则质权消灭，例如质物为第三人善意取得或返还请求权愈时效期间等。但"若第三人取得的不是所有权而是限制物权，质权并不消灭，但第三人的权利优于质权"。①

（三）案例 67 分析

动产质权的实现又叫动产质权的实行，是指在债权已届清偿期但债权人未获清偿或者发生了当事人约定的实现质权的情形时，质权人处分质押物而用其变现价款优先受偿的行为。质权的实现主要有折价、拍卖和变卖三种方式。在质物折价、拍卖或变卖后，所得价款超过债权数额的部分，质权人必须归还出质人。所得价款低于债权数额的，不足部分由债务人作为普通债权即无担保的债权进行清偿。

本案中，化工厂应就黄某变卖质物不足以清偿债务的部分向黄某进行清偿，只不过不足部分是作为普通债务即无担保债务进行清偿罢了。所以，本案最后化工厂的观点是不正确的。

[案例思考]

1. 甲开了一个家电维修店，乙将自己的电视送到甲处维修，因店里业务很忙，当天顾不上修理，乙就将电视机留在了甲的店里，说过段时间再来取。电视机修好后，乙因外出有事，一直未来取。这天丙来找甲，催甲偿还以前借丙的5000 元钱，甲承诺 10 天后一定还。为了让丙放心，甲就谎称乙的电视机是自己的，可用来进行质押，丙信以为真，就将电视机搬走了。

问题：丙的质权是否成立？

2. 张三向李四借款 10 万元，以自己的一辆小轿车进行质押。张三到期无法偿还李四的债务，李四在申请拍卖小轿车时，得知该小轿车还有一只备用轮胎，现就放在张三的家里，于是李四请求一同拍卖该备用轮胎并优先受偿。

问题：李四能否请求一同拍卖该备用轮胎并优先受偿。

---

① 申卫星：《物权法原理》，中国人民大学出版社 2008 年版，第 377 页。

第二节 权利质权

一、权利质权的含义

相关法条

第二百二十三条 债务人或者第三人有权处分的下列权利可以出质：

（一）汇票、支票、本票；

（二）债券、存款单；

（三）仓单、提单；

（四）可以转让的基金份额、股权；

（五）可以转让的注册商标专用权、专利权、著作权等知识产权中的财产权；

（六）应收账款；

（七）法律、行政法规规定可以出质的其他财产权利。

（一）案例 68 简介

某外贸公司持有一张面额为 50 万美元、存款期为 1 年的定期存款单。为了向国内供货商支付货款，遂将定期存单交给银行办理质押，银行则向外贸公司提供 350 万元人民币贷款。根据约定外贸公司到期向银行还款时，银行即应取消质押，将存单归还外贸公司。如果公司不能清偿银行贷款，银行就有权以该美元存款抵偿外贸公司欠款。[①]

问题：本案中外贸公司和银行的贷款约定是否有效？

（二）相关知识点

1. 权利质权的概念

权利质权，是指以所有权、用益物权以外的可让与的财产权利为标的而设立的质权。

现代社会，随着经济的高度发展，商品交换越来越频繁。充分利用财产凭证所体现的无形财产权，对促进资金融通和商品流通、发展经济有着重要作用。"以权利为客体而设定权利质权，赋予债权、股权、知识产权等财产权以担保债权实现的功能，一方面可以克服动产质押须移转占有而影响质物的使用价值及保管质物的烦累，另一方面也符合担保物权直接支配担保财产之交换价值的本质要求。而且在财产权利有日渐证券化之趋势的现代，以体现为有价证券的权

---

① 《中华人民共和国物权法（案例应用版）》，中国法制出版社 2009 年版，第 295 页。

利设质来担保债权之实现,无论在设定方式上还是实行方式上,都更合乎融资担保的社会需求。"①更有学者说:"权利质权的出现和完善,在世界经济金融化、证券化和全球化的背景下,超动产质权之弊,力挽质权这一人类最古老的担保形式的衰微之狂澜,而且更使其焕发了更大的生机和活力,向抵押权的担保之王位发起了强劲的冲击,几使质权与抵押权形成鼎足之势。"②

2. 权利质权的特征

作为质权的一种,权利质权具备质权的一般特征,例如价值权性、从属性、不可分性、物上代位性和优先受偿性等,同时权利质权又具有一些特有的法律特征,主要有:

(1)权利质权的标的是可让与的、适合设质的财产权利。财产权利是与人身权利相对应的权利,人身权利与人身不能分离,不能进行交换,因此不能成为权利质权的标的。而财产权是以财产为内容的权利,是能够用金钱进行估价的权利,所以,财产权利完全能够成为权利质权的标的。但是,并非所有的财产权利都可以成为权利质权的标的,质权是价值权,其标的物必须有变现的可能,才能发挥其担保的功能,实现其价值目标。因此没有让与性的财产权例如抚养费请求权、人身损害赔偿请求权等都不能成为权利质权的标的。同时,也并非所有可让与的财产权都可以设质,只有那些适合于建立质权的财产权利才可以成为权利质权的标的,例如在我国,在不动产物权上设定担保的,一般被归入抵押权之列,因此不动产物权不能成为权利质权的标的。"民法上之抵押权、质权、留置权,不得离其所担保之主债权而为权利质权之标。地役权既不得与需役地分离,为其他权利之标的,亦不得独立为权利质权之标的,自不待说。"③

(2)权利质权是以交付权利凭证或者登记为其公示方式而发生效力的质权。权利质权的标的具有多样性,因此,其权利公示的方式也由于标的物的不同而有差异。以具有权利凭证的财产权利设定质权的,其公示方式为将权利凭证交付与质权人占有,以无权利凭证的权利设定质权的,其公示方式为登记。

3. 权利质权与动产质权的关系

权利质权与动产质权都属于质权,因而两者具有许多共同之处,但权利质权与动产质权毕竟是两种质权,因而又存在一些不同,主要有:

(1)标的不同。动产质权的标的是有形的动产,而权利质权的标的则是无形的权利。

(2)设立的方式不尽相同。动产质权的设立方式除必须订立质押合同外,

---

① 刘保玉:《物权法学》,中国法制出版社 2007 年版,第 360 页。

② 孙鹏、王勤劳、范雪飞:《担保物权法原理》,中国人民大学出版社 2009 年版,第 291 页。

③ 史尚宽:《物权法论》,中国政法大学出版社 2000 年版,第 390 页。

还必须由出质人将质物的占有移转给质权人占有。权利质权的设立方式除必须订立质押合同外,还要根据标的物的不同,而分别采用移转权利凭证的占有、登记等方式才能设立质权。

(3)质权保全与实现的方式有所不同。动产质权主要是通过质权人对出质动产的实际管领和控制,限制出质人对质物进行事实上的处分来实现的。而权利质权的保全主要是通过限制出质人对入质权利的处分权来实现的。在实现的方式上,动产质权是以折价、拍卖和变卖质物的方式,以其所得价金优先受偿;而权利质权除可以采取以上方式外,还可以直接取代出质人的地位,向入质权利的义务主体直接行使入质权利,使自己的债权优先受偿。

4. 权利质权的标的范围

根据权利质权的内含,我国《物权法》采用列举方式规定了权利质权标的的范围,主要有以下几类:

(1)证券。包括汇票、支票、本票、债券、存款单、仓单、提单等。汇票是指由出票人签发的,委托付款人在见票时或者在指定日期无条件支付确定的金额给收款人或者持票人的票据。支票是指由出票人签发的,委托办理支票存款业务的银行或者其他金融机构在见票时无条件支付确定的金额给收款人或者持票人的票据。本票是指由出票人签发的,承诺自己在见票时无条件支付确定的金额给收款人或者持票人的票据。债券是指由政府、金融机构或者企业为了筹措资金而依照法定程序向社会发行的,约定在一定期限内还本付息的有价证券。存款单也称存单,是指存款人在银行或者储蓄机构存了一定数额的款项后,由银行或者储蓄机构开具的到期还本付息的债权凭证。仓单是指仓库保管人填发的存货人提取仓储物的凭证。提单是指用以证明海上货物运输合同和货物已经由承运人接受或者装船,以及承运人保证据以交付货物的单证。

(2)基金份额和股权。基金份额是指向投资者公开发行的,表示持有人按其所持份额对基金财产享有收益分配权、清算后剩余财产取得权和其他相关权利,并承担相应义务的凭证。股权是指股东因向公司直接投资而享有的权利。

(3)知识产权。包括注册商标专用权、专利权和著作权等知识产权。注册商标专用权是指注册商标所有人依法对注册商标享有的专有使用权。专利权是指由国家专利主管机关授予专利申请人或其继受人在一定期限内实施其发明创造的专有权。著作权是指文学、艺术和科学作品的创作者对其创作完成的作品所享有的人身权利和财产权利的总称。

(4)应收账款。是指权利人因提供一定的货物、服务或者设施而获得的要求义务人付款的权利,不包括因票据或者其他有价证券而产生的付款请求权。

(5)法律、行政法规规定可以出质的其他财产权利。由于社会实践不确定因素的存在,以上所列可能无法涵盖所有可出质的权利范围,于是法律特作兜底性规定,只要法律、行政法规规定可以出质的,都适用于权利质权的有关规定。

（三）案例68分析

以所有权、用益物权以外的可让与的财产权利为标的而设立的质权称为权利质权。充分利用财产凭证所体现的无形财产权设立质权,对促进资金融通和商品流通、发展经济有着重要作用。

本案中,外贸公司是债务人也是出质人,银行是债权人也是质权人,美元定期存单是被质押的权利,银行对存单享有权利质权。因此在外贸公司不履行债务时,银行能够以质权人的身份依法处置存款单,有权优先从存单的处置价款中获得清偿。所以,本案中外贸公司和银行的贷款约定是合法有效的。

二、证券质权

相关法条

第二百二十四条　以汇票、支票、本票、债券、存款单、仓单、提单出质的,当事人应当订立书面合同。质权自权利凭证交付质权人时设立;没有权利凭证的,质权自有关部门办理出质登记时设立。

第二百二十五条　汇票、支票、本票、债券、存款单、仓单、提单的兑现日期或者提货日期先于主债权到期的,质权人可以兑现或者提货,并与出质人协议将兑现的价款或者提取的货物提前清偿债务或者提存。

（一）案例69简介

刘某做生意需要用款10万元,但自己存在银行里的15万元为5年定期存款,如今已存了4年多,7月份就到期了,提前贴现损失就大了,不合算。于是刘某向王某借款10万元,承诺年底清偿,并用该张15万元的存款单进行质押。双方签订了书面合同后,刘某将存单交给王某。但是王某也想到一个问题,借款是年底清偿,存款单可是7月份到期,那么,7月份取出存款来如何处理?

问题:请你依据法律有关规定告诉王某存款单是怎么出质的?

（二）相关知识点

1. 证券质权的设立

同动产质权的设立一样,证券质权的设立有两个重要步骤,即订立质权合同和交付权利凭证或进行登记。根据我国《物权法》,设立证券质权,当事人必须订立质权合同,且该质权合同应当按照书面形式进行订立。合同内容一般包括被担保债权的种类和数额、债务人履行债务的期限、出质权利的名称和数额、担保的范围等。权利质权的设立,为物权变动的一种,必须进行公示,未进行公示只签订了合同,质权并不成立。证券质权的公示有两种方式:有权利凭证的,质权自权利凭证交付质权人时设立;没有权利凭证的,质权自有关部门办理出质登记时设立。①

2. 证券质权的效力

证券质权的效力包括证券质权担保的债权范围、及于标的物的范围、质权人的权利与义务、出质人的权利与义务等。这些内容大多适用于动产质权的有关规定,此不赘述。

3. 证券质权的实现

证券质权的实现又叫证券质权的实行,是指在债权已届清偿期,但债权人未获清偿或者发生了当事人约定实现质权的情形时,质权人对以证券为标的设质的权利进行处分以获得的价金优先受偿的行为。

(1)证券质权实现的方式。一方面,可以采取动产质权实现的方式实现,即通过拍卖、变卖和折价的方式实现。当然以拍卖、变卖和折价的方式实现证券质权时,应注意要以相关法律所规定的证券转让方式进行转让。另一方面,质权人可以直接取代出质人的地位,向入质权利的义务主体行使入质权利,并就所得款项优先受偿,即票据质权人可以直接向票据主债务人行使付款请求权,在第一次付款请求权不能实现时,可以行使追索权,并就所得款项优先受偿;债券、存单质权人可以直接行使出质债券或存单上的权利,要求债务人直接向自己清偿;仓单、提单质权人可以直接要求仓库保管人或承运人或其他债务人交付货物,并就货物变价所得优先受偿。

(2)证券质权实现的特殊情形。第一,当证券的兑现日期或提货日期先于主债权到期时,质权人有权进行兑现或提货。因为此时如果不进行兑现或提货,就有可能导致证券失效,既损害质权人的利益,也损害出质人的利益。但是,由于质权人的债权还未届清偿期,质权人无权要求出质人向自己履行债务以实现

---

① 但是对于票据质权的设立是否以背书记载"质押"字样为必要,理论界观点有分歧。所谓票据仅指汇票、支票和本票三种,我国《票据法》第 35 条第 2 款规定,汇票、支票、本票质押时应当背书记载"质押"字样,但是我国《物权法》则未作类似规定。对此有学者认为:"我国《物权法》仅规范票据质押的原因关系,至于设质背书如何进行,票据质押与其他票据行为之间的关系等,则非我国《物权法》所及,却为《票据法》的份内之责。……由此可见,票据质押之设定应以背书记载'质押'字样为必要"(梅夏英、高圣平主编:《物权法教程》,中国人民大学出版社 2007 年版,第 478 页)。而有学者则根据我国《物权法》第 224 条的规定认为,票据质押的设立"不以设质背书为票据质权生效要件"(王利明、杨立新、王轶、程啸:《民法学》(第二版),法律出版社 2008 年版,第 429 页)。另有学者认为,质权背书仅为票据质权的对抗要件,即以汇票、支票和本票出质,没有背书记载"质押"字样的,不得以票据出质对抗善意第三人(王全弟主编:《物权法》,浙江大学出版社 2007 年版,第 427 页)。还有学者认为应根据证券是否为记名证券、无记名证券和指示证券来决定质权设立时是否应背书。以无记名证券设质的,无须背书,而以记名证券与指示证券设质的,则须背书(郭明瑞主编:《中华人民共和国物权法释义》,中国法制出版社 2007 年版)。笔者认为最后这种理论颇为合理。

质权。因此,此时质权人可以同出质人协商,用兑现的价款或者提取的货物提前清偿债权,或者将兑现的价款或提取的货物提存。第二,当证券的兑现日期或提货日期后于主债权到期时,质权人只能在兑现或者提货日期届满时兑现款项或者提取货物。

（三）案例 69 分析

证券质权的设立有两个重要步骤,即订立质权合同和交付权利凭证或进行登记。在债权已届清偿期,但债权人未获清偿或者发生了当事人约定实现质权的情形时,质权人对设质权利有权进行处分以获得的价金优先受偿。在实现的方式上,质权人可以直接取代出质人的地位,向入质权利的义务主体行使入质权利,并就所得款项优先受偿。当证券的兑现日期或提货日期先于主债权到期的,质权人有权进行兑现或提货,并可同出质人协商,用兑现的价款或者提取的货物提前清偿债权,或者将兑现的价款或提取的货物提存。

本案中,刘某与王某订立了质权合同并支付了权利凭证,证券质权也就设立了。质押的存款单 7 月份到期,而债权是年底才到清偿期,即证券的兑现日期先于主债权到期,此时王某有权于存款单到期时到银行兑现现金,然后同刘某协商用兑现的价款提前清偿或者提存,提存费用由二人协商负担。

三、基金份额和股权质权

相关法条

第二百二十六条　以基金份额、股权出质的,当事人应当订立书面合同。以基金份额、证券登记结算机构登记的股权出质的,质权自证券登记结算机构办理出质登记时设立;以其他股权出质的,质权自工商行政管理部门办理出质登记时设立。

基金份额、股权出质后,不得转让,但经出质人与质权人协商同意的除外。出质人转让基金份额、股权所得的价款,应当向质权人提前清偿债务或者提存。

（一）案例 70 简介

某饮料公司向某市工商银行申请贷款 3000 万元,以公司所有的按当日股市行情价值 3200 万元的股份有限公司的股票出质。双方签订了借贷合同,期限 2年。当日双方去本市证券交易结算机构办理了出质登记。半年后,股市行情看涨,尤其是某饮料公司持有的股票价格上涨。此时,某饮料公司向某市工商银行提出要求转让质押的股票提前还贷。工商银行则称股市行情正向良性发展,股票还有可能上涨,而且债务未到履行期。因此,不同意某饮料公司转让股票的请求。双方随即发生纠纷。①

问题:某饮料公司是否有权收回出质的股票进行转让?

(二)相关知识点

1. 基金份额和股权质权的设立

基金份额和股权质权的设立,同样有两个重要步骤,即订立质权合同和进行登记。根据我国《物权法》,设立基金份额质权和股权质权,当事人应当订立书面合同。合同内容一般包括被担保债权的种类和数额、债务人履行债务的期限、基金份额股权的相关信息、担保的范围等。同样,基金份额和股权质权的设立,必须进行公示,否则质权不能成立。基金份额和股权质权公示的方式为登记。以基金份额出质的,应当到证券登记结算机构办理出质登记,质权自登记时设立。以股权出质的又分两种情形:一是以证券登记结算机构登记的股权出质的,当事人应当到证券登记结算机构进行出质登记,质权自办理出质登记时设立。这类股权包括上市公司的股权、公开发行股份公司的股权、非公开发行但股东在200人以上公司的股权等。这些股权的表现形式都为股票,这些股票都已实现了无纸化管理,"其发行、转让等行为都要受证券监督管理机构的监管,股票的过户、结算、保管等行为都通过证券登记结算机构。同时,证券登记结算机构的结算采取全国集中统一的电子化运营方式,既方便当事人和第三人登记、查询,也节省登记成本"②。所以,以这些股权出质的,须到证券登记结算机构办理出质登记,质权才能设立。二是以其他股权出质的,质权自工商行政管理部门办理出质登记时设立。这类股权包括有限责任公司的股权、非公开发行的股东在200人以下股份有限公司的股权等。以这类股权出质的"考虑到质权为担保物权,应当具有较强的公示效果,能够让第三人迅速、便捷、清楚地了解到权利上存在的负担,在股东名册上的记载其公示效果不强,也不便于第三人查询,因此,物权法将登记机构设在工商行政管理部门"③。

2. 基金份额和股权质权的效力

基金份额和股权质权的效力内容大多适用动产质权的有关规定,只是在涉及出质基金份额和股权能否处分的问题上,法律进行了特别的规定。我国《物权法》第226条第2款明确规定:"基金份额、股权出质后,不得转让,但经出质人与质权人协商同意的除外。出质人转让基金份额、股权所得的价款,应当向质权人提前清偿债务或者提存。"一方面,出质的基金份额和股权虽然为出质人所有,但其作为债权的担保,是一种有负担的权利,自然应受到限制,否则出质人随

---

① 《中华人民共和国物权法(案例应用版)》,中国法制出版社2009年版,第300页。

② 全国人大常委会法制工作委员会民法室编:《中华人民共和国物权法条文说明、立法理由及相关规定》,北京大学出版社2007年版,第408页。

③ 同上。

意转让，就可能损害质权人的利益，不利于债权的实现。另一方面，基金份额和股权虽然出质了，但出质人仍然是其持有人或为股东，质权人自然无权对其进行处分，否则将损害基金份额持有人和股东的权益。[①] 但是，如果出质人和质权人协商一致同意转让的，根据"意思自治原则"，法律自当应允。但由于此时债务尚未届至，所以出质人转让基金份额和股权所得价款，并不当然用于清偿所担保的债权，故而法律规定此时出质人应当向质权人提前清偿债务或者提存。

3. 基金份额和股权质权的实现

基金份额和股权质权的实现又叫基金份额和股权质权的实行，是指在债权已届清偿期，但债权人未获清偿或者发生了当事人约定实现质权的情形时，质权人对以基金份额和股权为标的设质的权利进行处分以获得价金优先受偿的行为。基金份额和股权质权的实现，一方面，可以适用动产质权实现的方式实现，即通过拍卖、变卖和折价的方式实现。但需注意，由于作为质权标的物的基金份额和股权具有自己的特殊性，所以在具体实行方法上存在一定的差异，要以相关法律规定的基金份额和股权转让的方式进行转让。另一方面，质权人可以直接取代出质人的地位，向入质权利的义务主体行使入质权利，并就所得价款优先受偿。但需注意，质权的效力只及于其中的财产权益，质权人不得代基金份额持有人、股东行使表决权等非财产性权利。[②]

（三）案例 70 分析

基金份额和股权质权的设立，同样有两个重要步骤，即订立书面质权合同和进行登记。基金份额、股权出质后，不得转让，但经出质人与质权人协商同意的除外。出质人转让基金份额、股权所得的价款，应当向质权人提前清偿债务或者提存。

本案中，某饮料公司与某市工商银行的质押合同合法有效，并且双方又到有关部门进行了质权设立登记，这完全符合基金份额和股权质权设立的法律要求。但本案中，某饮料公司提出转让股票提前偿还借款的要求，工商银行未予同意。因此，某饮料公司无权收回出质的股票进行转让。

[①]　但我国有学者认为《物权法》的该项规定"是非常不妥当的，应当允许出质人自由转让入质之基金份额和股权"。此观点见孙鹏、王勤劳、范雪飞：《担保物权法原理》，中国人民大学出版社 2009 年版，第 319 页。

[②]　王全弟主编：《物权法》，浙江大学出版社 2007 年版，第 430 页。

四、知识产权质权

> **相关法条**
>
> **第二百二十七条**　以注册商标专用权、专利权、著作权等知识产权中的财产权出质的，当事人应当订立书面合同。质权自有关主管部门办理出质登记时设立。
>
> 知识产权中的财产权出质后，出质人不得转让或者许可他人使用，但经出质人与质权人协商同意的除外。出质人转让或者许可他人使用出质的知识产权中的财产权所得的价款，应当向质权人提前清偿债务或者提存。

（一）案例 71 简介

张斌向甲化工厂借款 20 万元自行开发污水净化的专利技术，约定张斌获得专利技术后立即清偿全部借款。后来张斌虽然获得专利，但是还未投放市场使用，所以张斌无能力偿还 20 万元的借款。于是张斌与甲化工厂协商，将该项专利技术质押给甲化工厂，约定 2 年之内还清欠款。双方签订了质押合同，办理了相关登记手续。在设定质押后的第一年，乙造纸厂欲与张斌签订为期 1 年的污水净化专利技术的使用合同，使用费 30 万元。张斌觉得这是个技术转化为效益的好机会，遂于乙造纸厂签订许可使用合同。两年后，甲化工厂得知此事认为，张斌没有与自己协商将专利技术许可他人使用，该使用行为是无效的，双方争执不下，诉至法院。

问题：本案中甲化工厂的观点是否正确？

（二）相关知识点

1. 知识产权质权的设立

同证券质权、基金份额和股权质权一样，知识产权质权的设立也须经过两个重要步骤：订立书面合同和进行登记。以注册商标专用权、专利权、著作权等知识产权中的财产权出质的，当事人应当订立书面合同。合同内容一般包括被担保债权的种类和数额、债务人履行债务的期限、知识产权的相关内容、担保的范围等等。同时，由于出质的知识产权是一种无形的财产权，需要通过登记方式来公示其所负担的权利。所以，合同订立后，知识产权质权并不当然设立，还必须到有关主管部门办理出质登记才能设立。这里的"主管部门"具体来说分别是：商标权的主管部门是国家工商行政管理总局商标局；专利权的主管部门是知识产权局；著作权的主管部门是国家版权局。

2．知识产权质权的效力

同基金份额和股权质权的效力一样,知识产权质权的效力内容大多适用动产质权的有关规定,只是在涉及出质的知识产权能否处分问题上,法律进行了特别规定。我国《物权法》第 227 条第 2 款明确规定:"知识产权中的财产权出质后,出质人不得转让或者许可他人使用,但经出质人与质权人协商同意的除外。出质人转让或者许可他人使用出质知识产权中的财产权所得的价款,应当向质权人提前清偿债务或者提存。"知识产权出质后,尽管其权利仍属于知识产权人,但由于出质的知识产权是有负担的权利,所以,出质人就不能再自由地进行转让或者许可他人使用了,否则将损害质权人的利益,不利于担保债权的实现。① 但是,如果出质人和质权人协商一致同意转让或者许可他人使用的,根据"意思自治原则",法律自当应允。但由于此时债务尚未届至,所以出质人转让或者许可他人使用知识产权所得价款,并不当然用于清偿所担保的债权,故而法律规定此时出质人应当向质权人提前清偿债务或者提存。

值得讨论的是,知识产权在出质前已经许可他人使用的,其许可合同在知识产权出质后是否有效? 有学者认为,知识产权出质并不消灭出质前的许可合同,即出质前的被许可人仍可继续使用出质的知识产权,但质权人有权收取许可使用费。② 笔者赞同此观点。

3．知识产权质权的实现

知识产权质权的实现又叫知识产权质权的实行,是指在债权已届清偿期,但债权人未获清偿或者发生了当事人约定实现质权的情形时,质权人对以知识产权为标的设质的权利进行处分以获得价金优先受偿的行为。知识产权质权的实现,一方面,可以适用动产质权实现的方式来实现,即通过拍卖、变卖和折价的方式实现。此时需注意:在实现质权时,要以相关法律规定的转让方式办理知识产权的转让手续。另一方面,根据知识产权自身的特性,质权人还可以通过许可他人使用的方式收取使用费,以此实现质权。

(三) 案例 71 分析

知识产权质权的设立须经过两个重要步骤:订立书面合同和进行登记。知识产权中的财产权出质后,出质人不得转让或者许可他人使用,但经出质人与质权人协商同意的除外。出质人转让或者许可他人使用出质的知识产权中的财产权所得的价款,应当向质权人提前清偿债务或者提存。

---

① 但是,我国有学者认为"这些规定是不合理的,应当允许出质人自由转让或许可他人使用人质之知识产权"。此观点参见孙鹏、王勤劳、范雪飞:《担保物权法原理》,中国人民大学出版社 2009 年版,第 320 页。

② 该观点参见如下等有关著作:孙鹏、王勤劳、范雪飞:《担保物权法原理》,中国人民大学出版社 2009 年版,第 320 页;梅夏英、高圣平主编:《物权法教程》,中国人民大学出版社 2007 年版,第 501 页。

本案中,张斌与甲化工厂的质押合同合法有效,双方又依法办理了质权登记手续,知识产权质权也就依法设立了。但本案中,张斌未经质权人甲化工厂同意,就将自己出质的专利技术许可他人使用,该行为是无效的,即张斌与乙造纸厂之间的专利许可使用合同是无效的。所以本案中甲化工厂的观点是正确的。由于许可使用合同已经实际履行,所以,张斌在得到30万元的使用费后,应当将其清偿债权人甲化工厂的债务。

五、应收账款质权

相关法条

第二百二十八条 以应收账款出质的,当事人应当订立书面合同。质权自信贷征信机构办理出质登记时设立。

应收账款出质后,不得转让,但经出质人与质权人协商同意的除外。出质人转让应收账款所得的价款,应当向质权人提前清偿债务或者提存。

(一)案例72简介

甲县政府为修建公路,向乙银行贷款20亿元,并约定以公路建成后的过往车辆收费权作为质押。

问题:该约定是否有效?[①]

(二)相关知识点

1. 应收账款质权的设立

应收账款在性质上属于一般债权,包括尚未发生的将来债权,但仅限于金钱债权。[②] 关于应收账款能否设立质押问题,理论界存在不同意见,但是经过论证最终我国《物权法》还是明确规定了应收账款可以出质。至于其自身存在的风险性,有学者认为:"质押中的商业风险之规避和消解,主要应倚赖于信贷机构的风险管理能力以及对客户的信用评估和资金流动的监控能力,法律不必也不应过多干预;而其法律风险则主要应通过公示制度加以规制和解决。"[③]"我国目前应收账款主要有以下两种:第一种,因提供货物或服务而产生的现有债权,例如买卖合同中卖方对买方的价金债权、租赁合同中出租人对承租人的租金债权等。第二种,提供设施而产生的各类经营性收费权,例如收费公路的收费权,农村电网收费权以及城市供水、供热、公交、电信等基础设施项目的收益权,高校学

---

① 王全弟主编:《物权法》,浙江大学出版社2007年版,第411页。
② 梅夏英、高圣平主编:《物权法教程》,中国人民大学出版社2007年版,第494页。
③ 刘保玉:《物权法学》,中国法制出版社2007年版,第366页。

生宿舍收费权等。"①与其他权利质权的设立一样,应收账款质权的设立也要经过两个步骤:订立书面合同和进行登记。合同内容一般包括被担保债权的种类和数额、债务人履行债务的期限、应收账款的相关内容例如名称和数额等、担保债权的范围等等。合同订立后,质权并不当然设立,还必须经过公示的环节,"考虑到交付债权证书和通知第三债务人的传统方式不足以达到公示的要求,故我国《物权法》中规定以办理出质登记作为其公示方式,并选择信贷征信机构(具体为中国人民银行的信贷征信中心)作为应收账款质押的登记机构"②。该机构在全国已经建立了信贷征信系统,是目前国内联网最大的电子化信息系统,覆盖面广、信息量大、信息处理快捷、能够满足应收账款登记和查询需要。③

　　2. 应收账款质权的效力

　　同其他质权的效力一样,应收账款的效力内容大多适用动产质权的有关规定,只是在涉及出质的应收账款能否自由处分问题上,法律进行了特别规定。我国《物权法》第228条第2款明确规定:"应收账款出质后,不得转让,但经出质人与质权人协商同意的除外。出质人转让应收账款所得的价款,应当向质权人提前清偿债务或者提存。"在应收账款出质后,为了防止出质人随意处置应收账款,侵害质权人的利益,保证其所担保债权的实现,法律专门规定出质人不得随意转让应收账款。④ 但是,如果出质人和质权人协商一致同意转让的,根据"意思自治原则",法律自当应允。但由于此时债务尚未届至,所以同其他权利质权的情况类似,出质人转让应收账款所得的价金,并不当然用于清偿所担保的债权,故而法律规定此时出质人应当向质权人提前清偿债务或者提存。

　　3. 应收账款质权的实现

　　应收账款质权的实现又叫应收账款质权的实行,是指在债权已届清偿期,但债权人未获清偿或者发生了当事人约定实现质权的情形时,质权人对以应收账款为标的设质的权利进行处分以获得价金优先受偿的行为。

　　(1) 应收账款质权实现的方式。一方面,可以采取动产质权实现的方式实现,即通过拍卖、变卖和折价的方式实现。以拍卖、变卖和折价的方式实现应收账款质权时,应注意要以相关法律所规定的应收账款转让方式进行转让。另一方面,质权人可以直接取代出质人的地位,向入质权利的义务主体行使入质权利,并就所得款项优先受偿。

---

　　① 王全弟主编:《物权法》,浙江大学出版社2007年版,第431页。

　　② 刘保玉:《物权法学》,中国法制出版社2007年版,第366—367页。

　　③ 全国人大常委会法制工作委员会民法室编:《中华人民共和国物权法条文说明、立法理由及相关规定》,北京大学出版社2007年版,第411页。

　　④ 但是,我国有学者认为,该规定是不必要和不合理的,应当允许出质人自由转让入质之应收账款,转让所得之价金由出质人自由支配,同时赋予应收账款的受让人以涤除权和代位清偿权。此观点参见孙鹏、王勤劳、范雪飞:《担保物权法原理》,中国人民大学出版社2009年版,第313页。

（2）应收账款质权实现的特殊情形。应收账款质权的实行,涉及被担保的主债权和入质的应收账款债权两种债权,同证券质权一样,其实行可能存在两种债权清偿期不一致的情形,此时应收账款质权的实行规则与证券质权相同,即当应收账款的清偿期先于主债权的清偿期时,质权人可以接受应收账款债务人的给付。但是,由于质权人的债权还未届清偿期,质权人无权要求债务人向自己履行债务以实现质权。因此,此时质权人可以同出质人协商用应收账款债务人给付的价款提前清偿债权,或者将该价款提存。当应收账款的清偿期后于主债权的清偿期时,质权人于债权清偿期届至时,不能直接请求应收账款债务人清偿。因为"第三债务人仅负有债务届期而偿还的义务,其期限利益应予保护。就质权人而言,对于标的债权的期限迟于被担保债权期限的情形在设定质权时应该知悉,知悉而接受以之入质,应视为自愿承受此期限的不利益,不能转嫁他人"①。所以,此时质权人只能在应收账款清偿期届至时,作为代位债权人,直接向应收账款债务人请求清偿。

（三）案例 72 分析

所谓应收账款,是指权利人因提供一定的货物、服务或者设施而获得的要求义务人付款的权利,不包括因票据或者其他有价证券而产生的付款请求权。应收账款在性质上属于一般债权,包括尚未发生的将来债权,但仅限于金钱债权。我国目前应收账款主要有以下两种:第一种,因提供货物或服务而产生的现有债权,例如买卖合同中卖方对买方的价金债权、租赁合同中出租人对承租人的租金债权等。第二种,提供设施而产生的各类经营性收费权,例如收费公路的收费权,农村电网收费权以及城市供水、供热、公交、电信等基础设施项目的收益权,高校学生宿舍收费权等。

本案中,甲县政府修建公路的行为属于提供设施的行为,其公路建成后的收费权属于应收账款,以其出质设立质权符合我国法律的有关规定。所以甲县政府与乙银行的约定是合法有效的。

[案例思考]

1. 杨智和郭雷有点熟,知道他在新华路开摩托车修理店。一天,郭雷来向杨智借钱,说借你一万五,年底还两万,年底还不了,这个就归你。说着,塞给杨智一张卡。杨智仔细一看,是张证券记账卡,上有两万股。杨智没炒过股,但有兴趣,心想不妨一试,就同意了。

几天后,他有空闲,想学习学习炒股,就持卡走进了证券公司。谁知被告知,这是张挂失了的废卡。他急忙到新华路去找郭雷,那个修理店关门了,左邻右舍

---

① 梅夏英、高圣平主编:《物权法教程》,中国人民大学出版社 2007 年版,第 494 页。

不知郭雷去向。①　　　　　·

问题：杨智和郭雷的质押行为是否符合法律规定？

2. 某电子器材股份有限公司是有名的大厂，生产能力很强，但经营效果不佳。原因是大量的货款不能及时回收，流动资金困难，造成过分的举债经营。该公司董事会考虑，以厂房、设备做抵押来贷款风险太大，一旦要行使抵押权，就可能危及生产。对公司最有利的是以应收账款出质，这简直是让银行来替公司收货款了。②

问题：该公司的想法是否符合法律规定？

① 张迪圣编著：《100 个怎么办：物权法案例讲堂》，中国法制出版社 2007 年版，第 262 页。
② 同上书，第 267 页。

第十八章 留 置 权

一、留置权的含义

相关法条

第二百三十条 债务人不履行到期债务,债权人可以留置已经合法占有的债务人的动产,并有权就该动产优先受偿。

前款规定的债权人为留置权人,占有的动产为留置财产。

(一) 案例 73 简介

某仪器公司因转产致使一台价值 1000 万元的精密机床闲置。该公司董事长王某与某机械公司签订了一份机床转让合同。机床转让之前,仪器公司的机床由某仓库保管,保管期限至 2007 年 10 月 31 日,保管费 50 万元。11 月 1 日,仪器公司将机床提走并约定 10 天内付保管费,仓库可对该机床行使留置权。10 天过去后,机械公司遭遇意外损害,表示没有能力购买机床,要求解除合同,仪器公司也没有资金来源,未能清偿仓库的保管费用。仓库主张行使留置权。①

问题:本案中仓库能否行使留置权?

(二) 相关知识点

1. 留置权的概念

所谓留置权,是指在债务人不履行到期债务时,债权人所享有的依照法律规定留置已经合法占有的债务人的动产,并就该动产变价优先受偿的权利。其中债权人为留置权人,占有的动产为留置财产。

留置权的行使是一种法律允许的私力救济手段。在债务人不履行到期债务时,如果债权人已经合法占有债务人的动产,则债权人能够继续占有债务人的财产,即债权人有权留置债务人的财产,并且债权人这种留置的权利能够对抗债务人对该动产的返还请求权,除非债务人清偿债务。如果债务人不履行到期债务,债权人可就留置的动产进行变价,使自己的债务得到优先受偿。

历史上留置权有民事留置权与商事留置权之分。民事留置权起源于罗马法的恶意抗辩,并没有物权的效力。商事留置权,萌生于中世纪意大利之都市,近

---

① 《中华人民共和国物权法(案例应用版)》,中国法制出版社 2009 年版,第 306 页。

世立法带有物权的性质之民事留置权,实系受此影响而成立。① 从法制史的角度看,留置权经历了由债权性留置权到物权性留置权演进的历程②,从拒绝返还的单纯留置到对留置物的变价和优先受偿,显示了留置权制度的逐步丰厚与完善。因为"单纯留置(拒绝返还)固然可以对债务人产生心理压力,在一定程度上起到迫使债务人履行债务以担保债权实现的效果,但就债权实现的终极目标而言,空有对债务人的心理强制是不够的,不仅如此,对财产的长期留置甚至会成为债权人的负担。为使留置担保的效果能落到实处,不得不在留置的语意射程之外,附加上对留置物进行变价和优先受偿的权利"。③

2. 留置权的特征

留置权是担保物权的一种,具备担保物权的一般特征,例如从属性、不可分性、物上代位性和优先受偿性等。同时它还具有一些特有特征,主要有:

(1)留置权是法定担保物权。留置权是在符合一定条件的情况下,依法律规定直接产生的,无须当事人的合意,也无须进行登记,这与抵押权、质权均不同。正是基于此,当在一个标的物上既有留置权,又有抵押权、质权等其他意定担保物权时,留置权均优先于抵押权和质权等意定担保物权,即作为法定担保留置权的效力优先于抵押权、质权等意定担保物权而实现。④ "但应指出,留置权所具有的法定担保物权性质,表现的仅仅是留置权的成立依据是法律的直接规定而非当事人的约定"。"由于留置权主要适用于因合同而产生的债权债务关系,其产生的基础是法律上的公平观念,故其仍须受契约自由原则和利益平衡需要的约束。"⑤

(2)留置权是动产担保物权和占有性担保物权。留置权的标的物只能是动产,不动产不发生留置权的问题。通说认为留置权所担保的债权数额通常较小,如果允许留置较大价值的不动产,则不仅对不动产所有人有欠公允,从社会经济发展的角度,也非良策,因此,留置财产应限于动产,不动产则应排除于外。⑥ 同

---

① 史尚宽:《物权法论》,中国政法大学出版社 2000 年版,第 483 页。

② 但我国有学者认为:"物权性留置权和债权性留置权的划分是不科学的,实际上是对留置权概念本身的混用造成了债权性留置权存在的假象。"该观点见孙鹏、王勤劳、范雪飞:《担保物权法原理》,中国人民大学出版社 2009 年版,第 331 页。

③ 同上书,第 332 页。

④ "由于海商法上的船舶优先权也是法定担保物权,而且其所担保的债权,均是弱势群体的损害赔偿请求权,因此海商法规定船舶优先权比船舶留置权优先。"参见席志国、方立维:《物权法法条详解与原理阐释》,中国人民公安大学出版社 2007 年版,第 371 页。

⑤ 尹田:《物权法》,北京大学出版社 2013 年版,第 607 页。

⑥ 转引自梅夏英、高圣平主编:《物权法教程》,中国人民大学出版社 2007 年版,第 510 页。但我国有学者认为:"以担保债权额远远小于价值巨大的不动产为由否定不动产留置权的可能性,在理论上非常勉强,毕竟,为确保运费债权而承运人留置货物时,货物的价值也远远超越了运费债权,却也并未受到广泛地诟病和指责。"参见孙鹏、王勤劳、范雪飞:《担保物权法原理》,中国人民大学出版社 2009 年版,第 332 页。笔者深有同感。

时,留置权是以债权人占有债务人的动产为前提和要件,如果债权人丧失了对债务人动产的占有且无法恢复,则留置权归于消灭。

（3）留置权是具有二次效力的担保物权。在债务人不履行到期债务时,债权人有权就其已合法占有的债务人的动产为继续占有,并能够对抗债务人对标的物的返还请求权。这是留置权的留置效力,又称留置权的第一次效力或首位效力,是留置权的主要效力。债权人通过留置债务人的财产,剥夺债务人对其使用、收益和处分权,以造成债务人的心理压力,促使其履行债务。同时,债权人可以依法对留置物进行折价或变卖、拍卖,并就所得价款优先受偿。这是留置权的优先受偿效力,又称留置权的第二次效力。

3. 留置权法律制度的价值

正如前文所述,担保物权法律制度的价值主要有二:一是确保债权实现,维护交易安全;二是发挥融资功能,促进经济繁荣。相比抵押权和质权而言,留置权没有融通资金的功能,仅有担保债权实现的功能,因此,留置权的地位相对较弱。但在我国目前的信用环境下,具有私力救济性质的留置权仍然是民事生活中一种重要的债的担保方式。①

留置权制度的设计体现了民法上的公平原则,试想当债务人未履行到期债务,而债权人又恰好合法占有着债务人的动产,此时如果允许债务人向债权人请求返还占有物,则不利于债权人和债务人之间关系的平衡。债务人没有履行债务,却要求债权人返还占有物,这对债权人显失公平。所以在这种情况下,法律赋予债权人以权利,能够继续合法地占有债务人的财产,以给债务人造成一定的压力,迫使债务人清偿债务,如果最终债务人不能清偿到期债务,则债权人可以就留置财产进行变现,以获得价金优先受偿。"由之可见,留置权的社会作用是为了实现法律的公平原则。当事人之间虽然没有依据双方的约定保障债权的实现,但债权人可以通过法律的规定补充其债权的担保功能,最终维护债权实现的目的。"②"法律直接规定债权人的留置权,给债权人以确定的行为预期,避免了债权人'劳而无获'的风险,有效地抑制了债务人的道德风险,从而达到鼓励价值创造的目的"③,较好地实现了留置权法律制度的价值目标。

（三）案例 73 分析

留置权,是指在债务人不履行到期债务时,债权人所享有的依照法律规定留置已经合法占有的债务人的动产,并就该动产变价优先受偿的权利。留置权是占有性担保物权,是以债权人占有债务人的动产为前提和要件,如果债权人丧失

①　高圣平:《物权法 原理·规则·案例》,清华大学出版社 2007 年版,第 307 页。

②　江平主编:《中国物权法教程》,知识产权出版社 2007 年版,第 524 页。

③　梅夏英、高圣平主编:《物权法教程》,中国人民大学出版社 2007 年版,第 508 页。

了对债务人动产的占有,则留置权归于消灭。

本案中,仪器公司已经将机床提走,即作为债权人的仓库已经丧失了对债务人仪器公司财产的占有,留置权已经归于消灭,即仓库已经不享有留置权了,就更谈不上所谓行使的问题了。所以本案中仓库不能行使留置权。

二、留置权的成立

> **相关法条**
>
> 　　**第二百三十一条** 债权人留置的动产,应当与债权属于同一法律关系,但企业之间留置的除外。
>
> 　　**第二百三十二条** 法律规定或者当事人约定不得留置的动产,不得留置。

（一）案例 74 简介

年初,高某到某电器修理部维修一台黑白电视机,因觉得 200 元的修理费过高,高某拒绝付款。于是,修理部扣留了该电视机,并告知高某尽快付清修理费,否则将变卖电视机抵债。高某在其后的时间里,既没有向修理部索要电视机,也没有偿付修理费。年底,高某又到这个修理部修理一部录像机。在取录像机时,高某被告知录像机的修理费是 200 元,加上前次黑白电视机的修理费 200 元,共计 400 元,要高某一次付清。高某认为电视机修理费可以拿电视机做抵偿而拒付电视机的修理费;修理部则以黑白电视机无人买为由,而将黑白电视机退还给高某,却扣留了高某的录像机,并告知高某 1 个月内必须付清 200 元的电视机修理费,否则将变卖其录像机来抵偿。双方发生争执,诉至法院。[①]

问题:本案修理部的做法是否正确? 为什么?

（二）相关知识点

留置权为法定担保物权,当符合法定条件时留置权当然产生或成立,而不以当事人的合意为条件。但如果当事人约定排除留置权的,则法律尊重该约定。

1. 留置权成立的积极条件

（1）债权人已经合法占有债务人的动产。该要件包含以下几层意思:

第一,留置的标的物必须是动产。留置物是否限于动产,各国立法规定不尽

---

① 马新彦主编:《中华人民共和国物权法法条精义与案例解析》,中国法制出版社 2007 年版,第 521 页。

一致。① 我国《物权法》明确规定，留置的标的物只能是动产，不动产上不能成立留置权。

第二，留置的动产必须是债务人的动产。但对"债务人的动产"如何理解？是仅限于债务人所有的动产？还是包括债务人提供的第三人的财产？学者观点不一。许多学者认为，留置权应限于债务人所有的动产，但在留置权人善意情况下，可就第三人所有的动产成立留置权，即留置权能够善意取得。② 但也有学者认为："债权人只要是因正常的业务活动，而占有与其债权有牵连关系的他人之动产，即可产生留置权，根本无须也不应该限定留置权人必须为不知情的'善意'债权人。"③还有学者则认为："可以善意取得留置权的债权，应限于合同债权，而且该债权与留置物返还义务必须基于同一合同法律关系而产生。""债权人的债权无论如何重要，也不能获得超越于他人所有权的价值，直接在第三人所有之物上成立留置权，不仅将因不当限制他人财产权而难逃违宪的指责，而且，由于留置物非债务人所有，未必能对债务人产生心理上的压迫（特别是在盗赃物和遗失物的情形），不过是让第三人平白无故地成为物上保证人而已。"④

笔者认为以上三种观点中，第二种观点颇值赞同。因为留置权制度的根本目的是担保因留置财产而产生的债权，以维护交易安全。"如果片面强调留置财产必须是债务人所有的财产，债务人完全可以以转移所有权来规避法律，那么留置权就形同虚设。"⑤况且只要是因留置财产而产生的债权债务关系，债务人与留置财产必然会有紧密的关系，这种紧密关系并不仅仅体现为债务人是留置财产的所有人，而且也同样体现于债务人为留置财产的借用人之类的非所有人的情形。并且当留置财产是债务人借用的别人所有的财产时，对债务人产生的心理压迫往往会更大。因为对债务人来说，出借人借给自己东西用，是对自己的一种帮助，现在却因为自己的原因将要使帮助自己的人受到损失，此时债务人的内心深处所产生的自责会督促他去尽力清偿债务，以消灭留置权取回留置财产。而这种效果，正是留置权制度的目的所在。即使作为留置财产非所有人的债务

---

① 日本、英国、美国等国不限制留置标的物的范围，债权人占有的动产、不动产以及有价证券，均可以成立留置权。在法国、德国，留置权的标的物也包括动产和不动产。而《瑞士民法典》则明确规定留置权的标的物限于动产和有价证券。我国台湾地区规定留置权限于动产，虽未明文规定有价证券的留置，但通说均采肯定的见解。参见孙鹏、王勤劳、范雪飞：《担保物权法原理》，中国人民大学出版社2009年版，第347页。

② 该观点参见以下有关著作：江平主编：《中国物权法教程》，知识产权出版社2007年版，第531页；梁慧星主编：《中国物权法草案建议稿》，社会科学文献出版社2000年版，第757页；王利明：《物权法论》（修订版），中国政法大学出版社2003年版，第708页。

③ 该观点见刘保玉：《物权法学》，中国法制出版社2007年版，第375页。

④ 该观点见孙鹏、王勤劳、范雪飞：《担保物权法原理》，中国人民大学出版社2009年版，第347、349页。

⑤ 转引自梅夏英、高圣平主编：《物权法教程》，中国人民大学出版社2007年版，第515页。

人无法清偿债务,对于债权人来说,他在留置财产上已付出了自己的劳动,理应得到清偿,此时留置财产的所有人是谁已不重要,重要的是确保债权人债权的清偿,以体现公平公正之原则。如果因留置财产非债务人所有而不能使该债权得到清偿,让债权人无端遭受损失,这显然是不公平的,有违正义之理念。所以,此时无论债权人是"知情"还是"不知情",即无论债权人"善意"与否,都应留置标的物,成立留置权。关于留置财产所有人由此而受到的损失,则可通过留置财产所有人与债务人之间的民事法律关系进行损害赔偿。至于留置财产为盗赃物和遗失物的情形,由于是较特殊的情形,自当别论。对于"债权人的债权无论如何重要,也不能获得超越于他人所有权的价值"的说法,似更欠妥当,这涉及法律对财产"静的安全"与"动的安全"保护的价值选择问题,前文已述,此不重复。

第三,必须是债权人占有动产。留置权是债权人所享有的留置其已经合法占有的债务人动产的权利,所以其主体必须是债权人。债权人占有债务人的动产是留置权存在的前提和要件,如果债权人丧失了对债务人动产的占有且无法恢复,则留置权归于消灭。这里的占有,是指对财产取得事实上的管领、控制或支配力。单纯的持有不能成立留置权,例如商店的售货员虽然占有商品,但其仅为占有辅助人,性质上为持有,而并非占有,因此不能成立留置权。债权人对留置财产的占有可以是直接占有,也可以是间接占有;可以是单独占有,也可以是共同占有。

第四,必须是合法占有动产。所谓合法占有,是指债权人基于合法原因取得并占有债务人的财产。在我国《物权法》颁布之前,我国留置权制度的适用严格限制在保管、货物运输、加工承揽和行纪四类特定的合同类型中。我国《物权法》扩大了留置权的适用范围,留置权的产生不但不仅限于以上四类合同,而且也不再仅仅只限于合同,无因管理、不当得利及侵权之债的债权人只要符合法律规定的条件,都可以成立留置权,即合同或事实行为都可以成为留置权产生的合法原因。只要占有的取得是"善意、和平和公然的",没有任何瑕疵,则都可成立留置权。很显然,如果债权人以侵权行为占有债务人的动产,则不能成立留置权。

(2)债权人占有的动产应当与债权属于同一法律关系,但企业之间留置的除外。留置权制度的目的在于通过留置债务人的财产,给债务人造成一定的心理压力,迫使债务人履行债务,从而实现债权的受偿。但是,如果对债权人利益的保护过于绝对,对债务人的要求过于苛刻,则会导致新的不公平产生,违背公平正义理念,这同样不符合留置权制度的价值目标。所以法律通过设置一些条件对债权人的权利进行限制,以求得在债权人的利益保护和债务人的利益保护中寻找一种平衡。留置权的主要特征是债权人留置债务人的财产,但是债权人却不能随意留置债务人的财产,否则必将导致法律关系和法律秩序的混乱,进而损害交易安全。所以,各国立法一般都规定,债权人所留置的财产要与所担保的债权之间存在一定的"牵连关系",即债权人只能留置与其债权有牵连的动产,否则留置权不能成立。但是,对于"牵连关系"应如何界定的问题,理论界与实务界的观点存在较大分歧。由于牵连关系的概念过于模糊,范围不易确定,法律适用中极易产生分歧,所以我国《物权法》没有采用牵连关系的概念,而是明确规定,留置的动产应当与债权属于同一法律关系。所谓同一法律关系,"是指债权人因与债务人发生某种法律关系获得债权,而债权人恰恰是基于该债权产生的同一个法律关系获得对债务人财产的合法占有,即债权和占有发生的基础法律关系具有同一性"①,否则不能成立留置权。例外的情形是,企业之间留置债务人的动产,则可以与债权不属于同一法律关系。这是因为在商业实践中,企业之间相互交易频繁,追求交易效率,讲究商业信用,如果严格要求留置财产必须与债权的发生具有同一法律关系,则有悖交易迅捷和交易安全原则。②

（3）债务人不履行到期债务。作为一种担保权利,留置权设立的目的在于督促债务人及时履行到期债务,以维护社会公平。如果债权未届清偿期,则债务人仍处于自觉履行的状态中,债务人到期能否清偿债务还无法知晓,此时,债权人并不享有请求债务人履行债务的权利,即使债权人已经合法占有债务人的动产,留置权也自当不能成立。若债权尚未到清偿期,而债权人交付占有财产的义务履行期已届满时,债权人应当如期先将占有物交付于债务人。债权人故意拖延不还,以等债权的清偿期届满的,不能取得留置权。③ 在债权人合法占有债务人的动产但清偿期未届至时,如果允许成立留置权,势必等于强制债务人提前清偿债务,这本身就是毫无道理的,不仅有违留置权制度设立的价值目标,而且也是在鼓励债权人滥用权利。所以,只有在债权已届清偿期,债务人不履行到期债务时,债权人才能够留置其已经合法占有的债务人的动产,即债务人不履行到期债务,是留置权成立的当然条件。例外的情形是,在债务人没有支付能力时,即使债务人的债务未届清偿期,债权人的留置权也能成立。最高人民法院《关于适用〈中华人民共和国担保法〉若干问题的解释》第112条明确规定:"债权人的债权未届清偿期,其交付占有标的物的义务已届履行期的,不能行使留置权。但是,债权人能够证明债务人无支付能力的除外。"

---

① 郭明瑞主编:《中华人民共和国物权法释义》,中国法制出版社2007年版,第419页。

② 全国人大常委会法制工作委员会民法室编:《中华人民共和国物权法条文说明、立法理由及相关规定》,北京大学出版社2007年版,第415页。但是我国有学者认为,将企业之间留置的情况一概排除于"留置物与债权属于同一法律关系"的限定之外,过于宽泛,有可能导致留置权被滥用的情况发生。为保证留置权依法准确的适用并使其与物权法定原则相衔接,此一但书以表述为"法律另有规定的除外"更为妥帖。该观点见刘保玉:《物权法学》,中国法制出版社2007年版,第377页。

③ 转引自梅夏英、高圣平主编:《物权法教程》,中国人民大学出版社2007年版,第521页。

2. 留置权成立的消极条件

以上关于留置权成立的条件,通常被称为积极条件。但是,如果存在下列情形之一的,即使具备了积极条件,留置权也不能成立。学说上将阻却留置权成立的情形称为留置权成立的消极条件[①],主要有:

(1) 留置行为违反公序良俗的。公序良俗即公共秩序善良风俗。公序良俗旨在维护社会公共利益和人们健康的道德观念,与一般个体的私权相比,具有更为重要的意义。留置行为违反公序良俗,意味着留置权一旦成立,就会影响社会公共利益和社会公德,法律自当予以禁止,例如对赈灾救援物资,其保管人、运输人、加工人均不得因相关费用未支付而留置该物资;尸体之运送人,不得以运费未支付而对尸体进行留置。"另外,如果扣留他人的物品足以造成债务人公法上的障碍,或者留置之物为维持债务人生活上或职业上的必要品的,也应认为违反公序良俗。前者例如扣留债务人之身份证、户口簿、录取通知书、考试合格证书、学位证等;后者例如留置债务人必需的炊饭器具、技工之谋生工具或跛者之拐杖等。"[②]

(2) 法律规定或当事人约定排除留置权的。留置权的行使不得违反法律的规定,这是留置权行使的最基本原则,例如非法占有不能成立留置权等。同时虽然留置权属于法定担保物权,不能由当事人通过约定产生,但是法律认可当事人不得留置动产以排除留置权的约定。有此约定时,即使符合前述留置权成立的积极要件,债权人也不得留置债务人的相关动产。这是因为,法律设立留置权的目的在于保护债权人的利益,并不涉及公共利益和第三人的利益,因而法律应当允许当事人意思自治,应当尊重债权人对权利的放弃,从而自主排除留置权的适用。

除以上两个消极条件外,在许多资料上,都还把"留置行为与债权人承担的义务相抵触"也作为留置权成立的消极条件。这里的"债权人所承担的义务"不包含标的物的返还义务。所谓留置行为与债权人承担的义务相抵触,是指债权人如果留置其所占有的动产,就与他所负担的义务本旨相违反。例如承运人占有托运人交付的货物,其所承担的义务是依约定将承运的货物运送到目的地。但如果承运人在开始运输前,就以未有相应的支付为由留置这些货物,则承运人的留置行为就与其运输货物至目的地的义务相违反,留置权就不能成立。但如果承运人将货物运输至目的地后,托运人仍不按约定支付运费的,承运人则可以留置货物。

[①] 我国有学者认为,留置权成立的消极条件,实际上并不是成立的要件,而是行使的要件。此观点见史尚宽:《物权法论》,中国政法大学出版社 2000 年版,第 501 页;梁慧星主编:《中国物权法草案建议稿》,社会科学文献出版社 2000 年版,第 764 页等有关著作。

[②] 转引自刘保玉:《物权法学》,中国法制出版社 2007 年版,第 378 页。

　　但是笔者认为,在留置行为与债权人承担的义务相抵触时,其债权债务关系往往会无法形成,此时留置权问题根本不会存在,就更谈不上成立不成立的问题了,因此该种情况无须作为一个成立的条件单列。因为留置权存在的前提是债务人不履行到期债务,即留置权所要调整的是债务人不履行到期债务时的法律关系,此时债权债务关系毫无疑问是已经有效存在的。也就是说,我们是在一个已经存在的债权债务关系中,来讨论留置权成立条件的,如果这个债权债务关系不存在,则留置权问题根本就没有讨论的余地,更谈不上其是否成立的问题。就拿本例来说,承运人在开始运输前,由于其还未尽义务即还未进行运输,自然不存在托运人支付费用的义务问题,此时债权债务关系并未建立,留置权问题根本不存在,当然也就谈不上成立与否的问题。但是,当承运人将货物运输至目的地后,就意味着一个债权债务关系就此建立,此时如果托运人仍不按约定支付运费,才会有留置权是否成立的问题。

　　（三）案例74分析

　　留置权制度的目的在于通过留置债务人的财产,给债务人造成一定的心理压力,迫使债务人履行债务,从而实现债权的受偿。但是,债权人并不是可以随意扣留债务人动产的,我国《物权法》明确要求,留置的动产应当与债权属于同一法律关系。所谓同一法律关系,是指债权人因与债务人发生某种法律关系获得债权,而债权人恰恰是基于该债权产生的同一个法律关系获得对债务人财产的合法占有,即债权和占有发生的基础法律关系具有同一性。否则不能成立留置权。

　　本案中,高某因修理电视机和录像机与修理部形成了两个独立的债权债务关系。在修理电视机的法律关系中,由于高某没有清偿到期的修理费用,修理部又已经合法占有着高某的电视机,而电视机与修理费属于同一个法律关系,所以修理部最初留置电视机是正确的。但是,修理部以高某的电视机修理费未支付为由而留置高某已付修理费的录像机,则属于违法的。因为电视机修理费与录像机不属于同一法律关系,不符合留置权成立的条件,不能成立留置权。修理部扣留录像机的行为属于非法行为,应予返还。

　　三、留置权的效力

　　📑 **相关法条**

　　第二百三十三条　留置财产为可分物的,留置财产的价值应当相当于债务的金额。

　　第二百三十四条　留置权人负有妥善保管留置财产的义务;因保管不善致使留置财产毁损、灭失的,应当承担赔偿责任。

> **第二百三十五条** 留置权人有权收取留置财产的孳息。
>
> 前款规定的孳息应当先充抵收取孳息的费用。
>
> **第二百三十七条** 债务人可以请求留置权人在债务履行期届满后行使留置权;留置权人不行使的,债务人可以请求人民法院拍卖、变卖留置财产。
>
> **第二百三十九条** 同一动产上已设立抵押权或者质权,该动产又被留置的,留置权人优先受偿。

(一) 案例 75 简介

运输公司和张某达成协议,由运输公司为张某运送蔬菜 500 箱,从甲地运往乙地,运费为 2000 元。先交付 500 元定金,余下的货款在蔬菜到达乙地时交付。在规定的期限内,运输公司将全部蔬菜运达目的地,张某因资金周转困难,无法支付运费。运输公司于是将 200 箱蔬菜留置,作为货款的担保。5 日后,张某将 1500 元运费交付运输公司,欲取走 200 箱被留置的蔬菜,验货时发现因运输公司保管不当,大部分蔬菜已经腐烂变质。张某要求运输公司赔偿损失,而运输公司以张某违约在先为由加以拒绝。张某诉至法院。[①]

问题:运输公司对于蔬菜的腐烂变质是否应承担赔偿责任?

(二) 相关知识点

留置权的效力,是指留置权所具有的法律约束力,包括留置权对所担保债权范围的效力、留置权效力及于标的物的范围、留置权对债权人的效力及留置权对债务人的效力。

1. 留置权担保的债权范围

留置权担保的债权范围,是指留置权人实现留置权时,可以优先受偿的债权范围。"因留置权为法定担保物权,故其担保的债权,必须与留置物有牵连关系。此于抵押权、质权所担保的债权范围可以由当事人任意约定不同。"[②]根据我国《担保法》和《物权法》的有关规定[③],留置权所担保的债权范围包括:主债权及其利息、违约金、损害赔偿金、留置物保管费用和实现留置权的费用。相关内容在前文"担保物权的担保范围"部分已经作了阐述,此处不再重复。

2. 留置权效力及于标的物的范围

留置权效力及于标的物的范围,是指留置权人实行留置权时可依法予以变价并优先受偿的标的物范围。依通说,除债权人留置的动产本身当然为标的物

---

① 《中华人民共和国物权法(案例应用版)》,中国法制出版社 2009 年版,第 311 页。

② 陈华彬:《物权法》,法律出版社 2004 年版,第 596 页。

③ 我国《担保法》第 83 条规定:"留置担保的范围包括主债权及利息、违约金、损害赔偿金,留置物保管费用和实现留置权的费用。"我国《物权法》第 173 条规定:"担保物权的担保范围包括主债权及其利息、违约金、损害赔偿金、保管担保财产和实现担保物权的费用。当事人另有约定的,按照约定。"

的范围外,"为了维护留置物的经济效用及其交换价值,同时兼顾双方当事人的利益,对标的物以外的其他物或权利,在一定条件下,也应纳入留置权效力所及的标的物的范围,包括从物、孳息、代位物等"①。所以,留置权效力及于标的物的范围还包括从物、孳息及代位物。其具体内容与前文动产质权类似,此不赘述。

3. 留置权人的权利

(1) 留置债务人动产的权利。合法占有债务人的动产是留置权成立的前提条件,当债务人不履行到期债务时,债权人有权对债务人的动产为继续占有即留置该动产,并且该项权利能够对抗债务人对留置财产的返还请求权,除非债务人清偿债务。而且,债权人在其债权未受全部清偿之前,对于不可分物,可以就留置财产的全部行使留置权,这是由留置权的不可分性所决定的。当然,基于公平的原则,我国《物权法》第 233 条规定:"留置财产为可分物的,留置财产的价值应当相当于债务的金额。"留置债务人的动产是留置权的最主要特征,也是留置权人的主要权利。

(2) 必要保管费用求偿权。在债务人的动产被留置期间,留置权人对留置财产应妥善保管,由此而支出的必要费用,债权人可向债务人进行求偿。因为留置财产通常属于债务人所有或与债务人有紧密关系,债权人对留置财产进行管理,是为了债务人的利益而进行的,因此而发生的费用理应由债务人偿还。需注意,债权人向债务人求偿的留置物保管费用必须是必要的。所谓必要的保管费用,是指保管留置财产所必不可少的费用。对于非必要的费用,留置权人无权向债务人求偿。

(3) 留置物孳息的收取权。在留置期间,很有可能发生留置物产生孳息的情形,包括天然孳息和法定孳息。根据我国《物权法》第 235 条第 1 款的规定,留置权人有权收取留置财产的孳息。这是因为留置权人占有留置财产并负有保管义务,由其收取孳息较为适当。留置权人对收取的孳息只享有留置权,并不享有所有权。债权人收取的孳息应当先用于允抵收取孳息的费用,然后允抵主债权的利息,最后允抵主债权。债权人收取的留置物孳息,用以抵偿债务,对于债务人并无不利,且对留置权担保债权实现有补充意义。

(4) 优先受偿的权利。这是指当债务人不履行到期债务,经债权人催告,在一定期限内仍不清偿债务的,债权人依法变现留置物,并以变现价款优先受偿的权利。相对于留置效力,优先受偿的效力又被称为留置权的第二次效力。优先受偿的效力"是留置权效力的集中表现,是留置权人的最基本权利,也是保障其债权的根本手段。因为留置权人留置标的物,虽可促使债务人履行债务,但若债

---

① 王利明、杨立新、王轶、程啸:《民法学》(第二版),法律出版社 2008 年版,第 440 页。

务人终不清偿,则留置权人也就无法受偿。此时,留置权人实现其优先受偿权,即可满足其利益需要"①。留置权人的优先受偿权主要表现在:第一,通常情况下,留置权人优先于一般的债权人受偿;第二,当在一个标的物上既有留置权,又有抵押权、质权等其他担保物权时,留置权均优先于抵押权、质权等其他担保物权。需注意:留置权人的优先受偿权并不是在债权清偿期届满后,立刻就能行使,而是以债务人不履行到期债务超过一定时期为必要。这是与抵押权人、质权人的优先受偿权所不同的。

4. 留置权人的义务

(1)妥善保管留置物的义务。当留置权成立后,留置权人对债务人的动产为继续占有,留置物继续处于债权人的控制之下,这期间只有债权人有能力对留置物进行管理。所以,我国《物权法》规定留置权人对留置物负有妥善保管义务。通说认为,所谓"妥善保管"是指留置权人应以善良管理人的注意保管留置财产。留置权人未尽善良管理人的注意义务造成留置物毁损灭失的,应当负赔偿责任。"至于实际中如何认定'妥善保管',应当依据一般交易上的观念,以一个有知识有经验的理性人所应具有的标准来加以衡量。"②留置权人对留置物的妥善保管,是对留置权成立前,债权人合法占有该物时保管义务的继续,至留置财产交还或变现之时止。只不过留置权成立前后两种保管义务性质是不同的,留置权成立前的保管义务为债权义务,而留置权成立后的保管义务则为物权义务。留置权人妥善保管留置物的义务具体内容包括:第一,采取必要措施保障留置财产不受毁损或灭失,否则留置权人要承担赔偿责任;第二,保障留置财产孳息和其他利益的收取,如果因过错怠于收取的,应负赔偿责任;第三,未经债务人允许,债权人不得为自己的利益使用留置财产,否则要承担义务不履行的损害赔偿责任。但出于保管留置物的需要,在必要范围内使用留置物的除外。留置权人因为保管留置物而需要债务人协助的,债务人应予协助,否则造成留置物损害的,债务人不得请求债权人进行赔偿。

(2)返还留置财产的义务。当留置权因主债权受清偿或者债务人另外提供担保而导致留置权消灭时,留置权人负有返还留置财产的义务。即使是留置权人对留置财产进行变现的情况,在留置权人以变现价款优先受偿主债权后,如果有剩余,留置权人也负有将剩余部分返还给债务人的义务。对于以上情况,如果留置权人拒不返还的,则为非法占有,应承担相应责任。因为留置权的消灭,使

① 梅夏英、高圣平主编:《物权法教程》,中国人民大学出版社 2007 年版,第 525 页。
② 全国人大常委会法制工作委员会民法室编:《中华人民共和国物权法条文说明、立法理由及相关规定》,北京大学出版社 2007 年版,第 417 页。

债权人丧失了对债务人财产留置的理由,从而也就失去了留置的合法性,所以债权人理应将留置财产归还债务人。

5. 债务人(通常为留置物所有人)的权利与义务

(1) 债务人(通常为留置物所有人)的权利:第一,留置物返还请求权。主债务受清偿后留置权消灭,留置权人应向债务人返还留置财产,否则,债务人有权请求留置权人返还并追究其迟延返还所造成的损失。第二,损害赔偿请求权。由于留置权人未尽妥善保管的义务致使留置财产毁损、灭失的,债务人享有损害赔偿请求权。第三,留置财产处分权。留置权成立后,留置财产的所有人并没有丧失所有权,其仍然对留置财产有法律上的处分权。在不影响留置权的情况下,债务人可自主处分留置财产。第四,请求留置权人行使留置权的权利。当债务履行期届满,债务人可以请求留置权人及时行使留置权。如果留置权人不行使的,债务人有权请求人民法院拍卖、变卖留置财产,以消灭留置权。第五,另行提供担保而使留置权消灭的权利。"此项权利,为其他担保物权关系中所没有,是留置权关系中留置财产所有人享有的一项特殊权利。"①

(2) 债务人(通常为留置物所有人)的义务:第一,支付留置权人保管留置物必要费用的义务;第二,因留置物的隐蔽瑕疵致留置权人损害的,债务人承担相应的损害赔偿义务。

(三) 案例 75 分析

在留置权法律关系中,留置权人对留置物负妥善保管的义务。因为当留置权成立后,留置权人对债务人的动产为继续占有,留置物继续处于债权人的控制之下,这期间只有债权人有能力对留置物进行管理。所谓"妥善保管"是指留置权人应以善良管理人的注意保管留置财产,例如采取必要措施保障留置财产不受毁损或灭失等,留置权人未尽善良管理人的注意义务造成留置物毁损、灭失的,应当负赔偿责任。

本案中,运输公司留置了张某的 200 箱蔬菜,作为货款的担保,是符合法律规定的。但是作为留置权人,运输公司对留置的易腐蔬菜却没有采取必要的保管措施或及时变卖,致使大部分蔬菜腐烂变质,属于未尽妥善保管义务,所以运输公司应依法承担赔偿责任。

---

① 刘保玉:《物权法学》,中国法制出版社 2007 年版,第 380 页。

四、留置权的实现与消灭

> **相关法条**
>
> **第二百三十六条**　留置权人与债务人应当约定留置财产后的债务履行期间;没有约定或者约定不明确的,留置权人应当给债务人两个月以上履行债务的期间,但鲜活易腐等不易保管的动产除外。债务人逾期未履行的,留置权人可以与债务人协议以留置财产折价,也可以就拍卖、变卖留置财产所得的价款优先受偿。
>
> **第二百三十八条**　留置财产折价或者拍卖、变卖后,其价款超过债权数额的部分归债务人所有,不足部分由债务人清偿。
>
> **第二百四十条**　留置权人对留置财产丧失占有或者留置权人接受债务人另行提供担保的,留置权消灭。

(一) 案例 76 简介

某县农机公司与该县的农机具加工厂签订了一份加工新型农机具合同。合同约定,由农机具加工厂在 2005 年 10 月 1 日前为农机公司加工组配收割机主芯八百个。加工费 3 万元,农机公司应当在组配工作完成后 5 日内付款提货,农机具加工厂按时完成了组配工作,通知农机公司来领取收割机主芯。农机公司一时拿不出钱,于是询问农机具加工厂是否可以先提货后交款,加工厂不同意,坚持按照加工合同的规定付款提货,并称如果明年初农机公司不付款提货的话,将变卖主芯。到该年的年底,农机公司仍未提货。农机具加工厂于第二年初将这批收割机主芯卖给于某,得款 7 万元,扣除加工保管等费用外,尚余 4 万元,于是通知农机公司前来领取。农机公司以合同中没有约定农机具加工厂可以变卖加工工作物为由,拒绝领取余款,并起诉法院要求追回主芯。[1]

问题:农机具加工厂变卖加工工作物的行为是否符合法律规定?

(二) 相关知识点

1. 留置权的实现

留置权的实现又叫留置权的实行,是指债权人享有的对留置物依法进行折价或拍卖、变卖,并以该变现价款优先受偿的权利。这是留置权的效力之一,"该效力使得留置权具有了担保物权最本质的特征"[2]。

(1) 实现的条件。第一,留置权人须给予债务人履行债务的宽限期。当债

---

[1]　马新彦主编:《中华人民共和国物权法法条精义与案例解析》,中国法制出版社 2007 年版,第531—532 页。

[2]　孙鹏、王勤劳、范雪飞:《担保物权法原理》,中国人民大学出版社 2009 年版,第 365 页。

务人不履行到期债务时,留置权人可以留置已经合法占有的债务人的财产,但并不能立即实现留置权,而必须经过一定的期间后才能实现留置权。这个"一定的期间",被称为宽限期。法律设置宽限期,意在平衡债权人与债务人的利益,以求公平。"期限过长,不利于留置权人实现债权;期限过短,不利于债务人筹集资金,履行义务。"①根据我国《物权法》的相关规定,宽限期分为约定宽限期和法定宽限期两种。所谓约定宽限期,是指债权人在留置财产后,与债务人自由协商一定的债务履行期限。该期限的长短由当事人双方商定。② 在约定宽限期的情形,留置权人不负通知债务人于宽限期内履行债务的义务。所谓法定宽限期,是指留置权人与债务人就债务履行期限没有约定或约定不明确的,留置权人可以自行确定宽限期限,但该期限至少应为 2 个月以上,当然,鲜活易腐等不易保管的动产例如海鲜、水果、蔬菜等不受"2 个月以上"的限制。在法定宽限期的情形,留置权人负有通知债务人于宽限期内履行债务的义务。留置权人未为此通知的,不得实行留置权。第二,债务人在宽限期内仍不履行债务且不能另行提供担保。债务人在宽限期内履行了债务或另行提供了担保的,则会导致留置权的消灭,债权人自然不能实现留置权。但是,如果债务人在宽限期内仍不履行债务,又不能另行提供担保的,债权人便可以依照法律规定实现留置权。

（2）实现的方式。留置权实现的方式主要有折价或拍卖、变卖三种,其具体内容与前文动产质权的实现方式类似,此不重复。

2. 留置权的消灭

留置权的消灭,是指因为一定法律事实的发生而使留置权的效力终止。作为担保物权的一种,担保物权乃至物权消灭的一般原因自然也同样适用于留置权,例如主债权受偿、担保物权实行、标的物的灭失、权利的抛弃等。除此之外,留置权还有一些特有的消灭原因,主要有:

（1）债务人另行提供新的担保。留置权在成立后实现前,留置权人与债务人均无法使用留置物,这妨碍了物的效用和使用价值的发挥。既然留置权的目的在于确保债权人的债权受偿,那么如果债务人为其债务的清偿提供了另外相当的担保时,即债权人的债权另外获得了受偿的保护,已没有了不能受偿的危险,留置权就没有继续存在的理由,其理应由该担保所替代,留置权因此理应消灭。债务人另行提供的担保可以是其他担保物权,例如抵押权、质权,也可以是保证。但无论债务人另行提供的是哪一种担保,都必须能够为债权人所接受。

---

① 全国人大常委会法制工作委员会民法室编:《中华人民共和国物权法条文说明、立法理由及相关规定》,北京大学出版社 2007 年版,第 419 页。

② 尽管我国有学者认为该约定不得少于法定期限(该观点见申卫星:《物权法原理》,中国人民大学出版社 2008 年版,第 401 页),但笔者认为,依私法自治原则,该期限的长短应尊重当事人的约定,而不应强行规定。

如果债权人不接受新担保的,留置权不消灭。当然,留置权人无正当理由也不得拒绝接受债务人另行提供的担保。

(2) 留置权人丧失对留置物的占有。留置权人合法占有债务人的财产,是留置权得以存在的前提和要件,如果债权人丧失了对债务人财产的占有,则法律创设留置权的基础已经失去,留置权自然无法存在。留置权人丧失对留置物占有的情况包括两种:一种是出于留置权人自己的意思,例如将留置物返还债务人,留置权自然消灭;另一种情况是非出于留置权人自己的意思而丧失占有,例如占有财产被侵夺等,也会导致留置权的消灭。但是,如果留置权人能依占有的保护规定请求返还原物时,留置权人还可以重新获得留置权。

(三) 案例76分析

留置权的实现又叫留置权的实行,是指债权人享有的对留置物依法进行折价或拍卖、变卖,并以该变现价款优先受偿的权利。但是,当债务人不履行到期债务时,留置权人可以留置已经合法占有债务人的财产,却并不能立即实现留置权,而是必须给予债务人以履行债务的宽限期。该宽限期应当由当事人商定,没有约定或约定不明确的,留置权人应当给债务人2个月以上履行债务的宽限期,留置权人并负有通知债务人于宽限期内履行债务的义务,留置权人未为此通知的,不得实行留置。债务人在宽限期内仍不履行债务,且不能另行提供担保的,留置权人依法通过折价或拍卖、变卖的方式实现留置权。

本案中,农机具加工厂对收割机主芯的留置符合留置权成立的要件,因此农机具加工厂有权对收割机主芯进行留置。农机公司请求先提货后付款,受到农机具加工厂的拒绝,农机加工厂也给予农机公司以履行债务的宽限期,且进行了告知,并且该宽限期也符合法律规定的"2个月以上",农机具加工厂可以实现留置权。所以农机具加工厂变卖主芯优先受偿的行为,是符合法律规定的。

[案例思考]

1. 甲欠乙2万元,甲以价值2万元的高级音响一套抵押,并办理了登记手续。这期间该套音响出了故障,甲将音响送到丙修理部修理,约定修好即付修理费。音响修好,修理费为3000元。甲来取音响认为修理费过高,拒不付款。丙未让甲取走音响,并告诉甲2个月内拿钱取音响,否则他将变卖音响。2个月过去了,甲一直没来取音响,乙却来找丙并告诉丙,该套音响甲早就抵押给了自己,现已到还款期,乙要用该套音响变价受偿,并让丙看了抵押登记证明。

问题:乙、丙二人受偿顺序如何排?

2. 在某大城市上班的张三,买了一些急救之用的心脏病药,委托跑长途运输的李四运回老家给父亲使用,双方约定药品送至老家时支付运费。当李四将药品送到时,张三觉得运费太高未支付款项。

问题:根据有关法律,李四可否留置所运送的药品?

第五编 占 有

第十九章 占 有

一、占有的含义

> **相关法条**
>
> **第二百四十一条** 基于合同关系等产生的占有,有关不动产或者动产的使用、收益、违约责任等,按照合同约定;合同没有约定或者约定不明确的,依照有关法律规定。

（一）案例 77 简介

甲误将乙的手表当做自己的手表带在自己的手腕儿上,丙趁甲不备强行从甲的手腕儿上抢走。

问题:丙是否构成了对甲的侵害？理由是什么?[①]

（二）相关知识点

1. 占有的概念

物权法上的占有,是指对物有事实上管领力的状态。对物为管领的人称为占有人,被管领的物称为占有物。

占有是现代物权法的一项重要制度,起源于罗马法和日耳曼法上的占有制度,"汲取了罗马法和日耳曼法的占有制度之合理成分,兼具两者之性质与特点"。[②] 但是,与物权法的其他制度完全不同,占有制度不是以"权利"为其基础或者逻辑起点,这一制度被单纯地建立于"占有"的事实基础之上,其各种规则的逻辑起点,并不是各种物权的概念,而是民事主体对物的现实支配与控制的客

---

① 王全弟主编:《物权法》,浙江大学出版社 2007 年版,第 481 页。
② 刘保玉:《物权法学》,中国法制出版社 2007 年版,第 403 页。

观事实。占有制度的唯一宗旨即立法目的,是通过对占有事实的保护以即时恢复财产秩序,不考虑、不审查占有人的占有是否具有合法根据。①

2. 占有的特征

(1)占有的客体是物。包括动产和不动产,无论其为私有物还是公有物,均可成立占有。物的一部分或构成部分虽然不能作为物权的客体,但却可以成为占有的客体,例如将部分墙壁出租与他人供做广告之用等。对于不以物的占有而成立的财产权,例如地役权、专利权等,不能成立占有,只能成立准占有。法律禁止流通的物例如毒品等,也不得成为占有的客体。刑法上将人对毒品等禁止流通物事实上的控制称为"持有"。

(2)占有为对物有事实上的管领力。这是指对物事实上的控制与支配。所谓控制,是指物处于占有人的管理或影响之下。所谓支配,是指占有人能够对物加以一定的利用。只要某人的控制与支配力在事实上能够及于该物,即成为占有人。占有人是否享有占有的权利,对占有的成立不生影响。占有人是为自己占有或者为他人占有,也在所不问。② 至于某人的控制与支配力是否及于某物,其判断应以社会一般观念,并结合空间关系、时间关系和法律关系综合进行。从空间关系上看,如果某人与物有场所上的结合关系,就可以认为某人的控制与支配力及于该物。例如房产的所有人与放置在房屋内的家具成立占有关系。从时间关系上看,某人与物的结合关系在时间上有相当的继续性,就可以认为某人的控制与支配力及于该物。如果只是暂时的结合关系,则不成立占有关系。例如在饭店使用酒杯餐具等。从法律关系上看,如果某人与物存在某种法律关系时,即使没有空间和时间上的结合关系,仍能成立占有。例如房屋出租后房屋所有人为间接占有人、车辆所有人雇佣司机而依占有辅助人成立的占有等。

(3)占有是一种事实而非权利。关于占有的本质究竟是事实还是权利的问题,历史上有不同的观点。罗马法认为占有是一种事实,不管占有人有无占有的权利,法律都予以保护。在日耳曼法则认为占有是一种权利,占有是物权的一种表现方式。日耳曼法的占有又被称为"权利的外衣"。现代民法对此也存在不同的观点,但大多数人都赞同占有是一种事实而非权利。我国《物权法》也是这种认识。"法律上设立占有制度的目的,在于维护物的事实秩序而非维护物的法律秩序(权利秩序),即维护现有的物的占有状态,禁止他人以私力加以破坏,从而维护社会的安定与和平。""从另一方面讲,将占有定为一种事实而非权利,也有助于对占有的保护。因为占有人不必为具有权利而举证,而仅仅基于其占

---

① 尹田:《物权法》,北京大学出版社 2013 年版,第 259 页、第 263 页。
② 梁慧星主编:《中国物权法草案建议稿》,社会科学文献出版社 2000 年版,第 789 页。

有的事实即可要求保护。"①

3. 占有制度的意义

（1）稳定现实占有关系，维护社会秩序。占有制度是基于占有的事实而不是基于权利对占有人进行保护，这使得社会生活中大量存在的无权占有得到了相应的保护，从而避免了对物占有任意侵夺现象的发生，这对于维护社会秩序有积极意义。例如在遗失物拾得、埋藏物发现的情形，法律因拾得人、发现人对于拾得物、埋藏物事实的占有而赋予其排除他人妨害的权利，使得其他人不能以拾得人、发现人无所有权为由而妨害其对拾得物、埋藏物的占有，从而稳定现实占有关系。同时，现实占有关系的稳定，对于促进物尽其用也有重要的作用。当然，法律在对占有的保护中，也会区分占有的不同情况而给予相关当事人不同程度的保护。例如对于有权占有人，其既可以选择物权请求权也可以选择占有保护请求权维护自己的权益，其在选择占有保护请求权时往往会负较轻的举证责任而得到有效保护。对于无权占有，法律通过区分善意和恶意而给予当事人不同的法律评价，从而给予不同的保护。这种保护程度的区分协调了各方当事人的权益，维护了社会的公平，对于稳定现实占有关系，维护社会秩序，也起到了很好的推动作用。

（2）保障交易安全，促进经济发展。占有的重要效力之一是权利推定效力，即占有人在占有物上行使权利，推定其适法有此权利。物权的公示公信制度（动产）就与此密切相关。依据权利的推定，在现实交易中，财产（主要是动产）的占有人都被视为有处分权的人，人们只要"信赖"占有，就可以放心大胆地与占有人进行交易，而无须去探究占有人是否有处分权。这对交易的安全来说，是至关重要的。现实社会，人们在商店、在集市等市场上的商品交易是如此的自然而然，就得益于占有制度。否则，每一笔交易，消费者都得去调查出让人是否有处分权以免给自己带来不利后果。这对于消费者来说是相当困难的事情，不仅徒增交易的成本，而且势必会严重妨害交易的顺利进行，以致影响社会经济的发展。

（3）完善物权理论，指导立法实践。物权法中的许多制度，"均是以占有制度为其规则设计的基础，如果没有占有的一般规定，物权法中的诸多制度均需重复规定何为占有及对占有状态的要求，物权法体系的严谨性、科学性就无从谈起，立法的成本也会大大提高"②。同时，"在物权法中，有许多重要制度都需要占有制度的支撑和协调，例如先占、时效取得、善意取得均以占有制度为基本的理论支撑，因为先占、时效取得、善意取得均以占有为必要构成条件，没有占有制

① 刘保玉：《物权法学》，中国法制出版社 2007 年版，第 404 页。
② 同上书，第 405 页。

度,这些制度的确立也就成为无源之水"①。

4. 占有的类型

(1)有权占有和无权占有。这是以占有是否有权利基础为标准所作的分类。有权占有又称有权源的占有、有本权的占有、正权源占有等,是指有法律依据的占有。该法律依据被称为本权,它既可以是物权,也可以是债权、亲权等其他权利。凡是基于本权而为的占有,都称为有权占有。无权占有又称为无权源的占有、无本权的占有,是指没有法律依据的占有,即欠缺法律上原因的占有,例如盗贼对盗赃的占有、拾得人对于遗失物的占有等。区分有权占有和无权占有的意义在于,二者受到法律保护的程度不同:第一,有权占有可基于其本权而受到法律的保护,而无权占有则依据法律关于占有的规定而受保护。例如基于合同关系等产生的占有,有关不动产或者动产的使用、收益、违约责任等按照合同约定,合同没有约定或者约定不明确的,依照有关法律规定。第二,有权占有人可基于其合法占有对抗任何人。而无权占有人遇有本权人请求返还占有物时,有返还义务。

无权占有还可以划分为以下几种:

第一种,善意占有与恶意占有。这是以无权占有人的主观心理状态为标准所做的分类。善意占有是指占有人不知道或不应当知道自己没有占有的权利而为占有。恶意占有是指占有人知道或应当知道自己没有占有的权利而为占有。区分善意占有和恶意占有的意义在于,"恶意占有除在本权人提起返还原物诉讼前受'占有适法'推定原则的保护外,基本上不受其他法律保护,而善意占有则还受即时取得制度、取得时效制度及其他一些法律规定的保护。我国《物权法》在占有一章多处规定了恶意占有人的额外责任"②。例如第242条规定:"占有人因使用占有的不动产或者动产,致使该不动产或者动产受到损害的,恶意占有人应当承担赔偿责任。"第244条规定:"占有的不动产或者动产毁损、灭失,该不动产或者动产的权利人请求赔偿的,占有人应当将因毁损、灭失取得的保险金、赔偿金或者补偿金等返还给权利人;权利人的损害未得到足够弥补的,恶意占有人还应当赔偿损失。"在善意占有中,根据占有人有无过失为标准,还可以再分为过失占有和无过失占有。过失占有是指占有人就其善意有过失,而无过失占有是指占有人就其善意并无过失。区分二者的意义在于,二者时效取得期间及效力有所不同,过失占有时效期间较短,占有人责任相对较重,无过失占有时效期间较长,占有人责任相对较轻。

第二种,有瑕疵占有和无瑕疵占有。这是以占有人的占有状态为标准进行

---

① 刘智慧:《占有制度原理》,中国人民大学出版社2007年版,第130页。
② 王全弟主编:《物权法》,浙江大学出版社2007年版,第485页。

的分类。有瑕疵占有是指占有人的占有状态为恶意、有过失、强暴、隐秘或者不继续而为的占有。无瑕疵占有是指占有人的占有状态为善意、无过失、和平、公然或者继续而为的占有。区分二者的意义在于,善意取得、时效取得等均以无瑕疵占有作为构成要件。在占有的合并中,继承人应继承前一占有人的瑕疵。

第三种,公然占有与隐秘占有。这是以占有的方法为标准而进行的分类。公然占有是指不以隐藏的方法而为的占有。隐秘占有是指为避免他人发现而以隐藏的方法而为的占有。"需注意的是,以社会一般观念,对于某些通常需严密收藏而不轻易示人的财物,藏匿不属于隐秘占有,例如收藏古董。"①区分二者的意义在于,时效取得的要件须为公然占有,隐秘占有不适用时效取得。

第四种,和平占有与强暴占有。这是以占有的手段为标准进行的分类。和平占有是指占有的取得和保持均以和平的手段进行。强暴占有是指占有的取得和保持均以暴力手段进行,例如抢夺、抢劫他人财物而为占有。区分二者的意义在于,时效取得的要件要求和平占有。

第五种,继续占有与不继续占有。这是以占有的时间是否间断为标准进行的划分。继续占有是指占有人对于物的占有在时间上没有间断。反之为不继续占有。区分二者的意义在于,时效取得的期间计算以继续占有为必要。

(2)自主占有与他主占有。这是按照占有人是否具有所有的意思进行占有为标准所作的分类。自主占有是指占有人以所有的意思对物进行的占有。所谓"以所有的意思",是指不论占有人是否为真正所有人,只要其具有所有的意思就可成立自主占有,包括占有人误认为自己是所有人或者明知自己不是所有人仍以所有的意思占有标的物,例如误将他人财产作为遗产继承而占有、盗贼对盗窃物的占有等,即"占有人是否为真正占有人或误信为占有人或明知非所有人,仅会影响其为有权占有还是无权占有,是无权占有中的善意占有还是恶意占有,但不会影响其是否为自主占有"②。他主占有是指占有人不以所有的意思对物进行的占有,例如承租人、借用人、质权人、留置权人等对物的占有都属于他主占有。区分自主占有与他主占有的意义在于,时效取得和先占取得所有权都是以自主占有为要件。

(3)直接占有与间接占有。这是以占有人是否直接占有标的物为标准进行的分类。直接占有是指占有人直接而现实地对物有事实上的管领力。间接占有是指占有人不直接对物进行事实上的管领和控制,但是基于一定的法律关系而对直接占有人享有物的返还请求权,因而间接地对物有事实上管领力的占有。例如承租人、质权人、保管人为直接占有人,而出租人、出质人、寄托人为间接占

---

① 刘智慧:《占有制度原理》,中国人民大学出版社 2007 年版,第 141 页。
② 申卫星:《物权法原理》,中国人民大学出版社 2008 年版,第 194 页。

有人。区分二者的意义在于，直接占有可以独立存在，间接占有则不能独立存在，直接占有的存在是间接占有存在的前提。另外，民法上关于占有的一些规定，原则上也可扩大适用于间接占有。

（4）自己占有与辅助占有。这是以占有人是否亲自占有标的物为标准进行的分类。自己占有是指占有人亲自对物进行事实上的管领。辅助占有是指基于特定的从属关系，受他人指示对物进行事实上的管领，例如营业员对店内货物的占有。区分二者的意义在于，辅助占有不能独立存在，辅助占有虽然事实上管领某物，但却不因此而取得占有，而是以他人为占有人，交易时要注意认清真正的占有人。辅助占有人不享有或负担基于占有而生的权利义务。

（5）单独占有和共同占有。这是以占有的人数为标准进行的分类。单独占有是指占有人为一人的占有，共同占有是指占有人为二人以上的占有。区分二者的意义在于，在共同占有时，各共同占有人之间不得相互请求占有的保护。在对外关系上，各共同占有人可以单独请求占有的保护。

（三）案例77分析

占有是一种事实而非权利。法律设立占有制度的目的，在于维护物的事实秩序而非维护物的法律秩序（权利秩序），即维护现有的物的占有状态，禁止他人以私力加以破坏，从而维护社会安定与和平。占有制度是基于占有的事实而不是基于权利对占有人进行保护，这就使得社会生活中大量存在的无权占有得到了相应的保护，避免了对物占有任意侵夺现象的发生，这对于维护社会秩序有积极意义。

本案中，甲误将乙的手表带在自己的手腕上，这即为无权占有的情形。但是占有制度是基于占有的事实而不是基于权利对占有人进行保护，甲虽然是无权占有，但仍会受到占有制度的保护，任何他人不得以私力加以破坏。因而丙的行为构成了对甲占有的侵害，他不能因为甲是无权占有而任意侵夺。

二、占有的取得、保护和消灭

相关法条

第二百四十五条 占有的不动产或者动产被侵占的，占有人有权请求返还原物；对妨害占有的行为，占有人有权请求排除妨害或者消除危险；因侵占或者妨害造成损害的，占有人有权请求损害赔偿。

占有人返还原物的请求权，自侵占发生之日起一年内未行使的，该请求权消灭。

（一）案例78简介

某小区业主董某将房屋租给刘某，刘某又将房屋转租给一个女孩子张某，当时收了两个月的押金。但是在租户张某搬走的时候,刘某想一个女孩子,没什么可防的,就没有对房东董某所配置的家具家电进行是否齐全的细致检查,等到张某走后,刘某才发现,房东原来的一对价值不菲的红木椅子被张某带走了。①

问题:刘某是否有权向张某主张返还红木椅子?

(二)相关知识点

1. 占有的取得

占有的取得又称占有的发生,是指占有人获得对物事实上的管领。占有的取得可分为原始取得和继受取得。

(1)占有的原始取得。是指非基于他人既存的占有而取得的占有,例如先占、遗失物的拾得等情形的占有。占有的原始取得是事实行为而非法律行为,所以不以合法为必要,也不以占有人有民事行为能力为必要。原始取得的标的物可以是动产,也可以是不动产。原始占有的常态是直接占有,但并不限于直接占有,辅助占有、自主占有、他主占有等也可以原始取得。"应注意的是,原始取得物的占有,未必就能取得其所有权。因为占有纯为一种事实状态,其与事后占有人是否因此取得占有物的所有权,并无天然联系,占有人是否能取得标的物的所有权,应依法律的相应规定而确定。"②

(2)占有的继受取得。是指基于他人既存的占有而取得的占有。其发生主要有以下两种原因:

第一,占有的让与。又称占有的移转,是指占有人通过法律行为将其占有的物交付于他人,受让人因此而取得对该物占有的情形。依通说,占有的让与需具备以下条件:一是占有人须有让与占有的意思表示。既然占有的让与是根据法律行为发生,自然需要有让与占有的意思表示。非依占有人意思表示发生的占有转移例如盗窃之物,可以发生占有的原始取得,而不能发生继受取得。二是须有占有物的交付。只有在占有物交付后,受让人才能形成对标的物事实上的管领。交付的方法,不以现实交付为必要,即使简易交付、占有改定或指示交付也无不可。

第二,占有的继承。是指被继承人死亡后,其生前对物的占有因继承移转至继承人。对于占有能否被继承的问题,有不同的观点,但近现代大多数国家和地区都认可占有能够被继承。因为占有虽然只是一种事实,但其有法律上的利益且不具人身专属性,故可以继承。占有的继承从继承开始时生效,不以继承人知悉继承事实的发生为要件,也不以继承人事实上已管领其物或存在交付行为为要件,更不需要作继承的意思表示。

---

① 《中华人民共和国物权法(案例应用版)》,中国法制出版社 2009 年版,第 326 页。
② 刘保玉:《物权法学》,中国法制出版社 2007 年版,第 409—410 页。

　　占有继受取得的效力主要表现为继受人可以选择占有的合并或占有的分离。这是指继受人可以将自己的占有与前占有人的占有合并而主张占有,以期获得更长的占有期间,也可以将自己的占有与前占有人的占有相分离而仅主张自己的占有。"这种效力,为占有的继受取得所独有,学说称为占有继受取得的特殊效力。"①至于是选择合并还是选择分离,这由继受人根据自己利益的需要作出决定。但继受人选择占有合并的,则要同时继受前占有人的占有状态,即如果前占有存在瑕疵例如恶意占有,那么继受人的占有也就是恶意占有,至于继受人在取得占有时是否恶意,在所不问。

　　2. 占有的保护

　　占有的保护是民法上的一项重要制度。在罗马法对占有保护制度的基础上,后世各个国家和地区在占有保护制度方面大同小异。不论大陆法系还是普通法系,保护占有不受侵犯都采取两种方式:一是占有人实施自力救济(非司法方式),一是占有人向法院起诉(司法方式)。② 我们又可以将这些保护分为物权法上的保护和债权法上的保护。前者包括占有人的自力救济权和占有保护请求权,后者包括不当得利请求权和侵权行为损害赔偿请求权。本书只讨论占有的物权保护。

　　(1)占有人的自力救济权。自力救济又称私力保护,是指当权利人的权利受到侵夺或妨害时,权利人自己或由其辅助人以强制力自行排除妨害的行为。现代法治社会,当权利或其他利益受到侵害,均应按法定程序解决纠纷,以确保社会的和平秩序。因此,私力救济原则上为法律所禁止。但由于占有具有特殊性,法律在保护占有时,仍赋予占有人自力救济权,其主要包括以下两种权利:

　　第一种,自力防御权。又称占有防御权、己力防御权,是指占有人对于侵夺或妨害其占有的行为,可以以自己的力量进行防御的权利。占有防御权的行使应具备以下条件:一是只有直接占有人或辅助占有人才能行使该权利。法律赋予占有人该项权利的目的,是为了确保占有人对占有物现实的事实管领,而只有直接占有人或辅助占有人是对占有物进行现实的事实管领的人。间接占有人因无对标的物事实上的管领,自然也就谈不上行使此权利的问题。二是自力防御权必须是针对现存的侵夺或妨害行为而行使。侵夺或妨害如果还未发生或者已经过去的,自力防御权均不能行使,即自力防御权只能针对正在发生或仍然存在的侵夺或妨害行为。认定侵夺或妨害的存在,应以客观情形进行判断,但不以侵害人故意或过失、行为人是否具有意思能力为要件。三是自力防御权的行使不能超过必要限度。所谓必要限度,原则上应以制止侵夺或妨害所必须为标准。

---

① 梁慧星、陈华彬编著:《物权法》(第三版),法律出版社 2005 年版,第 423 页。
② 刘智慧:《占有制度原理》,中国人民大学出版社 2007 年版,第 327 页。

超过了必要限度,给侵害人造成损失的,要承担赔偿责任。四是恶意占有人或瑕疵占有人等,虽然也有自力救济权,但其对原占有人的就地或追踪取回,则不能行使自力防御权。

第二种,自力取回权。又称占有取回权、自力夺回权等,是指占有人在占有物被侵夺后,可以以自己的力量取回占有物而恢复其占有的权利。与自力防御权相同,行使自力取回权的人只能是直接占有人或占有辅助人。自力取回权必须是在合理的时间内行使。所谓合理的时间通常是指,被侵夺的占有物如果为不动产,占有人应在被侵夺后及时排除侵害,被侵夺的占有物如果是动产,占有人应就地或追踪向加害人取回。"若非及时行使取回权,以致形成新的占有秩序,则只能通过公力救济的方式来寻求保护。"①

(2)占有保护请求权。又称占有人的物上请求权,是指占有人在其占有被侵害时,请求侵害人恢复其占有圆满状态的权利。相对于自力救济,占有保护请求权属于公力救济权,其与前文所述物权请求权,"作为对不同权益予以保护的两种制度,既有严格的区别,又同时可以协同发挥权益保护的效力"。"就举证责任而言,主张占有保护请求权较为有利(尤其在占有人难以举证证明其占有之本权的情况下),但如想获得终局、确定性的保护,则应选择物权保护请求权。"②占有保护请求权包括以下三种权利:

第一种,占有物返还请求权。又称回复占有请求权,是指占有人在其占有物被侵夺时,有权请求侵占人返还占有物的权利。占有物返还请求权的构成要件有四:一是只有占有人才能够行使该项权利。此项请求权的目的在于回复对物的占有,即收回所丧失的占有。所以,只有占有人才能享有占有物返还请求权。这里的占有人包括直接占有人、间接占有人、自主占有人、他主占有人、善意占有人、恶意占有人等,但不包括辅助占有人,因为辅助占有人并不是占有人。即使是所有权人,如果不是占有人,也不能行使占有物返还请求权。二是占有物须被实际侵夺。所谓侵夺,是指违反占有人的意思,以积极的不法行为夺取占有物,使占有人全部或者部分丧失占有。"占有人若基于自己的意思移转物的占有而使自己丧失对物的占有时,即使该移转出于错误、诈欺、胁迫,丧失对物的占有的人也无权行使该项权利。""另外,因侵夺占有,需以存在外表可见的积极行为为要件,故借用人借用期届满后,不将借用物返还的,不是侵夺出借人的占有;风吹衣服飞入邻地,邻人拾取并加以占有,不是侵夺占有;遗失自己的物,被拾得人占有,也不是侵夺他人的占有等等,从而这些场合也都不发生请求返还占有物的问

---

① 刘保玉:《物权法学》,中国法制出版社2007年版,第416页。
② 同上书,第417页。

题。"①三是占有物返还请求权的相对人为侵夺人或者是恶意的特定继受人或者是不符合法律予以特别保护的善意特定继受人。② 四是占有物返还请求权,自侵占发生之日起1年内未行使的,该请求权消灭。这是对占有物返还请求权行使的时间限制,其"目的在于防止占有人怠于行使权利,并且时间经过过长的话,新的财产占有秩序已经形成,不易打破"③。该1年的时间在性质上属于除斥期间,而非诉讼时效。"因为占有保护一般比较紧迫,规定为除斥期间可以促使占有人及时行使权利,使社会秩序及时稳定下来。如果规定为诉讼时效,由于诉讼时效可以中断、中止甚至延长,而且诉讼时效的起算原则上从权利人知道或者应当知道之日起计算,这样拖延的时间较长,不利于社会秩序的稳定。"④

第二种,排除妨害请求权。又称占有妨害去除请求权,是指占有人对物的占有被以侵夺以外的方法妨碍时,有权请求妨碍人排除妨害。在妨害占有的情形,占有人并未丧失占有,只是占有人对物占有的现实状态受到了妨害。占有妨害排除请求权构成的要件为:一是必须存在妨害行为。如果妨害不存在,则妨害的排除无从谈起。即使存在妨害发生的危险,只要尚未发生,也不能行使占有妨害排除请求权,而只能行使占有妨害预防请求权。妨害可能以积极的行为进行,例如把垃圾丢弃在他人庭院内,也可能以消极的不作为进行,例如听任树木被风吹到在邻地而不清除。二是只有占有人才能够行使该项权利。这与占有物返还请求权相类似,此不多言。三是占有妨害排除请求权的相对人为妨害人。妨害人包括两种:行为妨害人,即因其行为妨害占有的人;状态妨害人,即因其意思容许妨害占有状态存在的人。不管是对直接实施妨害行为的人,还是对间接造成他人占有妨害的人,占有人均可以向其提出请求。除去妨害的费用由妨害人负担。

第三种,消除危险请求权。又称占有妨害防止请求权,是指占有人对于其占有可能遭受到的妨害,有请求相对人消除危险、以防止危害发生的权利。其构成要件为:一是必须存在占有被妨害的危险。这种危险是指将来有妨害占有可能的危险。至于这种危险究竟是否存在,则"必须根据一般社会观念和当时周围环境加以判断,而不能根据占有人的主观臆断决定。例如在他人房屋边挖洞确有可能危及他人房屋,在此情况下,占有人可行使该项请求权"⑤。二是只有占

---

① 梁慧星、陈华彬编著:《物权法》(第三版),法律出版社2005年版,第431页。

② 关于侵夺人的特定继受人是否为占有物返还请求权的相对人,理论上有分歧:一种观点认为善意的特定继受人不属于占有物返还请求权的相对人;另一种观点认为特定继受人都应作为占有物返还请求权的相对人;第三种观点认为恶意的特定继受人或者是不符合法律予以特别保护的善意特定继受人为占有物返还请求权的相对人。参见刘智慧:《占有制度原理》,中国人民大学出版社2007年版,第340页。笔者赞同第三种观点。

③ 郭明瑞主编:《中华人民共和国物权法释义》,中国法制出版社2007年版,第439页。

④ 江平主编:《中国物权法教程》,知识产权出版社2007年版。

⑤ 王利明:《物权法论》(修订版),中国政法大学出版社2003年版,第813页。

有人才能够行使该项权利。这与占有的返还请求权相似,无须多言。三是占有妨害预防请求权的相对人为有妨害占有危险的人。这是指造成妨害占有危险存在的人,也就是对产生的妨害占有危险有排除支配力的人。

3. 占有的消灭

占有的消灭又称占有的丧失,是指占有人对物不再具有事实上的管领力。对于物是否具有管领力的确定,须根据具体事实,依法律规定和一般社会观念认定。至于丧失对物管领力的原因是事实行为、法律行为还是自然力抑或公法行为,均非所问。需注意:占有人对占有物管领力的丧失,须是确定的、永久的,如果仅是一时不能对物进行管领,则不发生管领的消灭。

(三)案例78 分析

占有物返还请求权又称回复占有请求权,是指占有人在其占有物被侵夺时,有权请求侵占人返还占有物的权利。占有物返还请求权,自侵占发生之日起 1 年内未行使的,该请求权消灭。

本案中,刘某是房屋的承租人,对房屋内的家具具有当然的占有权,当家具被侵夺时,刘某就具有占有物返还请求权。所以,刘某有权向张某主张返还红木椅子。但是需注意,刘某行使红木椅子返还请求权的期间是自张某搬家时起的 1 年内,过期该请求权就不存在了。当然,如果过了 1 年的期限,房东董某仍然可以向张某追索红木椅子。因为董某行使的是物权请求权,物权请求权是没有期限限制的。

三、占有的效力

相关法条

第二百四十二条 占有人因使用占有的不动产或者动产,致使该不动产或者动产受到损害的,恶意占有人应当承担赔偿责任。

第二百四十三条 不动产或者动产被占有人占有的,权利人可以请求返还原物及其孳息,但应当支付善意占有人因维护该不动产或者动产支出的必要费用。

第二百四十四条 占有的不动产或者动产毁损、灭失,该不动产或者动产的权利人请求赔偿的,占有人应当将因毁损、灭失取得的保险金、赔偿金或者补偿金等返还给权利人;权利人的损害未得到足够弥补的,恶意占有人还应当赔偿损失。

(一)案例79 简介

贾某在生前借用王某的摩托车,未及返还,贾某即去世。其继承人贾小某并不知道贾某遗留的摩托车系王某的财产，遂作为遗产继承，并在上下班或业余时间使用。1 年后，王某要求贾小某返还摩托车，并赔偿因其使用给摩托车造成的磨损，贾小某表示拒绝。[①]

问题：贾小某是否应该进行赔偿？

（二）相关知识点

占有的效力，是指占有所具有的法律上的证明力和强制力。[②] 占有的效力直接反映占有在社会生活中的地位和作用，体现了对占有人的保护，同时也兼顾了真正权利人和社会整体的利益，是占有制度的核心内容。占有的效力一般包括占有的权利推定效力、占有的状态推定效力、占有人的权利和义务等。

1. 占有的权利推定效力

占有的权利推定效力，是指占有人在其占有物上行使的权利，推定其适法有此权利。至于占有人是否真正有此权利，在其他人举证推翻此权利前在所不问。占有的权利推定，是占有的最主要效力。

规定占有权利推定效力的理由在于：占有通常多基于占有人对物所享有的权利，具有权利存在的盖然性。基于这种盖然性而赋予占有以权利推定的效力，以保护占有背后盖然存在的权利。"占有的推定可以使占有人免除举证责任的困难，易于排除侵害，维护物之秩序；占有的权利既然推定，则产生公信力，使善意信赖占有而与占有人进行交易的相对方受到保护，有益交易安全；权利的推定有助于保护物上的权利，避免争议，减少诉讼，使物能尽其所用。"[③]当然，既然是推定的权利，此权利就有可能是不存在的，即法律推定的权利并不一定为占有人真正享有。但这并不要紧，因为权利推定的目的仅在于维护物的事实秩序，而并不是对权利状态的最终确认，所以占有人不承担权利存在的举证责任，只要有占有的事实存在，就可以推定其适法权利的存在。如果有人主张此权利不存在，则要承担举证责任，需要举出反证以推翻权利享有的状态。也正是由于推定的权利不一定存在，"故其仅适用于占有人消极地维护自己的占有，占有人不得援用权利推定的规定，实施占有物所有权申请登记等积极行为"[④]。占有的权利推定适用于动产和不动产，但对于不动产占有的权利推定仅限于未登记的不动产物权及以不动产为标的物的债权。[⑤] 需注意：占有的权利推定，不仅占有人自己能援用，第三人也可援用。占有的权利推定既可以为占有人的利益而推定，也可以为权利人的不利益而推定。

① 《中华人民共和国物权法（案例应用版）》，中国法制出版社 2009 年版，第 322 页。
② 柳经纬主编：《物权法》（二版），厦门大学出版社 2005 年版，第 294 页。
③ 梁慧星主编：《中国物权法草案建议稿》，社会科学文献出版社 2000 年版，第 793 页。
④ 同上书，第 794 页。
⑤ 梁慧星、陈华彬编著：《物权法》（第三版），法律出版社 2005 年版，第 425 页。

2. 占有的状态推定效力

占有的状态推定效力又称占有的事实推定效力,是指在无相反证明的情况下,推定占有人的占有为自主、善意、和平、公开的占有,以及在能证明前后两端为占有时推定为无间断的持续占有。

占有状态不同,所产生的法律效力有很大区别。例如关于时效取得,各国的通行规定为:占有人须以自主占有的意思,和平、公然并继续占有标的物达到一定期间,才能因时效取得其所有权。根据"谁主张,谁举证"的一般原则,占有人需要对自己的占有属于何种状态进行举证,这对占有人来说,往往是一件非常非常困难的事情。严守举证责任原则,必将使法律保护占有的目的难以达到。"所以为了加强对占有人的保护,消除占有人的举证困难,合理分担有关当事人的举证责任,各国法律大都设立了上述推定原则。"①同样,占有状态的推定既然是推定,自然可以反证推翻。至于举证责任,则由意欲推翻无瑕疵占有的人承担。

3. 占有人的权利和义务

由于有权占有人通常可依其权利而不必借助占有获得保护,所以这里讲的占有人的权利和义务是指无权占有人的权利和义务。"虽然无权占有受到法律的保护,但是法律并非要终局性地保护无权占有,而是为了维持社会和平状况与真正权利人的权利而暂时对其予以保护。"②当占有的状态一旦明确,法律自然要围绕保护真正权利人的目的,对无权占有进行"秋后算账",而这一"秋后算账"是根据占有人是善意还是恶意而有区别地进行,即法律赋予占有人的权利和义务视占有人主观的善意与恶意而有所不同。

(1)占有物的使用、收益权。这是占有人最基本的权利,也是占有在表现形态上最普遍的效力。依各国和地区的立法例,该权利通常限于善意占有人,恶意占有人不享有此项权利。其原因是:"占有人于占有物上行使的权利,推定其适法有此权利,而善意占有人在使用占有物时即被法律推定为物的权利人,具有占有使用的权利,因此,对于使用被占有的物而导致的物的损害,不应负赔偿责任。本法采纳上述立法,规定占有人因使用占有的不动产或者动产,致使该不动产或者动产受到损害的,恶意占有人应当承担赔偿责任;对于善意占有人,法律不苛以此种赔偿义务。"③

---

① 刘保玉:《物权法学》,中国法制出版社 2007 年版,第 412 页。

② 席志国、方立维:《物权法法条详解与原理阐释》,中国人民公安大学出版社 2007 年版,第 392页。

③ 参见全国人大常委会法制工作委员会民法室编:《中华人民共和国物权法条文说明、立法理由及相关规定》,北京大学出版社 2007 年版,第 429 页,第 242 条立法理由。但我国《物权法》第 243 条规定,不动产或者动产被占有人占有的,权利人可以请求返还原物及其孳息。笔者以为,该条的规定其实是说,善意占有人对于占有物没有使用权,这与第 242 条是相矛盾的。

（2）必要费用偿还请求权。这是指占有人享有的在权利人请求返还占有物时，请求权利人偿还因管理占有物而支出的必要费用的权利。理论界通说认为，占有人管理占有物的费用分为必要费用和有益费用两种。必要费用是指为了保持占有物的效用和价值，避免物的毁损和灭失而支出的必需费用，例如占有物的维修费、饲养费等。有益费用是指为改良占有物以增加其价值而支出的费用，例如占有物的装饰费、安装费等。善意占有人可请求权利人偿还必要费用和有益费用，恶意占有人则只能请求权利人偿还必要费用。但我国《物权法》对此问题的规定与理论界通说有较大差异。根据我国《物权法》，善意占有人仅能够行使必要费用偿还请求权，而恶意占有人则既不享有必要费用偿还请求权，更不享有有益费用偿还请求权，即使为了维护占有物支出了必要费用，恶意占有人也不得要求权利人返还。

（3）返还占有物及孳息的义务。无论是善意占有人还是恶意占有人，毕竟都是无权占有人，对于真正权利人都负有返还原物的义务，这是毫无争议的。但是对于占有物的孳息是否负返还义务，许多国家和地区则区分善意占有人和恶意占有人而有不同。他们大都规定善意占有人有权收取占有物的孳息，无论是天然孳息还是法定孳息，也不管该孳息是否仍然存在，善意占有人都没有返还的义务；而对于恶意占有人，则都规定必须返还。但依我国《物权法》的相关规定，无论善意占有人还是恶意占有人，都负有返还原物和孳息的义务。

（4）损失赔偿的义务。当占有物在被占有人占有期间受到损害甚至毁损灭失时，就涉及占有人的赔偿责任问题。通常占有人的赔偿责任也是因善意占有人和恶意占有人而有不同。对于善意占有人，各国法律大都规定了较轻的责任，善意占有人仅在其因占有物毁损、灭失所得到的利益范围内负赔偿责任，例如善意占有人应当将因占有物毁损、灭失而取得的保险金、赔偿金或补偿金等返还权利人，对于占有物的损害即权利人的损失则不负赔偿责任，这实际上仅是不当得利返还原则的运用而已。这是因为："既然善意占有人享有法律赋予的使用、收益权，那么因使用占有的不动产或者动产，致使该不动产或者动产受到损害的，善意占有人自然由于是行使权利的行为而毋庸承担赔偿责任。"[1]但是，"恶意占有人的占有既无法律上的依据，又缺乏道德上的正当性，在法律上没有保护的必要，因此，各国法律上均对其规定了较重的责任"[2]。当占有物受到损害甚至毁损、灭失时，恶意占有人不仅应当将因占有物毁损、灭失而取得的保险金、赔偿金或补偿金等返还权利人，而且还要承担损害赔偿的义务。

---

① 马新彦主编：《中华人民共和国物权法法条精义与案例解析》，中国法制出版社 2007 年版，第 549 页。

② 刘保玉：《物权法学》，中国法制出版社 2007 年版，第 415 页。

（三）案例 79 分析

当占有物受到损害甚至毁损灭失时，占有人的赔偿责任通常是因善意占有人和恶意占有人而有不同。对于善意占有人来说其责任较轻，其仅在因占有物毁损、灭失所得到的利益范围内负不当得利的返还义务，对于占有物的损害则不负赔偿义务。但是对于恶意占有人来说，出现了上述情况，则要承担占有物损害的全部赔偿责任。

本案中，贾小某误将王某的摩托车认为是遗产加以继承，属于善意占有人，而不构成恶意占有的条件。因此，贾小某因使用摩托车而对摩托车造成了磨损（损害），并不应该向王某承担赔偿责任。

[案例思考]

1. 张某家中有一仿真猎枪，在政府统一收缴枪支的活动中，张某将枪藏匿未上交。一次由于生意上的矛盾，张某与李某发生冲突，张某拿枪威吓李某，被李某告发。派出所不但将李某的枪支没收，而且对张某进行了相应的处罚。

问题：张某能否用占有的有关制度主张自己对枪支的权利？

2. 甲回老家过年，委托好友乙照料自家的房子。由于乙家的电视机收视效果不好，除夕的晚上，乙就想先把甲家的电视机暂时搬到自己家中看春节联欢会。没想到在搬电视机的过程中，甲的电视机被碰坏。甲回来后要求乙赔偿。

问题：根据占有制度理论，乙应负什么责任？

参考文献

1. 史尚宽:《民法总论》,中国政法大学出版社 2000 年版。

2. 史尚宽:《物权法论》,中国政法大学出版社 2000 年版。

3. 史尚宽:《债法总论》,中国政法大学出版社 2000 年版。

4. 梅仲协:《民法要义》,中国政法大学出版社 1998 年版。

5. 王泽鉴:《民法物权》(通则·所有权),中国政法大学出版社 2001 年版。

6. 王泽鉴:《民法学说与判例研究》(1—8),中国政法大学出版社 1998 年版。

7. 王泽鉴:《民法概要》,中国政法大学出版社 2003 年版。

8. 王泽鉴:《法律思维与民法实例:请求权基础理论体系》,中国政法大学出版社 2001 年版。

9. 王泽鉴:《债法原理(一):基本理论债的发生》,中国政法大学出版社 2001 年版。

10. 曾世雄:《民法总则之现在与未来》,中国政法大学出版社 2001 年版。

11. 谢在权:《民法物权论》(上、下),中国政法大学出版社 1999 年版。

12. 刘志敭:《民法物权编》,中国政法大学出版社 2006 年版。

13. 曹杰:《中国民法物权论》,中国方正出版社 2004 年版。

14. 杨桢:《英美契约法论》(修订版),北京大学出版社 2000 年版。

15. 李淑明:《民法入门》(第三版),元照出版有限公司 2007 年版。

16. 谢怀栻:《外国民商法精要》,法律出版社 2002 年版。

17. 佟柔主编:《民法原理》,法律出版社 1987 年版。

18. 佟柔主编:《中国民法》,法律出版社 1990 年版。

19. 江平主编:《民法学》,中国政法大学出版社 2000 年版。

20. 江平主编:《中国物权法教程》,知识产权出版社 2007 年版。

21. 江平主编:《物权法教程》,中国政法大学出版社 2007 年版。

22. 梁慧星主编:《民法总论》,法律出版社 2001 年版。

23. 梁慧星主编:《从近代民法到现代民法》,中国法制出版社 2000 年版。

24. 梁慧星主编:《民商法论丛》(第 5 卷),法律出版社 1996 年版。

25. 梁慧星主编:《民商法论丛》(第 12 卷),法律出版社 1999 年版。

26. 梁慧星主编:《为中国民法典而斗争》,法律出版社 2002 年版。

27. 梁慧星主编:《中国物权法草案建议稿》,社会科学文献出版社 2000 年版。

28. 梁慧星、陈华彬编著:《物权法》,法律出版社 1997 年版。

29. 梁慧星、陈华彬编著:《物权法》(第三版),法律出版社 2005 年版。

30. 周枏:《罗马法原理》(上下册),商务印书馆 1996 年版。

31. 魏振瀛主编:《民法》,北京大学出版社 2000 年版。

32. 魏振瀛主编:《民法》(第三版),北京大学出版社 2007 年版。

33. 彭万林主编:《民法学》(修订版),中国政法大学出版社 1999 年版。

34. 李双元、温世扬主编:《比较民法学》,武汉大学出版社 1998 年版。

35. 王利明:《物权法研究》(第三版)(上、下卷),中国人民大学出版社 2013 年版。

36. 王利明、杨立新、王轶、程啸:《民法学》(第二版),法律出版社 2008 年版。

37. 王利明主编:《中国民法案例与学理研究》(物权篇),法律出版社 1998 年版。

38. 王利明、郭明瑞、吴汉东主编:《民法新论》(上下册),中国政法大学出版社 1988 年版。

39. 王利明主编:《民商法研究》(修订本)(第四辑),法律出版社 2001 年版。

40. 王利明主编:《民法》(第三版),中国人民大学出版社 2007 年版。

41. 王利明主编:《民法》(第四版),中国人民大学出版社 2008 年版。

42. 王利明:《物权法教程》,中国政法大学出版社 2003 年版。

43. 王利明:《物权法论》(修订版),中国政法大学出版社 2003 年版。

44. 杨立新主编:《民法总则重大疑难问题研究》,中国法制出版社 2011 年版。

45. 杨立新主编:《民商法理论争议问题——用益物权》,中国人民大学出版社 2007 年版。

46. 杨立新、程啸、梅夏英、朱呈义:《物权法》,中国人民大学出版社 2004 年版。

47. 杨立新编著:《民法案例分析教程》,中国人民大学出版社 2008 年版。

48. 杨立新:《物权法》(第二版),中国人民大学出版社 2007 年版。

49. 杨立新:《物权法》(第三版),中国人民大学出版社 2009 年版。

50. 龙翼飞主编:《物权法原理与案例教程》,中国人民大学出版社 2008 年版。

51. 张广兴:《债法总论》,法律出版社 1997 年版。

52. 高富平:《物权法专论》,北京大学出版社 2007 年版。

53. 尹田:《物权法》,北京大学出版社 2013 年版。

54. 尹田:《物权法理论评析与思考》(第二版),中国人民大学出版社 2008 年版。

55. 杨振山主编:《中国民法教程》,中国政法大学出版社 1999 年修订版。

56. 郑立、王作堂主编:《民法学》,北京大学出版社 1994 年版。

57. 郭明瑞主编:《民法》,高等教育出版社 2003 年版。

58. 郭明瑞主编:《中华人民共和国物权法释义》,中国法制出版社 2007 年版。

59. 孙宪忠编著:《物权法》,社会科学文献出版社 2005 年版。

60. 孙宪忠:《中国物权法原理》,法律出版社 2004 年版。

61. 孙宪忠:《争议与思考——物权立法笔记》,中国人民大学出版社 2006 年版。

62. 崔建远:《物权法》(第二版),中国人民大学出版社 2011 年版。

63. 崔建远:《物权:规范与学说》,清华大学出版社 2011 年版。

64. 崔建远:《物权:生长与成型》,中国人民大学出版社 2004 年版。

65. 王全弟主编:《物权法》,浙江大学出版社 2007 年版。

66. 王全弟主编:《民法总论》(第二版),复旦大学出版社 2005 年版。

67. 王轶:《民法原理与民法学方法》,法律出版社 2009 年版。

68. 王轶主编:《物权法解读与应用》,人民出版社 2007 年版。

69. 陈华彬：《物权法》，法律出版社 2004 年版。

70. 柳经纬主编：《物权法》，厦门大学出版社 2000 年版。

71. 柳经纬主编：《物权法》（二版），厦门大学出版社 2005 年版。

72. 李显冬：《民法概要》，山西人民出版社 2001 年版。

73. 李显冬主编：《中国物权法要义与案例释解》，法律出版社 2007 年版。

74. 李显冬：《民法应试教程》，中国政法大学出版社 2003 年版。

75. 龙卫球：《民法总论》，中国法制出版社 2001 年版。

76. 李开国、张玉敏主编：《中国民法学》，法律出版社 2002 年版。

77. 张俊浩主编：《民法学原理》（上、下）（第三版），中国政法大学出版社 2000 年版。

78. 马俊驹、余延满著：《民法原理》（上下册），法律出版社 1998 年版。

79. 徐国栋编：《中国民法典起草思路论战》，中国政法大学出版社 2001 年版。

80. 李永军：《民法总论》，法律出版社 2006 年版。

81. 房绍坤、郭明瑞、唐广良：《民商法原理》（三），中国人民大学出版社 1999 年版。

82. 房绍坤：《物权法用益物权编》，中国人民大学出版社 2007 年版。

83. 房绍坤主编：《民法》，中国人民大学出版社 2009 年版。

84. 刘心稳：《中国民法学研究述评》，中国政法大学出版社 1996 年版。

85. 梁书文、回沪明、杨振山主编：《民法通则及配套规定新释新解》（新编第二版·中），人民法院出版社 2001 年版。

86. 姚辉编著：《民法学原理与案例教程》，中国人民大学出版社 2007 年版。

87. 朱启超、许德风：《民法概要》，北京大学出版社 2002 年版。

88. 陈年冰编著：《新编民法案例大点拨》，陕西人民出版社 2002 年版。

89. 蓝承烈：《民法专题研究与应用》，群众出版社 2002 年版。

90. 马新彦主编：《中华人民共和国物权法法条精义与案例解析》，中国法制出版社 2007 年版。

91. 刘保玉：《物权法学》，中国法制出版社 2007 年版。

92. 程啸：《不动产登记法研究》，法律出版社 2011 年版。

93. 冯殿美主编：《新编公民法律指南》，中国人事出版社 1994 年版。

94. 姚欢庆：《民法概论》，中国人民大学出版社 2003 年版。

95. 姚欢庆编著：《民法概论》（第三版），中国人民大学出版社 2013 年版。

96. 《中华人民共和国物权法（案例应用版）》，中国法制出版社 2009 年版。

97. 关涛主编：《物权法案例教程》，北京大学出版社 2004 年版。

98. 全国人大常委会法制工作委员会民法室编：《中华人民共和国物权法条文说明、立法理由及相关规定》，北京大学出版社 2007 年版。

99. 高圣平：《物权法 原理·规则·案例》，清华大学出版社 2007 年版。

100. 梅夏英、高圣平主编：《物权法教程》，中国人民大学出版社 2007 年版。

101. 申卫星：《物权法原理》，中国人民大学出版社 2008 年版。

102. 向明：《不动产登记制度研究》，华中师范大学出版社 2011 年版。

103. 李建华、申卫星、杨代雄：《物权法》，中国人民大学出版社 2008 年版。

104. 孙鹏、王勤劳、范雪飞:《担保物权法原理》,中国人民大学出版社 2009 年版。

105. 李新天主编:《〈物权法〉条文释义与精解》,东北财经大学出版社 2007 年版。

106. 李建伟编著:《民法 62 讲》,人民法院出版社 2006 年版。

107. 陈永强:《物权法精要》,浙江工商大学出版社 2012 年版。

108. 徐武生、靳宝兰主编:《民法学》,中国人民公安大学出版社 1997 年版。

109. 胡宝海、王晓君:《民法上的人》,中国社会科学出版社 1999 年版。

110. 姚新华主编:《民法学》,中国政法大学出版社 1999 年版。

111. 郭继:《土地承包经营权流转制度研究》,中国法制出版社 2012 年版。

112. 杨一平:《司法正义论》,法律出版社 1999 年版。

113. 王丽萍编著:《债法总论》,上海人民出版社 2001 年版。

114. 黄名述、黄维惠主编:《民法学》,中国检察出版社 2002 年版。

115. 王金堂:《土地承包经营权制度的困局与破解》,法律出版社 2013 年版。

116. 金启洲:《民法相邻关系制度》,法律出版社 2009 年版。

117. 郭平、李洪帅编著:《农村土地承包常见法律问题 100 例》,中国人民大学出版社 2011 年版。

118. 崔文星:《中国农地物权制度论》,法律出版社 2009 年版。

119. 崔文星:《物权法专论》,法律出版社 2011 年版。

120. 主力军编著:《中国农村土地流转法律实用指南》,上海社会科学院出版社 2009 年版。

121. 席志国、方立维:《物权法法条详解与原理阐释》,中国人民公安大学出版社 2007 年版。

122. 于海涌、丁南主编:《民法物权》,中山大学出版社 2002 年版。

123. 张迪圣编著:《100 个怎么办:物权法案例讲堂》,中国法制出版社 2007 年版。

124. 董学立:《物权法研究——以静态与动态的视角》,中国人民大学出版社 2007 年版。

125. 董学立:《民法基本原则研究》,法律出版社 2011 年版。

126. 常鹏翱:《物权程序的建构与效应》,中国人民大学出版社 2005 年版。

127. 刘智慧:《占有制度原理》,中国人民大学出版社 2007 年版。

128. 夏秀渊:《拉丁美洲民法典的变迁》,法律出版社 2010 年版。

129. 何勤华、戴永盛主编:《民商法新论》,复旦大学出版社 1999 年版。

130. 王连合主编:《民法(总论 物权)》,山东人民出版社 2013 年版。

131. 〔英〕巴里·尼古拉斯:《罗马法概论》,黄风译,法律出版社 2000 年版。

132. 〔英〕哈特:《法律的概念》,张文显等译,中国大百科全书出版社 1996 年版。

133. 〔英〕F. H. 劳森、B. 拉登:《财产法》(第二版),施天涛等译,中国大百科全书出版社 1998 年版。

134. 〔意〕桑德罗·斯契巴尼选编:《契约之债与准契约之债》,丁玫译,中国政法大学出版社 1988 年版。

135. 〔意〕彼德罗·彭梵得:《罗马法教科书》,黄风译,中国政法大学出版社 1992 年版。

136. 〔美〕艾论·沃森:《民法法系的演变及形成》,李静冰、姚新华译,中国政法大学出版社 1992 年版。

137.〔美〕彼得·哈伊:《美国法律概念》(第二版),沈宗灵译,北京大学出版社 1997 年版。

138.〔美〕阿瑟·库恩:《英美法原理》,陈朝璧译,法律出版社 2002 年版。

139.〔古罗马〕优士丁尼:《法学阶梯》,徐国栋译,中国政法大学出版社 1992 年版。

140.〔德〕罗伯特·霍恩等:《德国民商法导论》,楚建译,中国大百科全书出版社 1996 年版。

141.〔日〕我妻荣:《债法在近代民法中的优越地位》,王书江等译,中国大百科全书出版社 1999 年版。

142.(日)我妻荣:《民法讲义Ⅱ物权法》,罗丽译,中国法制出版社 2010 年版。

143.〔日〕我妻荣:《中国民法债编总则论》,洪锡恒译,中国政法大学出版社 2003 年版。

144.〔日〕田山辉明:《物权法》(增订本),陆庆胜译,法律出版社 2001 年版。

145.《人民法院案例选民事卷》(上),中国法制出版社 2002 年版。

146. 罗结珍译:《法国民法典》,中国法制出版社 1999 年版。

147. 罗结珍译:《法国民法典 民事诉讼法典》,国际文化出版公司 1997 年版。

148. 郑冲、贾红梅译:《德国民法典》,法律出版社 2001 年版。

149. 吴兆祥、石佳友、孙淑妍译:《瑞士民法典》,法律出版社 2002 年版。

150. 王书江译:《日本民法典》,中国法制出版社 2000 年版。

151.〔法〕茹利欧·莫兰杰尔:《法国民法教程》,肖士诚译,载《外国民法资料选编》,法律出版社 1983 年版。

152. 江平:《日本民法典 100 年的启示》,载渠涛主编:《中日民商法研究》(第一卷),法律出版社 2003 年版。

153. 梁慧星:《从近代民法到现代民法学思潮》,载梁慧星主编:《从近代民法到现代民法》,中国法制出版社 2000 年版。

154. 梁慧星:《当前关于民法典编纂的三条思路》,载梁慧星:《为中国民法典而斗争》,法律出版社 2002 年版。

155. 王利明:《特殊动产一物数卖的物权变动规则》,载《法学论坛》2013 年第 6 期。

156. 王利明:《抵押财产转让的法律规制》,载《法学》2014 年第 1 期。

157. 孙宪忠:《论物权变动的原因与结果的区分原则》,载《法学研究》1999 年第 5 期。

158. 尹田:《抵押权效力若干问题研究》,载《河南财经政法大学学报》2013 年第 1 期。

159. 孙鹏:《民法法典化探析》,载张文显主编:《中国民法学精萃》(2002 年卷),机械工业出版社 2002 年版。

160. 肖厚国:《民法法典化的价值、模式与学理》,载张文显主编:《中国民法学精萃》(2002 年卷),机械工业出版社 2002 年版。

161. 孟勤国:《如实评估用益物权》,载孟勤国、黄莹主编:《中国物权法的理论探索》,武汉大学出版社 2004 年版。

162. 孟勤国、冯桂:《"担保物权支配物的交换价值"是个伪命题》,载孟勤国、黄莹主编:《中国物权法的理论探索》,武汉大学出版社 2004 年版。

163. 李永军:《所有权保留制度的比较法研究》,载《法学论坛》2013 年第 6 期。

164. 张世海:《对买卖不破租赁及租赁权性质之思考》,载孟勤国、黄莹主编:《中国物权法的理论探索》,武汉大学出版社 2004 年版。

165. 刘保玉:《物权概念二要旨:对物支配与效力排他》,载《政治与法律》2005 年第 5 期。

166. 刘保玉:《试论物权法基本原则的体系》,载孟勤国、黄莹主编:《中国物权法的理论探索》,武汉大学出版社 2004 年版。

167. 刘保玉、孙超:《物权法中的应收账款质押制度解析》,载王利明主编:《中国民法年刊(2006—2007)》,法律出版社 2008 年版。

168. 程啸:《论抵押权的实现程序》,载《中外法学》2012 年第 6 期。

169. 柴振国、田邵华:《论不动产登记机关错误登记的赔偿责任》,载王利明主编:《中国民法年刊(2006—2007)》,法律出版社 2008 年版。

170 张鹏:《物债二分体系下的物权法定》,载《中国法学》2013 年第 6 期。

171. 赵秀梅:《共有物处分问题研究》,载《法学论坛》2013 年第 6 期。

172. 董学立:《物权变动立法模式的历史演进与我国物权立法的选择》,载王利明主编:《中国民法年刊(2006—2007)》,法律出版社 2008 年版。

173. 董学立:《浮动抵押的财产变动与效力限制》,载《法学研究》2010 年第 1 期。

174. 王连合:《法人制度理论与实践若干问题的思考》,载《昆仑法学论丛》(第二卷),北京大学出版社 2005 年版。

175. 王连合:《论盗赃的善意占有问题》,载《临沂师范学院学报》2004 年第 2 期。

后　记

　　本书动笔于三年前,是在《中华人民共和国物权法》施行九个月后。当初想法有二:一是将自己对物权法的学习、尤其是全国人大通过《中华人民共和国物权法》后的学习情况,进行总结梳理;二是结合自己的学习紧密联系案例整理一套关于物权法的系统资料以备教学科研用。其实,这些想法早就有了,但当我真正下决心付诸实施后,才品尝到了这段历时三年征程的个中滋味。但是,跋涉虽艰辛,内心却充实!

　　动笔之初,正是物权法研讨喧嚣渐渐远去之时,当许多人渐渐将关注的目光转移到别处去的时候,我却固执地倾心于此,显得是那么"不时髦"或者是"不识时务"。但直到今天我始终认为,《中华人民共和国物权法》施行已经有一段时间了,有关物权法的研讨的确曾经"热火朝天",但是,物权方面的许多问题却仍然没能得到解决,物权方面的许多东西仍然需要人们去思考、去探究,《中华人民共和国物权法》的许多规定还有待于进一步完善,中国物权法的学习和研讨依然任重而道远!尹田老师说:"研究热点问题很有必要,但老是跟风不行",我深以为然。在喧嚣过后,再对物权法进行冷静地学习和研究,尤其是紧密结合《中华人民共和国物权法》的适用进行学习和研究,对全面、正确地理解、运用乃至进一步完善这部法律至关重要。

　　目前,对于用案例解读《中华人民共和国物权法》的著作确实不少,其中不乏好作品。但有些著作要么是纯法条的释义;要么是纯理论的叙述;要么是案例偏少理论居多,或者是案例虽充足理论却缺乏系统性。如此一来,极易造成物权法的理论、法律的相关规定、实际问题的解决三者互相脱节。加之物权法有些概念、术语本身晦涩难懂,更增加了法律语言的冰冷,这一切势必会影响人们对物权法的认知。本书以《中华人民共和国物权法》的编、章、节为顺序,以相关法条为线索,以提出案例问题为切入点,以法理知识阐释为主体,以解决案例问题为落脚点,既阐释物权法的基本原理,又解决现实问题,融理论性与现实性为一体,从理论和实务层面对物权法进行全面解读,力图把物权法相关理论、法律相关规定和实际问题解决三者进行有机融合,让人们在解决实际问题中体会法律的真谛和价值。

　　在本书写作过程中,我曾以不同方式向著名专家学者请教一些疑难问题,得到了他们的热情帮助,令我非常感动!有些问题我常常是"打破砂锅问到底",但他们总是不厌其烦给我指点迷津,令我获益匪浅的同时,也感受到了他们为学为人的风范。他们是：烟台大学法学院郭明瑞教授、北京大学法学院尹田教授、中国人民大学法学院王轶教授、北京航天航空大学法学院刘保玉教授、南京财经大学法学院董学立教授、烟台大学法学院张平华教授、山东大学法学院孙超博士等。在这里向他们一并表示感谢！

北京大学出版社法律事业部邹记东主任、周菲编辑对本书的出版给予了大力支持，尤其是周菲编辑的敬业精神、热忱态度令我肃然起敬，该书的出版也凝聚了她的心血！临沂大学法学院孙重秀讲师、韩婧讲师对书稿进行了校对工作。谢谢他们！

本书写作的时候，正是我儿子读高中的关键时期，多亏儿子独立性很强，令父母省心不少。我的妻子焦洪娟女士，在繁忙工作之余，承担了大量家务。这一切为我顺利完成本书的写作提供了最可靠的保障，感谢他们母子！

本书作为我学习的一份答卷，请尊敬的读者朋友进行评判，对其中可能很幼稚甚至是错误的看法及其他不当之处，恳请批评指正！

王连合

2011 年 7 月

第二版后记

本书第一版出版后,我就像一个做完答卷等待评判的小学生,既有紧张辛苦后的短暂轻松,又有几分等待中的忐忑与不安。在这一过程中,本书侥幸获得了几个奖项,虽是小奖,但也倍感欣慰,即使是网上购买者留下的短短的肯定话语,也让我顿觉踏实许多。特别是该书将物权法相关理论、法律相关规定和实际问题解决进行有机融合,让读者拍手称快,也让教师在推行课堂教学改革中,找到了一个可供借鉴的操作蓝本。

然而,我也清醒地看到该书还存在许多问题,有些甚至是很低级的失误。在感觉遗憾的同时,也对修订第二版充满期待。今天终于完成该书的修订工作,也算是对自己的一个交代。本次修订主要涉及以下几个方面:

1. 对于因体例所限没有交代清楚的内容进行了完善。例如物的分类,除了法条中说的不动产和动产外,又增加了其他类型。

2. 为使相关概念与其特征更加"对应",调整和增加了部分相关内容。例如物的特征,不仅调整了原有要点顺序,还增加了一个要点,使物的概念与物的特征完全对应,更便于理解和记忆。

3. 注意了内容前后的一致性、协调性。例如物权请求权种类与占有保护请求权种类的字面表述上尽量一致,便于读者对照记忆。

4. 将最新的理论和实践成果吸纳进本书。例如不动产统一登记制度。

5. 对错别字、漏多字、标点符号、语句顺序甚至小标题等进行了修改、调整或增删。

非常感谢北京大学出版社法律事业部周菲编辑,在平日里常常通过网络、电话与我交流沟通有关该书的情况和信息,并不时给我一些鼓励,正是在她的提醒和帮助下,我才得以顺利完成该书的修订工作。

还有我的妻子焦洪娟女士,尽管工作异常繁忙,但她总是尽力不影响我的修订工作。在本书第一版出版前后,儿子星皓即将迈入大学门槛,开始一段新的人生历程。现在修订该书之时,儿子即将大学毕业,又要开启另一段人生之路。修订工作完成之时恰逢元宵佳节,此时此刻,唯有把由衷的感谢和美好的祝福送给他们。

真诚欢迎读者朋友对本书继续批评指正!

王连合

2015 年 3 月 5 日元宵佳节

21 世纪法学系列教材书目

"21 世纪法学系列教材"是北京大学出版社继"面向 21 世纪课程教材"(即"大红皮"系列)之后,出版的又一精品法学系列教科书。本系列丛书以白色为封面底色,并冠以"未名·法律"的图标,因此也被称为"大白皮"系列教材。"大白皮"系列是法学全系列教材,目前有 15 个子系列。本系列教材延续"大红皮"图书的精良品质,皆由国内各大法学院优秀学者撰写,既有理论深度又贴合教学实践,是国内法学专业开展全系列课程教学的最佳选择。

- ### 法学基础理论系列

  英美法概论:法律文化与法律传统　　　　　　　彭　勃
  法律方法论　　　　　　　　　　　　　　　　　陈金钊
  法社会学　　　　　　　　　　　　　　　　　　何珊君

- ### 法律史系列

  中国法制史　　　　　　　　　　　　　　　　　赵昆坡
  中国法制史　　　　　　　　　　　　　　　　　朱苏人
  中国法制史讲义　　　　　　　　　　　　　　　聂　鑫
  中国法律思想史(第二版)　　　　　李贵连　李启成
  外国法制史(第三版)　　　　　　　　　　　　　由　嵘
  西方法律思想史(第三版)　　　　　徐爱国　李桂林
  外国法制史　　　　　　　　　　　　　　　　　李秀清

- ### 民商法系列

  民法学　　　　　　　　　　　　　　　　　　　申卫星
  民法总论(第三版)　　　　　　　　　　　　　　刘凯湘
  债法总论　　　　　　　　　　　　　　　　　　刘凯湘
  物权法论　　　　　　　　　　　　　　　　　　郑云瑞
  侵权责任法　　　　　　　　　　　　　　　　　李显冬
  英美侵权行为法学　　　　　　　　　　　　　　徐爱国
  商法学——原理·图解·实例(第四版)　　　　　朱羿锟
  商法学　　　　　　　　　　　　　　　　　　　郭　瑜
  保险法(第三版)　　　　　　　　　　　　　　　陈　欣
  保险法　　　　　　　　　　　　　　　　　　　樊启荣
  海商法教程(第二版)　　　　　　　　　　　　　郭　瑜
  票据法教程(第二版)　　　　　　　　　　　　　王小能

刑事诉讼法学(第五版) 王国枢

外国刑事诉讼法教程(新编本) 王以真 宋英辉

民事执行法学(第二版) 谭秋桂

仲裁法学(第二版) 蔡 虹

外国刑事诉讼法 宋英辉 孙长永 朴宗根

律师法学 马宏俊

公证法学 马宏俊

- **特色课系列**

  世界遗产法 刘红婴

  医事法学 古津贤 强美英

  法律语言学(第二版) 刘红婴

  民族法学 熊文钊

- **双语系列**

  普通法系合同法与侵权法导论 张新娟

  Learning Anglo-American Law：A Thematic
  　Introduction(英美法导论)(第二版) 李国利

- **专业通选课系列**

  法律英语(第二版) 郭义贵

  法律文献检索(第三版) 于丽英

  英美法入门——法学资料与研究方法 杨 桢

  模拟审判:原理、剧本与技巧(第三版) 廖永安 唐东楚

  法律文书学 马宏俊

- **通选课系列**

  法学通识九讲(第二版) 吕忠梅

  法学概论(第三版) 张云秀

  法律基础教程(第三版)(待出) 夏利民

  人权法学(第二版) 白桂梅

- **原理与案例系列**

  国家赔偿法:原理与案例 沈 岿

教师反馈及教材、课件申请表

尊敬的老师：

　　您好！感谢您一直以来对北大出版社图书的关爱。北京大学出版社以"教材优先、学术为本"为宗旨，主要为广大高等院校师生服务。为了更有针对性地为广大教师服务，满足教师的教学需要、提升教学质量，在您确认将本书作为教学用书后，请您填好以下表格并经系主任签字盖章后寄回，我们将免费向您提供相关的教材、思考练习题答案及教学课件。在您教学过程中，若有任何建议也都可以和我们联系。

书号/书名	
所需要的教材及教学课件	
您的姓名	
系	
院校	
您所主授课程的名称	
每学期学生人数	学时
您目前采用的教材	书名＿＿＿＿＿＿＿＿ 作者＿＿＿＿＿ 出版社＿＿＿＿＿＿＿＿
您的联系地址	
联系电话	
E-mail	
您对北大出版社及本书的建议：	系主任签字 盖章

我们的联系方式：

北京大学出版社法律事业部

地　　址:北京市海淀区成府路 205 号　　联系人:陈欢欢

电　　话:010-62757961　　　　　　　　传　真:010-62556201

电子邮件:bjdxcbs1979@163.com

网　　址:http://www.pup.cn

北大出版社市场营销中心网站:www.pupbook.com